Wilma Pohl

Regulierung des Handwerks

D1719361

Wilma Pohl

Regulierung des Handwerks

Eine ökonomische Analyse

DUV **Deutscher Universitäts Verlag**
GABLER · VIEWEG · WESTDEUTSCHER VERLAG

Die Deutsche Bibliothek — CIP-Einheitsaufnahme

Pohl, Wilma:
Regulierung des Handwerks : eine ökonomische Analyse /
Wilma Pohl. — Wiesbaden : DUV, Dt. Univ.-Verl., 1995
　(DUV: Wirtschaftswissenschaft)
　Zugl.: Hannover, Univ., Diss., 1995
　ISBN 3-8244-0264-5

Der Deutsche Universitäts-Verlag ist ein Unternehmen
der Bertelsmann Fachinformation.

© Deutscher Universitäts-Verlag GmbH, Wiesbaden 1995
Lektorat: Monika Mülhausen

Druck und Buchbinder: Rosch-Buch, Hallstadt
Gedruckt auf chlorarm gebleichtem und säurefreiem Papier
Printed in Germany

ISBN 3-8244-0264-5

GELEITWORT

Die Arbeit von Wilma Pohl zählt zu den ersten Promotionsarbeiten, die am Institut für Versicherungsbetriebslehre und -informatik des Fachbereichs Wirtschaftswissenschaften der Universität Hannover entstanden.

Angeregt durch die sehr intensiven Diskussionen in den achtziger Jahren über die ökonomische Bewertung der Regulierung einzelner Wirtschaftszweige, insbesondere des stark regulierten versicherungswirtschaftlichen Bereichs, bestand ein Anreiz, einen anderen stark regulierten Bereich herauszugreifen und ihn detailliert zu untersuchen, um gegebenenfalls auf ähnliche Regulierungsbegründungen und Probleme zu stoßen. Als stark regulierte Bereiche boten sich für eine Analyse an das Transportwesen, der Telekommunikationssektor, das Bankwesen, der Agrarmarkt, das Gesundheitswesen und das Handwerkswesen. Letztere hat den "wissenschaftlichen Charme" einer historisch stark geprägten Zunft, die bislang noch recht wenig unter ökonomischen Gesichtspunkten und bezüglich seiner Deregulierungspotentiale untersucht wurde.

Wilma Pohl untersucht in ihrer Arbeit zunächst die Branchenbesonderheiten des Handwerks in Abgrenzung der HwO. Im Vergleich zu anderen empirischen Regulierungsuntersuchungen, die vorgegebene Marktversagenstatbestände überprüfen, nähert sich die Autorin im Rahmen einer ökonomisch-institutionellen Analyse dem Thema von verschiedenen Seiten. Sie geht dabei der grundlegenden Frage nach, welche speziellen Branchenbesonderheiten im Handwerk vorliegen und ob sie eine Marktzugangsregulierung rechtfertigen. Anhand der empirischen Analyse wird gezeigt, daß die vorhandene Regulierung sich weder mit angebotsseitigen, noch mit nachfrageseitigen oder marktlichen Argumenten rechtfertigen läßt und die Gründe in keiner Weise für alle Handwerkszweige gleichermaßen vorliegen. Als Konsequenz werden deshalb Deregulierungspotentiale aufgezeigt.

Wilma Pohls Arbeit liefert aus wirtschaftswissenschaftlicher Sicht Hinweise und Anregungen für eine theoriegeleitete aber mehr praxisorientierte Regulierungs- und Deregulierungsdiskussion, die auf die speziellen Branchencharakteristika abstellt. Die Arbeit hat damit das Potential sowohl ein Standardwerk der Handwerksökonomik als auch ein Leitfaden für ökonomische Regulierungsanalysen zu werden.

Hannover, im August 1995

Prof. Dr. J.-Matthias Graf von der Schulenburg

VORWORT

Die vorliegende Arbeit wurde im Frühjahr 1995 vom Fachbereich Wirtschaftswissenschaften der Universität Hannover als Dissertation angenommen.

Mein Dank gilt zuallererst meinem akademischen Lehrer und Doktorvater Herrn Prof. Dr. J.-Matthias Graf von der Schulenburg, der die Arbeit initiierte und ohne dessen vielfältige Unterstützung die Dissertation sicherlich nicht hätte entstehen können. Trotz des oftmals engen Terminkalenders aufgrund seines vielfältigen wissenschaftlichen Engagements, gab er mir zahlreiche Anregungen und stand für konstruktive Diskussionen zur Verfügung. In diesen Dank schließe ich in besonderer Weise Herrn Prof. Dr. Lothar Hübl (Institut für Volkswirtschaftslehre, Abteilung Konjunktur- und Strukturpolitik) für die Erstellung des Zweitgutachtens sowie Herrn Prof. Dr. Klaus-Dirk Henke (Institut für Volkswirtschaftslehre, Abteilung Öffentliche Finanzen) für seine Mitwirkung als Vorsitzender der Prüfungskommission ein.

Zu danken habe ich darüber hinaus Frau Dr. Stephanie Miera. Sie hat Teile des Manuskripts gelesen, zahlreiche Anregungen gegeben und durch lebhafte Diskussionen das Gelingen der Arbeit gefördert. Ferner möchte ich die lebhaften Diskussionen mit Handwerksmeistern und verschiedenen Institutionen des Handwerks, insbesondere mit dem Heinz-Piest-Institut für Handwerkstechnik an der Universität Hannover, hervorheben, denen ich zahlreiche Hinweise für den praxisorientierten Teil der Arbeit verdanke.

An dieser Stelle sei auch allen Kolleginnen und Kollegen des Instituts für Versicherungsbetriebslehre und -informatik der Universität Hannover gedankt, die zum Gelingen der Arbeit in der einen oder anderen Weise beigetragen haben. Zu nennen sind hier insbesondere Dr. Ulrich Knemeyer, Dr. Michael Schmidt, Diplom-Ökonomin Ute Schattschneider, cand. oec. Frank Wittkamp, Dipl.-Ökonomin Beatrice Wolff, cand. oec. Nicole Palmen und Diplom-Ökonomin Andrea Uber. Dem Institut, vertreten durch Herrn Direktor Prof. Dr. J.-Matthias Graf von der Schulenburg, danke ich für einen finanziellen Zuschuß zur Veröffentlichung der Ergebnisse.

Meiner Mutter danke ich für Beistand und vielfältige Unterstützung bei den Alltagsdingen, die wegen Zeitmangel sonst liegengeblieben wären. Besonderer Dank gebührt schließlich meinem Mann Bruno, der mit großem Engagement die technische Bearbeitung des Manuskripts und die Erstellung der Druckvorlage übernahm. Er mußte auf viele gemeinsame Stunden verzichten und war mir in der ganzen Promotionszeit ein großer Rückhalt.

Gehrden, im August 1995

Wilma Pohl

INHALTSVERZEICHNIS

XII

VERZEICHNISSE

Verzeichnis der Abbildungen

Verzeichnis der Tabellen

Verzeichnis der Abkürzungen

Art.	Artikel
Bd.	Band
BFH	Bundesvereinigung der Fachverbände
BGB	Bürgerliches Gesetzbuch
BGBl	Bundesgesetzblatt
BRD	Bundesrepublik Deutschland
BVerfG	Bundesverfassungsgericht
BVerwG	Bundesverwaltungsgericht
CAD	Computer Aided Design
CAM	Computer Aided Manufacturing
CDU	Christlich-Demokratische Union
CIM	Computer Integrated Manufacturing
CNC	Computerized Numerical Control
CSU	Christlich-Soziale Union
DDR	Deutsche Demokratische Republik
DHKT	Deutscher Handwerkskammertag
DIN	Deutsches Institut für Normung
DVGW	Deutscher Verein des Gas- und Wasserfachs
DVS	Deutscher Verein für Schweißtechnik
EDV	Elektronische Datenverarbeitung
EG	Europäische Gemeinschaft
EGKS	Europäische Gemeinschaft für Kohle und Stahl
EU	Europäische Union
EUGH	Europäischer Gerichtshof
EURATOM	Europäische Atomgemeinschaft
e. V.	eingetragener Verein
EWG	Europäische Wirtschaftsgemeinschaft
f.	folgende
F.D.P.	Freie Demokratische Partei
ff.	fortfolgende
GATT	General Agreement on Tariffs and Trade
GG	Grundgesetz für die Bundesrepublik Deutschland

Hrsg.	Herausgeber
HwO	Gesetz zur Ordnung des Handwerks (Handwerksordnung)
IHK	Industrie- und Handelskammer
ISO	Internationale Standardisierungs-Organisation
Kfz	Kraftfahrzeug
LMBG	Lebensmittel- und Bedarfsgegenständegesetz
o. J.	ohne Jahresangabe
o. S.	ohne Seitenangabe
o. V.	ohne Verfasserangabe
RGBl	Reichsgesetzblatt
Rn	Randnummer
S.	Seite
SPD	Sozialdemokratische Partei Deutschlands
USA	United States of America
v.	von
v. d.	von der
VDE	Verein Deutscher Elektroingenieure
VDI	Verein Deutscher Ingenieure
Vgl.	Vergleiche
VOB	Verdingungsordnung für Bauleistungen
VOL	Verdingungsordnung für sonstige Leistungen
Vol.	Volume (Band)
vs.	versus
ZDH	Zentralverband des Deutschen Handwerks

KAPITEL I:
EINFÜHRUNG

1. Problemstellung

Obwohl im Wirtschaftssystem der Bundesrepublik Deutschland eine generelle Entscheidung für eine marktliche Koordination und wettbewerbliche Steuerung erfolgte, reglementiert und reguliert der Staat vielfältige Bereiche. Aber gewisse staatliche Eingriffe, wie die Gestaltung der Wirtschaftsordnung durch Setzung von Normen und Regeln sowie die Schaffung von Institutionen, sind unverzichtbar und eine zentrale Aufgabe des modernen Wohlfahrtsstaates, um die längerfristigen Rahmenbedingungen festzulegen.[1]

Jedoch greift der Staat darüber hinaus durch spezielle Gesetze in bestimmte Branchen und Bereiche ein, die Besonderheiten und Eigenheiten aufweisen und in denen angeblich eine markt- und wettbewerbliche Steuerung versagen oder unerwünschte Ergebnisse erzielen.[2] Derartige hoheitliche Eingriffe in die Gewerbe- und Vertragsfreiheit in bestimmten Branchen und Bereichen sollen im folgenden als Regulierung bezeichnet werden,[3] während unter Deregulierung ein Abbau staatlicher Eingriffe in einzelnen Märkten zu verstehen ist.[4]

Der Rechtsstaat in liberalen Demokratien ist allerdings den Prinzipien der Privatautonomie und dem Wettbewerb verpflichtet, die dem einzelnen Bürger weitgehend Gewerbe-, Vertrags- und Handlungsfreiheit zusichern. Es bestehen insofern Spannungsverhältnisse zwischen Staat und Gesellschaft und hinsichtlich der Aufgabenverteilung zwischen Staat und Markt. Aber selbst staatliche Eingriffe zur Gestaltung eines Ordnungsrahmens und zum sozialen Ausgleich können strittig sein, die Wettbewerbsfreiheit beschränken und über ein für notwendig erachtetes Maß hinausgehen. Zwar sind in sozial gesteuerten Marktwirtschaften staatliche Eingriffe oder Regulierungen nicht völlig abzulehnen, sie sind aber auch kein wesentliches Element der Wirtschaftsordnung wie in Zentralverwaltungswirtschaften.

Allerdings bestehen Tendenzen, infolge permanent wachsender Forderungen der Wirtschaftsbereiche und Verbände, die Anzahl der Regulierungen in einer Weise zu erhöhen, die sich wirtschaftstheoretisch nicht mehr begründen läßt.[5] Ein Übermaß an Regulierung wird als kontraproduktiv angesehen, weil dadurch Arbeitsteilung und innovativer Wettbewerb sowie die Anpassungsfähigkeit der Volkswirtschaft gemindert, Existenzgründungen unterbleiben und die gesamtwirtschaftliche Wachstumsdynamik und der Strukturwandel behindert werden. Eine Be-

---

1   Vgl. Cassel, D. (1989), S. 38.

2   Vgl. Bögelein, M. (1990), S. 3.

3   Vgl. Soltwedel, R. et al. (1986), S. 3.

4   Vgl. Möschel, W. (1988), S. 888.

5   Vgl. dazu und zum folgendenden Cassel, D. (1989), S. 38 f.

hinderung von Flexibilität und Dynamik kann längerfristig zu Strukturkonservierungen, Wettbewerbsnachteilen und Arbeitslosigkeit führen.

Aufgrund wirtschaftlicher Veränderungen und Krisenerscheinungen setzte Ende der siebziger und zu Beginn der achtziger Jahre, ausgehend von den USA, ein Umdenkungsprozeß ein.[6] Angesichts der zunehmenden Globalisierung der Märkte konnte sich die Bundesrepublik Deutschland dieser Regulierungs- und Deregulierungsdiskussion nicht verschließen.[7] Die Deregulierungsdiskussion umfaßt in der Bundesrepublik Deutschland nahezu alle speziell regulierten Bereiche, auch historisch gewachsene Teile der Volkswirtschaft wie das Handwerk.[8]

In dieser Arbeit wird die zentrale Frage aufgegriffen, welche Branchenbesonderheiten im Handwerk vorliegen und inwieweit aus ökonomischer Sicht eine Regulierung des Handwerks grundsätzlich notwendig, erforderlich und gerechtfertigt ist.

Sehr vielschichtig ist in der Literatur und im Sprachgebrauch der Begriff Handwerk. Er findet Verwendung für bestimmte Teile der Volkswirtschaft im Gegensatz zu Handel und Industrie oder zu einzelnen Gewerbzweigen. Aber auch für die Summe aller Handwerksbetriebe, für eine bestimmte soziale Schicht des Mittelstandes oder für Gewerbe, in denen die Handfertigkeit überwiegt, ist der Begriff Handwerk gebräuchlich.[9] Die Bedeutung des Handwerks in der Gesamtwirtschaft läßt sich anhand folgender Daten ablesen. Das Handwerk erwirtschaftet ca. 8,8 % der Bruttowertschöpfung, knapp 14 % aller Beschäftigten arbeiten im Handwerk, der Anteil des Handwerks an der Gesamtzahl der Unternehmen beträgt rund 23 % und ungefähr ein Drittel aller Lehrlinge wird im Handwerk ausgebildet.

In Deutschland weist das Handwerk eine lange Tradition und wechselvolle Geschichte auf. Innerhalb Europas liegt keine einheitliche Handwerksdefinition vor, die einzelnen Volkswirtschaften grenzen das Handwerk unterschiedlich ab.

Hingegen lassen sich in Deutschland gesetzliche Regelungen des Handwerks zurückverfolgen bis in das Zunftwesen des Mittelalters. Grundlage der heutigen Gesetzgebung des Handwerks ist das "Gesetz zur Ordnung des Handwerks (Handwerksordnung)" von 1953, novelliert durch

---

[6]   Schlußfolgerungen für die Bundesrepublik Deutschland aus der Deregulierung in den USA ziehen u. a. Horn, M. u. a. (1988), S. 83 ff. und Müller, J., Vogelsang, I. (1979), S. 121 ff.

[7]   Wesentliche Impulse erhielt die Regulierungs- und Deregulierungsdiskussion durch die Deregulierungskommission. Diese, Ende 1987 von der Bundesregierung eingesetzte Expertenkommission, legte 1990 und 1991 jeweils einen Bericht vor und unterbreitete Vorschläge für Neu- und Deregulierungen. Vgl. Deregulierungskommission (1990) und Deregulierungskommission (1991).

[8]   Gegenstand der Deregulierungsdiskussion in der Bundesrepublik Deutschland sind u. a. das Verkehrs- und Kommunikationswesen, Post und Eisenbahn, die Energieversorgung, das Versicherungswesen, verschiedene freie Berufe, das technische Prüf- und Sachverständigenwesen sowie das Handwerk. Vgl. Deregulierungskommission (1990), Deregulierunskommission (1991), Braubach, U. (1992).

[9]   Vgl. Bücher, K. (1898), S. 1042 ff., Ebert, G. (1980), S. 511.

das Gesetz zur Änderung der HwO von 1965 und 1993.[10] Nach Übergangsregelungen gilt die HwO seit dem 3. Oktober 1990 auch in den neuen Bundesländern.[11] Die HwO enthält Regelungen über die Ausübung eines Handwerks, die Berufsbildung im Handwerk, Meisterprüfung und Meistertitel, Organisation des Handwerks und sonstige Bestimmungen.[12]

Nach § 1 der HwO ist der selbständige Betrieb eines Handwerks als stehendes Gewerbe nur den in der Handwerksrolle eingetragenen natürlichen und juristischen Personen und Personengesellschaften erlaubt.[13] Eintragungsfähig sind die in der Anlage A aufgeführten 127 Gewerbe.[14] Grundsätzliche Voraussetzung für die Eintragung in die Handwerksrolle ist, abgesehen vom Witwen- und Waisenprivileg des § 4 HwO und der Ausnahmebewilligung, die bestandene Meisterprüfung, der Große Befähigungsnachweis, im auszuübenden Handwerk. Demzufolge ist der Marktzugang im deutschen Handwerk von Marktzugangsvoraussetzungen abhängig.

Die Meisterprüfung in Form des Großen Befähigungsnachweises[15] ist seit den Stein-Hardenbergschen Reformen 1810 und der damit verbundenen Einführung der Gewerbefreiheit, die die Meisterprüfung als Marktzugangsberechtigung aufhob, immer wieder Gegenstand der

---

10 Bundesgesetzblatt (1953), Bundesgesetzblatt (1993): Gesetz zur Ordnung des Handwerks (Handwerksordnung) in der Fassung der Bekanntmachung vom 28. Dezember 1965 (BGBl. 1966 I, S. 1), zuletzt geändert durch Art. 43 des Gesetzes vom 28. Juni 1990 (BGBl. I, S. 1245), und durch die sechste Verordnung zur Änderung der Anlage A zur Handwerksordnung vom 9. Dezember 1991 (BGBl. I, S. 2169). Zum 1. Januar 1994 trat eine Novellierung der Handwerksordnung in Kraft (BGBl. I, S. 2256). Eine Beurteilung der Novellierung erfolgt in Kapitel V. Im folgenden wird das Gesetz zur Ordnung des Handwerks (Handwerksordnung) mit HwO abgekürzt.

11 Die HwO ist mit dem "Gesetz über die Inkraftsetzung des Gesetzes zur Ordnung des Handwerks (Handwerksordnung) der Bundesrepublik Deutschland in der Deutschen Demokratischen Republik" vom 12. Juli 1990 (GBl. Nr. 44, S. 707) mit Übergangsbestimmungen und Regelungen zur Besitzstandswahrung zum 27. Juli 1990 in der DDR eingeführt worden. Dieses Gesetz ist mit der Vereinigung am 2. Okt. 1990 wieder außer Kraft gesetzt worden. Eine Einführung der HwO in den neuen Bundesländern erfolgte über Art. 8 des Einigungsvertrages. Vgl. Zentralverband des Deutschen Handwerks (1992), S. 10 f.

12 Der Gesetzgeber verzichtete bei Erlaß der HwO und der Novellierung 1965 darauf, den Handwerksbegriff genau zu bestimmen, klare Definitionen und Abgrenzungen zu erstellen oder konkrete Abgrenzungsmerkmale zu verwenden, wie die Zahl der Beschäftigten, des Umsatzes oder die Bilanzsumme. Somit geht das deutsche Handwerksrecht nicht von einem statischen sondern von einem dynamischen Handwerksbegriff aus. Der Begriff wird indirekt durch die Anlage A, die 127 Handwerkszweige enthält, die als Handwerk betrieben werden können. Aber wann Handwerk vorliegt, wird nur allgemein umschrieben, eine Abgrenzung zur Industrie muß im Einzelfall festgelegt werden, damit sich das Handwerk der dynamischen Wirtschaftsentwicklung anpassen kann.

13 Handwerk i. S. der HwO ist dann die Summe aller Handwerksbetriebe, vgl. Hagebölling, L. (1983), S. 73.

14 Die Anlage A ist im Anhang 1 und Anhang 2 zu finden. In dieser Untersuchung wird jedes der in der Anlage aufgeführten Gewerbe als Handwerkszweig bezeichnet, die Anlage A enthält dementsprechend 127 Handwerkszweige.

15 Von einem Großen Befähigungsnachweis wird gesprochen, wenn für den Marktzugang eine Meisterprüfung erforderlich ist. Ein Kleiner Befähigungsnachweis liegt vor, wenn lediglich zur Ausbildung von Lehrlingen eine Meisterprüfung verlangt wird, der Marktzugang aber frei ist.

4

wirtschaftswissenschaftlichen und wirtschaftspolitischen Diskussion gewesen. Wie schon in der bisherigen Diskussion stehen sich auch heute Befürworter und Gegner der Meisterprüfung als Marktzugangsberechtigung gegenüber. Während die einen für die Existenz des Handwerks und Mittelstandes den Befähigungsnachweis für unabdingbar halten, sind andere der Auffassung, daß die Meisterprüfung ein Ergebnis gruppenegoistischer Motive des Handwerks ist und nicht in ein marktwirtschaftliches System paßt und zu gesamtwirtschaftlichen Ineffizienzen führt.[16]

Auf der Basis regulierungstheoretischer Ansätze lassen sich derartige Eingriffe in die Gewerbe-freiheit mit Branchenbesonderheiten deuten. Aufgrund wirtschaftlichen, technischen und ge-sellschaftlichen Wandels ändert sich das Umfeld des Handwerks aber auch das Handwerk selbst, mit der Folge, daß die Ursachen und Gründe für eine Regulierung nicht mehr voliegen und vorhandene Eingriffe eine Behinderung bedeuten. Staatliche Eingriffe unterliegen deshalb in marktwirtschaftlichen Systemen einem permanenten Rechtfertigungszwang. Dies führt zu der Notwendigkeit, sich mit den Branchenbesonderheiten zu befassen, denn die Gründe spielen eine Schlüsselrolle bei der Regulierung des Handwerks.

Eine Auseinandersetzung mit der Regulierung des Handwerks erscheint ferner aufgrund der Schaffung des gemeinsamen europäischen Binnenmarktes geboten. In den einzelnen Mit-gliedsstaaten sind Definition und Abgrenzung des Handwerks gegenüber der Industrie unter-schiedlich geregelt. Während in einigen Ländern, wie in der Bundesrepublik Deutschland, zum Teil strenge, von einem Befähigungsnachweis abhängige Marktzugangsvoraussetzungen vor-liegen, herrscht in anderen Ländern volle Gewerbefreiheit.[17] Unterschiedliche Regulierungen verzerren zum einen den Wettbewerb für gewerbliche Produkte. Zum anderen entstehen Fra-gen hinsichtlich der Vereinbarkeit der Berufszulassungsregelungen mit dem Gemeinschafts-recht und dem Einwirken des Gemeinschaftsrechts auf die nationale Rechtsordnung.

Nicht zuletzt veranlassen auch derzeitige konjunkturelle und strukturelle Gegebenheiten eine Überprüfung bestehender Regulierungen. Mithin liegen vielfältige Gründe für eine Untersu-chung der Regulierung des Handwerks vor.

---

[16]   Vgl. zu dieser Diskussion stellvertretend für andere Tuchtfeldt, E. (1955), Watrin, C. (1957), Kucera, G., Stratenwerth, W. (1989), Habermann, G. (1990), Schulenburg, J.-M. Graf v. d. (1988a).

[17]   Vgl. Jeder, P. (1992), S. 6.

2.   Ziel und Aufbau der Arbeit

Ziel dieser Untersuchung ist angesichts der regulierungstheoretischen Erkenntnisse der siebziger und achtziger Jahre eine ökonomisch-institutionelle Analyse des Handwerks unter Berücksichtigung von Regulierungs- und Deregulierungsaspekten. Es stellt sich somit die Frage,

- welche Branchenbesonderheiten im Handwerk vorliegen,

- ob sie das Handwerk als Ganzes betreffen,

- inwieweit aufgrund der Besonderheiten eine Marktzugangsregulierung aus ökonomischer Sicht grundsätzlich notwendig, erforderlich und gerechtfertigt ist, und

- welche Konsequenzen sich daraus für eine Regulierung oder Deregulierung des Handwerks ergeben.

Dabei geht es auch um die Frage, welche Vor- und Nachteile bei vorliegenden Branchenbesonderheiten marktnähere Instrumente im Vergleich zur bestehenden Regulierung aufweisen.

Betrachtet wird das Handwerk in Abgrenzung der HwO. Zum Handwerk gehören demzufolge alle Handwerksbetriebe die in die Handwerksrolle eingetragen sind und in den Geltungsbereich der HwO fallen. In dieser Untersuchung wird nicht berücksichtigt das Handwerk in den neuen Bundesländern, weil dort Sondereinflüsse durch die Vereinigung vorhanden sind.[18]

Um der Zielsetzung einer Verknüpfung von theoretischen und empirischen Aspekten gerecht zu werden, veranschaulicht Abbildung 1 den Aufbau der vorliegenden Untersuchung.

---

18   Vgl. dazu Kapitel II, Abschnitt 4.2.

6

Abbildung 1: Aufbau der Arbeit

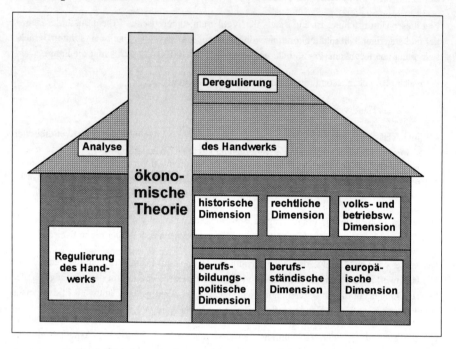

Ökonomisch-institutionelle Analysen gestatten es, historische, ökonomische und rechtliche Einflußgrößen zu berücksichtigen.[19] Diese Herangehensweise ist im Handwerk erforderlich, denn Handwerk und HwO werden von sehr verschiedenen Dimensionen in Anspruch genommen. Während die einen behaupten, Handwerk sei ein historisches Phänomen, sehen andere Handwerk und HwO als rein rechtliches Gebilde, wieder andere verweisen auf den ökonomischen Charakter. Ferner gibt es jene, die Handwerk und HwO aus dem Blickwinkel der Berufsbildung betrachten oder die berufsständische Organisation und Verbände im Vordergrund sehen.

Entsprechend diesen verschiedenen Dimensionen und Betrachtungsweisen liefert Kapitel II einen Überblick über das Handwerk und die HwO. Nach einer kurzen Erläuterung des Handwerksbegriffs (II 1.) wird zunächst ein chronologischer Überblick über die Entwicklung der

---

19   Vgl. dazu Göhler, G. (1987), S. 17 und Hedrich, C.-C. (1993), S. 23. Institutionen sind Einrichtungen, in denen stabile relativ dauerhafte Muster von Beziehungsgeflechten ablaufen. Sie werden auch als Regelsystem zur Herstellung und Durchführung allgemein verbindlicher Entscheidungen aufgefaßt.

Regulierung des Handwerks gegeben und beschrieben, wie sich der Handwerksbegriff im Zeitablauf wandelte (II 2.).

Was unter rechtlichen Aspekten heute im Rahmen der HwO unter Handwerk zu verstehen ist, erörtert der dritte Abschnitt (II 3.). Anschließend wird die ökonomische Bedeutung und Struktur des Handwerks erläutert (II 4.). Es folgen eine berufsbildungspolitische und organisatorische Betrachtung des Handwerks (II 5. und II 6.). Gleichzeitig lassen sich damit Verknüpfungen und Interdependenzen zur rechtlichen, ökonomischen und berufsbildungspolitischen Dimension aufzeigen. Nach der rein nationalen Betrachtungsweise rundet ein Blick auf das Handwerk in Europa das Kapitel ab (II 7.). Mit der Darstellung des Handwerks aus unterschiedlichen Betrachtungsweisen wird gleichzeitig ein Überblick über die HwO sowie über Struktur und Aufbau des Handwerks gegeben. Alle Betrachtungsebenen stehen dabei in einem wechselseitigen Zusammenhang zur Regulierung, die Gegenstand des dritten Kapitels ist.

Im dritten Kapitel wird nach der Definition von Regulierung und Deregulierung (III 1.) zunächst der Frage nachgegangen, aufgrund welcher Motive in einer sozialen Marktwirtschaft Regulierungen erfolgen und welche Effekte und Konsequenzen Regulierungsprozesse aufweisen, die zu einer Forderung nach Deregulierung führen (III 2.). Dem schließt sich eine Erläuterung der Branchenbesonderheiten und Systematik der Regulierungsinstrumente des Handwerks an (III 3.). Es folgen Ansätze, mit denen versucht wird, Regulierungs- und Deregulierungsprozesse zu erklären (III 4.).

Im Gegensatz zu Regulierungsuntersuchungen in anderen Wirtschaftsbereichen liegt für eine Untersuchung des Handwerks keine einheitliche geschlossene Theorie vor. Bei Regulierungsanalysen im Bereich der Versorgungsunternehmen, der Eisenbahn, des Fernmeldewesens und der Post geht es primär um die Frage, ob ein natürliches Monopol vorliegt.[20] Aufgrund der praktischen Relevanz sind die theoretischen Grundlagen für Monopolunternehmen wesentlich ausgereifter als für andere Konkurrenzmärkte.[21]

Zur Analyse des Handwerks sind deshalb verschiedene Theorien heranzuziehen. Bei der regulierungstheoretischen Analyse von Konkurrenzmärkten wird primär auf Modelle der vollkommenen Konkurrenz zurückgegriffen. Deshalb ist die Eignung verschiedener Konzepte und Verfahren zur Bestimmung von Regulierungs- und Deregulierungspotentialen im Handwerk zu prüfen (III 5.). Eine Analyse des Handwerks erfordert eine pragmatische Vorgehensweise und es sind Bausteine aus verschiedenen Theorien heranzuziehen und mosaikartig zusammen-

---

20   Vgl. Braubach, U. (1992), S. 32.

21   Vgl. Bauer, J. M. (1988), S. 20. Vgl. zu Regulierungsuntersuchungen im Bereich von Monopolunternehmen u. a. Horn, M. (1988); S. 83 ff., Müller, J. (unter Mitarbeit von Boyer, K.) (1988); S. 171 ff., S. 287 ff., Knieps, G. (1988); S. 216 ff., Wieland, B. (1988); S. 195 ff., Gröner, H., Smeets, H.-D. (1988); S. 117 ff. Mit Konkurrenzmärkten ist gemeint, daß monopolistische bzw. oligopolistische Strukturen vorliegen, also viele Nachfrager und viele Anbieter vorhanden sind, Preisstreuung, Produktheterogenität und Innovationskonkurrenz vorliegt.

zusetzen. In Anlehnung an informationsökonomische Grundlagen und theoretische Ansätze für unvollkommene Märkte wird eine konzeptionelle Basis für die Analyse des Handwerks hergeleitet (III 6. und III 7.).

Die damit gewonnenen Maßstäbe zur Feststellung von Regulierungs- und Deregulierungspotentialen werden im vierten Kapitel (IV) auf das Handwerk angewandt. Auf der Grundlage der bisherigen Erkenntnisse und Zwischenergebnisse folgen im fünften Kapitel (V) Vorschläge für eine Deregulierung des Handwerks. Dabei werden bisherige Deregulierungsansätze sowie die jüngste Novelle der HwO einbezogen.

Eine Zusammenfassung der wichtigsten Ergebnisse sowie Hinweise auf Ansatzpunkte für eine weitergehende Analyse im Handwerk und in der wirtschaftspolitischen Regulierungsdiskussion schließen die Arbeit ab (Kapitel VI).

KAPITEL II:
GRUNDZÜGE DES HANDWERKS, SEINER HISTORISCHEN ENTWICKLUNG UND HEUTIGEN GESETZGEBUNG

1. Begriff des Handwerks

Wenn im allgemeinen Sprachgebrauch von Handwerk gesprochen wird, sind in der Regel die von Handwerksmeistern geführten Betriebe gemeint. Dennoch ist meistens unbekannt, daß sich hinter Handwerk im Sinne der HwO 127 Berufe verbergen.[1] Angesichts der wirtschaftlichen Bedeutung des Handwerks ist es um so erstaunlicher, daß bislang weder eine eindeutige wissenschaftliche Definition noch eine fundierte "Theorie des Handwerks" vorliegt.[2] Eine Erklärung dafür kann die Vielzahl der in Anlage A enthaltenen Berufe sein.

In der Literatur sind unzählige Definitionen zum Begriff "Handwerk" zu finden, die sich dem Handwerksbegriff aus unterschiedlichen Perspektiven nähern. Aus *sprachlicher* Sicht stehen hinter dem Wort "Handwerk" die Begriffe "Handarbeit" und "Werken".[3] Gegen diese sprachliche Herleitung wird eingewendet, daß damit kein Abgrenzungskriterium zur Industrie vorliegt, wenn man die Begriffe im Sinne einer Leistungserstellung versteht, denn auch die Industrie setzt Arbeitskräfte zur Leistungserstellung ein.[4] Anzumerken ist an dieser Stelle, daß der Einwand unverständlich erscheint, denn diese sprachliche Umschreibung weist auf besondere Eigenarten und Eigentümlichkeiten des Handwerks hin. Eine derartige Definition würde aber von Vertretern des Handwerks verworfen werden, weil sie Handwerk auf einen sehr engen Bereich eingrenzt.

Beckmann geht aus einer technischen Betrachtungsweise auch von einer Zweiteilung des Begriffs aus. Im Gegensatz zu einer Produktion durch Verwendung von Maschinen liegt im Handwerk eine Fertigungsmethode in Form einer "... Werkerstellung durch Handarbeit ..."[5] vor. Dagegen wird eingewendet, daß diese Begriffsfassung der heutigen Situation des Handwerks, in der Maschinen zur Unterstützung und Ergänzung des Arbeitsprozesses erforderlich sind, nicht gerecht wird.[6] Anzumerken ist, daß mit einer derartigen Definition unter Umständen

---

1   Vgl. Anlage A im Anhang 2.

2   Vgl. Wernet, W. (1965), S. 13, ebenso Hamer, E. (1979), S. 9.

3   Vgl. dazu und zum folgenden Hamer, E. (1979), S. 11 f.

4   Vgl. Hamer, E. (1979), S. 11 f.

5   Beckmann, L. nach Grundgedanken von Rössle, K. F. (1964), S. 23 f.

6   Vgl. Beckmann, L. nach Grundgedanken von Rössle, K. F. (1964), S. 23 ff.

schützenswerte und nicht schützenswerte Produktionsverfahren zu trennen wären, wobei festzulegen wäre, welche Produktionsweisen einen besonderen Schutz genießen sollen.[7]

Eine Annäherung von kultureller Seite hebt das künstlerisch ästhetische der Handwerksarbeit
hervor.[8] Die Handwerkserzeugnisse entstehen durch Umformung und Gestaltung von bestimmten Stoffen und sind stark geprägt durch die Kreativität des Meisters, beispielsweise
Kunstschmiede, Töpfer, Möbelschreiner.[9]

Soziologische Betrachtungsweisen definieren Handwerk über die Personalität, Familienbezo-
genheit und Handwerksmentalität.[10] Die zugehörigen Personen müssen ihre handwerklichen
Fertigkeiten und Fähigkeiten durch Prüfungen nachgewiesen haben. Damit verbunden ist ein
gewisses Berufsethos.[11] Dazu ist zu vermerken, daß diese "Berufssozialisation"[12] eher Ergebnis der Tradition und Folge der eigenständigen Gesetzgebung, der selbstverwaltenden Organisation und des Zusammengehörigkeitsgefühls der Handwerker sind.

Aus ökonomischer Sicht wird versucht, Handwerk anhand der Differenzierung der Volkswirtschaft nach Leistungsbereichen, Betriebsgrößen und speziellen Nachfragerpräferenzen zu
definieren. Aus betriebswirtschaftlicher Sicht stehen betriebsinterne Merkmale der Produkti-
ons- und Betriebstechnik im Vordergrund.[13]

Um Handwerk aus der Sicht der Praxis zu definieren, verwenden Gesetzgeber in den einzelnen
Ländern, die quantitativ-statistische oder qualitativ-juristische Abgrenzungsmethode.[14] Die
quantitativ-statistische Methode definiert einen Handwerksbetrieb nach statistischen Merkmalen, wie z. B. nach der Anzahl der Beschäftigten, dem Umsatz oder der Bilanzsumme.[15] Allerdings führt dies lediglich zu einer Unterscheidung nach Kleinbetrieben und sonstigen Betrieben,
hilft aber für eine Definition des Handwerks nicht weiter. Die qualitativ-juristische Methode
grenzt nach wissenschaftlichen inhaltlichen Kriterien ab und ist die in der Bundesrepublik

---

[7]   Als Beispiele sind zu nennen hochwertige Pralinenherstellung in Handarbeit, Restaurierung alter Uh-
      ren und Musikinstrumente, sowie umweltschonende Herstellungsverfahren.

[8]   Vgl. Beckmann, L. nach Grundgedanken von Rössler, K. F. (1964), S. 24.

[9]   Vgl. Beckmann, L. nach Grundgedanken von Rössle, K. F. (1964), S. 24.

[10] Vgl. Hamer, E. (1979), S. 10.

[11] Vgl. Beckmann, L. nach Grundgedanken von Rössle, K. F. (1964), S. 24.

[12] Roellecke spricht in diesem Zusammenhang von einer Berufssozialisation. Vgl. Roellecke, G. (1992),
      S. 324.

[13] Vgl. Hamer, E. (1979), S. 12 f. Zu nennen sind u. a. Personalität, Dezentralität und Individualität. Auf
      die spezifischen Produktionsweisen und Besonderheiten des Handwerks wird in Kapitel III, Abschnitt
      3.1 näher eingegangen.

[14] Vgl. Hamer, E. (1979), S. 16 f.

[15] Zu weiteren ökonomisch-statistischen Abgrenzungsmerkmalen vgl. Kornhardt, U. (1986) S. 6.

Deutschland gebräuchliche Methode. Darauf wird im Verlauf der Arbeit noch näher eingegangen.

Aus historischer Sicht bildet Handwerk die Vorstufe der heutigen Produktion.[16] Diese Definition wird abgelehnt, weil damit eine dynamische Entwicklung des Handwerks nicht möglich erscheint. Dagegen ist einzuwenden, daß die bislang nicht vorhandene Definition von Handwerk in jeder Epoche aufgrund der dynamischen Entwicklung die Frage aufwirft, was eigentlich Handwerk ist und sein soll. Die Sichtweisen des Handwerksbegriffs sind in Tabelle 1 zusammengefaßt.

Tabelle 1:   **Sichtweisen des Begriffs "Handwerk"**

Sichtweise	Folgerung
sprachlich	Handarbeit und Werken
technisch	Werkerstellung durch Handarbeit
kulturell	Handwerk als künstlerisch ästhetische Arbeit
soziologisch	Handwerksmentalität, Familienbezogenheit, Personalität, Berufsethos
ökonomisch	quantitativ-statistisch, Differenzierung der Volkswirtschaft nach Betriebsgrößen, Leistungsbereichen und spezifischen Nachfragerpräferenzen
historisch	im Mittelalter alles was durch Handarbeit (außer landwirtschaftliche Arbeit) hervorgebracht wurde; Innung, Zunft, Vereinigung von Bürgern, die bestimmtes Gewerbe betreiben; Handwerk als Vorstufe der heutigen Produktion;

Festzuhalten ist, daß in den genannten Versuchen, Handwerk zu definieren, zutreffende Elemente enthalten sind. Wegen der Beschränkung auf eine Sichtweise ist aber keine Definition so umfassend, daß sie eine allgemeine Anerkennung gefunden hätte. Dennoch ist eine Definition des Handwerks notwendig, weil im Handwerk infolge der Marktzugangsregulierung die Gewerbefreiheit eingeschränkt und dieser Bereich deshalb aufgrund seiner speziellen Rechtsordnung abgegrenzt werden muß. Aus regulierungstheoretischer Sichtweise ist eine Definition erforderlich, die Hinweise auf die ökonomischen bzw. regulierungsauslösenden Besonderheiten liefert.

Unberücksichtigt blieb bislang, daß Handwerksdefinitionen eng mit der historischen Entstehung und Entwicklung der Handwerksgesetzgebung verbunden sind. Im nächsten Abschnitt wird das Handwerk aus einer historischen Perspektive betrachtet. Es soll kurz aufgezeigt werden, wie und gegebenenfalls aus welchen Gründen Handwerksgesetzgebung und Befähigungsnachweis entstanden und wie sich parallel dazu der Handwerksbegriff entwickelte. Bei einer

---

16   Vgl. hierzu und zum folgenden Beckmann, L. nach Grundgedanken von Rössle, K. F. (1964), S. 23.

Analyse der Regulierung kurz auf die historische Entwicklung der Gesetzgebung einzugehen, erscheint zweckmäßig, weil die derzeitige Regulierungsdiskussion vereinzelt auf historische Elemente Bezug nimmt. Geschichte und Tradition beeinflussen zudem die heutige ökonomische und rechtliche Situation des Handwerks und können konservierende Wirkungen ausüben.

2. Historische Betrachtungsweise des Handwerks

2.1 Charakterisierung des Handwerks und Vorläufer der Handwerksgesetzgebung

Die Ursprünge handwerklicher Tätigkeit reichen zurück in die prähistorische Stein-, Bronze- und Eisenzeit. Die für bäuerliche Tätigkeit notwendigen Geräte wurden in Eigenarbeit oder mit Nachbarschaftshilfe von sogenannten Haushandwerkern erstellt.[17]

Herkunft und Ursprung des Wortes "Handwerk" sind aber zweifelhaft. Nach Bücher[18] spricht vieles dafür, daß der Begriff Handwerk auf das mittelhochdeutsche Wort "antwerc" zurückzuführen ist. Darunter verstand man neben Vorrichtungen, Werkzeugen, Maschinen alles, was durch Arbeit hervorgebracht wird.[19] Dieser Begriff wurde in Zunfturkunden des 14. Jh. auch für alle Gewerbetreibenden eines bestimmten Berufes verwendet. Der schon früh auftretende Begriff "hantwerc", der überwiegend im rechtlichen Sinn Verwendung fand, bedeutete einerseits Innung[20] und Zunft, wurde aber ebenso für alle Gewerbetreibenden eines bestimmten Berufs verwendet. Im Mittelalter war Handwerk "... die normale Daseinsform des Gewerbes ...",[21] denn das Gewerbe erschien in der Rechts- und Verfassungsform der Zunft.[22]

Wissenschaftliche Definitionen gingen von einem kameralistischen und juristischen Handwerksbegriff aus. Als Handwerker im *kameralistischen* Sinn galt, "... welcher rohe Materie auf

---

17   Eine detaillierte Schilderung der Anfänge handwerklicher Tätigkeit mit einschlägigen Literaturhinweisen ist zu finden bei Wernet, W. (1953) und Zorn, W. (1988), S. 55 ff.

18   Die Mehrzahl der Autoren verweist zur Definition von Handwerk auf Bücher, K. (1898).

19   Vgl. hierzu und zum folgenden Bücher, K. (1898), S. 1042.

20   Innungen sind Vereinigungen selbständiger Handwerker. Bestand eine Beitrittspflicht, lag ein Innungszwang vor.

21   Bücher, K. (1898), S. 1042.

22   Der Begriff und die Herkunft des Wortes "Zunft" sind in der Literatur ebenso umstritten wie die Entstehung, die Zwecke, die Ziele der Zunftbildung sowie die Aufgaben der Zünfte. Der Vorzug wird in der Literatur der mittelhochdeutschen Ableitung von "zumft", i. S. von was sich ziemt (Regel) gegeben. Zünfte sind "... ständige, obrigkeitlich anerkannte Organisationen der selbständigen Handwerktreibenden, auch von Handeltreibenden und Transportarbeitern." Zorn, W. (1965), S. 484. Neben dem Begriff Zunft gibt es eine Vielzahl von Bezeichnungen für Gewerbeverbände, die synonym für Zunft gebraucht werden, sich aber auch inhaltlich unterscheiden können. Zu nennen sind Einigung, Einung, Zeche, Kunst, Gilde, Bruderschaft, Handwerken, Amt, Lehen, Schragen. Vgl. Fischer, W. (1972), S. 299.

den Kauf oder um Lohn künstlich bearbeitet."[23] Bücher schreibt es eher einer Gedankenlosigkeit zu, unter Handwerk gewerbliche Unternehmungen zu verstehen, in denen im Gegensatz zur Fabrik mit Hilfe von Werkzeugen und Geräten Produkte von der Hand erzeugt werden und nicht, wie in der Fabrik, mit Hilfe von Maschinen.[24] Unter Handwerk verstand man auch Handarbeiten, für die bestimmte Fertigkeiten erforderlich sind und die bestimmte Gebräuche und Ordnungen aufweisen.[25]

Merkmal des Handwerks im *rechtlichen* Sinne war die Zunftverfassung. Unabhängig davon, ob die Gewerbebetriebe persönliche Dienstleistungen erbrachten oder Rohmaterialien bearbeiteten, umfaßte der Begriff des Handwerks "... die gesellschaftliche Verbindung mehrerer Bürger, die einerlei Gewerb treiben ..."[26] Gewerbezweige, für die eine Zunftbildung vorgeschrieben war, galten als Handwerk, andere als sogenannte freie Handwerker.[27]

Die sich in Zünften[28] zusammenschließenden Gewerbebetriebe bedurften der Genehmigung der städtischen bzw. der landesherrlichen Obrigkeit.[29] Formell geschah dies durch den Erlaß der Zunftordnung (Zunftverfassung, -brief, -rolle).[30] Diese speziellen Ordnungen enthielten Regelungen über den Gewerbebetrieb, den Zunftzwang, die Gerichtsbarkeit, marktordnende Befugnisse, Mitgliederaufnahmen und dergleichen, aber auch über Bußzahlungen für unzünftiges Verhalten und die von der Zunft zu entrichtenden Abgaben.

So verschieden wie die Entstehungsgründe der Zünfte waren auch die der Zunftverfassung. Für die Entstehung von Zunftordnungen[31] waren wirtschaftliche, politische und gesellschaftspolitische Motive und die Verquickung von Zunft und Obrigkeit[32] maßgebend.[33] Die Mehrzahl der

---

23 Zitiert nach Bücher, K. (1898), S. 1043.

24 Vgl. Bücher, K. (1898), S. 1043. Bei Entstehung des Wortes Handwerk dachte Bücher zufolge niemand an die Entstehung von Fabriken.

25 Vgl. Schlesinger, F. (1907), S. 2.

26 Bücher, K. (1898), S. 1043.

27 In gleicher Weise äußert sich Schlesinger, F. (1907), S. XIII. Fabrik und Manufaktur waren danach Bearbeitungsarten der neueren Zeit, die nicht in Zünften und Innungen organisiert waren.

28 Zur Entstehung von Zünften vgl. Below, G. von (1926).

29 Vgl. hierzu und zum folgenden John, P. (1987), S. 71.

30 In der historischen Entwicklung des Handwerks nimmt das Zunftwesen einen breiten Raum ein, weil es historisch eine weite Zeitspanne, in Deutschland etwa vom 11. bis zum 19. Jh., umfaßt und Zunftordnungen als frühe Vorläufer und Träger des Handwerksrechts angesehen werden können. Da es eine einheitliche Zunft nicht gegeben hat, sind die Zunftverfassungen, und damit die Regelungen der einzelnen Zünfte, örtlich, zeitlich, aber auch innerhalb eines Handwerkszweiges verschieden.

31 Eine detaillierte Erörterung von Zunftordnungen und Regelungen der einzelnen Zünfte ist zu finden bei Hof, H. (1983), Ennen, R. (1971), John, P. (1987), Wissel, R. (1971) Bd. I., Mickwitz, G. (1968), Stieda, W. (1895).

32 Ausführlich mit dem Verhältnis von Zunft und Obrigkeit befaßt sich Dieling, F. (1932).

Autoren präferiert als Gründe das "Prinzip/die Idee der Nahrung",[34] das Streben nach ausreichendem und gesichertem Einkommen und Besserung der Lebensbedingungen für alle Zunftmitglieder, die Erlangung des Zunftzwanges[35] zur Beschränkung des Wettbewerbs sowie zur Förderung der Wirtschaft der Mitglieder und Verhinderung einer Überproduktion. Ferner wird darauf hingewiesen, daß die Zünfte einerseits eine politische Machtstellung[36] anstrebten, um dadurch ihre wirtschaftliche Lage über Regelungen und einen Sonderstatus zu verbessern. Ohne politische Macht mußten die Zünfte seitens der Obrigkeit mit einer ständigen Änderung der Regulierung rechnen. Andererseits ist eine gewisse wirtschaftliche Position notwendig, um die politische Position zu stärken.

Erwähnenswert ist, daß auch die Obrigkeit an einer Verbesserung der wirtschaftlichen Lage des Handwerks interessiert war. Denn die Zünfte übernahmen hoheitliche Aufgaben der Gewerbeaufsicht und Marktordnung und die Obrigkeit war an den Zunfteinnahmen beteiligt. Eine weitere Erklärung der Zunftordnungen kann der Assoziationstrieb des Mittelalters bieten, also das Interesse an einer Verbandsarbeit, um ähnlich gelagerte Probleme zu besprechen, die eigene Position und den eigenen Einfluß zu erhöhen, i. S. eines "homo sociologicus".[37]

Festzuhalten ist, daß Zunftordnungen als Vorläufer der Handwerksgesetzgebung anzusehen sind und vielfältige sehr differenzierte Faktoren die Entstehung von Zunftordnungen bestimmten. Die Zünfte selbst sind als polyfunktionale Gebilde anzusehen, die nach Fischer ökonomische, berufsordnende, kirchliche, juristische, politische und soziale Funktionen wahrnahmen.[38] Insofern sind Parallelen zur heutigen Zeit vorhanden, denn auch das heutige Handwerk läßt sich aus verschiedenen Perspektiven betrachten.

Der Begriff Handwerk umfaßte an der Wende des 18. und 19 Jh. einerseits die wirtschaftlich produktive Tätigkeit und Fertigkeit, andererseits eine bestimmte gesellschaftliche Verbindung, die Träger von Handwerksrechten war. Allerdings traten sowohl zwischen Handwerk und dem übrigen Gewerbe als auch zwischen den Zünften Abgrenzungsprobleme auf.

---

[33] Vgl. dazu stellvertretend mit vielen weiteren Hinweisen John, P. (1987), Raiser, G. H. (1978), Hof, H. (1983), Mottek, H. (1972), Ennen, R. (1971).

[34] Vgl. dazu Lütge, F. (1966), S. 175.

[35] Eine umfassende Untersuchung von einzelnen Zünften mit einer Auswertung von Zunfturkunden und umfangreichen Quellenverweisen ist zu finden bei Hof, H. (1983), S. 67 ff.

[36] Ausführlich mit dem Machtkampf der Zünfte beschäftigen sich Fuhrmann, W. (1939), Luther, R. (1968).

[37] Vgl. Schulenburg, J.-M. Graf von der (1984a), S. 26.

[38] Vgl. Fischer, W. (1955), S. 21 ff.

2.2 Entstehung des Befähigungsnachweises

Neben den Gründen für die Entstehung von Ordnungen und Gesetzgebungen im Handwerk stellt sich die Frage, welche Motive ausschlaggebend für die Entstehung des Befähigungsnachweises waren. Der heutige Befähigungsnachweis entstand erst im Zeitablauf.

Die Handwerker produzierten ursprünglich für ihnen bekannte Personen auf einem lokalen Absatzmarkt im Dorf oder in der Stadt.[39] Aufgrund der persönlichen Kenntnis kannte der Handwerker die Qualitätserwartungen der Kunden und man war sich über Bedingungen des Kaufs einig. Der Handwerker konnte seine Kenntnisse, die auch die Qualität der Rohstoffe einbezog, für eine selbständige Tätigkeit bei öffentlichen Warenschauen nachweisen.[40]

Einige Gewerke produzierten aber im Zeitablauf über den Bedarf des Dorfes hinaus.[41] Da man die Qualitätserwartungen der Fremden nicht kannte, war eine Standardisierung der Produkte erforderlich, die Zünfte versuchten dies durch eigene Standards. Zu diesen Standards kann auch das Meisterstück[42] zählen, daß als Urbild des Befähigungsnachweises angesehen wird.[43]

Dennoch sind die Motive für das Meisterstück vielfältig. Durch steigende Konkurrenz in den Städten erhöhten sich die Anforderungen an die Fähigkeit der Handwerker. Als ursprüngliche Begründung für das Meisterstück wird der Nachweis fachlichen Könnens angesehen, um die Kunden zufriedenstellen zu können.[44] Die mit einem Meisterstück bezweckte Qualitätsvorsorge und der Schutz der Konsumenten konnte gleichzeitig den Ruf des Handwerks aufrechterhalten.[45] Das Meisterstück ist auch als Wettbewerbsmittel anzusehen, in dem es als Garantie für Qualitätsarbeit zu einem Vertrauensbonus bei den Kunden führte. Auch auf dem Arbeitsmarkt vermittelte das Meisterstück ein Wettbewerbsmittel für das Fortkommen und die Anerkennung der beim Meister ausgebildeten Gesellen. Gleichwohl wird hinsichtlich der Ausgestaltung und Handhabung des Meisterstücks, besonders zum Ende der Zunftzeit hin, eine wettbewerbsbeschränkende Wirkung in der Literatur erwähnt.[46]

---

39 Vgl. hierzu und zum folgenden Roellecke, G. (1992), S. 323.

40 Vgl. Roehl, H. (1902), S. 3.

41 Erwähnt werden z. B. Tuche, Waffen, Werkzeuge, Schmuck. Vgl. hierzu und zum folgenden Roellecke, G. (1992), S. 323.

42 Die Einführung von Meisterstücken erfolgte zeitlich und regional in den Zünften sehr unterschiedlich. Im Zeitablauf wurde das Meisterstück zur festen Sitte und Eintrittsvoraussetzung für die Zunft und Selbständigkeit. Vgl. Hof, H. (1983), S. 93 ff. und Roehl, H. (1902), S. 4.

43 Vgl. Roehl, H. (1902), S. 3.

44 Vgl. Wissel, R. (1974), S. 1. Daher wurde ein Nachweis der Befähigung zunächst von fremden zugezogenen Handwerkern gefordert. Vgl. John, P. (1987), S. 79.

45 Vgl. hierzu und zum folgenden Hof, H. (1983), S. 96 ff.

46 Vgl. stellvertretend für andere Hof, H. (1983), S. 96 und Roehl, H. (1902), S. 4.

2.3 Situation des Handwerks bis 1810

Als im 18. Jh. verstärkt dynamische Faktoren die Wirtschaft beeinflußten, gab es zunehmende Konflikte mit den Zünften,[47] die, unter Druck geraten, nach der Maxime der Thorner Zunfturkunde handelten: "... kein Handwerksmann soll etwas Neues erdenken oder erfinden oder gebrauchen."[48] Um das Nahrungsprinzip durchzusetzen und an der alten Ordnung festzuhalten, verschärften einige Zünfte die Marktzugangsbestimmungen und strebten schließlich die "Schließung der Zunft", also einen numerus clausus an, der die Anzahl der Meister erheblich, teilweise auf bestimmte Familien, beschränkte.[49]

Zudem war das Meisterstück im 17. und 18. Jh. umstritten.[50] Während gemäßigte Gegner gründliche Reformen und statt des Meisterstücks eine praktische Probezeit verlangten, forderten andere Gewerbefreiheit und ein Meisterstück nur in jenen Bereichen, in denen die Kunden die Güte der Waren nicht prüfen können.[51] Die Verteidiger fürchteten Pfuschertum, Schundwaren und das Verschwinden von Ordnung, Fleiß und Sittlichkeit.

Die Gegner betonten hingegen, daß das Meisterstück keine Gewähr für eine tüchtige Gewerbeausübung sei. Die beste Beurteilung der Geschicklichkeit der Meister erfolge durch die Konsumenten, die nur bei guter Bedienung erneut bei jenem Handwerker kaufen würden. Gegen Meisterstücke wurde ferner vorgebracht, daß Fehler bei der Erstellung des Stücks durch Geld gebüßt und die Stücke unzweckmäßig, veraltet, unverkäuflich und zu kostspielig seien.[52]

Zur Behebung negativer volkswirtschaftlicher Wirkungen sind Gegenmaßnahmen durch den Staat schon im 16. Jh. durch Reichspolizeiordnungen nachweisbar.[53] Mit der "Reichsgewerbeordung (Reichsabschied) v. 4. 9. 1731" übernahm das Reich die Aufsicht über die Zunft. Kern dieses Gesetzes war die berufliche Ordnung des Handwerks von der Lehrlingszulassung bis zum Meisterstück.[54] Untersagt wurde den Zünften die Gerichtsbarkeit, vorhandene Mißbräuche sollten unterbunden werden. Die Durchsetzung dieses Gesetzes fiel in den Zuständigkeitsbereich der Territorialstaaten und Landesfürsten, die das Gesetz nur teilweise

---

[47] Konflikte entstanden innerhalb der einzelnen Zünfte, zwischen den verschiedenen Zünften sowie zwischen Patriziern, anderen Gewerbetreibenden und der Obrigkeit und den Zünften. Vgl. dazu ausführlich Luther, R. (1968).

[48] Zitiert nach Lütge, F. (1966), S. 360.

[49] In der Literatur spricht man in diesem Zusammenhang von den Mißständen des Zunftwesens. Vgl. Lütge, F. (1966), S. 359.

[50] Vgl. hierzu und zum folgenden Roehl, H. (1902), S. 17.

[51] Derartige Güter werden heute ökonomisch als Erfahrungsgüter bezeichnet.

[52] Verwiesen wird ferner auf kostspielige Prozesse aufgrund von Abgrenzungsstreitigkeiten zwischen den einzelnen Handwerkszweigen. Vgl. Roehl, H. (1902), S. 16.

[53] Vgl. Lütge, F. (1966), S. 357 ff., Fischer, W. (1972), S. 301.

[54] Vgl. Fischer, W. (1972), S. 301.

oder gar nicht umsetzten, insofern hatte der Reichsabschied nur programmatische Bedeutung. Preußen übernahm den Reichsabschied und erließ Generalprivilegien (Handwerksordnungen) zur Umsetzung des Reichsabschiedes.[55]

Auf die Veränderung der Zunftgesetzgebung und die Durchsetzung der Gewerbefreiheit, mit der auch eine Verbesserung der Leistungsfähigkeit bezweckt wurde, wirkten diverse Faktoren ein. Zu nennen sind weltpolitische Ereignisse, die Weiterentwicklung des Geldverkehrs, neue Produktionsmethoden und Vertriebstechniken, z. B. die Entstehung von Manufakturen[56] und die Entwicklung des Verlagssystems.[57] Ferner wirkten sich die Veränderungen der politischen und sozialen Ordnung durch den Absolutismus, den Merkantilismus[58] (Kameralismus) und Liberalismus sowie der Bauernbefreiung auf Handwerk und Zünfte aus.

Stark beeinflußt durch die französische Revolution hob man in den französisch besetzten Gebieten Deutschlands zunächst die Zünfte auf. Sowohl die französische Revolution als auch die Lehre der Physiokraten, insbesondere Adam Smith, führten in Preußen zu einer Veränderung der Gewerbepolitik.

Mit den Stein-Hardenbergschen Reformen erfolgte unter Hardenberg die Einführung der Gewerbefreiheit[59] durch das Gewerbesteueredikt vom 2.11.1810 und das Gewerbepolizeigesetz vom 7.9.1811.[60]

Voraussetzung für die Eröffnung eines Betriebes einschließlich der Beschäftigung von Lehrlingen war fortan ein Gewerbeschein, den unbescholtene Personen ohne Ablegung einer Meister-

---

[55] Erwähnenswert ist, daß von Friedrich dem Großen gegen Mißbräuche erlassene Edikt gegen den blauen Montag. Vgl. dazu ausführlich Schulenburg, J.-M. Graf v. d. (1984a), S. 1 f.

[56] Manufakturen, die als eigene Organisationsform neben dem Handwerk entstanden, sind in der Regel Betriebe, in denen die Handwerkstechnik erhalten blieb und der Produktionsprozeß durch Spezialisierung, Arbeitsteilung und Serienfertigung gekennzeichnet ist. Die Manufakturen unterlagen keinen rechtlichen und zünftlerischen Bindungen. Dennoch ist der Begriff Manufaktur nicht deutlich von Verlagssystem, Fabrik und Handwerk abzugrenzen, weil die Begriffe unterschiedlich verwendet werden. Vgl. Lütge, F. (1966), S. 365 ff.

[57] Kennzeichnend für das Verlagssystem ist, daß ein Kaufmann als Verleger fungiert und für den Handwerker den Absatz der Waren vornimmt. Vielfach erfolgte die Produktion als Heimarbeit unter Einbeziehung der Frauen und Kinder in überlangen Arbeitszeiten bei geringer Entlohnung. Zu den Ursachen (Vergrößerung des Absatzgebietes, mangelnde unternehmerische Kenntnisse, Darlehensverpflichtungen gegenüber Kaufleuten aufgrund der Betriebsgründung der Handwerker) und Folgen siehe Lütge, F. (1966), S. 306 ff., S. 367.

[58] Kennzeichnend für die vom Merkantilismus beeinflußte Wirtschaftspolitik war, daß der Staat Wirtschaftspolitik und -förderung und somit auch die Gewerbepolitik an sich zog.

[59] Gewerbefreiheit ist ein komplexer Begriff und kann völlig freien Marktzugang aber auch die Notwendigkeit einer Meisterprüfung zur Selbständigkeit meinen. Vgl. dazu Fischer, W. (1972), S. 307. Im folgenden wird jeweils angegeben, was darunter zu verstehen ist.

[60] Vgl. Hof, H. (1983), S. 257.

prüfung gegen Zahlung der Gewerbesteuer[61] erhalten konnten. In 34 Gewerben, darunter sieben Handwerkszweigen, mußten weiterhin die Fähigkeiten nachgewiesen werden. Dazu zählten Ärzte, Apotheker, Abdecker, Gastwirte, Juweliere, Maurer, Mühlenbauer, Schornsteinfeger usw.[62] Ferner hob man die Zwangszugehörigkeit zur Zunft, den Zunftzwang und die Zunftprivilegien auf, aber die Zünfte konnten weiterhin bestehen. Stadt- und Landhandwerker stellte man gewerberechtlich gleich.[63]

Weil neu entstehende Handwerke um 1800 schon in der Regel keiner Zunft mehr angehörten, legalisierte die Gewerbefreiheit faktisch einen Zustand, der sich in den Märkten schon abzeichnete.[64] Wie sich die Handwerksgesetzgebung nach 1810 weiter entwickelte, ist Gegenstand der nächsten Abschnitte.

2.4 Handwerksgesetzgebung und Handwerksbegriff nach 1810

2.4.1 Handwerksgesetzgebung von 1810 bis 1869

Die Handwerksgesetzgebung der ersten Hälfte des 19. Jh. ist gekennzeichnet durch eine relativ instabile Gewerbepolitik mit einem permanenten Wechsel von Aufhebungen und Wiedereinführungen der Gewerbefreiheit, einer Lockerung und Stärkung von Privilegien.[65] Hinzu kommen erhebliche Strukturverschiebungen durch den Industrialisierungsprozeß.[66]

Die Stein-Hardenbergschen Reformen[67] schlossen mit dem Gewerbesteueredikt vom 30.5.1820 ab. Damit schaffte der Gesetzgeber auch den Gewerbeschein für alle Gewerbezweige außer dem Hausiergewerbe ab. Die Eröffnung eines Gewerbes war nur noch an eine Mitteilung an die zuständige Behörde gebunden.[68]

---

61   Daneben war die Einführung der Gewerbefreiheit finanzpolitisch motiviert, denn nach dem Zusammenbruch Preußens versprach man sich durch diese Gesetze höhere Finanzeinnahmen. Vgl. Hagebölling, L. (1983), S. 28.

62   Vgl. John, P. (1987), S. 171.

63   Vgl. John, P. (1987), S. 159, S. 171.

64   Vgl. Fischer, W. (1972), S. 322. Auffallend sind die Parallelen zur heutigen Diskussion im Handwerk. So gehen einige davon aus, daß heute eine Veränderung der Handwerksgesetzgebung über den Markt durch die industrielle Entwicklung und Freizügigkeit in Europa stattfinden wird. Vgl. Albach, H. u. Mitarbeiter (1990), S. 143.

65   Vgl. Fischer, W. (1972), S. 306.

66   Detaillierte Untersuchungen und Situationsanalysen des Handwerks während der Industrialisierung sind zu finden bei Noll, A. (1975); Fischer, W. (1972); Kaufhold, K.-H. (1979); Engelhardt, U. (1984); Bergmann, J. (1973); Lütge, F. (1966); John, P. (1987); Vogel, B. (1984).

67   Hardenbergs Gewerbepolitik ging damit wesentlich über die von v. Stein vorgelegten Reformideen hinaus, was auch zu Meinungsverschiedenheiten zwischen beiden führte. V. Stein kritisierte später die seiner Ansicht nach zu liberale Gewerbepolitik Hardenbergs. Vgl. Tuchtfeldt, E. (1955), S. 38.

68   Vgl. Tuchtfeldt, E. (1955), S. 38, Lütge, F. (1966), S. 447.

Im 19. Jh. war nach Einführung der Gewerbefreiheit der Begriff Handwerk kein Rechtsbegriff mehr und der ökonomische Begriff Handwerk unterlag Bücher zufolge einem recht schwankenden Sprachgebrauch.[69]

Mit der Ausdehnung des preußischen Staatsgebietes standen sich alte und liberalisierte Gewerbeverfassung gegenüber. Diese Rechtszersplitterung endete mit der "Preußischen Allgemeinen Gewerbeordnung vom 17.1.1845,[70] die zwar grundsätzlich die Gewerbefreiheit in ganz Preußen durchsetzte, aber gewisse Einschränkungen vornahm.[71] Für die Lehrlingshaltung war ein Befähigungsnachweis vorgesehen.

Doch verzeichnete die sich nach Einführung der Gewerbefreiheit formierte Handwerkerbewegung gewisse Erfolge.[72] Sie strebte sozialpolitische Ziele, einen breiten Mittelstand mit einer breiten Streuung von Wohlstand und Einkommen an. Die Handwerkerbewegung befürchtete ein Absinken der Handwerker ins Proletariat und eine Zweiklassengesellschaft mit wenigen reichen Bürgern und einem Heer von Proletariern.[73] Die vorhandenen Probleme durch Industrialisierung und Strukturwandel lasteten einige Handwerker vornehmlich der Gewerbefreiheit an.[74]

Beeinflußt durch die Handwerkerbewegung entstand durch die Gesetzesinitiative verschiedener Landesregierungen unter Beteiligung von Meistern und Gesellen die "Preußische Notverordnung vom 9. Febr. 1849", die neben Veränderungen der Organisation des Handwerks in 70 handwerklichen Gewerbezweigen die Meisterprüfung als Marktzugangsvoraussetzung aufleben ließ und die Beschäftigung von Gesellen in der Industrie beschränkte.[75]

---

[69] Vgl. Bücher, K. (1898), S. 1043.

[70] Vgl. John, P. (1987), S. 172, Tuchtfeldt, E. (1955), S. 39.

[71] Vgl. Lütge, F. (1966), S. 447, John, P. (1987), S. 173.

[72] Unter Handwerkerbewegung ist eine Art "Protestbewegung" der Handwerkerschaft zu verstehen, die berufspolitische Ziele und die Einführung bestimmter Ordnungen anstrebte. Vornehmlich privilegierte Handwerker und das frühere städtische Zunfthandwerk, nicht aber die Masse der kleinen Handwerker, trat in Opposition gegen die Gewerbefreiheit. Vgl. Vogel, B. (1984), S. 186. Eine intensive Diskussion der Handwerkerbewegung, des Hamburger Vorkongresses und des Frankfurter Kongresses 1848 ist zu finden bei Simon, M. (1983), S. 57 ff. John, P. (1987), S. 178 ff. und Tuchtfeldt, E. (1955), S. 40 f.

[73] Vgl. Simon, M. (1983), S. 436.

[74] Die Einstellung der Handwerkerschaft zur Gewerbefreiheit war nicht einheitlich. Die kontroversen Standpunkte für und gegen die Gewerbefreiheit zeigt Simon auf. Vgl. Simon, M. (1983), S. 185 ff. Hier zeigen sich Parallelen zur heutigen Diskussion um die HwO und den Befähigungsnachweis. So traten aus verschiedenen Bereichen, teilweise auf Grund positiver Erfahrungen, Handwerker für die Gewerbefreiheit ein. Allerdings forderte die Mehrzahl eine zeitgemäße Gewerbeordnung mit einer Berufsordnung für die Ausbildung. Kern der Forderungen war die Meisterprüfung als Voraussetzung für die selbständige Ausübung des Handwerks, die Beschränkung der Ausübung auf ein Handwerk und der Aufbau einer selbstverwaltenden Handwerksorganisation.

[75] Vgl. Tuchtfeldt, E. (1955), S. 40, John, P. (1987), S. 277.

Hintergrund der Notverordnung und der erneuten Sonderstellung selbständiger Handwerker waren die politischen Unruhen der Jahre 1848/1849. Die Notverordnung wird als Mittel zur Glättung der politischen Spannungen gesehen. Dennoch blieb der Befähigungsnachweis umstritten. So prüften z. B. in Baden die Verwaltungsbehörden die praktischen Erfahrungen mit der Handwerksgesetzgebung und wiesen anhand der Erhebungen nach, daß die Meisterprüfung keine Garantie für gute Leistungen ist, Klagen über die Ausführung von Arbeiten geäußert würden und die Vorteile der Meisterprüfung ausblieben. Ähnliche Erfahrungen wurden vom Schwarzwälder Uhrengewerbe gemacht.[76]

Für eine liberalere Gewerbepolitik setzten sich nunmehr die Nationalökonomen ein, insbesondere wurde dies auf dem volkswirtschaftlichen Kongreß 1858 deutlich.[77] Die Wiedereinführung der Gewerbefreiheit erfolgte im Norddeutschen Bund mit der Gewerbeordnung vom 21.6.1869 und im Deutschen Reich 1871.[78] Abgesehen von wenigen Berufen hob die neuerliche Gewerbefreiheit den Befähigungsnachweis, also die Meisterprüfung als Marktzugangsvoraussetzung, wieder auf.

2.4.2 Handwerksgesetzgebung von 1869 - 1933

Infolge der Gewerbeordnung von 1869 und 1871 formierte sich eine "neue Handwerkerbewegung".[79] Sie stellten auf dem 1882 in Magdeburg abgehaltenen Handwerkstag ein Dreipunkteprogramm auf, daß über ein halbes Jahrhundert die Interessenpolitik bestimmte. Die Forderungen sahen die Wiedereinführung des obligatorischen Befähigungsnachweises, die Zwangsinnung und Errichtung von Handwerkskammern vor.

Die sozialpolitischen Verhältnisse dieser Zeit begünstigten die Handwerkspolitik. Die Handwerker verstanden es, im sozialen Spannungsfeld zwischen proletarisierenden Industriearbeitern und den neuen industriellen Unternehmen die staatstragende und staatsunterstützende Funktion des Mittelstandes zu betonen. Die verschiedenen Novellen zwischen 1881 und dem Handwerksgesetz 1897 zeigten gewisse Erfolge.[80] Insoweit wird deutlich, daß die Einführung von Handwerksprivilegien auch gesellschaftspolitisch motiviert war.

Am 24.6.1897 verabschiedete der Reichstag die Handwerksnovelle, das sogenannte "Handwerkergesetz".[81] Dieses Gesetz stärkte die Organisation des Handwerks.[82] Analog zu

---

[76] In Baden erfolgte 1862 wieder die Einführung der Gewerbefreiheit. Vgl Roehl, H. (1902), S. 29 f.

[77] Vgl. Tuchtfeldt, E. (1955), S. 41.

[78] Vgl. Roehl, H. (1902), S. 37.

[79] Inhaltlich sind keine erheblichen Unterschiede zur alten Handwerksbewegung, die eine Wiederherstellung alter Zunftprivilegien anstrebte, erkennbar. Vgl. Tuchtfeldt, E. (1955), S. 44.

[80] Vgl. insbesondere zu dem 1881 erlassenen Innungsgesetz John, P. (1987) S. 289 ff.

[81] Vgl. Rosenberg, D. (1991a), S. 27.

den schon bestehenden Industrie- und Handelskammern, sah das Gesetz eine obligatorische Errichtung von Handwerkskammern vor.[83] Damit entstanden zwischen den Kammern Abgrenzungsstreitigkeiten darüber, wann Handwerk und wann Industrie vorliegt. Deshalb war es notwendig, Handwerk genauer zu definieren. Der Gesetzgeber verzichtete 1897 auf eine konkrete Definition des Handwerks, weil man davon ausging, daß eine für den Gesetzgeber brauchbare Definition nicht möglich wäre.[84] Dies erforderte in der Praxis Einzelfallentscheidungen. Richtschnur für eine Definition und Abgrenzung des Handwerks waren fortan vom Reichsgericht aufgestellte Merkmale.[85] Deutlich wird an dieser Stelle, daß der Begriff des Handwerks eng verknüpft ist mit der Handwerksgesetzgebung ist.

Schlesinger verwies bereits 1907 darauf, daß es zunehmend schwerer werden würde, die Erscheinungen und die Übergangsformen des Handwerks zum Handel und der Fabrik in einer Definition zu erfassen.[86] Im Vordergrund einer Definition des Handwerks stand fortan die Abgrenzung des Handwerks vom übrigen Gewerbe.[87] Man ging deshalb dazu über, Handwerk anhand bestimmter Branchenmerkmale und Branchenbesonderheiten zu definieren.[88]

Die Handwerkerbewegung glaubte, nur mit dem Großen Befähigungsnachweis den Handwerksstand bewahren zu können und schädliche Einflüsse durch Kapital, Fabriken und Pfuscher vom Handwerk abzuhalten.[89] Darüber hinaus bezweckte der Große Befähigungsnachweis, durch eine strenge Berufsabgrenzung die handwerksinterne Konkurrenz zu mildern. Zudem sollten mit der Marktzugangsvoraussetzung Nichthandwerker abgewehrt und der Zustrom in die Handwerkszweige reguliert werden.[90]

Vornehmlich auf Grund der negativen Erfahrungen Österreichs mit der Einführung des Befähigungsnachweises verzichtete der Gesetzgeber sowohl 1897 als auch 1908 auf die Einführung.

---

82 Vgl. Tuchtfeldt, E. (1955), S. 47 und John, P. (1987), S. 308. Vgl. ausführlich zur Entstehung der Organisation des Handwerks John, P. (1979).

83 Vgl. John, P. (1987), S. 300 und Rosenberg, D. (1991a), S. 22.

84 Vgl. Britze, H.-H. (1962), S. 24 f.

85 Vgl. Fröhler, L., Mörtel, G. (1979), S. 4. Das Reichsgericht nennt beispielsweise als Abgrenzungsmerkmale Größen- und Artmerkmale sowie wirtschaftliche Merkmale.

86 Vgl. Schlesinger, F. (1907), S. 100 ff.

87 Diese Diskussion wird seither unter den Schlagworten "Fabrik oder Handwerk?" und "Abgrenzung Handwerk - Industrie" geführt.

88 Vgl. Schütze, F., Wienbeck, E. (1911), S. 17 ff.

89 Vgl. Tuchtfeldt, E. (1955), S. 48, sowie John, P. (1987), S. 350.

90 Vgl. John, P. (1987), S. 350 f.

Besondere Probleme bei der praktischen Durchführung bereite die Gewerbeabgrenzung zwischen Handwerk und Industrie.[91]

Nach der Gewerbeordnungsnovelle vom 30.5.1908 konnten nur jene Betriebsinhaber Lehrlinge ausbilden, die zuvor eine Meisterprüfung abgelegt hatten (Kleiner Befähigungsnachweis).[92] Zusätzlich verlangte man ab 1.10.1913 eine bestandene Gesellenprüfung als Zulassungsvoraussetzung für die Meisterprüfung.[93]

Die Weimarer Reichsverfassung gewährte 1919 dem Mittelstand einen besonderen Schutz. Zum Mittelstand gehörte das Gewerbe. Charakteristisch für das Handwerk, als Teil des Gewerbes, war damit seine Zugehörigkeit zum Mittelstand.[94]

Streitpunkt allerdings war weiterhin die Abgrenzung des Handwerks zur Industrie und zum Handel. Auch die Einführung der Handwerksrolle, eines Verzeichnisses, in das sich alle selbständigen Handwerksmeister eintragen lassen mußten, die ein stehendes Gewerbe betrieben, führte keine Verbesserung herbei, wie Untersuchungen belegen.[95] Bouveret bemerkt zur Definition des Handwerks: "Da es eine Definition des Begriffes 'Handwerk' überhaupt nicht gibt und auch für die Zukunft im Rahmen eines Gesetzes nicht aufgestellt werden kann, ist man daher gezwungen, ... den Begriff 'Handwerk' nach Inhalt und Abgrenzung zu umschreiben."[96] In der Folgezeit entstanden diverse Umschreibungen des Handwerksbegriffs, die bestimmte Merkmale des Handwerks hervorhoben. Welche Branchenmerkmale und Branchenbesonderheiten zur Diskussion stehen, wird näher im Kapitel III erläutert.

2.4.3 Handwerksgesetzgebung von 1933 bis 1945

Kernforderungen der Handwerker zu Beginn des Nationalsozialismus waren der Große Befähigungsnachweis, die Zwangsmitgliedschaft, die Beseitigung der Konkurrenz durch Warenhäu-

---

91   Vgl. Tuchtfeldt, E. (1955), S. 49 und S. 144 ff. Auch in Preußen wurden zwischen 1849 und 1869 nachteilige Erfahrungen mit dem Befähigungsnachweis gemacht. Die österreichischen Erfahrungen, besonders mit der Abgrenzung, sorgten für Uneinigkeiten in der deutschen Handwerksbewegung. So setzten sich auf dem Dt. Handwerks- und Gewerbekammertag 1905 in Köln liberale Tendenzen durch, die den Befähigungsnachweis ablehnten.

92   Schon Ende des 19. Jh. beschäftigte sich der Verein für Socialpolitik mit der Aufsicht und Gestaltung des Lehrlingswesens. Vgl. Tuchtfeldt, E. (1955) S. 43 f.

93   Eine detaillierte Analyse der Aufgaben und Funktionen der Handwerkskammern und der Probleme ist zu finden bei John, P. (1987), S. 353 ff. John liefert zudem eine detaillierte Darstellung über die einzelnen Etappen beim Ausbau der Organisationsstruktur des Handwerks. Vgl. John, P. (1987), S. 370 ff.

94   Vgl. Hagebölling, L. (1983), S. 50, Britze, H.-H. (1962), S. 25.

95   Vgl. Knoblich, P. (1976), S. 13, John, P. (1987), S. 398, Britze, H.-H. (1962), S. 25.

96   Bouveret, E. (1925), S. 6.

ser, Eindämmung der Schwarzarbeit, Verbesserung des materiellen Lebensstandes und Abbau der Sozialleistungen für Gesellen.[97]

Eine Vielzahl von Verordnungen gestaltete ab 1933 das Handwerksrecht neu. Wesentliche Vorschriften sollen im folgenden kurz skizziert werden. Das "Gesetz über den vorläufigen Aufbau des deutschen Handwerks" vom 29.11.1933 (Ermächtigungsgesetz) gab dem Reichswirtschaftsminister das Recht, Regelungen für eine Neuordnung des Handwerks zu erlassen.[98] Mit der "1. Verordnung über den vorläufigen Aufbau des deutschen Handwerks" vom 15.6.1934 erhielt der Reichswirtschaftsminister das Recht, ein Verzeichnis der Gewerbe aufzustellen, die handwerksmäßig betrieben werden können.[99] Zudem veränderte dieses Gesetz die Organisation im Sinne des Nationalsozialismus.[100]

Die Hauptforderung des Handwerks, der Große Befähigungnachweis, wird mit der "3. Verordnung über den vorläufigen Aufbau des Handwerks" vom 18.1.1935 in der Fassung vom 22.1.1936 erfüllt.[101] Selbständig als Handwerker niederlassen konnten sich jene natürlichen und juristischen Personen, die in der Handwerksrolle eingetragen sind. Voraussetzung dafür ist die bestandene Meisterprüfung. Ab 1939 ist der selbständige Betrieb eines Handwerks zusätzlich von einer Bedürfnisprüfung abhängig.[102]

Eine Zusammenlegung von Handwerkskammern und Industrie- und Handelskammern zur sogenannten Gauwirtschaftskammer und die endgültige Gleichschaltung aller gesellschaftlicher Gruppen erfolgte mit der "Verordnung über die Vereinfachung und Vereinheitlichung der Organisation der gewerblichen Wirtschaft" vom 2.4.1942. Mit dieser und einer weiteren Verordnung von 1943 war das Handwerk vollends durch den Nationalsozialismus vereinnahmt.[103]

2.4.4 Handwerksgesetzgebung nach 1945

Nach dem Ende des 2. Weltkrieges, der Besetzung Deutschlands und Aufteilung in vier Besatzungszonen entstanden unterschiedliche Regelungen des Handwerksrechts in den Zonen. Prä-

---

97   Vgl. Keller, B. (1979), S. 41, S. 147. Innerhalb der Handwerkerschaft waren die Positionen aber heterogener. Die genannten Forderungen entsprechen dem Wunsch hauptamtlicher Funktionäre. Vgl. Lenger, F. (1988), S. 188.

98   Vgl. Knoblich, P. (1976), S. 25 Rosenberg, D. (1991b), S. 22.

99   Hierbei handelt es sich um einen Vorläufer der heutigen Anlage A.

100   Vgl. hierzu und zum folgenden Keller, B. (1979), S. 72f.

101   Vgl. dazu Chesi, V. (1966), S. 46 ff.

102   Dies bedeutet, daß für die Zulassung eines Betriebes ein volkswirtschaftliches Bedürfnis vorliegen muß, laut "Verordnung über die Durchführung des Vierteljahresplanes auf dem Gebiet der Handwerkswirtschaft v. 22.2.1939" und Durchführungsverordnung vom gleichen Tage. Vgl. dazu Chesi, V. (1966), S. 46 ff.

103   Vgl. Rosenberg, D. (1991b), S. 22.

gend für den Wiederaufbau der deutschen Handwerksorganisation waren die Entwicklungen in der britischen Besatzungszone, die am Großen Befähigungsnachweis festhielt und die Handwerksorganisation neu aufbaute.[104]

Uneinheitlich mit wenigen Änderungen blieben die Regelungen in der französischen Zone, während in der Ostzone eine völlige Umgestaltung erfolgte.[105] Die amerikanische Zone führte 1948 die Gewerbefreiheit ein und schaffte den Großen Befähigungsnachweis ab.

Die Gründung der Bundesrepublik Deutschland und die Verabschiedung des Grundgesetzes 1949 ebneten den Weg für eine Neuorganisation des Handwerks. Nach Art. 74 Abs. 11 Grundgesetz gehört das Handwerk zum Recht der Wirtschaft und ist Gegenstand der konkurrierenden Gesetzgebung. Um die unterschiedliche Rechtsentwicklung in den Besatzungszonen nach 1945 durch ein bundeseinheitliches Recht zu ersetzen, übernahm der Bund die Gesetzgebung für das Handwerk. Die Erarbeitung und Diskussion der Gesetzentwürfe dauerte von 1950 bis 1953. Beeinflußt durch die amerikanischen Mitglieder der Alliierten Hohen Kommission und anderer Gruppen war der Streitpunkt die Gewerbefreiheit bzw. der Große Befähigungsnachweis.

Ohne eine Rangfolge festzulegen, hielt man eine Handwerksordnung aus folgenden Gründen für notwendig:[106]

• Beendigung der Rechtszersplitterung,

• Erhaltung und Förderung eines gesunden leistungsfähigen Handwerksstandes als Ganzes,

• Erhaltung des Leistungsstandes und der Leistungsfähigkeit des Handwerks,

• Erhaltung und Förderung des Handwerks als Teil des Mittelstandes,

• Erhaltung der Funktionsfähigkeit des Handwerksstandes,

• Sicherung der Ausbildung und des gewerblichen Nachwuchses.

Auch sollte die neue Handwerksordnung die Organisation des Handwerks mit einer berufsständischen Selbstverwaltung umfassen.

Führt man die Argumente für die Handwerksordnung im einzelnen aus, so soll mit einem hohen Leistungsstand die Qualitätsarbeit und der Leistungswettbewerb "... auf der Ebene der Fach-

---

[104] Nähere Einzelheiten sind zu finden bei Knoblich, P. (1976), S. 20 ff., Rosenberg, D. (1991b), S. 23.

[105] Nähere Einzelheiten zum Handwerk in der Ostzone und in der DDR sind zu finden bei Knoblich, P. (1976), S. 22 ff., der einen Vergleich der Handwerksgesetzgebung der Ostzone/DDR mit der Bundesrepublik Deutschland vornahm.

[106] Vgl. zum folgenden Deutscher Bundestag (1950), S. 3498 ff., Deutscher Bundestag (1953), S. 12531 ff.

leute .."[107] erhalten und die gesamte Volkswirtschaft vor Nachteilen geschützt werden. Mit der Erhaltung des Handwerksstandes als Ganzes wollte man die Lebensfähigkeit des Handwerks sichern. Handwerksordnung und Großer Befähigungsnachweis sollten Arbeits- und Produktionsstätten erhalten und schützen.[108] Man hielt das Handwerk nur auf Grund seines Ausbildungs- und Leistungsstandes für lebens- und wettbewerbsfähig. Die Handwerksordnung fungierte ferner als Berufsbildungsgesetz.

Besonderen Schutz und besondere Förderung erhielt das Handwerk aufgrund seiner Zugehörigkeit zum Mittelstand. Das Handwerk ist der ".. klassische Träger des Ausgleichs und des berufsgemeinschaftlichen Gedankens. Es ist Mittler zwischen Kapital und Arbeit."[109]

Am 17.9.1953 trat das heute noch gültige und 1965 novellierte "Gesetz zur Ordnung des Handwerks " (HwO) in Kraft.[110] Wesentliche Aspekte sind die Zusammenfassung des Großen und des Kleinen Befähigungsnachweises, damit sind Marktzutritt und Ausbildung von Lehrlingen von der bestandenen Meisterprüfung abhängig. Die HwO regelt die dreistufige Ausbildung im Handwerk (Lehrling, Geselle, Meister) als duales System. Tragende Säulen der Handwerksorganisation sind die Innungen und Fachverbände auf der einen Seite und die als Körperschaften des öffentlichen Rechts mit Pflichtmitgliedschaft ausgestatteten Handwerkskammern auf der anderen Seite.

Mit dem "Gesetz zur Änderung der HwO vom 9. Sept. 1965"[111] erfolgte dem Handwerk zufolge eine Anpassung des Gesetzes an die technische und wirtschaftliche Entwicklung. Daher ist spezielle Rechtsgrundlage des Handwerks heute das "Gesetz zur Ordnung des Handwerks (Handwerksordnung)" in der Fassung der Bekanntmachung vom 28. Dez. 1965.[112]

Inhaltlich gliedert sich die HwO in fünf Abschnitte und befaßt sich mit folgenden Themen:

I.   Teil: Ausübung eines Handwerks   (§ 1- 20)

II. Teil: Berufsbildung im Handwerk   (§ 21 - 44b)

III. Teil: Meisterprüfung, Meistertitel   (§ 45 - 51)

IV. Teil: Organisation des Handwerks   (§ 52 - 116)

---

107   Deutscher Bundestag (1950), S. 3499.

108   Vgl. hierzu und zum folgenden Deutscher Bundestag (1950), S. 3502 ff.

109   Deutscher Bundestag (1950), S. 3501. Auf die heutige ökonomische Begründung wird ausführlich in Kapitel IV eingegangen.

110   Vgl. Bundesgesetzblatt I (1953), S. 1411 ff.

111   Abgedruckt bei Siegert, A., Musielak, H.-J. (1984), S. 493 f.

112   Vgl. Bundesgesetzblatt I (1993), S. 1, Zentralverband des Deutschen Handwerks (1992) und Siegert, A., Musielak, H.-J. (1984).

V. Teil: Bußgeld-, Übergangs- und Schlußvorschriften   (§ 117 - 129)

Anlage A: Verzeichnis der Gewerbe, die als Handwerk betrieben werden können[113]

Anlage B: Verzeichnis der Gewerbe, die handwerksähnlich betrieben werden können[114]

Anlage C: Wahlordnung für die Wahlen der Mitglieder der Handwerkskammern.

Bevor das derzeitige Handwerksrecht und der Handwerksbegriff nach der HwO näher erläutert werden, folgt eine Zusammenfassung der historischen Betrachtungsweise. Darüber hinaus wird dargelegt, welche Schlußfolgerungen sich aus der historischen Entwicklung für die heutige Regulierungsdiskussion ergeben.

2.4.5 Zusammenfassende Beurteilung

Als Vorläufer der Handwerksgesetzgebung sind die Zunftordnungen anzusehen. Die Entstehungsursachen von Zunftordnungen sind vielfältig. Neben ökonomischen, politischen, gesellschaftspolitischen Gründen spielt der Wunsch nach Vereinigung und die Verquickung von Zunft und Obrigkeit eine Rolle für die Verabschiedung von Zunftordnungen. Zentraler Diskussionspunkt bis heute ist die Marktzutrittsregulierung durch den Großen Befähigungsnachweis, also eine Meisterprüfung als Voraussetzung für die selbständige Ausübung des Handwerks.

Die Motive für die Entstehung des Befähigungsnachweises sind vielfältig. Rechtfertigung fand diese Maßnahme mit dem Nachweis fachlichen Könnens, als Qualitätssicherung, unter dem Aspekt des Verbraucherschutzes, als Wettbewerbsmittel, aber nicht zuletzt auch als Instrument der Wettbewerbsbeschränkung. Jedoch blieben die praktischen Erfahrungen vielfach hinter den Erwartungen zurück und die Ansichten darüber, ob für die Selbständigkeit ein Meisterstück bzw. Befähigungsnachweis notwendig ist, waren nicht einheitlich.[115]

Die Handwerksgesetzgebung von 1810 bis 1897 ist gekennzeichnet durch eine relativ instabile Gewerbepolitik mit einem Wechsel von Aufhebungen und Wiedereinführungen der Meisterprüfung. Ursachen der wechselhaften Handwerkspolitik sind neben ökonomischen gesellschaftliche, politische und berufsbildungspolitische Faktoren. Dennoch hat sich die heutige Handwerksgesetzgebung seit 1897 kontinuierlich entwickelt.[116]

Die Handwerker waren stark eingebunden in das seit Jahrhunderten bestehende berufsständische Gemeinschaftsgefühl, besonders der kontrollierte Marktzugang vermittelte ein

---

113   Vgl. Anhang 1 und Anhang 2.

114   Vgl. Anhang 3.

115   Vgl. Kapitel II, Abschnitt 2.3 und 2.4.1.

116   Vgl. Kapitel II, Abschnitt 2.4.2 und 2.4.3.

Gefühl von Existenzsicherheit. Insbesondere lasteten die Handwerker alle entstehenden Probleme und Schwierigkeiten der Gewerbefreiheit an, ohne genaue Kenntnis des wirtschaftlichen Umfeldes, der Auswirkungen der Industrialisierung und des enormen Strukturwandels. Die Nationalökonomie war noch nicht in der Lage, genaue Analysen durchzuführen.[117] Somit war für den Handwerker Gegenstand der Kritik der nächste Konkurrent und die Fabrik, die frühere Handwerksprodukte preiswerter herstellte.[118]

Die Forderungen nach berufsordnenden Regelungen förderten einerseits eine Sonderstellung des Handwerks, andererseits boten sie die Möglichkeit einer Kanalisierung des Zugangs zum Beruf.[119] Ohne eine Verquickung von Politik und Handwerksbewegung wäre aber auch im 19. und 20. Jh. ein Sonderstatus des Handwerks nicht entstanden.

Gesellschaftspolitisch fungierte die Erhaltung des Handwerksstandes als Mittel gegen die Proletarisierung. Das Handwerk nutzte und betonte gerade diese Mittelstandsfunktion für die Durchsetzung seiner Forderungen. Aufgrund der Vermittlerrolle des Handwerks zwischen den Klassen konnten wählerstimmenmaximierende Politiker eine Mittelstandspolitik schwerlich ablehnen.[120]

Während die Definition des Handwerks bis zu Beginn des 19. Jh. die Produktionsweise und die gesellschaftliche Verbindung der Handwerker untereinander, die auch Träger von Handwerksrechten war, umfaßte, verstand man im 19. Jh. zeitweilig darunter jene Gewerbe, für die eine Art Befähigungsnachweis verlangt wurde. Durch neue Produktionsformen wurde eine Definition und Abgrenzung des Handwerks zunehmend schwieriger.

2.5 Bedeutung der historischen Entwicklung des Handwerks

Die Frage, welche Besonderheiten Handwerk und übriges Gewerbe unterscheiden und eine Handwerksgesetzgebung erfordern, begleitet das Handwerk schon aus seiner historischen Entwicklung und stellt sich in der heutigen Regulierungsdiskussion neu. Die Schwierigkeiten der äußeren Abgrenzung, also vom übrigen Gewerbe, und die der inneren Abgrenzung, also zwischen den Handwerkszweigen, durchziehen die historische Entwicklung wie ein roter Faden. Die Handwerksgesetzgebung und Zugehörigkeit zur Handwerksorganisation wird dabei teilweise als Kriterium der äußeren Abgrenzung verwendet. Das heute von Kritikern vorgebrachte Problem der inneren und äußeren Abgrenzung des Handwerks weist somit eine lange Tradition auf.

---

[117] Vgl. Fischer, W. (1972), S. 323 f.

[118] Hinzu kam, daß eine Sozialversicherung und soziale Abfederung des Strukturwandels bis zur Sozialgesetzgebung unter Bismarck fehlte.

[119] Vgl. Müller, H. (1939), S. 24.

[120] Man glaubte auch, damit den Mittelstand von der Sozialdemokratie fernzuhalten.

Dabei wird deutlich, daß nicht primär Eigenarten handwerklicher Produktion Ursache der Handwerksgesetzgebung sind. Die Ursachen liegen vielmehr in den Verbandsinteressen (wirtschaftliche und politische Motive bei den Zünften und der späteren Handwerkerbewegung), den eigenen Interessen des "Gesetzgebers" und der Verflechtung zwischen "Gesetzgeber" und Verband. Anhand der historischen Entwicklung ist erkennbar, daß die Handwerksgesetzgebung und damit das Instrument "staatliche Regulierung" verwendet wird, sowohl um politische und soziale Unruhen und Spannungen zu beheben, als auch um gesellschaftspolitische Ziele, wie etwa Mittelstandsschutz, zu erreichen. Krisenhafte Situationen fördern eine Veränderung der Gesetzgebung. Die Weiterentwicklung des Handwerks wurde wie im 18. Jh. infolge der Regelungen verzögert und teilweise behindert. Veränderungen der Gesetzgebung erfolgten, wenn ein großer Anpassungsbedarf bestand, zum Beispiel im Jahre 1810.

Mit der ausführlichen Darstellung der geschichtlichen Entwicklung des Handwerks lassen sich Argumente der heutigen Regulierungsdiskussion, die zur Begründung auf historische Gegebenheiten zurückgreifen, besser einordnen. Somit unterstützt die historische Geschichte die heutige Analyse. Erkennbar ist aber auch, daß Fragen der heutigen Novellierung der Handwerksgesetzgebung die Fortsetzung einer älteren Diskussion sind. Vielmehr wird anhand der historischen Entwicklung deutlich, daß sich die Regulierung in Form der heutigen HwO kontinuierlich entwickelte. Besonders deutlich wird dies, wie im weiteren Verlauf der Untersuchung zu zeigen sein wird, an den Begründungen des Meisterstücks bzw. Befähigungsnachweises.

Da der Gesetzgeber keine konkrete Definition des Handwerks vornahm, sondern Umschreibungen des Begriffs erfolgten, die bestimmte Merkmale hervorhoben, geht es heute darum, aus ökonomischer Sicht zu ergründen, ob diese Branchenmerkmale einen Großen Befähigungsnachweis erfordern und ob nicht gerade durch den EU-Binnenmarkt eine Neudefinition des Handwerks erforderlich wird. Darauf wird im Verlauf der Untersuchung näher einzugehen sein. Wie die heutige HwO "Handwerk" definiert und welche konkreten Vorschriften die HwO zur Ausübung des Handwerks enthält, ist Gegenstand der rechtlichen Betrachtungsweise des Handwerks im nächsten Abschnitt.

3. Rechtliche Betrachtung der Ausübung des Handwerks aus Sicht des Handwerks- und Gewerberechts

3.1 Ausübung des Handwerks und dynamischer Handwerksbegriff

Nach § 1 Abs. 2 HwO ist ein Gewerbebetrieb "... Handwerksbetrieb im Sinne dieses Gesetzes, wenn er handwerksmäßig betrieben wird und vollständig oder in wesentlichen Tätigkeiten ein Gewerbe umfaßt, das in der Anlage A zu diesem Gesetz aufgeführt ist." § 1 Abs. 1 HwO bestimmt: "Der selbständige Betrieb eines Handwerks als stehendes Gewerbe ist nur den in der Handwerksrolle eingetragenen natürlichen und juristischen Personen und Personengesellschaften (selbständige Handwerker) gestattet. Personengesellschaften im Sinne dieses Gesetzes sind Personenhandelsgesellschaften und Gesellschaften des Bürgerlichen Rechts." Wer in die Handwerksrolle einzutragen ist, beschreibt § 7 Abs. 1 HwO: "In die Handwerksrolle wird eingetragen, wer in dem von ihm zu betreibenden Handwerk oder in einem diesem verwandten Handwerk die Meisterprüfung bestanden hat." Nach § 7 Abs. 3 HwO wird ferner in die Handwerksrolle eingetragen, "... wer eine Ausnahmebewilligung nach § 8 oder § 9 für das zu betreibende Handwerk oder für ein diesem verwandtes Handwerk besitzt."

Die hier aufgezeigten Regelungen zur Ausübung des Handwerks, über die gleichzeitig eine Definition des Handwerks erfolgt, sind das eigentliche und umstrittene Kernstück der HwO. Bevor die in der HwO genannten Kriterien des Handwerksbetriebes erläutert werden, gibt die nachstehende Übersicht einen Überblick über diese Anforderungen.

Abbildung 2: **Übersicht über die Rechtskriterien des Handwerksbetriebes im Sinne der HwO**

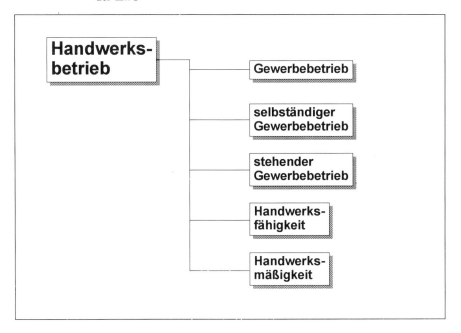

Gewerbebetrieb

Handwerks- und Gewerbebegriff sind nicht identisch. Der Gewerbebegriff entstand durch die Geschichte des Gewerberechts, durch Lehre und Rechtsprechung, eine Definition ist im Gesetzestext nicht enthalten. Nach den Erläuterungen der Gewerbeordnung ist Gewerbe im Sinne der Gewerbeordnung "... jede auf dauernde Gewinnerzielung gerichtete, gleichmäßig fortgesetzte und erlaubte Tätigkeit, mit Ausnahme der Urproduktion, künstlerischer und wissenschaftlicher Tätigkeit und der Dienste höherer Art, die eine höhere Bildung erfordern."[121] Der Gewerbebegriff[122] schließt zwar das Handwerk mit ein, ist aber umfassender, weil zum Gewerbe auch andere Unternehmen zählen, wie das Versicherungs-, Handels- und Verkehrsgewerbe. Grundsätzliches Prinzip der Gewerbeordnung ist die Gewerbefreiheit, die aber kein Grundrecht wie die Berufsfreiheit ist.[123] Sofern keine gesetzlichen Einschränkungen vorliegen, ist der Betrieb eines Gewerbes jedermann gestattet.[124]

Die Bestimmung eines Gewerbebetriebes erfolgt über die Gewerbefähigkeit und Gewerbemäßigkeit.[125] Die Gewerbefähigkeit im Handwerk wird durch die Anlage A festgelegt. Denn die Anlage A enthält eine Aufzählung von Gewerbearten, die Handwerk sein können.[126]

Für den Bereich des Handwerks ist ferner eine Abgrenzung von gewerblicher und künstlerischer Tätigkeit erforderlich, denn i. S. der Gewerbeordnung ist künstlerische Tätigkeit kein Gewerbe. Die Abgrenzung von Kunsthandwerk und künstlerischer Tätigkeit wird als schwierig angesehen.[127] Qualität und Charakter der Leistung sind entscheidend für die Eingruppierung einer Tätigkeit. Für eine künstlerische Tätigkeit sprechen eigenschöpferische Ideen und Begabungen sowie Erzeugnisse die "... Ausdruck der individuellen Anschauungsweise und Gestaltungskraft des Schöpfers sind ... ."[128] Demgegenüber ist Handwerk anzunehmen, wenn die Fertigkeiten durch Übung und Schulung zu erlernen sind. Weitere Anhaltspunkte für gewerbsmäßige Tätigkeiten liefern Ausbildungsgang, Serienerzeugung und Verwendung von Gehilfen für Vorbereitungsarbeiten.[129]

Gewerbsmäßig sind Tätigkeiten dann, wenn sie fortgesetzt auf eine gewisse Dauer, also nicht nur einmalig, ausgeübt werden und eine Gewinnerzielung beabsichtigt wird.[130]

---

[121] Sieg, H., Leifermann, W. (1978), S. 13.

[122] Gemeint ist hier der Gewerbebegriff nach dem Gerwerberecht. Das Handels- Steuer- und Strafrecht gehen von anderen Gewerbebegriffen aus. Vgl. Henke, W. (1965), S. 529.

[123] Während Gewerbefreiheit auf eine bestimmte Art von Tätigkeit gerichtet ist, gewährleistet die Berufsfreiheit als Grundrecht nach Art. 12 GG die Ausübung jeder erlaubten Tätigkeit als Beruf. Generell gilt, daß Einschränkungen der Gewerbefreiheit nur zur Gefahrenabwehr zulässig sind und mittelbare Beschränkungen der Berufsfreiheit darstellen. Vgl. Henke, W. (1965), S. 527.

[124] Vgl. Sieg, H., Leifermann, W. (1978), S. 11.

[125] Vgl. hierzu und zum folgenden Küffner, G. (1977), S. 84.

[126] Vgl. Eyermann, E. u. a. (1973), § 1, Rn. 9, S. 68.

[127] Vgl. Eyermann, E. u. a. (1973), § 1, Rn. 8, S. 68.

[128] Küffner, G. (1977), S. 85.

[129] Vgl. Küffner, G. (1977), S. 85

[130] Dabei ist nicht entscheidend, ob tatsächlich ein Gewinn erzielt wird. Vgl. Honig, G. (1993), § 1, Rn. 11 ff, S. 85 ff., ebenso Eyermann, E. u. a. (1973), § 1, Rn. 4, S. 66, Siegert, A., Musielak, H.-J. (1984), § 1, Rn. 6, S. 75.

Selbständiger Gewerbebetrieb

"Selbständig" bedeutet, daß der Berufsausübende für eigene Rechnung tätig ist und die volle Verantwortung für den Betrieb trägt.[131] Ferner spricht in der Regel für eine Selbständigkeit das Vorliegen einer eigenen Betriebsstätte und einer freien Zeiteinteilung.[132]

Stehender Gewerbebetrieb

Nach der HwO muß es sich zudem um ein "stehendes" Gewerbe,[133] handeln. Ein stehender Gewerbebetrieb liegt vor, wenn das Gewerbe nicht zum Reisegewerbe[134] oder zum Marktverkehr[135] gehört. Allerdings muß i. S. der HwO eine Tätigkeit "ausschließlich" im Reisegewerbe betrieben werden, nur dann findet die HwO keine Anwendung. Kommt ein Handwerker auf Abruf zum Kunden oder erfolgt die Produktion nicht an der gewerblichen Niederlassung, wie z. B. beim Hausbau, kann Handwerk vorliegen.[136]

Nachdem bisher festgestellt wurde, daß Handwerk vorliegt, wenn es sich um ein selbständiges stehendes Gewerbe handelt, stellt sich die Frage, welche handwerklichen Voraussetzungen vorliegen müssen.

Handwerksfähigkeit

Eine fachliche Voraussetzung, also eine Meisterprüfung, wird dann gefordert, wenn es sich um ein handwerksfähiges Gewerbe handelt. Die HwO bestimmt mit der Anlage A positiv,[137] welche Gewerbe Handwerk sein können. Demzufolge können Gewerbe, die nicht in der Anlage A aufgeführt sind, aber handwerklichen Charakter aufweisen, nicht zum Handwerk gehören.

Grundlage der vom Zentralverband des Deutschen Handwerks 1953 ausgearbeiteten Anlage A ist das Gewerbeverzeichnis vom 6.12.1934. Für die Aufstellung der Anlage A schuf man 1953

---

131   Vgl. Siegert, A., Musielak, H.-J. (1984), § 1, Rn. 8, S. 76.

132   Vgl. Honig, G. (1993), § 1, Rn. 32, S. 90, nähere Einzelheiten vgl. Küffner, G. (1977), S. 89 f.

133   Der Begriff "stehendes Gewerbe" wird weder in der HwO noch in der Gewerbeordnung definiert. Vgl. Küffner, G. (1977), S. 90.

134   Als Reisegewerbe bezeichnet man Betriebe ohne gewerbliche Niederlassung oder ohne vorherige Bestellung. Vgl. Eyermann, E. u. a. (1973), § 1, Rn. 3 f., S. 78.

135   Marktverkehr beschränkt sich auf den Kauf und Verkauf von Waren auf Messen, Jahr- und Wochenmärkten. Vgl. Eyermann, E. u. a. (1973), § 1, Rn. 41.

136   Vgl. Siegert, A., Musielak, H.-J. (1984), § 1, Rn. 6, S. 75 f. Siehe dazu auch Küffner, G. (1977), S. 90 ff.

137   Daher wird die Anlage A. auch als Positivliste bezeichnet.

Grundsätze, die durch die Novellierung 1965 ergänzt wurden.[138] Die Grundsätze enthalten z. B. die Forderung, daß es sich um einen Vollberuf handeln muß, der eine Lehrzeit, Gesellenzeit und Meisterprüfung erfordert. Die Ergänzung sieht u. a. vor, daß die Entwicklung der Betriebe nicht unnötig eingeschränkt wird und auch die Entwicklung der Industrie zu berücksichtigen ist.

Die in der Anlage A aufgeführten Berufsbezeichnungen gelten als unbestimmte Rechtsbegriffe und müssen erläutert werden. Grundlage für die Zuordnung von Tätigkeiten zu einem Handwerkszweig sind die Berufsbilder.[139] Maßgebend dafür, ob ein Betrieb handwerksfähig ist, sind die tatsächlich ausgeübten Tätigkeiten, aufgrund derer bei jedem Betrieb einzeln zu prüfen ist, welches Handwerk nach Anlage A vorliegen könnte.

§ 1 Abs. 3 HwO ermächtigt den Bundesminister für Wirtschaft durch Rechtsverordnung mit Zustimmung des Bundesrates die Anlage A zu ändern, wenn die technische und wirtschaftliche Entwicklung dies rechtfertigt. Die Ermächtigung erstreckt sich darauf, Gewerbe zu streichen, ganz oder teilweise zusammenzufassen oder zu trennen, Bezeichnungen festzusetzen oder Gewerbegruppen aufzuteilen. Die Entwicklung der Anlage A zeigt, daß die Ermächtigung angewendet wurde. 1953 enthielt die Anlage A 93 Handwerkszweige, 1993 127.[140]

Während Fröhler die Ansicht vertritt, daß unter bestimmten Bedingungen ein Gewerbe von Anlage B durch Erweiterung der Bezeichnung eines Handwerks in Anlage A aufgenommen werden kann, vertreten der Bundesminister für Wirtschaft und der Bundesminister für Justiz eine andere Meinung. Ihrer Ansicht nach ist eine Neubezeichnung von Handwerken, die mit der Erweiterung der Anlage A um bestimmte erlaubnisfreie Tätigkeiten verbunden ist, vom Gesetzgeber vorzunehmen.[141]

Des weiteren liegt ein Handwerksbetrieb grundsätzlich schon dann vor, wenn wesentliche Tätigkeiten verrichtet werden. Auch bei "... Verrichtung einer wesentlichen Teiltätigkeit eines Handwerks ..."[142] finden die Vorschriften der HwO Anwendung, so daß kein erlaubnisfreies Kleingewerbe oder Minderhandwerk mehr vorliegt.[143] Ob wesentliche Tätigkeiten vorliegen, ist nach dem Berufsbild zu beurteilen. Offen läßt der Gesetzgeber, ob es sich quantitativ oder

---

138 Vgl. dazu ausführlich Fröhler, L., Mörtel, G. (1979), Bd. 2, S. 23 ff.

139 Vgl. Siegert, A., Musielak, H.-J. (1984), § 1, Rn. 35, S. 89 f. Das Berufsbild im Handwerk ist eine stichwortartig zusammengefaßte Darstellung von Tätigkeiten, Kenntnissen und Fertigkeiten, die einem Handwerk zuzurechnen sind. Vgl. Siegert, A., Musielak, H.-J. (1984), § 45, Rn. 1 ff., S. 291 f. Daneben kennt die HwO noch das Berufsausbildungsbild nach § 25 HwO, das maßgeblich für die Gesellenausbildung ist. Das Berufsbild nach § 45 umfaßt auch das Berufsausbildungsbild. Vgl. Fröhler, L., Mörtel, G. (1979), Bd. 2, S. 340.

140 Vgl. Bundesgesetzblatt (1953), S. 1430 f.

141 Vgl. Siegert, A., Musielak, H.-J. (1984), § 1, Rn. 37, S. 90 f.

142 Siegert, A., Musielak, H.-J. (1984), § 1, Rn. 34, S. 88 f.

143 Vgl. Kübler, K.-J. u. a. (1986), § 1, Rn. 14, S. 24 f.

qualitativ um wesentliche Tätigkeiten handeln muß.[144] Als Beurteilungskriterium sind die im Vollhandwerk erforderlichen Fertigkeiten und Kenntnisse heranzuziehen. Werden diese auch bei wesentlichen Tätigkeiten benötigt, spricht dies für einen Handwerksbetrieb.[145]

Handwerksmäßigkeit

Selbst wenn ein Betrieb vollständig oder in wesentlichen Tätigkeiten ein Gewerbe der Anlage A umfaßt, kann er sowohl Handwerksbetrieb als auch Industriebetrieb sein. Handwerksbetrieb und Industriebetrieb bilden die Gegenpole auf einer Skala, auf der eine Vielzahl von Grenzfällen liegen.[146] Neben den Kriterien stehender selbständiger Gewerbebetrieb und Handwerksfähigkeit ist weitere Voraussetzung, daß das Unternehmen handwerksmäßig betrieben wird. Denn eine Meisterprüfung oder Ausnahmebewilligung ist nur dann erforderlich, wenn es sich um ein handwerksfähiges Gewerbe handelt, das handwerksmäßig betrieben wird. Handwerk im Sinne der HwO wird demnach durch die Handwerksfähigkeit und Handwerksmäßigkeit von Gewerben definiert. Zudem entscheidet die Handwerksmäßigkeit auch mit darüber, ob der Betrieb zur Industrie- und Handelskammer oder Handwerkskammer gehört.

Die Kommentare zur HwO gehen davon aus, daß von ihrem sachlichen Inhalt her weitgehende Übereinstimmung zwischen den Begriffen "Handwerk", "Handwerksbetrieb" und "handwerksmäßig betrieben" herrscht. Hinter Handwerk steht die Summe aller Handwerksbetriebe. Handwerksmäßigkeit und im Gegensatz dazu Industriemäßigkeit beschreiben die Art, in der ein Gewerbe ausgeübt wird.[147]

Der Gesetzgeber hat in der HwO 1953 und in der Novelle von 1965 auf eine klare, eindeutige und konsistente Definition der Begriffe Handwerk und Handwerksbetrieb verzichtet.[148] Vielmehr umschreibt der Gesetzgeber Handwerk mit dem Begriff Handwerksbetrieb, dieser wird wiederum mit den unbestimmten Begriffsmerkmalen Handwerksfähigkeit und Handwerksmäßigkeit erläutert. Erkennbar ist, daß der Gesetzgeber nicht verbindlich festlegte, was Handwerk ist. Er verzichtet damit auf eine Legaldefinition.

Damit entschied sich der Gesetzgeber für den sogenannten "dynamischen Handwerksbegriff". Dieser Begriff impliziert, daß sich die Handwerksbetriebe der dynamischen Wirtschaftsentwicklung anpassen können und keine Einengung durch einen gesetzlichen Begriff erfolgt.[149] Eine tatsächliche Abgrenzung wird Rechtsprechung und Lehre überlassen. Der Gesetzgeber ging

---

144   Vgl. Kübler, K.-J. u. a. (1986), § 1, Rn. 15, S. 26.

145   Vgl. Honig, G. (1993), § 1, Rn. 68 ff., S. 98 ff.

146   Vgl. Küffner, G. (1977), S. 136.

147   Vgl. Kübler, K.-J. u. a. (1986), § 1, Rn. 13, S. 23 f.

148   Vgl. Kübler, K.-J. u. a. (1986), § 1, Rn. 12, S. 13.

149   Vgl. Schwarz, P. (1988), S. 4.

davon aus, daß statische Abgrenzungsmerkmale auch für kleine und mittlere Industriebetriebe gelten. Der dynamische Handwerksbegriff soll dem Handwerk die Möglichkeit geben, neue Arbeitsbereiche zu erschließen und sich technischen und wirtschaftlichen Möglichkeiten anzupassen. Siegert und Musielak weisen darauf hin, daß der dynamische Begriff zwar Begriffswandlungen ermöglicht, aber auch Schwierigkeiten bei der Abgrenzung zu anderen Bereichen schafft. Diese Probleme "... gehören zu den kompliziertesten des gesamten Gewerberechts."[150]

Nach Ansicht des Bundesverwaltungsgerichtes lassen sich allgemeingültige Merkmale kaum bestimmen.[151] Denn die in der Positivliste enthaltenen Handwerkszweige weisen so unterschiedliche Wirtschafts-, Arbeits- und Absatzbedingungen auf, daß nach Meinung des Bundesverwaltungsgerichtes, also aus juristischer Sichtweise, eine Beurteilung nach einheitlichem Maßstab nicht erfolgen kann. Um so mehr stellt sich damit die Frage, ob mit dieser Heterogenität eine Marktzugangsbeschränkung vereinbar ist. Auch wenn Handwerk schwer zu definieren ist, müßten jedoch die einzelnen Zweige Eigenheiten aufweisen, die zwingend eine Meisterprüfung, also eine Marktzugangsbeschränkung, erfordern. Demzufolge besteht das eigentliche Problem darin, zu ermitteln, worin die charakteristischen Merkmale der handwerksmäßigen Betriebsform liegen.

Um die Handwerksmäßigkeit zu bestimmen, stellt man Vergleiche mit anderen Betriebsformen, vornehmlich dem Industrie- oder Fabrikbetrieb, an.[152] Sowohl Rechtsprechung als auch zahlreiche Veröffentlichungen beschäftigen sich mit der Frage, woran ein Handwerksbetrieb zu erkennen ist. Seitens der Rechtsprechung wird darauf verwiesen, daß die Abgrenzungskriterien lediglich Erkenntnishilfen darstellen[153] und entscheidend das "... technische und wirtschaftliche Gesamtbild des Produktionsablaufs ..."[154] ist.

Die Kommentare zur HwO nennen als wesentliche Abgrenzungsmerkmale die Kriterien Betriebsgröße, persönliche Mitarbeit des Betriebsinhabers, fachliche Qualität der Mitarbeiter, Arbeitsteilung im Betrieb, Verwendung von Maschinen, betriebliches Arbeitsprogramm.[155] Siegert und Musielak nehmen demgegenüber eine Einschränkung vor und nennen als Kriterien die

---

150   Siegert, A., Musielak, H.-J. (1984), § 1, Rn. 18, S. 80.

151   Vgl. Siegert, A., Musielak, H.-J. (1984), § 1, Rn. 20, S. 81.

152   Vgl. Kübler, K.-J. u. a. (1986), § 1, Rn. 12, S. 16. Daher wird die Ermittlung der Handwerksmäßigkeit in der einschlägigen Literatur auch mit dem Schlagwort "Abgrenzung zwischen Industrie und Handwerk" bezeichnet.

153   Vgl. Schwarz, P. (1988), S. 1.

154   Siegert, A., Musielak, H.-J. (1984), § 1, Rn. 21, S. 81.

155   Vgl. Honig, G. (1993), § 1, Rn. 55 ff., S. 96 ff., ebenso Eyermann, E. u. a. (1973), § 1, Rn. 13 ff., S. 70 ff. Eine Diskussion der Kriterien ist zu finden bei Kübler, Aberle und Schubert. Vgl. Kübler, K.-J. u. a. (1986), § 1, Rn. 12, S. 15 ff.

technische Ausstattung des Betriebes, das Ausmaß der Arbeitsteilung, die Qualifikation der Mitarbeiter.[156]

Im ökonomischen und regulierungstheoretischen Sinn liefert besonders die Handwerksmäßigkeit Hinweise auf typische Merkmale des Handwerks, auf angebotsseitige und nachfrageseitige Besonderheiten sowie auf Marktbesonderheiten. Weil die Sonderstellung einer Branche nur dann gerechtfertigt erscheint, wenn tatsächlich Besonderheiten vorliegen, die mit anderen wirtschaftspolitischen Mitteln nicht zu beheben sind und Funktionsstörungen zur Folge haben, sind die Abgrenzungskriterien noch näher zu untersuchen.

Das bisher dargestellte Handwerk wird auch als Vollhandwerk oder handwerklicher Hauptbetrieb bezeichnet. Daneben trifft die HwO differenzierte Unterscheidungen zwischen handwerksähnlichen Gewerben sowie handwerklichen Neben- und Hilfsbetrieben. Hinzu kommen handwerklich Tätige in der Industrie und im Handel, beispielsweise der Friseur oder der Bäcker im Kaufhaus. Welche Vorschriften nach der HwO für diesen Bereich gelten und was sich hinter handwerklichen Neben- und Hilfsbetrieben sowie handwerksähnlichen Gewerben verbirgt, ist Gegenstand des nächsten Abschnitts.

3.2 Handwerksähnliche Gewerbe, Haupt-, Neben- und Hilfsbetriebe

Handwerksähnliche Gewerbe

Ein Großer Befähigungsnachweis, also eine Meisterprüfung, ist nicht erforderlich für handwerksähnliche Gewerbe, für sie gilt uneingeschränkte Gewerbefreiheit.[157] Als handwerksähnlich gelten jene Gewerbe, die in handwerksähnlicher Betriebsform betrieben und in der Anlage B zur HwO[158] aufgeführt sind. Beginn und Beendigung eines handwerksähnlichen Gewerbes sind der Handwerkskammer unverzüglich anzuzeigen. Entsprechend der Handwerksrolle führt die Handwerkskammer ein Verzeichnis der handwerksähnlichen Betriebe, in das die Inhaber mit dem von ihnen betriebenen Gewerbe eingetragen sind (§ 19 HwO).

Analog zur Bestimmung des Handwerksbegriffs beim Vollhandwerk enthält die HwO keine umfassende Definition des handwerksähnlichen Gewerbes. Im Unterschied zum Handwerk verlangt man für die Zugehörigkeit zum handwerksähnlichen Gewerbe nicht wie beim Handwerk der Anlage A die Ausübung wesentlicher Tätigkeiten, sondern daß " ... in handwerksähn-

---

156   Vgl. Siegert, A., Musielak, H.-J. (1984), § 1, Rn. 22 ff., S. 81 ff. Auf eine Erläuterung der Kriterien wird an dieser Stelle verzichtet, darauf wird bei den Branchenbesonderheiten näher eingegangen.

157   Vgl. Siegert, A., Musielak, H.-J. (1984), § 18, Rn. 2, S196 f. Die handwerksähnlichen Gewerbe sind in den §§ 18 - 20 HwO geregelt.

158   Vgl. die Übersicht der Anlage B im Anhang 3.

licher Betriebsform die zu einem der in Anlage B genannten Gewerbe typischerweise gehörenden Arbeitsgebiete in einem Betrieb ausgeübt werden."[159]

Berufsbilder bestehen für Anlage B nicht, für die Zuordnung zur Anlage B sind Einzelfallentscheidungen nach der Verkehrsauffassung zu treffen. Vielmehr entscheidend ist, ob das technische und wirtschaftliche Gesamtbild des Unternehmens nach Ansicht der beteiligten Wirtschaftskreise auf ein Gewerbe der Anlage B hinweist. Auch handwerksähnliche Gewerbe können nur selbständig als stehendes Gewerbe ausgeübt werden.[160]

Weiteres Kriterium für ein handwerksähnliches Gewerbe ist die Betriebsform, "... diese muß der handwerklichen ähnlich sein."[161] Für die Abgrenzung handwerksähnlicher Gewerbe zur Industrie werden die Abgrenzungsmerkmale Handwerk - Industrie in abgewandelter Form genommen.[162]

Die §§ 18 bis 20 HwO nahm der Gesetzgeber mit der Novelle zur HwO 1965 auf. Zuvor fielen die handwerksähnlichen Gewerbe in den Zuständigkeitsbereich der Industrie- und Handelskammern. Durch eine Steuerrechtsänderung war eine Neuordnung erforderlich geworden. Die Zuständigkeit für die handwerksähnlichen Gewerbe verlegte man in den Zuständigkeitsbereich der Handwerkskammern, weil sie für eine Betreuung und Beratung angeblich besonders gut geeignet sind.[163]

Haupt-, Neben- und Hilfsbetriebe

Die HwO unterscheidet ferner Haupt-, Neben- und Hilfsbetriebe. Das handwerkliche Schrifttum vermerkt dazu, daß die Auslegung der HwO zu Neben- und Hilfsbetrieben Schwierigkeiten bereitet, obwohl dazu eine "... besonders umfangreiche, nicht einheitliche Rechtsprechung und unterschiedliche Ansichten innerhalb der Wissenschaft und der betroffenen Kreise der Wirtschaft"[164] vorliegen. Die Abgrenzung zwischen Haupt-, Neben- und Hilfsbetrieb, und damit die Festlegung der Betriebsart, ist bestimmend für den Geltungsbereich der HwO. Während Inhaber von Hilfsbetrieben und unerheblichen Nebenbetrieben nicht den Vorschriften der HwO unterliegen, also nicht in die Handwerksrolle einzutragen sind und keinen Großen Befähigungsnachweis vorweisen müssen, ist dieser nach § 2 HwO sehr wohl "... für gewerbliche Betriebe des Bundes, der Länder, der Gemeinden und der sonstigen juristischen Personen des

---

159   Siegert, A., Musielak, H.-J. (1984), § 18, Rn. 5, S. 198.

160   Vgl. Siegert, A., Musielak, H.-J. (1984), § 18, Rn. 13, S. 200.

161   Siegert, A. Musielak, H.-J. (1984), § 18, Rn. 8, S. 199.

162   Vgl. ebenda S. 199. Zu den Abgrenzungsmerkmalen Handwerk - Industrie vgl. Kapitel II, Abschnitt 3.1.

163   Vgl. Siegert, A., Musielak, H.-J. (1984), § 18, Rn. 1, S. 195 f.

164   Schwappach, J., Klinge, G. (1987), S. 73.

öffentlichen Rechts, in denen Waren zum Absatz an Dritte handwerksmäßig bewirkt werden"[165] und für Nebenbetriebe erforderlich. Ein Großer Befähigungsnachweis ist ebenso erforderlich für "... handwerkliche Nebenbetriebe, die mit einem Versorgungsunternehmen oder ... öffentlich-rechtlichen Stellen verbunden sind, für handwerkliche Nebenbetriebe, die mit einem Unternehmen des Handwerks, der Industrie, des Handels, der Landwirtschaft oder sonstiger Wirtschafts- und Berufszweige verbunden sind."[166]

Nebenbetriebe

§ 3 Abs. 1 und 2 HwO definieren Nebenbetriebe als Betriebe, in denen "... Waren zum Absatz an Dritte handwerksmäßig hergestellt oder Leistungen für Dritte handwerksmäßig bewirkt werden, es sei denn, daß eine solche Tätigkeit nur in unerheblichem Umfang ausgeübt wird, oder daß es sich um einen Hilfsbetrieb handelt. Eine Tätigkeit ... ist unerheblich, wenn sie während eines Jahres den durchschnittlichen Umsatz und die durchschnittliche Arbeitszeit eines ohne Hilfskräfte arbeitenden Betriebes des betreffenden Handwerkszweiges nicht übersteigt."[167]

Dennoch stellt sich an dieser Stelle die Frage, durch welche Kriterien ein Nebenbetrieb und ein Hilfsbetrieb bestimmt werden. Der handwerkliche Nebenbetrieb muß ein handwerksfähiges stehendes Gewerbe sein, dessen Betrieb handwerksmäßig geführt wird. Der Begriff Haupt- und Nebenbetrieb weist darauf hin, daß der wirtschaftliche Schwerpunkt beim Hauptbetrieb und nicht beim Nebenbetrieb liegen muß. Haupt- und Nebenbetrieb dürfen ferner nicht auf die gleiche handwerkliche Tätigkeit ausgerichtet sein. Zwischen Haupt- und Nebenbetrieb ist sowohl eine wirtschaftliche als auch organisatorische Verbundenheit notwendig. So sollen Leistungen des Nebenbetriebes die Wirtschaftlichkeit steigern und organisatorisch soll der innere Geschäftsbetrieb aufeinander abgestimmt sein.[168]

Umstritten ist, inwieweit eine fachliche Verbundenheit zwischen Haupt- und Nebenbetrieb zu bestehen hat. Die Tätigkeit des Nebenbetriebes soll nach dem Bundesverwaltungsgericht das Betriebsprogramm des Hauptbetriebes fachlich, aber auch unter wirtschaftlichem Gesichtspunkt sowie aus der Sichtweise des Nachfragers ergänzen und erweitern.[169] In der Rechtsprechung ausführlich behandelte Beispiele sind Gebrauchtwagenhandel oder Tankstellen mit einer Reparaturwerkstatt als Nebenbetrieb.

---

165   Siegert, A., Musielak, H.-J. (1984), HwO § 2, S. 93.

166   Ebenda S. 93.

167   Siegert, A., Musielak, H.-J. (1984), § 3 HwO, S. 96.

168   Vgl. Schwappach, J., Klinge, G. (1987), S. 73 f.

169   Vgl. ebenda S. 75 ff. Vgl. auch die dort gegebenen umfangreichen Hinweise auf die ergangenen Urteile. Ferner ist eine ausführliche Diskussion zu finden bei Küffner, G. (1977), S. 168, ff. und Siegert, A., Musielak, H.-J. (1984), S. 97 ff.

Hilfsbetriebe

Hilfsbetriebe im engeren Sinn liegen vor, wenn Leistungen für den Hauptbetrieb ausgeführt werden, Hilfsbetriebe im weiteren Sinn erstellen handwerkliche Tätigkeiten für Dritte. Die Art der Tätigkeit ist § 3 Abs. 3 der HwO zu entnehmen und rechtlich eng auszulegen, um Konkurrenz zu selbständigen Handwerkern zu unterbinden.[170]

Die nachstehende Übersicht faßt die Formen handwerklicher Betätigung[171] noch einmal zusammen.

Abbildung 3: **Übersicht über die Formen handwerklicher Betätigung**

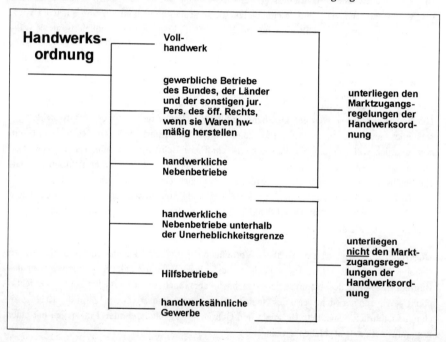

---

[170] Vgl. Siegert, A., Musielak, H.-J. (1984), § 3, Rn. 16, S. 103.

[171] Die Begriffe Handwerksform oder Formen handwerklicher Betätigung sind in der HwO nicht enthalten. Die Begriffe werden zur Kennzeichnung der Betriebs- und Gewerbeformen verwendet, die nach der HwO zu unterscheiden sind.

3.3 Zusammenfassung

Wie schon die Handwerksgesetzgebung Ende des 19. Jh. legt auch die heutige HwO den Begriff Handwerk nicht exakt fest. Ein Handwerksbetrieb liegt dann vor, wenn ein stehender selbständiger Gewerbebetrieb vorliegt, der handwerksfähig ist und handwerksmäßig betrieben wird. Handwerksfähig sind jene Gewerbe, die in der Anlage A aufgeführt sind. Zur Beurteilung der Handwerksmäßigkeit werden verschiedene Kriterien herangezogen.

Die HwO enthält keine Legaldefinition des Handwerks. Vielmehr wählte der Gesetzgeber den dynamischen Handwerksbegriff, der impliziert, daß sich Handwerksbetriebe der dynamischen Wirtschaftsentwicklung anpassen können und nicht durch einen gesetzlichen Begriff in ihrer Tätigkeit beschränkt werden. Allerdings führt dieser dynamische Handwerksbegriff zu Abgrenzungsschwierigkeiten, weil Rechtsprechung und Lehre eine tatsächliche Abgrenzung anhand von Entscheidungshilfen überlassen wird.[172]

Auch bei handwerksähnlichen Gewerben, die in Anlage B aufgeführt sind und für die kein Großer Befähigungsnachweis als Marktzugangsvoraussetzung erforderlich ist, muß eine Abgrenzung vom übrigen Gewerbe vorgenommen werden, weil die handwerksähnlichen Gewerbe in den Zuständigkeitsbereich der Handwerkskammer und nicht der Industrie- und Handelskammer fallen.

Handwerkliche Nebenbetriebe unterliegen den Bestimmungen der HwO. Ein großer Befähigungsnachweis ist demnach erforderlich, wenn die handwerkliche Nebentätigkeit in einem Gewerbe der Anlage A die Unerheblichkeitsgrenze übersteigt, ein Hauptbetrieb vorliegt und Haupt- und Nebenbetrieb wirtschaftlich und organisatorisch verbunden sind. Die Bestimmungen der HwO gelten auch für handwerkliche Betriebe des Bundes, der Länder und Gemeinden. Hilfsbetriebe und unerhebliche Nebenbetriebe unterliegen nicht den Bestimmungen der HwO.

Wie die Rechtsprechung zeigt, führen sowohl Abgrenzungsprobleme als auch die Ermittlung der Unerheblichkeitsgrenze zu Schwierigkeiten und Streitigkeiten. Diese Beispiele der handwerksähnlichen Gewerbe sowie der Neben- und Hilfsbetriebe verdeutlichen besonders die Komplexität und Rechtsproblematik der HwO in der Praxis. Darauf wird in der empirischen Untersuchung noch näher eingegangen. Für die betroffenen Betriebe, die zur Klärung die Rechtsprechung in Anspruch nehmen, sind derartige Rechtsstreitigkeiten - dies läßt sich schon vorab festhalten - mit erheblichen Opportunitätskosten verbunden.

Als Ergebnis ist festzuhalten, daß die HwO sehr differenzierte Formen handwerklicher oder handwerksähnlicher Betätigung kennt und damit von der rechtlichen Betrachtungsweise und den rechtlichen Formen her, Handwerk ein sehr heterogenes Erscheinungsbild aufweist.

172 Vgl. Siegert, A., Musielak, H.-J. (1984), Rn. 11, S. 77.

Die rechtliche Seite des Handwerks steht in einem engen Zusammenhang zur Regulierungsdiskussion. Zur Diskussion stehen besonders jene Regelungen, die eine Ausübung des Handwerks bestimmen. Die rechtliche Ausformung und Differenzierung legt die Stärke der Regulierung fest. Des weiteren determiniert die rechtliche Seite die ökonomische Situation des gesamten Handwerks. Denn der Anteil des Handwerks an der Gesamtwirtschaft und die ökonomische Bedeutung des Handwerks werden über die Anzahl der in Anlage A festgelegten Handwerkszweige, also über die Handwerksfähigkeit und durch die Definition der Handwerksmäßigkeit bestimmt.

Obwohl seitens der Verbände des Handwerks eine Abgrenzungsproblematik verneint wird,[173] stuft der Kommentar diese Probleme wie geschildert als besonders komplexes Problem ein. Dadurch erhält die Regulierungsdiskussion eine besondere Brisanz, wenn Wesensunterschiede nicht eindeutig formuliert sind und mehr und mehr verwischen.

Im nächsten Abschnitt soll aus volks- und betriebswirtschaftlicher Betrachtungsweise ein statistischer Überblick über das Handwerk in Abgrenzung der HwO gegeben und verdeutlicht werden, welche Bedeutung das Handwerk für die Gesamtwirtschaft hat und welche Funktionen es ausübt.

4. Volks- und betriebswirtschaftliche Betrachtungsweise des Handwerks

4.1 Statistische Erfassung des Handwerks

Die Erfassung der Marktstellung und der Struktur des Handwerks ist mit statistischen Problemen behaftet. Das Handwerk wird als Sektor in den amtlichen Statistiken nicht gesondert ausgewiesen. In der nach Wirtschaftssektoren gegliederten Statistik des Statistischen Bundesamtes, die zehn Wirtschaftsabteilungen unterscheidet, bildet das Handwerk keinen eigenen Wirtschaftszweig. Handwerksleistungen sind in den ausgewiesenen Daten der einzelnen Sektoren, also des Verarbeitenden Gewerbes, des Baugewerbes, des Handels oder der Dienstleistungen enthalten. Allerdings ist die Unterteilung nicht spezifiziert genug, um Anteile eines bestimmten Handwerkszweiges ermitteln zu können.

Weitere statistische Schwierigkeiten entstehen durch handwerkliche Nebenbetriebe der Industrie, des Handels, der Landwirtschaft und sonstiger Wirtschaftszweige. Rechtlich zählen diese Nebenbetriebe zum Handwerk, denn für die Selbständigkeit ist ein Großer Befähigungsnachweis oder eine Ausnahmebewilligung erforderlich. Statistisch aber ist die Handhabung unterschiedlich. Einige Statistiken erfassen die Nebenbetriebe, andere aber nicht.

---

[173]   Vgl. Zentralverband des Deutschen Handwerks, 1991, S. 9.

Differenzen treten in den amtlichen Statistiken zwischen dem Unternehmensbestand und dem Betriebsbestand des Handwerks auf. Die Zahl der Handwerksunternehmen ist niedriger als der Betriebsbestand des Handwerks, weil einerseits in den Betriebszahlen die handwerklichen Nebenbetriebe enthalten sind und andererseits ein Unternehmen mehrere Betriebe umfassen kann. Hat eine Person beispielsweise Meisterprüfungen als Gas- und Wasserinstallateur, Zentralheizungs- und Lüftungsbauer und Elektroinstallateur abgelegt, so umfaßt das "eine Unternehmen" drei Betriebe.

Hinzu kommt, daß amtliche statistische Totalerhebungen des Handwerks, die sogenannten Handwerkszählungen, nach 1956, 1963, 1968 zuletzt 1977 stattfanden und die durch Fortschreibung gewonnenen Daten mit Unsicherheiten behaftet sind.[174]

Eine Betrachtung des Handwerks aus volks- und betriebswirtschaftlicher Sichtweise soll zum einen ein Bild von der gesamtwirtschaftlichen Bedeutung und Entwicklung des Wirtschaftsbereichs Handwerk liefern, zum anderen die sektoralen und betrieblichen Strukturen des Handwerks aufzeigen. Die volkswirtschaftliche Bedeutung und Entwicklung des Handwerks ist zumindest teilweise als abhängige Variable zu betrachten, denn die rechtliche Definition und Ausgestaltung, und somit die Regulierung, determiniert die volkswirtschaftliche Bedeutung. Im Umkehrschluß erleichtert eine starke Marktposition die Durchsetzung von Regulierungsforderungen und die Abwehr von Deregulierungsforderungen. Der folgende Abschnitt wendet sich der gesamtwirtschaftlichen Bedeutung und Entwicklung des Handwerks zu.

4.2   Gesamtwirtschaftliche Bedeutung und Entwicklung des Handwerks

Das verwendete Datenmaterial beschränkt sich wegen der unbefriedigenden Datenlage in den neuen Bundesländern, die teilweise die Gewerbestatistik der DDR fortschreiben, auf das frühere Bundesgebiet.[175]

Ein Kriterium für die wirtschaftliche Bedeutung des Handwerks ist die Bruttowertschöpfung. Zu berücksichtigen ist, daß die angegebene Bruttowertschöpfung, ermittelt aus dem Bruttoproduktionswert abzüglich der Vorleistungen,[176] auch die Handelsspanne aus dem Verkauf nicht handwerklicher Güter enthält. Diese überzeichnet also die reine Bruttowertschöpfung des Handwerks, die aber statistisch nicht erhoben wird.

---

174   Darauf weist auch der Zentralverband des Deutschen Handwerks hin. Vgl. Zentralverband des Deutschen Handwerks (1993), S. 48 f. Im März 1994 ist das Gesetz über Statistiken im Handwerk (Handwerkstatistikgesetz) in Kraft getreten. Aufgrund dieses Gesetzes wird zum Stichtag 31. März 1995 eine neue Handwerkszählung angeordnet. Vgl. o. V. (1994), S. 156 f.

175   Vgl. Rheinisch-Westfälisches Institut für Wirtschaftsforschung (1992), S. 25, Rheinisch-Westfälisches Institut für Wirtschaftsforschung (1993), S. 26.

176   Vgl. Statistisches Bundesamt (Hrsg.) (1993), S. 675 f.

42

Die nachstehende Abbildung 4 gibt einen Überblick über die Bruttowertschöpfung.

Abbildung 4: **Anteil des Handwerks an der Bruttowertschöpfung der Bundesrepublik Deutschland**

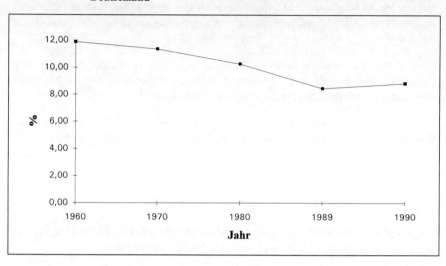

Quelle: Vgl. Statistisches Bundesamt (Hrsg.) (1993), S. 685.

Erläuterung:
Angegeben ist die Bruttowertschöpfung in jeweiligen Preisen, ohne handwerkliche Nebenbetriebe.

Wie aus der Abbildung zu ersehen ist, sank der Anteil des Handwerks an der Bruttowertschöpfung von 1960 bis 1989 von 11, 9 % auf 8,4 %. 1990 ist ein leichter Anstieg auf 8,8 % zu verzeichnen. Die rückläufige Tendenz hat verschiedene Ursachen. Da nahezu 40 % der gesamten Handwerksbetriebe dem Bau- und Ausbaugewerbe angehören,[177] hängt die rückläufige Entwicklung zu einem gewissen Teil mit der rezessiven Entwicklung in der Bauwirtschaft in den achtziger Jahren zusammen. Diese Krise ist ebenso mitverantwortlich für den Beschäftigtenabbau in den achtziger Jahren, wie aus der Abbildung 5 hervorgeht.

---

[177]   Vgl. Kucera, G., Kornhardt, U. (o. J.), S. 15, S. 27 f.

Abbildung 5:   Entwicklung der Zahl der Beschäftigten im Handwerk

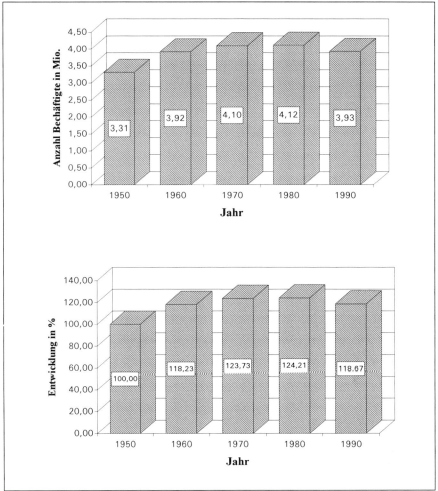

Quelle: Vgl. Zentralverband des Deutschen Handwerks (1993), S. 41.

Erläuterung:
Die Zahlen basieren auf eigenen Berechnungen und Fortschreibungen des ZDH. Angegeben ist der Durchschnittswert im Berichtszeitraum ohne handwerksähnliche Gewerbe.

44

Die Entwicklung der Beschäftigten ist ein weiteres Kriterium für die gesamtwirtschaftliche Bedeutung des Handwerks. Obwohl die Zahl der Beschäftigten im Zeitablauf anstieg, nahm der Anteil der Beschäftigten an der Zahl der Erwerbstätigen,[178] wie Abbildung 6 zeigt, leicht ab.

Abbildung 6:   Anteil des Handwerks an der Zahl der Erwerbstätigen

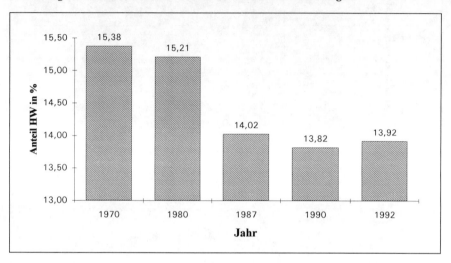

Quelle: Vgl. Statistisches Bundesamt (Hrsg.) (1993), S. 112, Zentralverband des Deutschen Handwerks (1993), S. 41.

Erläuterung:
Der Anteil des Handwerks basiert auf der Fortschreibung des ZDH, zugrunde gelegt wurden die Jahresdurchschnittswerte ohne handwerksähnliches Gewerbe.

Die Arbeitsproduktivität im Handwerk, gemessen an der Wertschöpfung pro Erwerbstätigen, weist nur vergleichsweise geringe Produktivitätsfortschritte auf. Im Vergleich zu Industrie und Einzelhandel stieg die Arbeitsproduktivität des Handwerks von 1970 bis 1987 um knapp 10 %, während Industrie und Einzelhandel Produktivitätssteigerungen von rund 80 % bzw. 56 % verzeichneten.[179]

---

[178]   Zu den Erwerbstätigen zählen jene Personen, die in einem Arbeitsverhältnis stehen (auch Soldaten und mithelfende Familienangehörige) oder Selbständige in Gewerben, der Landwirtschaft und freien Berufen. Vgl. Statistisches Bundesamt (Hrsg.) (1993), S. 109.

[179]   Berechnungen nach Kucera, G., Kornhardt, U. (o. J.), S. 18 ff. auf Basis der Daten des Statistischen Bundesamtes.

Auch die Zahl der Betriebe und Unternehmen sowie der Anteil des Handwerks am Gesamtunternehmensbestand bestätigen die rückläufige Tendenz und abnehmende gesamtwirtschaftliche Bedeutung des Handwerks.[180]

Abbildung 7: **Entwicklung der Anzahl der Handwerksunternehmen von 1950 bis 1990**

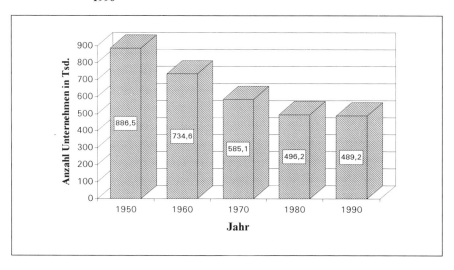

Quelle: Vgl. Zentralverband des Deutschen Handwerks (1993), S. 41.

Erläuterung:
In den Zahlen ist das handwerksähnliche Gewerbe nicht enthalten, es sind die Stände zum jeweiligen Ende des Berichtszeitraumes nach der Fortschreibung des Zentralverbandes angegeben.

Die mittleren Betriebs- und Unternehmensgrößen erhöhten sich im Zeitablauf. Die durchschnittliche Zahl der Beschäftigten pro Handwerksbetrieb erhöhte sich von 5,0 (1960) auf 7,6 (1992), pro Handwerksunternehmen von 5,3 (1960) auf 8,3 (1992).[181]

---

[180]   Neben der Bruttowertschöpfung, den Unternehmen, Betrieben und Beschäftigten wird in der Literatur der Umsatz als Maßgröße für die Entwicklung des Handwerks verwendet. Die Angaben über die Umsätze des Handwerks enthalten aber neben den reinen handwerklichen Umsätzen auch die Handelsumsätze mit nicht handwerklichen Gütern. Vgl. Statistisches Bundesamt (Hrsg.) (1993), S. 204. Da sich reiner Handwerksumsatz und Handelsumsatz unterschiedlich oder gegenläufig verändern können, kann anhand der Umsätze keine Aussage über die Entwicklung des Handwerks getroffen werden. Auf eine Darstellung wird deshalb hier verzichtet.

[181]   Vgl. Zentralverband des Deutschen Handwerks (1993), S. 41, eigene Berechnungen.

1970 betrug der Anteil der Handwerksunternehmen an der Gesamtzahl der Unternehmen 31 %, 1987 nur noch 23 %, wie Abbildung 8 auch in absoluten Zahlen zeigt.

Abbildung 8:   Anteil der Handwerksunternehmen an der Gesamtzahl aller Unternehmen

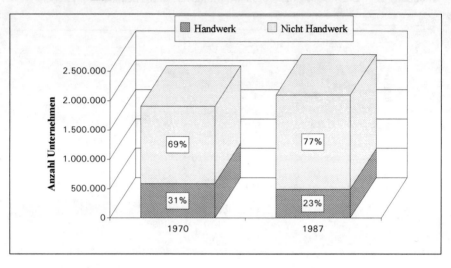

Quelle: Vgl. Statistisches Bundesamt (Hrsg) (1980 und 1993), Zentralverband des Deutschen Handwerks (1993), eigene Berechnungen.

Während in der Gesamtwirtschaft die Zahl der Unternehmen stieg, nahm die Anzahl der Handwerksbetriebe ab, wie Abbildung 9 verdeutlicht.[182]

Abbildung 9:   Entwicklung der Anzahl der Handwerksbetriebe von 1960 bis 1992

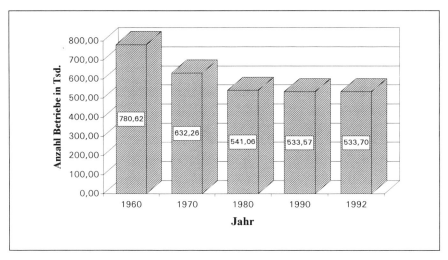

Quelle: Vgl. Zentralverband des Deutschen Handwerks (1993), S. 51.

Erläuterung:
Die Zahlen basieren auf der Fortschreibung des Zentralverbandes und enthalten auch die handwerklichen Nebenbetriebe.

---

[182]   Zu den Unterschieden zwischen Handwerksunternehmen und Handwerksbetrieben und der statistischen Erfassung vgl. Abschnitt 4.1 dieses Kapitels.

Die Verteilung von Beschäftigten auf einzelne Betriebsgrößen des Handwerks ist der nachfolgenden Abbildung 10 zu entnehmen.

Abbildung 10:   Anteil der Unternehmen in den Beschäftigtengrößenklassen

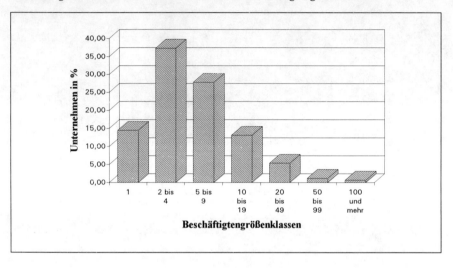

Quelle: Vgl. Statistisches Bundesamt (1991), Daten auf Basis der Arbeitsstättenzahlung 1987, ohne handwerksänliche Gewerbe, eigene Berechnungen. Die Zahl der Handwerksunternehmen auf Basis der Arbeitsstättenzählung 1987 ist niedriger als die auf der Grundlage der Fortschreibung vom Zentralverband ermittelte Anzahl der Handwerksunternehmen. Ursache sind verspätete und unterlassene Abmeldungen sowie Fortdauer der Eintragung von Handwerksmeistern, die nur noch gelegentlich tätig sind.[183]

Deutlich wird anhand der Abbildung die Dominanz kleiner Unternehmen, rund 52 % der Unternehmen beschäftigen bis zu vier Arbeitnehmer, 1,9 % der Unternehmen haben mehr als 50 Beschäftigte. Ein anderes Bild ergibt sich, wenn man die Arbeitnehmer in den Beschäftigtengrößenklassen betrachtet, wie Abbildung 11 zeigt.

---

[183]   Verwendet wurde die Statistik des Statistischen Bundesamtes, die Daten des Zentralverbandes liefern keine Aufschlüsselung der Unternehmen und Arbeitnehmer nach Beschäftigtengrößenklassen.

Abbildung 11:   Anteil der Arbeitnehmer in den Beschäftigtengrößenklassen

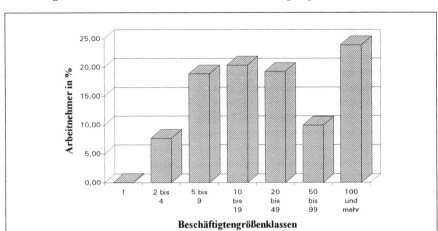

Quelle: Vgl. Statistisches Bundesamt 1991, Daten auf Basis der Arbeitsstättenzählung 1987, ohne handwerksähnliche Gewerbe, eigene Berechnungen.

Der Anteil der Beschäftigten in Unternehmen mit 100 und mehr Arbeitnehmern an der Gesamtzahl der Beschäftigten betrug knapp 24 %. In Unternehmen mit 50 und mehr Mitarbeitern
waren damit insgesamt 33 % der Arbeitnehmer tätig, 1977 waren es noch 25 %.[184] Über ein
Drittel der Beschäftigten ist folglich in größeren Betrieben tätig.

---

[184]   Vgl. Zentralverband des Deutschen Handwerks (1993), S. 42.

50

Im Gegensatz dazu hat sich die Zahl der handwerksähnlichen Gewerbe, für die keine Marktzugangsvoraussetzungen in Form der Meisterprüfung bestehen, fast verdreifacht, wie nachstehende Abbildung 12 zeigt.

**Abbildung 12: Entwicklung der Anzahl der Betriebe des handwerksähnlichen Gewer-
bes von 1970 bis 1992**

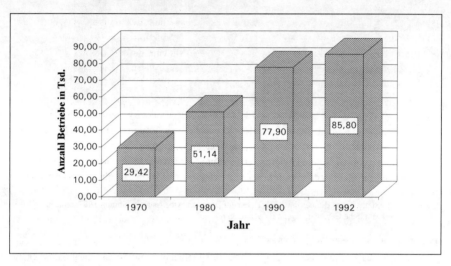

Quelle: Vgl. Zentralverband des Deutschen Handwerks (1993), S. 51.

Erläuterung:
Die Zahlen basieren auf der Fortschreibung des Zentralverbandes.

Festzuhalten ist, daß die Bruttowertschöpfung und Anteile des Handwerks an der Zahl der Erwerbstätigen, Unternehmen und Betriebe bis 1989 eine rückläufige Tendenz aufweisen. Zwischen 1990 und 1992 ist ein leichter Aufwärtstrend zu beobachten. Insgesamt nahm die gesamtwirtschaftliche Bedeutung des Handwerks im Zeitablauf ab.

Die seit 1990 zu beobachtende leichte Verbesserung der Ergebnisse ist überlagert durch verschiedene Sondereinflüsse. So profitierte das Handwerk überraschend stark von der Wiedervereinigung[185] und der dadurch bedingten Auslastung der Industrie. Das Handwerk trat verstärkt als Zulieferer und Dienstleister für die Industrie ein und konnte Vorteile aus dem Nach-
holbedarf in Ostdeutschland, besonders in den Bereichen des Kfz-Handwerks und des Radio-

---

[185]   Vgl. Rheinisch-Westfälisches Institut für Wirtschaftsforschung (1992), S. 7 ff.

und Fernsehtechnikerhandwerks, ziehen.[186] Zudem profitierte das Handwerk von der durch die Wiedervereinigung bedingten Ausdehnung von Produktion und Einkommen auf lokalen und regionalen Märkten. Sondereinflüsse entstanden zudem durch das geplante und zum 1. 1. 1993 in Kraft getretene Gesundheitsstrukturgesetz. Vorteile entstanden daraus für Gesundheitshandwerke, weil Patienten geplante Behandlungen vorzeitig durchführen ließen.[187]

Die rückläufige Entwicklung des Handwerks wird neben der schon beschriebenen Krise der Bauwirtschaft auf die handwerksspezifische Produktions- und Leistungsstruktur zurückgeführt,[188] die durch eine personal- und arbeitsintensive Produktionsweise gekennzeichnet ist. Die Entwicklung und das Zurückbleiben der Arbeitsproduktivität des Handwerks im Vergleich zu anderen Wirtschaftszweigen deutet auf eine geringere Wettbewerbsfähigkeit und verschlechterte Marktposition des Handwerks hin.[189] Zwar weist die nominale Wertschöpfung Berechnungen von Kucera und Kornhardt zufolge in den siebziger Jahren nur geringe Unterschiede zu anderen Wirtschaftsbereichen auf.[190] Dies liefert Hinweise darauf, daß sich zumindest in den siebziger Jahren Produktivitätsdefizite durch hohe Preissteigerungen kompensieren ließen. Kucera und Kornhardt ziehen daraus folgendes Resümee: "Letztlich spielt es aber für die Beurteilung der Markt- und Wettbewerbsstellung des Handwerks keine Rolle, ob Umsatzsteigerungen aufgrund von Produktivitätsunterschieden oder von überdurchschnittlichen Preissteigerungen erzielt werden konnten."[191]

Für die Marktposition sind überdurchschnittliche Preissteigerungen nicht von Bedeutung, wohl aber für gesamtwirtschaftliche Wohlfahrt. In diesem Zusammenhang ist im Laufe der Untersuchung zu berücksichtigen, ob die Regulierung in gewissen Bereichen des Handwerks Monopolstellungen schafft, die höhere Preissteigerungen zulassen. Für die Untersuchung des Handwerks stellt sich die Frage, ob diese Entwicklung eng mit den Branchenbesonderheiten des Handwerks zusammenhängt und inwieweit ein Einfluß durch die Marktzugangsregulierung vorliegt.

186   Vgl. Rheinisch-Westfälisches Institut für Wirtschaftsforschung (1992), S. 12.

187   Vgl. Rheinisch-Westfälisches Institut für Wirtschaftsforschung (1993), S. 73.

188   Vgl. Kucera, G., Kornhardt, U. (o. J.), S. 24 f.

189   So auch Kucera, G., Kornhardt, U. (o. J.), S. 21.

190   Vgl. hierzu und zum folgenden Kucera, G., Kornhardt, U. (o. J.), S. 28.

191   Kucera, G., Kornhardt, U. (o. J.), S. 28.

4.3 Marktstruktur des Handwerks

Die in Anlage A aufgeführten Gewerbe, die als Handwerk betrieben werden können, sind in sieben Gruppen unterteilt.[192]

Die unterschiedlichen Handwerksgruppen und die darin enthaltenen weitgestreuten Berufe vom Gebäudereiniger, Zupfinstrumentenmacher, über den Müller, Fotografen, Zahntechniker, Estrichleger, Friseur sowie Schilder- und Lichtreklamehersteller bis hin zum Schornsteinfeger, Schiffbauer und Bürsten- und Pinselmacher offenbaren die Vielseitigkeit und Heterogenität des Handwerks. Zudem wird schon an dieser Stelle deutlich, daß das Handwerk auf sehr unterschiedlichen Absatzmärkten tätig ist. Die heterogene Struktur des Handwerks kann innerhalb der Handwerksorganisation Interessenunterschiede bewirken, die sich auch in der Diskussion um den Großen Befähigungsnachweis niederschlagen.

Anlage A zur HwO unterscheidet folgende Handwerksgruppen:

I   Gruppe der Bau- und Ausbaugewerbe,

II   Gruppe der Elektro- und Metallgewerbe,

III   Gruppe der Holzgewerbe,

IV   Gruppe der Bekleidungs-, Textil- und Ledergewerbe,

V   Gruppe der Nahrungsmittelgewerbe,

VI   Gruppe der Gewerbe für Gesundheits- und Körperpflege sowie der chemischen und Reinigungsgewerbe,

VII   Gruppe der Glas-, Papier-, keramischen und sonstigen Gewerbe.

---

[192]   Vgl. hierzu und zum folgenden Anlage A im Anhang 2. Welche einzelnen Handwerkszweige zu den Gruppen gehören, ist anhand der Anlage A nachzuvollziehen.

Die beiden nachfolgenden Tabellen geben einen Überblick über die Entwicklung der Betriebe und Beschäftigten in den Handwerksgruppen:

Tabelle 2:   Entwicklung der Betriebe in den Handwerksgruppen

Betriebe						
	1968		**1977**		**1992**	
Gruppe	absolut	%	absolut	%	absolut	%
I	127.417	19,17	114.925	21,00	118.989	22,29
II	164.722	24,78	169.773	31,03	199.774	37,43
III	67.684	10,18	49.425	9,03	42.921	8,04
IV	113.596	17,09	56.033	10,24	28.092	5,26
V	101.507	15,27	76.813	14,04	54.068	10,13
VI	69.174	10,40	62.414	11,41	72.653	13,61
VII	20.727	3,12	17.749	3,24	17.215	3,23
Gesamt	664.827	100	547.132	100	533.712	100

Quelle: Vgl. Zentralverband des Deutschen Handwerks (1993), Daten der Fortschreibung, eigene Berechnungen.

Tabelle 3:   Entwicklung der Beschäftigten in den Handwerksgruppen

Beschäftigte						
	1967		**1976**		**1992**	
Gruppe	absolut	%	absolut	%	absolut	%
I	1.384.133	33,86	1.162.270	29,75	1.032.000	26,65
II	1.165.214	28,50	1.224.476	31,34	1.188.000	30,67
III	271.462	6,64	242.514	6,21	224.000	5,78
IV	251.168	6,14	150.640	3,86	80.000	2,07
V	503.853	12,32	476.437	12,20	484.000	12,50
VI	403.215	9,86	554.303	14,19	773.000	19,96
VII	109.215	2,67	95.892	2,45	92.000	2,38
Gesamt	4.088.260	100,00	3.906.532	100,00	3.873.000	100,00
Hinweis:	mit Nebenbetriebe		mit Nebenbetriebe		ohne Nebenbetriebe	

Quelle: Vgl. Statistisches Bundesamt, Zentralverband des Deutschen Handwerks (1993), eigene Berechnungen.

Während der Anteil der Bekleidungs-, Textil- und Ledergewerbe, insbesondere also jener Handwerkszweige die in unmittelbarer Konkurrenz zur Industrie stehen, im Zeitablauf abnahm, konnten die Metallgewerbe sowie Gesundheits- und Reinigungshandwerke ihren Anteil deutlich verbessern. Die Reinigungshandwerke und Metallgewerbe erstellen besonders komplementäre Leistungen zur Industrie. Ein Großteil der Betriebe ist dem Produktionsgüterhandwerk zuzurechnen, die Produkte und Leistungen für die gewerbliche Wirtschaft und Industrie erbringen. Die Krise der Bauwirtschaft zeigt sich auch bei den Handwerksgruppen, besonders an der Zahl der Beschäftigten. Innerhalb des Handwerks verlief die Entwicklung sehr differenziert.

4.4 Zusammenfassung

Insgesamt führte die volks- und betriebswirtschaftliche Betrachtungsweise des Handwerks zu folgenden Ergebnissen: Die gesamtwirtschaftliche Bedeutung des Handwerks hat im Zeitablauf abgenommen. Der seit 1990 zu beobachtende Aufwärtstrend ist überlagert durch Sondereinflüsse infolge der Wiedervereinigung, der Gesundheitsgesetzgebung und der neuerlichen Belebung der Baukonjunktur.

Als eine der Ursachen der rückläufigen Entwicklung des Handwerks wird die handwerksspezifische Produktions- und Leistungsstruktur angesehen. Allerdings kann dabei die Marktzutrittsregulierung nicht ausgeklammert werden und es stellt sich die Frage, ob die Regulierung durch den Großen Befähigungsnachweis einen Einfluß auf den Verlust von Marktanteilen hat.

Innerhalb des Handwerks verlief die Entwicklung differenziert. Während die technischen Investitionsgüterhandwerke, besonders die Metallgewerbe, also Zulieferer und Handwerkszweige, die komplementäre Leistungen zur Industrie herstellen, die Gesundheitshandwerke sowie die Dienstleistungen sich behaupteten und ihren Anteil steigern konnten, verlief die Entwicklung der Bekleidungs- und Nahrungsmittelhandwerke, insbesondere der Handwerkszweige, die in unmittelbarer Konkurrenz zur Industrie stehen, unterdurchschnittlich.

Bisherige Überlegungen haben in vielfältiger Weise nachgewiesen, daß das Handwerk auf sehr verschiedenen Absatzmärkten tätig ist, unterschiedliche Betriebsgrößenstrukturen aufweist und sehr differenzierte, heterogene Funktionen wahrnimmt. Die in Anlage A aufgeführten Berufe weisen auf den ersten Blick eine starke Streuung auf. Auffällig ist vor allem die heterogene Vielfalt des durch die HwO abgegrenzten Handwerks.

Bislang ausgeklammert wurde die Nachwuchsausbildung, die Tuchtfeldt und Stober[193] zu den ökonomischen Funktionen hinzurechnen, denn das Handwerk bildet über den eigenen Bedarf hinaus für andere Wirtschaftsbereiche aus und stellt damit Ausbildungsleistungen zu Verfügung.

Eine Betrachtung des Handwerks aus der berufsbildungspolitischen Betrachtungsweise folgt im nächsten Abschnitt. Damit soll gleichzeitig ein Überblick über die grundlegenden Vorschriften der HwO zur Berufsbildung gegeben werden.

---

[193]   Vgl. Tuchtfeldt, E., Stober, R. (1986), S. 1204.

5. Berufsbildungspolitische Betrachtungsweise des Handwerks

5.1 Ausbildungstätigkeit des Handwerks

Die Ausbildungstätigkeit des Handwerks hat aus gesamtgesellschaftlicher und wirtschaftlicher Sicht eine wichtige Funktion, weil ein Großteil der in der Industrie tätigen Facharbeiter im Handwerk eine Ausbildung erhält.[194] Das Handwerk bildet rund ein Drittel aller Lehrlinge in der Gesamtwirtschaft aus. Dieser Anteil ist im Vergleich zum Anteil an der Bruttowertschöpfung von 8,8 % und dem Anteil an den Beschäftigten von rund 14 % relativ hoch.[195]

Der Anteil des Handwerks an den gesamten Ausbildungsverhältnissen lag zwischen 1975 und 1981 zwischen 38 % und 41 %, sank aber bis 1991 auf knapp 32 %.[196]

5.2 Gesetzliche Grundlagen

Von den gesetzlichen Grundlagen her wird die HwO auch als berufsbildungspolitisches Phänomen betrachtet, weil schon die HwO von 1953 die Berufsbildung umfassend regelte. Gesetzliche Grundlage der heutigen Berufsbildung im Handwerk sind das Berufsbildungsgesetz, die HwO und das Berufsbildungsförderungsgesetz.[197]

Auf Basis dieser gesetzlichen Regelungen erfolgt die Berufsausbildung in der Bundesrepublik Deutschland im dualen System. Die praktische Ausbildung der Lehrlinge[198] wird im Betrieb, im Handwerk also im Handwerksbetrieb, durchgeführt. Berufsbegleitend besucht der Lehrling die Berufsschule, in der vor allem theoretische Grundlagen für den Beruf vermittelt werden.[199] Zuständig für die betriebliche Ausbildung ist der Bundesminister für Wirtschaft, für die Berufsschulen sind die Bundesländer verantwortlich.

Vor Schaffung des einheitlichen Berufsbildungsgesetzes 1969 waren das Ausbildungsvertragsrecht und das öffentlich-rechtliche Berufsausbildungsrecht unterschiedlich und lückenhaft geregelt. Wesentliche Grundlagen enthielten HwO, Gewerbeordnung und Handelsgesetzbuch.[200] Das Handwerk verfügte insoweit schon seit Schaffung der HwO 1953 über

---

194 Vgl. Beckmann, L. nach Grundgedanken von Rössle, K. F. (1964), S. 32 f.

195 Vgl. Abschnitt 4.2 dieses Kapitels.

196 Vgl. Schwedes, R. (1991), S. 221.

197 Vgl. Zentralverband des Deutschen Handwerks (Hrsg) (1992)

198 Das Handwerk blieb im Gegensatz zum Berufsbildungsgesetz § 3 Abs. 1, das die Bezeichnung Auszubildender verwendet, bei dem Begriff Lehrling. Vgl. Siegert, A., Musielak, H.-J. (1984), § 21, Rn. 3, S. 209.

199 Vgl. Kübler, K.-J., Patzig, H. G. (1983), S. 527.

200 Vgl. hierzu und zum folgenden Schwedes, R. (1991), S. 211.

einheitliche Richtlinien und Normen der Berufsausbildung, die für das gesamte Handwerk galten und die in anderen Wirtschaftsbereichen noch nicht vorhanden waren.

Seit Schaffung des Berufsbildungsgesetzes 1969, von dem lediglich die Schulbildung, Ausbildungen in öffentlichen beamtenrechtlichen Verhältnissen und bestimmte Ausbildungen in der Seeschiffahrt ausgenommen sind,[201] gelten die vertragsrechtlichen Vorschriften des Berufsbildungsgesetzes (z. B. Vertragsabschluß und Kündigung) auch für das Handwerk. Hingegen verblieben die ordnungsrechtlichen Vorschriften, also die Berechtigung zum Einstellen und Ausbilden, Ausbildungsordnungen, Ausbildungszeit und Prüfungswesen, nach einer Anpassung an das Berufsbildungsgesetz in der HwO.[202] Mit der Beibehaltung der Regelungen zur Berufsbildung in Teil II der HwO wollte man den engen Zusammenhang zwischen dem Großen Befähigungsnachweis, als Kernstück der HwO, der handwerklichen Berufsbildung und dem Organisationsrecht gerecht werden und vor allem die Einheit der HwO aufrechterhalten.[203]

Die Regelungen der HwO zur Berufsbildung und zum Meisterprüfungswesen, die im nächsten Abschnitt kurz vorgestellt werden, sind für die Erhaltung und Steigerung der Ausbildungsqualität von besonderem Interesse. Aus handwerklicher Sicht soll die Berufsbildung Leistungsstand und Leistungsfähigkeit, im Kern den Großen Befähigungsnachweis, unterstützen. Ferner ist für die spätere Beurteilung, ob aufgrund der Branchenbesonderheiten eine Marktzugangsregulierung notwendig und erforderlich ist, der Ausbildungsweg zum Großen Befähigungsnachweis aufzuzeigen.

5.3   Berufsbildung und Meisterprüfungswesen

Die Berufsbildung regeln die §§ 21 bis 44 b der HwO, die Meisterprüfung und den Meistertitel die §§ 45 bis 51. Die Einstellung von Lehrlingen ist nach § 21 Abs. 1 HwO von der persönlichen Eignung des Ausbilders abhängig, die in der HwO negativ bestimmt wird.[204] Die Ausbildung von Lehrlingen setzt nach § 21 Abs. 3 eine fachliche Eignung voraus, und zwar die bestandene Meisterprüfung in dem Handwerk, in dem die Person als Ausbilder tätig sein will sowie die Vollendung des 24. Lebensjahres. Darüber hinaus berechtigt eine Abschlußprüfung an einer deutschen Technischen Hochschule oder einer öffentlich oder staatlich anerkannten deutschen Ingenieurschule in Verbindung mit einer Gesellenprüfung oder einer mindestens

---

[201]   Vgl. Schwedes, R. (1991), S. 211.

[202]   Es handelt sich dabei um Teil II der HwO, siehe Kapitel II, Abschnitt 2.3.5.

[203]   Vgl. Siegert, A., Musielak, H.-J. (1984), § 21, Rn. 1, S. 207 ff.

[204]   Demnach ist persönlich nicht geeignet, "... wer Kinder und Jugendliche nicht beschäftigen darf ..." oder gegen Vorschriften und Bestimmungen der HwO verstieß. Siegert, A., Musielak, H-J. (1984), § 21, S. 207.

vierjährigen praktischen Tätigkeit in dem Handwerk, in dem ausgebildet werden soll, zur Ausbildung von Lehrlingen (§ 22 HwO).[205]

Ebenfalls muß die Ausbildungsstätte bestimmten in § 23 HwO genannten Bedingungen genügen. So soll u. a. die Zahl der Lehrlinge in einem angemessenen Verhältnis zur Zahl der beschäftigten Fachkräfte stehen, um eine "Lehrlingszüchterei" zu verhindern.[206]

Grundlage für die einheitliche Berufsausbildung im Handwerk sind durch Rechtsverordnung für jeden Handwerkszweig erlassene Ausbildungsordnungen. Darin sind Ausbildungsdauer, Ausbildungsberufsbild, Ausbildungsrahmenplan und Prüfungsanforderungen der Gesellenprüfung geregelt. Im Gegensatz zu Berufsbildern der Industrie, die sich auf eine Festlegung von Kenntnissen und Fertigkeiten während der Lehrzeit beschränken, sind die handwerklichen Berufsbilder von vornherein auf die Erfordernisse der Meisterprüfung ausgerichtet.[207] Die Handwerkskammer hat eine sogenannte "Lehrlingsrolle", also ein Verzeichnis der Berufsausbildungsverhältnisse, zu führen (§ 28 HwO).

Die Durchführung der Gesellenprüfungen obliegt der Handwerkskammer, die Abnahme der Prüfung erfolgt durch von der Handwerkskammer einzurichtende Prüfungsausschüsse (§ 31, § 33 HwO), in denen mehrheitlich sachkundige geeignete selbständige Handwerker und handwerkliche Arbeitnehmer vertreten sind (§ 34 HwO). In der Gesellenprüfung muß der Prüfling die notwendigen praktischen und theoretischen Kenntnisse und erforderlichen Fertigkeiten unter Beweis stellen (§ 32). Auch die berufliche Fortbildung, Umschulung und berufliche Bildung Behinderter ist in der HwO geregelt (§§ 42 bis 44 HwO).

Die §§ 45 bis 51 HwO befassen sich mit der Meisterprüfung und dem Meistertitel. Die Ablegung einer Meisterprüfung ist ausschließlich in einem in der Anlage A aufgeführten Gewerbe möglich (§ 46 Abs. 1 HwO). Die Abnahme erfolgt durch Meisterprüfungsausschüsse, die von der höheren Verwaltungsbehörde errichtet werden. Die Handwerkskammer schlägt die Mitglieder vor und übernimmt die Geschäftsführung der Meisterprüfungsausschüssse (§ 47 HwO).

Durch Rechtsverordnung kann der Bundesminister für Wirtschaft im Einvernehmen mit dem Bundesminister für Bildung und Wissenschaft die Anforderungen der Meisterprüfung bestimmen und Berufsbilder für jeden Handwerkszweig fixieren (§ 45 HwO). Berufsbilder legen Tätigkeiten, Kenntnisse und Fertigkeiten des jeweiligen Handwerkszweiges fest.

---

205   Neben diesem sogenannten Hochschul- und Fachhochschulprivileg (§ 22 Abs. 2 HwO), kennt die HwO das verliehene Privileg, nach dem Besuch anerkannter Ausbildungsstätten und das Witwen- und Erbenprivileg, mit dem vorübergehende Lösungen nach dem Tod des Ausbilders geschaffen werden. Vgl. Siegert, A., Musielak, H.-J. (1984), § 22, Rn. 3 ff., S. 216 ff.

206   Vgl. dazu Siegert, A., Musielak, H.-J. (1984), § 23, Rn. 6 f., S. 227 f., zur Lehrlingszüchterei im 19. Jh. vgl. Tuchtfeldt, E. (1955), S. 43.

207   Vgl. Fröhler, L., Mörtel, G. (1979), S. 47.

Eine Zulassung zur Meisterprüfung erhalten Personen, die eine Gesellenprüfung erfolgreich bestanden haben und mehrere Jahre als Geselle, in dem Handwerk tätig waren, in dem sie Meister werden wollen. Für die Gesellentätigkeit dürfen nicht weniger als drei und nicht mehr als fünf Jahre gefordert werden (§ 49 Abs. 1 HwO). Der Meistertitel ist eine gesetzlich geschützte Berufsbezeichnung und darf nur von jenen Personen, in Verbindung mit einem Handwerk, geführt werden, die für dieses Handwerk die Meisterprüfung bestanden. Ohne Bedeutung für den Titel ist, ob der Handwerksmeister selbständig oder unselbständig tätig ist.[208]

5.4   Zusammenfassung

Schon mit der Schaffung der HwO 1953 wurden für das gesamte Handwerk einheitliche Regelungen zur Berufsbildung geschaffen. Das Handwerk übernahm hiermit eine Art Vorreiterrolle und schuf einheitliche Grundlagen und Richtlinien für die Berufsaus- und Fortbildung, über die andere Wirtschaftsbereiche noch nicht verfügten. Mit dem Berufsbildungsgesetz 1969 entstand eine einheitliche Regelung, die auch für das Handwerk gilt. Die Vorschriften der HwO paßte man dem Berufsbildungsgesetz an.

Die HwO regelt die Berechtigung zum Einstellen und Ausbilden von Lehrlingen, Ausbildungsordnungen und Ausbildungszeit, die Berufsausbildungsverhältnisse, das Prüfungswesen, die berufliche Fortbildung und Umschulung sowie das Meisterprüfungswesen. Schließlich wurde ein kurzer Überblick gegeben über den Ausbildungsgang bis zur Meisterprüfung.

Auch wenn die HwO eine Vorreiterrolle bei der Ordnung der Berufsbildung übernahm, läßt sich schon an dieser Stelle festhalten, daß sich heute allein aus berufsbildungspolitischer Sichtweise, also um einheitliche Regelungen für die Berufsausbildung zu schaffen, die Existenz der HwO nicht mehr begründen und rechtfertigen läßt. Denn mit dem Berufsbildungsgesetz 1969 sind für alle Wirtschaftsbereiche einheitliche Richtlinien geschaffen worden.

Die berufsbildungspolitische Betrachtungsweise steht ebenfalls in einer engen Beziehung zur Regulierungsdiskussion. Denn die Berufsbildungspolitik bestimmt aus Sicht des Handwerks Leistungsstand und Leistungsfähigkeit und somit auch die ökonomische Variable. Weil das Handwerk über den eigenen Bedarf hinaus ausbildet, besteht aus Sicht des Handwerks ein öffentliches Interesse an einem Großen Befähigungsnachweis, um die Nachfrage nach qualifiziertem Personal in der gesamten gewerblichen Wirtschaft zu decken.[209] Mit der HwO wird sozusagen die Abgabe positiver externer Effekte kompensiert, und das Weiterbestehen der Marktzugangsregulierung durch den Großen Befähigungsnachweis sichert weiterhin die Abgabe von Ausbildungsleistungen.

---

[208]   Vgl. Siegert, A., Musielak, H.-J. (1984), § 51, Rn. 1, S. 303.

[209]   Vgl. Stratenwerth, W. (1989), S. 12 f.

Um das Handwerk als Ganzes zu erfassen, reicht es nicht aus, die historischen, rechtlichen, volkswirtschaftlichen und berufsbildungspolitischen Dimensionen zu betrachten. Denn der Zusammenhalt und die Verknüpfung der Dimensionen erfolgt durch die Handwerksorganisation bzw. die Verbände des Handwerks.

Die Organisation des Handwerks ist einerseits Träger der Handwerkspolitik,[210] andererseits vertritt sie die Gesamtinteressen des Handwerks in berufsbildungspolitischen, rechtlichen, wirtschaftspolitischen und betriebswirtschaftlichen Fragen gegenüber dem Gesetzgeber und anderen Institutionen. Insoweit steht die Organisation des Handwerks in einem engen Zusammenhang zur Marktzugangsregulierung, denn Aufbau und Geschlossenheit der Organisation können bei einer Veränderung der Markteintrittsvoraussetzungen hindernd oder fördernd wirken. Das Handwerk läßt sich auch aus dem Blickwinkel von Verbänden und Interessengruppen betrachten, weil die Organisation teilweise in der HwO gesetzlich verankert ist. Daher folgt im nächsten Abschnitt die berufsständische und organisatorische Betrachtungsweise.

6. Berufsständische und organisatorische Betrachtungsweise des Handwerks

6.1 Aufbau der Handwerksorganisation

Kaum ein Wirtschaftsbereich verfügt über eine so umfangreiche und mächtige Berufsorganisation, die als Selbstverwaltungsinstitution und Interessenverband[211] fungiert, wie das Handwerk. Um die Bedeutung der Handwerksorganisation als institutionellen Hintergrund der Handwerksgesetzgebung einschätzen zu können, soll an dieser Stelle ein Überblick über die Struktur der Handwerksorganisation, also die in der HwO geregelten Teile und die nicht in der HwO geregelten Institutionen, gegeben werden. Eine Beschränkung auf die in der HwO geregelten Teile der Organisation liefert kein Bild über die Zusammenhänge und Abhängigkeiten innerhalb der Organisation.

Der Begriff "Organisation des Handwerks"[212] ist der HwO entnommen, denn ein Teil dieser Organisation, nämlich Handwerksinnungen, Innungsverbände, Bundesinnungsverbände, Kreis-

---

210   Vgl. Ebert, G. (1980), S. 513.

211   Grundmerkmal eines Verbandes (Interessenverbandes) ist die Bildung einer Organisation zur Durchsetzung und Verfolgung von Interessen. Verbände gelten in pluralistischen Gesellschaften als Einfluß- und Machtfaktor zur Beeinflussung der politischen Willensbildung, die gegenüber dem Staat sowohl unterstützende Aufgaben wahrnehmen, als auch Funktionen erfüllen, die nicht dem staatlichen Zugriff unterliegen. Weil Verbände als äußerst komplexe Phänomene anzusehen sind, das zeigt auch die Vielfalt der Begriffe, erwiesen sich bisherige Bemühungen, "Verband" umfassend zu definieren, nach Ansicht der Literatur als unbefriedigend. Vgl. Kleps, K. (1988), S. 177.

212   Die Begriffe "Organisation" des Handwerks und "Verbände bzw. Verbandswesen" werden im folgenden synonym gebraucht.

handwerkerschaften und Handwerkskammern sind gesetzlich in der HwO geregelt.[213] Somit ist das Verbandswesen des Handwerks einerseits Teil der HwO, andererseits ausführende Instanz und gleichzeitig ein Gremium, das konkrete Vorschläge zur Fortentwicklung des Handwerksrechts unterbreitet. Hinter dieser "Organisation des Handwerks" verbergen sich fachliche und berufsständische[214] Vertretungen.

Abbildung 13:   Organisation des Handwerks

Quelle: Vgl. Bacmeister, G., 1990, S. 41.

Erläuterung:
Stand 31.12.1993. Die Zahl der Landeshandwerksvertretungen bezieht sich auf die alten Bundesländer. In den neuen Bundesländern befinden sich die Landeshandwerksvertretungen in einer Phase des Aufbaus. Die Zahl der Kreishandwerkerschaften in Klammern bezieht sich auf die alten Bundesländer.

---

213   Die Organisation des Handwerks nimmt in der HwO einen breiten Raum ein, nahezu die Hälfte der Paragraphen befaßt sich mit dem Verbandswesen.

214   Unter Berufsständen (Berufsgruppen) sind natürliche Personen zu verstehen, die einen gleichartigen Beruf ausüben und aufgrund Tradition und Kollektivgeist ein Zusammengehörigkeitsgefühl entwickelten. Vgl. Kleps, K. (1988), S. 177 f. Der Begriff Berufsstand wird vom Zunftwesen abgeleitet.

Wie die Abbildung 13 verdeutlicht, basiert die Organisation des Handwerks auf zwei Säulen, der fachlichen und berufsständischen Vertretung. Die fachliche Vertretung besteht aus den Innungen, in der sich selbständige Handwerker des gleichen Handwerkszweiges zusammenschließen (§ 52 Abs. 1 HwO).

Die berufsständische Vertretung, als zweite Säule, umfaßt den Berufsstand aller Handwerkszweige. Grundlage ist auf der Bezirksebene die Handwerkskammer.[215] Zur Handwerkskammer gehören sowohl die selbständigen Handwerker, die durch die Eintragung in die Handwerksrolle zwangsweise Mitglied werden und nicht austreten können, als auch die Gesellen und Lehrlinge dieser Handwerker (§ 90 HwO). Wie die Innungen schließen sich die Handwerkskammern auf Landesebene und auf Bundesebene zusammen. Die Verbindung auf Landes- und Bundesebene ist freiwillig.

Zwischen diesen beiden Säulen stehen Kreishandwerkerschaften, Vereinigungen der Landesinnungsverbände, Landeshandwerkstage und die Bundesvereinigung der Fachverbände des Handwerks. Die Dachorganisation über die fachliche und berufsständische Vertretung bildet der Zentralverband des Deutschen Handwerks.

Rechtlich sind Körperschaften des öffentlichen Rechts,[216] juristische Personen des Privatrechts und nicht rechtsfähige Vereine zu unterscheiden. Zu den Körperschaften des öffentlichen Rechts[217] zählen Innungen, Handwerkskammern und Kreishandwerkerschaften. Im Gegensatz zu den juristischen Personen des Privatrechts nehmen die Körperschaften des öffentlichen Rechts hoheitliche Aufgaben wahr. Sie sind rechtsfähig und teils mit Rechtssetzungsbefugnissen ausgestattet, weisen eine mitgliederschaftliche Struktur auf und unterliegen einer Staatsaufsicht.[218] Der körperschaftliche Zusammenschluß kann auf einem Prinzip der Zwangsmitgliedschaft beruhen. Dies ist bei Handwerkskammern und Kreishandwerkerschaften zutreffend, während der Zusammenschluß in Handwerksinnungen freiwillig ist. Landesinnungsverbände, Handwerkskammertage und die Bundesvereinigung der Fachverbände sind, wie auch der Zentralverband, juristische Personen des Privatrechts, während die Handwerkskammertage nicht rechtsfähige Vereine Bürgerlichen Rechts sind.

---

[215]   Regelungen über die Handwerkskammer sind den §§ 90 bis 116 zu entnehmen.

[216]   Die Körperschaften des öffentlichen Rechts gehören mit den rechtsfähigen Stiftungen und Anstalten zu den juristischen Personen des öffentlichen Rechts. Vgl. Weber, W. (1959), S. 38.

[217]   Eine Klassifizierung der Körperschaft des öffentlichen Rechts läßt sich anhand des Merkmals "Mitglied" vornehmen: Zu unterscheiden sind Gebietskörperschaften, Realkörperschaften, Personalkörperschaften und Verbandskörperschaften. Die Handwerkskammern gehören zu den Personenkörperschaften, weil Mitglied die Handwerker aufgrund ihrer beruflichen Stellung sind, während die Industrie- und Handelskammern zu den Realkörperschaften zählen. Entscheidend für die Zughörigkeit ist hier der wirtschaftliche Sitz des Betriebes. Vgl. Perner, D. (1983), S. 116 ff.

[218]   Vgl. Weber, W. (1959), S. 41.

Abbildung 14: Die Organisation des deutschen Handwerks

Quelle: Vgl. Bacmeister, G., (1990), S. 14.

6.2   Fachliche Vertretung

Zur Förderung gemeinsamer gewerblicher Interessen können selbständige Handwerker des
gleichen Handwerks oder sich fachlich oder wirtschaftlich nahestehender Handwerke eines
bestimmten Bezirks eine Handwerksinnung bilden (§ 52 Abs. 1 HwO).[219] Eine Handwerksinnung ist für jeden Handwerkszweig zu bilden. In einem Innungsbezirk, der einem Stadt- oder
Landkreis entsprechen soll, ist pro Handwerkszweig nur eine Handwerksinnung zulässig (§ 52
Abs. 1 und 3 HwO). Die Verfassung der Innung ist in einer Satzung festgelegt, die Handwerkskammer führt die Aufsicht über die Innungen.

Den selbständigen Handwerkern kann der freiwillige Beitritt zur Innung nicht verwehrt werden
(§ 58 HwO). Allgemeine Aufgabe der Innung ist die Förderung gemeinsamer Interessen der
selbständigen Handwerker. Als hoheitliche Aufgaben hat die Innung die Lehrlingsausbildung zu

---

[219]   Nähere Einzelheiten zu den Innungen vgl. §§ 52 - 78 HwO.

überwachen und zu regeln und sofern die Handwerkskammer sie dazu ermächtigt, Gesellenprüfungsausschüsse zu errichten und die Prüfungen abzunehmen. Darüber hinaus hat sie den Behörden Auskünfte zu erteilen sowie Vorschriften und Anordnungen der zuständigen Handwerkskammer auszuführen (§ 54 HwO).

Neben den Beiträgen der Mitglieder finanzieren sich die Innungen aus Erträgen des Vermögens und sonstigen Einnahmen und Gebühren. Finanzielle Zusammenhänge zur zuständigen Handwerkskammer bestehen nicht. Die Freiwilligkeit des Beitritts beschränkt in gewisser Weise die Beitragserhebung, denn zu hohe Beiträge gefährden unter Umständen die Bereitschaft zur Mitarbeit in der Innung.[220]

Auf Landesebene können sich die Handwerkszweige zu Landesinnungsverbänden[221] zusammenschließen, deren Aufgabe es ist, die Aufgabenerfüllung der angeschlossenen Innungen zu unterstützen, deren wirtschaftliche und soziale Interessen zu fördern und die Interessen der Handwerkszweige zu vertreten(§ 81 und § 82 HwO). Die Mitgliedschaft ist freiwillig, die Finanzierung erfolgt durch Beiträge der Mitglieder. Die Bundesinnungsverbände, als Zusammenschluß der Landesinnungsverbände (§ 85 HwO), beschäftigen sich unter anderem mit Grundsatzfragen des Berufs und vertreten den Handwerkszweig in der Bundesgesetzgebung.[222]

6.3   Berufsständische Vertretung

Handwerkskammern[223] vertreten gesetzlich die Interessen aller Handwerker aller Handwerkszweige in einem Bezirk, der in der Regel dem Regierungsbezirk entspricht (§ 90 HwO). Die Pflichtmitgliedschaft entsteht mit der Eintragung in die Handwerksrolle, ein Austritt ist nicht möglich. Mit der Löschung der Handwerksrolleneintragung wird die Mitgliedschaft zur Handwerkskammer beendet. Im konzeptionellen Unterschied zu den Innungen sind auch die Gesellen und Lehrlinge Mitglied der Kammer, ohne aber zu Beiträgen herangezogen zu werden.

Der Aufgabenbereich der Handwerkskammer ist vielfältig,[224] insbesondere gehören dazu die Interessenförderung und -vertretung des Handwerks, hoheitliche und Selbstverwaltungsaufga-

---

[220]   Vgl. Hoffmann-Riem, W. (1980), S. 109.

[221]   Regelungen darüber sind in den §§ 79 - 84 HwO zu finden.

[222]   Vgl. Bacmeister, G. (1990), S. 33.

[223]   Umfassende Hinweise zu den Handwerkskammern sind der §§ 90 bis 116 HwO und dem Kommentar zur HwO zu entnehmen. Vgl. Siegert, A., Musielak, H.-J. (1984), S. 422 ff. Die §§ 92 ff. regeln die Organe der Handwerkskammer.

[224]   Vgl. dazu Siegert, A., Musielak, H.-J. (1984), § 91, Rn. 1 ff., S. 430 ff.

ben.[225] Wie die Handwerksinnung findet auch bei der Handwerkskammer eine Verknüpfung von hoheitlichen und selbstverwaltenden Aufgaben sowie einer Interessenvertretung statt.

Die Handwerkskammern finanzieren sich, sofern die Aufwendungen der Errichtung und Tätigkeit der Kammern nicht durch anderweitiges Vermögen gedeckt sind, durch die Erhebung von Mitgliedsbeiträgen und Gebühren (§ 113 HwO). Das Prinzip der Eigenfinanzierung wird jedoch nicht durchgängig eingehalten. Denn die Handwerkskammern empfangen nicht unerhebliche Bundes- und Landeszuweisungen, vornehmlich zweckgebunden, für die Unterhaltung der technischen und betriebswirtschaftlichen Beratungsstellen, für überbetriebliche Lehrlingsunterweisung und für andere Maßnahmen der Gewerbeförderung sowie Zuweisungen für Investitionen.[226]

Auf Landesebene schließen sich die Handwerkskammern zu Kammertagen zusammen, deren Aufgabe eine Unterstützung der Mitgliedskammern in wirtschaftlichen und rechtlichen Fragen und eine Abstimmung der Interessen ist, denn die Kammertage vertreten die Kammern gegenüber der Landesregierung.[227]

Zu den Aufgaben des Deutschen Handwerkskammertages (DHKT), also des Zusammenschlusses aller Handwerkskammern, gehört die Sichtung und Verarbeitung von rechtlichen und politischen Maßnahmen und Entscheidungen, die das Handwerk betreffen. Nach außen hin vertritt der Deutsche Handwerkskammertag den Standpunkt des Handwerks gegenüber dem Gesetzgeber.[228]

6.4 Übergreifende Organisation

Damit auf jeder Ebene, Bezirks-, Kreis-, Landes- und Bundesebene, Handwerksfragen "... mit einer Stimme ..."[229] beantwortet werden, sind Querverbindungen geschaffen worden. Sie unterstützen die Geschlossenheit der Handwerksorganisation.

Auf der Stadt- oder Kreisebene bilden die verschiedenen Handwerksinnungen die Kreishandwerkerschaft (§ 86 HwO). Darüber hinaus sind Kreishandwerkerschaften Vertretungen der Handwerkskammer im Kreis. Der Aufgabenbereich umfaßt die Wahrnehmung der Interessen der selbständigen Handwerker sowie der Innungen (§ 87 HwO).

---

225   Darunter sind die Führung der Handwerksrolle, Genehmigungen und Eintragungen von Lehrverträgen, die Gesellen- und Meisterprüfungen, Vereidigung und Benennung von Sachverständigen, die Gütestelle, die Auskünfte und Berichte über das Handwerk an den Staat und seine Behörden zu verstehen (§ 91 HwO).

226   Vgl. Herhaus, W. (1983), S. 52.

227   Vgl. Bacmeister, G. (1990), S. 38 f.

228   Vgl. Bacmeister, G. (1990), S. 39.

229   Bacmeister, G. (1990), S. 41.

Die Landesinnungsverbände der einzelnen Handwerkszweige schließen sich auf Landesebene überfachlich zur Vereinigung der Landesinnungsverbände zusammen. Ihr Aufgabenbereich liegt vornehmlich bei Fragen des Arbeitsrechts und der Vertretung der handwerklichen Arbeitgeber gegenüber den Gewerkschaften.

Die Landeshandwerksvertretung (Landeshandwerkstag) ist eine Dachorganisation auf Landesebene über die Kammertage und die Vereinigung der Landesinnungsverbände.

Auf Bundesebene schließen sich die Bundesinnungsverbände der einzelnen Handwerkszweige zur "Bundesvereinigung der Fachverbände des Handwerks" (BFH) zusammen. Sie ist die zentrale Unternehmerorganisation und berät Bundesregierung und Gesetzgeber in Fragen der Sozial- und Wirtschaftspolitik.[230] Derart übergreifende Zusammenschlüsse leisten einen Beitrag zur inneren und äußeren Geschlossenheit des Handwerks.

Spitzengremium des Handwerks ist der Zentralverband des Deutschen Handwerks (ZDH). Der Zentralverband ist die Dachorganisation über die Bundesvereinigung der Fachverbände (BFH) und über den Deutschen Handwerkskammertag (DHKT) und vertritt das Handwerk als Ganzes gegenüber Bundestag, Bundesregierung, Wirtschaft und Gewerkschaften.[231] Finanziert wird der Zentralverband zu ca. 80 % über den DHKT und die Kammern.[232]

Mit dem Zusammenschluß wird eine einheitliche Willensbildung der beiden Säulen Kammern und Innungen bezweckt.[233] Um Interessenkollisionen zu vermeiden, ist der Präsident des Zentralverbandes des Deutschen Handwerks zugleich Präsident des Deutschen Handwerkskammertages (DHKT) und Präsident der Bundesvereinigung der Fachverbände (BFH).

6.5   Bedeutung der Handwerksorganisation

Bei Berufsverbänden lassen sich in der Regel nach v. d. Schulenburg drei Entwicklungsstadien unterscheiden.[234] In der ersten Phase, der Etablierungsphase, bemüht man sich um Bildung und Schutz einer Berufsbezeichnung und Anerkennung in der Allgemeinheit. Dieses Entwicklungsstadium durchlief das Handwerk in der jeweiligen Abgrenzung schätzungsweise schon im 19. Jh.[235] Es folgt eine Expansionsphase, die durch eine Qualitätsverbesserung durch Aus- und Weiterbildungsmaßnahmen und eine Expansion der Berufsgruppe gekennzeichnet ist.[236] In der

---

230   Vgl. Bacmeister, G. (1990), S. 44.

231   Vgl. Bacmeister, G. (1990), S. 45.

232   Vgl. Hoffmann-Riem, W. (1980), S. 110 ff.

233   Vgl. John, P. (1983), S. 176.

234   Die einzelnen Phasen sind nicht immer exakt abgrenzbar. Vgl. hierzu und zum folgenden Schulenburg, J.-M. Graf v. d. (1987b), S. 400.

235   Vgl. Kapitel II, Abschnitt 2.4.2.

236   Vgl. hierzu im Handwerk Kapitel II, Abschnitt 2.4.2.

sich anschließenden Konsolidierungsphase werden vermehrt öffentliche Aufgaben übernommen und Zugangsbeschränkungen ausgeweitet. Allgemein wird in dieser Phase das Ziel verfolgt, durch vertragliche Vereinbarungen eine Geschlossenheit zu erreichen und die eigene Lage abzusichern.[237]

Obwohl die fachliche und berufsständische Organisation des Handwerks auf den ersten Blick ein differenziertes Bild durch Vertretungen in beiden Säulen auf der Bezirks-/Kreisebene, Landes- und Bundesebene vermittelt, zeigt sich bei näherer Betrachtung eine sehr starke Geschlossenheit der umfangreichen Organisation, die durch Zusammenschlüsse auf der Zwischenebene und nicht zuletzt durch den Zentralverband des Deutschen Handwerks als Dachverband stark gefestigt wird. Unterschiedliche Interessenlagen sollen zudem durch die gleiche Person an der Spitze des Zentralverbandes, sowie der BFH und des DHKT vermieden werden. Ein gleichgerichtetes kartellartiges Verhalten verbessert Möglichkeiten zur Abschöpfung von Monopolrenten.[238]

Wie schon bei der geschichtlichen Betrachtungsweise deutlich wurde, ist die Organisation historisch aus bestimmten Berufstraditionen heraus gewachsen, gewissermaßen als Standesorganisation der Handwerker. Ein umfassender Überblick über die Organisation war aus zwei Gründen notwendig. Die Organisation des Handwerks verknüpft die berufliche Selbstverwaltung, allgemeine berufsbildungspolitische Aufgaben und die umfassende Funktion als Interessenverband miteinander. Sie ist ferner institutioneller Hintergrund der Handwerksgesetzgebung. Damit wirkt die Organisation des Handwerks maßgeblich auf die rechtliche und berufsbildungspolitische Gestaltung, mithin auf den Bestand des Handwerks als solches, und auf die Regulierung ein. Ferner sind Interdependenzen mit den anderen Perspektiven und der Regulierung zu beachten. Je umfangreicher rechtlich Handwerk definiert wird, um so größer ist der Anteil des Handwerks an der Gesamtwirtschaft und um so besser gelingt der Organisation die Durchsetzung allgemeiner wirtschaftspolitischer Interessen, aber auch rechtlicher und berufsbildungspolitischer Vorstellungen und regulierender Eingriffe.

Dabei stehen Regulierung und Selbstregulierung in enger Beziehung zueinander. Durch die Regulierung, also die HwO, werden der Organisation Aufgaben zugewiesen, in der sie "selbstregulierend" tätig sein kann und der Bestand bestimmter Organisationsstrukturen wird rechtlich abgesichert. Im Handwerk fördert die Regulierung faktisch eine staatlich unterstützte Selbstregulierung und die staatliche Regulierung fördert kartellartiges Verhalten.[239] Die Verbände streben in diesem Zusammenhang eine gewisse Autonomie und Kontrolle von Verände-

---

[237] Aufbau und Konsolidierung der Handwerksorganisation nach dem zweiten Weltkrieg deuten darauf hin, daß sich das Handwerk in dieser Phase befindet.

[238] Vgl. dazu auch Schulenburg, J.-M. Graf v. d. (1984b), S. 436.

[239] Zum Verhältnis Regulierung und Selbstregulierung im Gesundheitswesen vgl. Schulenburg, J.-M. Graf v. d. (1984b), S. 436.

rungen der Regulierung an. Sie wirken bei der informellen Auslegung mit. So legte der Zentralverband Entwürfe zur Novellierung der HwO vor.

Insbesondere betreffen Fragen der Regulierung und Deregulierung den Bestand der Handwerksorganisation, denn der Zentralverband wird zu ca. 80 % über den DHKT und die Kammern finanziert, in dem die Handwerker Zwangsmitglied sind. Deregulierungen, die die Mitgliedschaft in Kammern betreffen oder den Begriff des Handwerks eingrenzen, können damit einerseits die Existenz der Organisationsstruktur in Frage stellen. Andererseits können die Wirkungen einer staatlichen Deregulierung aufgrund der Selbstregulierung und Geschlossenheit der Organisationsstruktur an Grenzen stoßen.[240]

Nach dem bislang ein Einblick in das deutsche Handwerkssystem erfolgte, ist die Frage berechtigt, ob die deutsche Handwerksregulierung typisch für die europäischen Länder ist. Stellt das deutsche Handwerksrecht im europäischen Vergleich eher einen Einzelfall dar, lassen sich unter dem Aspekt der Harmonisierung und Wettbewerbsfähigkeit gewerblicher Produkte daraus Deregulierungspotentiale ableiten.

7.   Europäische Betrachtungsweise des Handwerks

7.1   Handwerksbegriff und -ausübung im europäischen Vergleich

Unterschiedliche Definitionen und Berufszulassungsregeln sowie die strenge Regulierung des Handwerks in der Bundesrepublik Deutschland beeinflussen den Austausch von Waren und Dienstleistungen und damit die Marktchancen sowie die Wettbewerbsverhältnisse auf dem gemeinsamen Markt. Der Wirtschaftsbereich Handwerk ist in Europa weder einheitlich definiert noch einheitlich abgegrenzt. Zwar gibt es in ganz Europa kleine und mittlere Unternehmen und handwerksähnliche Gewerbe. In fast allen europäischen Ländern sind Friseurgewerbe, Baugewerbe, installations- und holzverarbeitende Gewerbe und Nahrungsmittelgewerbe anzutreffen. Dennoch sind beträchtliche rechtliche und organisatorische Unterschiede vorhanden. So verfügt das Handwerk in einigen Ländern über einen eigenen Wirtschaftsbereich. Definition, Abgrenzung und Berufszulassungsvorschriften unterscheiden sich teilweise erheblich vom deutschen System. Im Vergleich zum deutschen Handwerk ist die Marktstellung teilweise in anderen europäischen Ländern verhältnismäßig gering.

Die folgende Darstellung erläutert die typischen Merkmale der "Handwerksregulierung" ausgewählter europäischer Länder. Einen Überblick über die Handwerksdefinition und die Marktzugangsbedingung in ausgewählten Ländern liefert die nachstehende Übersicht. Gleichzeitig lassen sich damit die Besonderheiten des deutschen Systems verdeutlichen.

---

240   Zu ähnlichen Ergebnissen kommt v. d. Schulenburg im Gesundheitswesen. Vgl. Schulenburg, J.-M. Graf v. d. (1984b), S. 436.

Tabelle 4:   **Handwerksdefinition und Marktzugangsbedingungen in ausgewählten europäischen Ländern**

Kriterien / Länder	Merkmale Handwerk	Gesetzliche Festlegung Handwerk	Objektive Zulassungsbedingungen	Großer Befähigungsnachweis	Kleiner Befähigungsnachweis	Zulassungsbedingungen Gefahrenhandw.	Sonstige Nachweise	Völlige Gewerbefreiheit
Belgien	vorhanden	nein				ja		
Dänemark		nein				ja (9 Berufe)	ja	
Deutschland	vorhanden	ja		ja (127 Berufe)		nein		
Frankreich	vorhanden	ja				ja		ja
Griechenland		nein				(ja)		
Großbritannien		nein				nein		ja
Irland		nein				nein	(ja)	ja
Italien	vorhanden	ja	Friseure			ja		ja
Luxemburg	vorhanden	ja		ja		nein		
Niederlande	vorhanden	nein				ja		
Österreich	vorhanden	ja		ja		nein		
Portugal	vorhanden	nein				nein		
Schweiz					ja	ja		ja
Spanien	vorhanden	nein				ja		ja

Belgien

In Belgien regelt das "Gesetz über die Berufsausübung im Bereich der kleinen und mittleren Unternehmen des Handwerks und des Handels vom 15. Dezember 1970" den Berufszugang für kleine und mittlere Handels- und Handwerksbetriebe. Gesetzlich ist nicht geregelt, welche Gewerbe als selbständiges Handwerk zu betreiben sind. Vielmehr erfolgt eine Abgrenzung von Handwerk und Nichthandwerk nach allgemeinen Merkmalen. Für eine handwerkliche Tätigkeit spricht die haupt- oder nebenberufliche Erbringung manueller Arbeitsleistungen, ohne oder mit gelegentlicher Lieferung von Waren.[241]

In 42 Berufen werden Zulassungsvoraussetzungen fachlicher und betriebswirtschaftlicher Art verlangt, die nicht nur das Handwerk sondern den Mittelstand insgesamt betreffen, z. B. auch Versicherungsmakler, Gebrauchtwagenhändler, Beerdigungsinstitute.[242] Für diese 42, durch Erlasse geordneten Berufe, ist eine Bescheinigung einzuholen.[243] Im Gegensatz zum deutschen Recht versteht man unter Fachkenntnissen eine schulische oder duale Ausbildung (Lehre, Berufsschule). Betriebsführungskenntnisse können durch eine selbständige Tätigkeit als Leiter, durch bestimmte Zeugnisse oder als Unselbständiger in leitender Stellung, nachgewiesen werden. Die Erfüllung der fachlichen und betriebswirtschaftlichen Voraussetzungen ist durch verschiedene Personen möglich. Unabhängig von fachlichen Qualifikationen bestehen im Baugewerbe Registrierungspflichten. Zweck ist vornehmlich eine Bekämpfung der Schwarzarbeit.

Dänemark

Die dänische Gewerbeordnung von 1988 enthält keine Definition des Handwerks und trifft keine Unterscheidung zwischen Handwerk und Industrie. Zuvor erforderliche Gewerbescheine und Lizenzen wurden im Rahmen gewerberechtlicher Deregulierungsmaßnahmen ebenso abgeschafft, wie die für Handwerksbetriebe bislang gültige maximale Betriebsgröße von fünf Beschäftigten. Abgesehen von Gefahrenhandwerken wie Elektroinstallateure, Gas-, Wasser-, Heizungs- und Sanitäranlageninstallateure, Kanalbauer, Schornsteinfeger, Orthopädieschuhmacher und Zahntechniker verlangt das dänische Gewerberecht keinen Nachweis einer beruflichen Qualifikation für die selbständige Ausübung des Handwerks. In den Gefahrenhandwerken ist die selbständige Tätigkeit von einer Ermächtigung abhängig, die erteilt wird nach einer mit dem Gesellenbrief abgeschlossenen Lehre und der Erfüllung von zusätzlichen Sicherheitsleistungen, wie feste Niederlassung mit Telefon in Dänemark, Konkursfreiheit, Volljährigkeit, Hinterlegung einer Kaution für sorgfältige Auftragsausführung und sofern die Gesellenprüfung vor

---

241   Vgl. hierzu und zum folgenden Klinge, G. (1992), S. 17 ff. und Klinge, G. (1990), S. 145 ff.

242   Beerdigungsinstitute sind in der Bundesrepublik Deutschland in Anlage B enthalten, für sie ist kein Großer Befähigungsnachweis vorgeschrieben.

243   Vgl. Klinge, G. (1990), S. 174 f.

mehr als fünf Jahren abgelegt wurde, ist eine einjährige praktische Tätigkeit nachzuweisen. Meister dürfen sich in Dänemark Personen nach Ablegung einer Gesellenprüfung nennen.

Frankreich

Grundsätzlich herrscht in Frankreich Gewerbefreiheit. Zwar gibt es eine Handwerksgesetzgebung, aber die handwerkliche Betätigung ist nicht von Befähigungsnachweisen abhängig. Ausnahmen gelten für Friseure, die Sonderprüfungen und eine zweijährige praktische Tätigkeit nachweisen müssen, sowie für Taxifahrer, Krankenwagenfahrer (Sanitäter) und Reisegewerbetreibende, die eine Genehmigung einholen müssen. Augenoptiker benötigen ein vom Unterrichtsministerium ausgestelltes Diplom oder eine Sondergenehmigung.

Die französische Handwerksgesetzung führt in einer Liste 96 Gewerbe auf, die als Handwerk betrieben werden können. Es gibt es in Frankreich 50 Handwerke in denen ein Meisterdiplom freiwillig erworben werden kann.[244] Die Abgrenzung und Definition des Handwerksbetriebes erfolgt nach der Art der Tätigkeit, dem Gegenstand des Gewerbes und der Betriebsgröße.[245] Die Obergrenze für einen Handwerksbetrieb liegt bei 10 Arbeitnehmern, auch handwerksfähige Betriebe, die größer sind, zählen zum Wirtschaftsbereich kleine und mittlere Betriebe. Handwerk liegt nach französischer Definition vor, wenn der Handwerker ein handwerksfähiges Gewerbe ausübt, selbständig ist und bei den Arbeiten selbst mitwirkt sowie allein, mit Gesellen, Lehrlingen oder seiner Familie arbeitet. Wer bestimmte Qualifikationen nachweisen kann, darf die gesetzlich geschützten Bezeichnungen (Titel) "Handwerker" oder "Handwerksmeister" führen. Die Qualifikationen sind aber nicht maßgebend für die selbständige Tätigkeit, weil der Marktzutritt, abgesehen von den oben genannten Ausnahmen, frei ist. Nur im Bereich des ehemaligen Elsaß-Lothringen verlangt man den sogenannten Kleinen Befähigungsnachweis.[246]

Griechenland

Obwohl in Griechenland das Handwerk als eigener Wirtschaftsbereich gilt, besteht kein einheitliches Handwerksrecht.[247] In bestimmten Gewerbebereichen, die nur zum Teil zum Handwerk gehören, wie Optiker, Kfz-Mechaniker, Elektriker, Maschinentechniker, Brunnenbauer, Bauingenieure und Architekten, sind Genehmigungen, Zulasssungen und Anmeldungen erforderlich. Eine behördliche Lizenz wird auf der Grundlage einer erreichten Befähigung (Ausbildung, Prüfung) erteilt.

---

244 Vgl. Geisendörfer, U. (1992), S. 362.

245 Vgl. hierzu und zum folgenden Klinge, G. (1990), S. 317 ff. und Klinge, G. (1992), S. 28 ff.

246 Vgl. Deregulierungskommission (1991), S. 200. Hier gelten die Bestimmungen der deutschen Gewerbeordnung von 1908.

247 Vgl. hierzu und zum folgenden Klinge, G. (1990), S. 371 ff. und Klinge, G. (1990), S. 32 ff.

Zu beachten ist, daß gewerbliche Zulassungsbedingungen geprägt sind durch ein anderes Ausbildungssystem. Die handwerkliche Berufsausbildung ist rein schulischer Art, ein Bezug zur Praxis ist nicht gegeben. Selbständig machen kann sich grundsätzlich jeder, ohne Nachweis einer Qualifikation. Allerdings müssen ausgeführte Arbeiten in den genannten Bereichen von Inhabern mit staatlichen Lizenzen geprüft werden. Derartige Lizenzen erhalten Hochschulabsolventen und Personen, die eine Berufsschule besuchten, praktisch tätig waren und sich einer staatlichen Prüfung unterzogen. Aus Gründen der Gesundheit und Hygiene benötigen Bäcker, Konditor und Getränkeabfüller eine Betriebserlaubnis.

Irland

In Irland herrscht Gewerbefreiheit, eine Handwerksgesetzgebung ist unbekannt, Zulassungsvorschriften für eine selbständige Niederlassung bestehen nicht. Jedoch sind für die Mitgliedschaft in einer Berufsorganisation und in Gewerkschaften Qualifikationen erforderlich.

Italien

Obwohl Italien ein eigenes Rahmengesetz für das Handwerk kennt, herrscht Gewerbefreiheit. Insofern fungiert das Rahmengesetz nicht als Berufszulassungsgesetz sondern legt Voraussetzungen fest, wann ein Unternehmen im rechtlichen Sinn als Handwerksbetrieb gilt. Gegenstand des Betriebes müssen Güter oder Dienstleistungen sein, die Kunst- oder Gebrauchscharakter aufweisen. Ferner wird Handwerk definiert anhand persönlicher Merkmale des Inhabers sowie der Betriebsgröße bezogen auf die Anzahl der Mitarbeiter, die ein wesentliches Merkmal für die Abgrenzung Handwerk/Industrie darstellt.

Zum Schutz der Verbraucher ist die Ausübung des Friseurgewerbes (Schönheitspfleger, Masseure, Damen- und Herrenfriseur) genehmigungspflichtig und von einer Bedarfsprüfung abhängig. Neben gesundheitlichen Voraussetzungen ist eine fachliche Befähigung durch Lehr- oder Fachschulabschluß oder Erwerb der Kenntnisse durch eine praktische Tätigkeit nachzuweisen.

Ferner ist seit 1990 eine Befähigung für Installationen an Strom-, Gas-, Heizungs- und sanitären Anlagen, für Aufzüge, Fernseher, Antennen und Blitzschutzgeräte erforderlich. Der Nachweis kann erfolgen durch Universitätsdiplome, Abitur und eine einjährige Beruftätigkeit, Berufsausbildungskurse und zweijährige Beruftätigkeit oder dreijährige Beruftätigkeit als Facharbeiter in diesen Bereichen. Hier zeigt sich, daß der geforderte Befähigungsnachweis faktisch nicht über eine der Gesellenprüfung in der Bundesrepublik Deutschland entsprechende Qualifikation hinausgeht.

Luxemburg

Das luxemburgische Handwerksrecht entspricht bezüglich der Berufszulassungsvoraussetzungen weitgehend dem deutschen Recht. Für eine selbständige Ausübung handwerklicher Berufe ist eine Niederlassungsermächtigung erforderlich, die aufgrund beruflicher
Eignung und beruflicher Zuverlässigkeit erteilt wird. Für kleine handwerkliche Tätigkeiten reichen Gesellenbrief, Praxiserfahrung und eigenständige Ausführung der Arbeiten ohne Mitarbeiter. Hingegen sind für allgemein handwerkliche Tätigkeiten dem deutschen Großen Befähigungsnachweis in etwa entsprechende Meisterbriefe oder Ingenieurdiplome notwendig.

Niederlande

In den Niederlanden sind verschiedene Zulassungsvorschriften für eine Vielzahl von Gewerben
vorhanden, zu denen auch Teile des Handwerks, insbesondere des Baugewerbes[248] gehören.
Doch kennt das niederländische Recht keine Legaldefinition des Handwerks, eine Abgrenzung
zur Industrie erfolgt anhand der Betriebsgröße. Zum Handwerk zählen Betriebe mit in der Regel weniger als 25 Beschäftigten. Neben einer gewissen Kreditwürdigkeit (Anfangskapital) sind
fachliche sowie kaufmännische Kenntnisse Voraussetzung für eine selbständige Tätigkeit. Die
Kenntnisse sind durch eine berufliche Ausbildung, also nicht durch eine zusätzliche Meisterprüfung wie im deutschen Recht, zu erwerben.[249]

Portugal

In Portugal besteht Gewerbefreiheit, eine eigenständige Handwerksgesetzgebung ist nicht vorhanden. Handwerk umfaßt lediglich das Kunsthandwerk, wie Töpfereien, Teppichstickereien
usw. Sie bilden keinen eigenständigen Wirtschaftsbereich, alle anderen Berufe gehören als kleine und mittlere Unternehmen zur Industrie.

Spanien

In Spanien umfaßt Handwerk das Kunsthandwerk, das produzierende Handwerk und das
Dienstleistungshandwerk. Kennzeichnend für Handwerk ist die Herstellung, Änderung und Reparatur sowie Erbringung von Dienstleistungen, bei dem individuelle Erzeugnisse in Handarbeit
unter Mitarbeit des Betriebsinhabers erstellt werden. Die Handwerksbetriebe können sich
freiwillig in ein Handwerksregister eintragen lassen, die Eintragung ist mit Vergünstigungen
und steuerlichen Vorzügen verbunden.

---

[248] Genannt werden u. a. Dachdecker (Strohdächer, bituminöse Dächer), Fliesenleger, Installateure
(Wasser, Gas u. a.), Terazzounternehmen, Natursteinunternehmen.

[249] Vgl. Klinge, G. (1990), S. 499 ff. und Klinge, G. (1992), S. 47 ff.

Berufszulassungsregelungen in Form von Titeln sieht das spanische Recht nur für bestimmte Handwerke wie Elektroinstallateure und Elektromonteure, Kälteanlagenbau, Druckbehälterbau, Hebelanlagenbau und Optiker vor. Der Titel wird verliehen aufgrund eines Berufsausbildungsnachweises, einer Prüfung über die Kenntnis der Sicherheitsvorschriften und eines Nachweises über ausreichende technische Mittel, um die entsprechenden Installationen durchführen zu können. Die Titel müssen alle zwei Jahre erneuert werden.

Großbritannien und Nordirland

Im Vereinigten Königreich kennt man keine Vorschriften über den Berufszugang und die Berufsausübung. Spezielle Handwerksgesetze sind unbekannt, es herrscht auch in Gefahrenbereichen Gewerbefreiheit. Nach dem "Workshop Regulation Act" von 1867 ist unter Handwerk (handicraft)[250] eine gewerbliche Vollendung, also Reparatur, Verzierung und Bearbeitung eines Produkts zu verstehen. Auf privater Basis gibt es Zusammenschlüsse von handwerklichen Berufsgruppen, die Berufsausbildungen und Prüfungen durchführen, keinesfalls ist ihnen eine Einschränkung der Gewerbefreiheit gestattet.[251]

Österreich

Das österreichische Handwerksrecht entsprach hinsichtlich der Berufszulassungsvoraussetzungen bislang weitgehend dem deutschen Recht, wurde aber 1992 durch die österreichische Gewerbeordnungsnovelle dereguliert.[252] Die Neuregelungen betreffen Gewerbelisten und Verwandtschaftsregelungen, Maßnahmen zur Erleichterung des Gewerbezugangs und zur Meisterprüfung sowie die Anerkennung anderweitiger Prüfungen. Mit der Festlegung der mangelnden Zuverlässigkeit als allgemeiner Entziehungsgrund der Gewerbeerlaubnis hat das österreichische Gewerberecht Haftungs- und Sanktionsmaßnahmen eingeführt.

Festzuhalten ist, daß sowohl Definition und Abgrenzung in den einzelnen Ländern, aber auch Ausbildungs-, Berufszugangs- und Berufsausübungsvorschriften sehr unterschiedlich sind.

Die vorliegenden Beispiele aus anderen europäischen Ländern lassen erkennen, daß Gewerbe und Handwerk nicht nur national sondern auch auf europäischer Ebene ein heterogenes Gebilde sind. Das deutsche System der Handwerksregulierung findet allerdings auf europäischer Ebene kaum Unterstützung. Abgesehen von Österreich und Luxemburg wird die Regulierungsintensität in keinem anderen der untersuchten europäischen Staaten erreicht.

---

250   Handwerker gehören aber auch teilweise zu den small firms.

251   Vgl. Klinge, G. (1990), S. 641.

252   Vgl. zur Gewerbeordnungsnovelle von 1992 Novacek, E. (1993), S. 232 ff. Eine ausführliche Darstellung der bisherigen Regulierungssystematik des österreichischen Gewerbes und Handwerks findet sich bei Bauer, J. M. u. a. (1988), S. 49 ff.

Außer Österreich und Luxemburg gibt es in den ausgewählten europäischen Ländern keinen Großen Befähigungsnachweis. Liegen Zulassungsvoraussetzungen vor, gelten sie in der Regel nur für Gefahrenhandwerke und basieren auf einer abgeschlossenen Lehre. Zahlreiche Länder wie Dänemark, Luxemburg, Österreich und Frankreich liberalisierten das Gewerberecht. Der Blick ins europäische Ausland verdeutlicht vielmehr die Sonderstellung des deutschen Handwerks im europäischen Rahmen.

Um trotz der unterschiedlichen Gesetzgebung in Europa einen Wettbewerb der Systeme herzustellen und Niederlassungs- und Dienstleistungsfreiheit zu verwirklichen, sind verschiedene Richtlinien erlassen worden. Auf die Möglichkeiten zur Leistungserbringung im Ausland wird im folgenden Abschnitt eingegangen.

7.2 Möglichkeiten der Leistungserbringung im Ausland

Um Niederlassungs- und Dienstleistungsfreiheit im Handwerk herzustellen, sind seit Ende der sechziger Jahre für das Handwerk verschiedene EG-Richtlinien erlassen worden, die in Anhang 7 tabellarisch aufgeführt sind. Hervorzuheben sind die "Richtlinie des Rates vom 07.07.1964 über die Einzelheiten der Übergangsmaßnahmen auf dem Gebiet der selbständigen Tätigkeiten ... (Industrie und Handwerk) (64/427/EWG)" und die "Richtlinie des Rates vom 07.07.1964 über die Verwirklichung der Niederlassungsfreiheit und des freien Dienstleistungsverkehrs ... (Industrie und Handwerk) (64/429/EWG)."[253]

Für Staatsangehörige aus den Mitgliedsstaaten der Europäischen Union, die ein Gewerbe der Anlage A auzuüben wünschen, ist sowohl zur Verwirklichung des Niederlassungs- als auch des Dienstleistungsrechts eine Handwerksrolleneintragung auf Basis einer Ausnahmebewilligung nach § 9 HwO erforderlich.

Diese wiederum wird erteilt, sofern die nachstehend aufgeführten Voraussetzungen der EWG-Handwerk-Verordnung erfüllt sind:

1. Der Antragsteller hat folgende Tätigkeiten in einem *anderen* Mitgliedsstaat ausgeübt:

    a) mindestens sechs Jahre ununterbrochen als Selbständiger oder als Betriebsleiter,

    b) mindestens drei Jahre ununterbrochen als Selbständiger oder als Betriebsleiter, nachdem er in dem betreffenden Beruf eine mindestens dreijährige Ausbildung erhalten hat,

    c) mindestens fünf Jahre ununterbrochen in leitender Stellung, davon mindestens drei Jahre in einer Tätigkeit mit technischen Aufgaben und der Verantwortung für

---

253 Vgl. Anhang 7.

eine Abteilung des Unternehmens, nachdem der in dem betreffenden Beruf eine mindestens dreijährige Ausbildung erhalten hat und

2. die ausgeübte Tätigkeit mit den wesentlichen Punkten des Berufsbildes desjenigen Gewerbes übereinstimmt, für das die Ausnahmebewilligung beantragt wird."[254]

Der Nachweis ist durch eine Bescheinigung des Herkunftslandes zu erbringen. Für alle in der Anlage A HwO aufgeführten Gewerbe gilt die EWG-Handwerk-Verordnung. Bislang ausgenommen von dieser Regelung waren Schornsteinfeger, Orthopädieschuhmacher, Augenoptiker, Hörgerätetechniker, Bandagisten, Orthopädiemechaniker, Zahntechniker und Hufbeschlag-
schmiede. Eine Liberalisierung in diesem Bereich soll über die "2. allgemeine Regelung zur Anerkennung beruflicher Befähigungsnachweise in Ergänzung zur Richtlinie 89/48 erfolgen."[255] Auch in diesen Bereichen wird eine Ausnahmebewilligung nach § 9 erteilt. Eine Um-
setzung der Richtlinien soll nur in allgemeiner Form erfolgen, weil in der Praxis angeblich schwer festzustellen ist, inwieweit Unterschiede zwischen den Ausbildungen bestehen.[256]

Die Richtlinien wurden in den sechziger Jahren zunächst als Übergangsmaßnahmen geschaffen. Schon in der damaligen Sechsergemeinschaft bereiteten die unterschiedliche Definition und Abgrenzung des Handwerks, aber auch die sehr voneinander abweichenden Berufszulassungsvoraussetzungen erhebliche Koordinationsprobleme.[257] Deshalb beschränkte man sich auf ei-
nen gewissen Abbau von Diskriminierungen, in dem leitende Tätigkeiten als Ersatz für den Großen Befähigungsnachweis angesehen wurden.

Die Übergangsmaßnahmen waren befristet bis zum 01.01.1970. Bis dahin sollte eine Koordi-
nierung der nationalen Berufszulassungs- und Berufsausübungsbestimmungen erfolgen, um die Richtlinien zu ersetzen.[258] Allerdings verstärkten sich die Koordinationsprobleme mit der Erweiterung der EU, vor allem nahm die Zahl derer zu, die für einen Abbau von Marktzugangs-
hindernissen und eine weitergehende Liberalisierung eintreten. Die Übergangsmaßnahmen haben inzwischen quasi Rechtsgültigkeit erlangt und sollen neuesten Erkenntnissen zufolge zunächst weiterhin gelten.

Länder mit liberalem Handwerksrecht können nach Art. 5 der Richtlinie 64/427/EWG einen Zustrom von ausländischen Handwerkern aus Ländern mit restriktivem Handwerksrecht ab-
wehren. Sofern sich durch Zuwanderungen auf Grundlage der EG-Richtlinie Schwierigkeiten ergeben, dürfen diese EG-Staaten für einen befristeten Zeitraum und für bestimmte Tätigkeiten

---

254   Bundesgesetzblatt I, S. 469 v. 4.8.1966 zuletzt geändert durch die Verordnung vom 8.10.1985, Bundesgesetzblatt I, S. 1957

255   Vgl. Hailbronner, K., Nachbaur, A. (1992), S. 84.

256   Vgl. Deutscher Bundestag (1993), Drucksache 12/5918, S. 28.

257   Vgl. Klinge, G. (1990), S. 26.

258   Vgl. Groeben, H. v. d. u. a. (1991), Art. 57, Rn. 7, S. 1003.

eine Fähigkeitsausweis aus dem Herkunftsland verlangen. Hierbei handelt es sich aber nach der neueren EU-Rechtsprechung um eine diskriminierende Übergangsmaßnahme, die neuerdings nicht mehr rechtmäßig ist.

Im folgenden ist darauf einzugehen, unter welchen Bedingungen deutsche Handwerker im Ausland Leistungen erbringen können.

Großbritannien und Nordirland setzten die EWG-Handwerk-Verordnung nicht in britisches Recht um. Demzufolge können sich deutsche Gesellen ohne fachliche Nachweise, Erlaubnis und Genehmigung niederlassen. Das britische Recht verlangt auch keine vorherige leitende Tätigkeit i. S. der EWG-Handwerk-Verordnung.[259]

Das gleiche gilt für **Irland** und **Portugal**. Portugal hat per Gesetz 1986 eine ausdrückliche Gleichstellung von ausländischen und inländischen Investoren eingeführt.[260]

Italien setzte die EG-Richtlinie um und verlangt bei einer Niederlassung von EU-Mitgliedern eine Handwerksregistereintragung. Dienstleistungen, bzw. Tätigkeiten von kurzer Dauer sind ohne Handwerksregistereintragung möglich.[261] Zwar verlangt Italien von EU-Angehörigen einen Nachweis des Herkunftslandes über die Befähigung gemäß Art. 5 der Richtlinie 64/427/EWG, rechtlich ist diese Schlechterstellung von Ausländern gegenübern Inländern nach der neueren EG-Rechtsprechung zweifelhaft.[262] Demnach müßte ein deutscher Geselle vor dem Europäischen Gerichtshof auf Gleichstellung klagen können.[263]

In **Frankreich** sind Ausländer den Inländern gleichgestellt. Abgesehen vom Friseurberuf, für den der Nachweis einer selbständigen leitenden Tätigkeit erforderlich ist, herrscht Gewerbefreiheit.[264]

Bislang erfolgt in **Griechenland** keine Umsetzung der Richtlinie 64/427/EWG. Das griechische Handwerk kennt zwar Zulassungsregeln für Gefahrenhandwerke und müßte demnach die Richtlinie 64/427/EWG umsetzen, sie wird jedoch in Griechenland praktisch nicht angewandt. Dies bedeutet, daß ein deutscher Geselle selbständig tätig sein darf, in Gefahrenbereichen aber seine Produkte vom Inhaber einer Lizenz prüfen lassen muß.

---

[259] Der "Restrictive Trade Practices Act 1956" verbietet eine Einschränkung der Gewerbefreiheit, vgl. dazu Klinge, G. (1990), S. 641 f.

[260] Vgl. Klinge, G. (1990), S. 529 f. und S. 400 f.

[261] Vgl. Klinge, G. (1992), S. 43 und Klinge, G. (1990), S. 424.

[262] Vgl. Groeben, H. v. d. u. a. (1991), Art. 57, Rn. 34, S. 1020.

[263] Vgl. Pohl, W. (1992), S. 14.

[264] Vgl. hierzu und zum folgenden Klinge, G. (1990), S. 321 f. und Klinge, G. (1992), S. 31 ff.

Ähnliches gilt auch in **Spanien**. Bislang erfolgte keine Umsetzung der EG-Richtlinie 64/427/EWG. Inländer und Ausländer sind gleichgestellt, nur in Gefahrenhandwerken müssen ausländische Gewerbetreibende den Titel erlangen, also eine Kenntnis der Sicherheitsvorschriften und technische Mittel nachweisen, eine ausländische Berufsausbildung (Lehre) wird anerkannt.

Mitglieder aus EU-Staaten, die in **Belgien** tätig sein wollen, müssen die Voraussetzungen der Richtlinie 64/427/EWG lediglich in den 42 Berufen erfüllen. Mitglieder aus EU-Staaten die in **Dänemark** in Gewerbezweigen mit einer Berufszulassungsregelung tätig sein möchten, müssen die Voraussetzungen der EG-Richtlinie 64/427/EWG erfüllen. Zusätzlich sind Kenntnisse der dänischen Sprache oder die Beschäftigung eines Mitarbeiters, der die dänischen Installateurvorschriften kennt und die Erfüllung der Voraussetzungen, die für Inländer gelten, nachzuweisen.

Auch die **Niederlande** verlangen in den reglementierten Bereichen die Anforderungen der Richtlinie 64/427/EWG. Auch Ausländer brauchen eine Genehmigung. Mit Ausnahme der Gesundheitshandwerke können sich deutsche Handwerker in Luxemburg nach der Richtlinie 64/427/EWG niederlassen und Dienstleistungen erbringen.

Zusammenfassend ist festzuhalten, daß in Großbritannien, Portugal, Irland und Frankreich sich deutsche Gesellen ohne Nachweis einer leitenden Tätigkeit niederlassen und Dienstleistungen erbringen können. In der Regel reicht in den anderen Staaten eine Lehre, nur in manchen Ländern ist in Gefahrenbereichen der Nachweis einer selbständigen Tätigkeit erforderlich.

8. Zusammenfassung und weitere Vorgehensweise

Kennzeichnend für diese Arbeit ist eine Untersuchung des Handwerks aus dem Blickwinkel der Regulierungs- und Deregulierungsdiskussion. Bislang wurde das Handwerk aus sehr unterschiedlichen Perspektiven betrachtet, jede Dimension versucht Handwerk für sich in Anspruch zu nehmen. Mit der ausführlichen Darstellung der Dimensionen des Handwerks wird das Ziel verfolgt, eine terminologische Basis für die nachfolgende Analyse zu legen.

Unter dem Regulierungsaspekt ist eine enge Verknüpfung mit den bisher dargestellten Betrachtungsebenen vorhanden. Aus historischer Sichtweise hat sich die heutige Regulierung in Form der HwO kontinuierlich entwickelt. Die rechtliche Ausformung und Differenzierung legt die Stärke der Regulierung fest und bestimmt damit die ökonomische Bedeutung. Aus berufsbildungspolitischer Sichtweise besteht ein öffentliches Interesse an der Regulierung des Handwerks in Form des Großen Befähigungnachweises, weil aus Sicht des Handwerks nur mit dieser Form der Marktzugangsregelung genügend Ausbildungsplätze zur Verfügung gestellt werden und das Handwerk über den eigenen Bedarf hinaus ausbilden kann. Mit der Regulierung wird unter der berufsbildungspolitischen Betrachtungsweise die Abgabe positiver externer Effekte kompensiert. Die Organisation des Handwerks wirkt auf Ausmaß und Stärke der Regulierung ein. Mit der anschließenden Betrachtung der typischen Merkmale europäischer Gewerbe und Handwerkssysteme ließ sich die Sonderstellung des deutschen Handwerks noch verdeutlichen.

Die Betrachtung des Handwerks aus verschiedenen Perspektiven bezweckte, einen Überblick über die HwO und die Strukturen dieses durch die HwO geprägten Handwerks sowie europäischer Handwerkssysteme zu gewinnen. Jedoch stehen die einzelnen Betrachtungsweisen nicht getrennt nebeneinander, sondern es sind Interdependenzen vorhanden. So hat die historische Entwicklung die heutige rechtliche Struktur mit bestimmt, die Organisation des Handwerks beeinflußt die Berufsbildung und die rechtliche Situation, die wiederum die gesamtwirtschaftliche Position des Handwerks bestimmt. Aufgrund des Finanzierungszusammenhangs wirkt die gesamtwirtschaftliche Position zurück auf die Organisation.

Durch eine Betrachtung der verschiedenen Dimensionen des Handwerks in diesem Kapitel zeigte sich, daß Handwerk und HwO offenbar für sehr verschiedene Phänomene und Sichtweisen in Anspruch genommen werden und Handwerk im Sinne der HwO damit als sehr heterogenes Gebilde erscheint. Diese Heterogenität wird unterstützt durch die HwO. Die in Anlage A aufgeführten Handwerksgruppen und Handwerkszweige sind auf den ersten Blick stark gestreut. Die Formen handwerklicher Betätigung und die rechtlichen Erscheinungsformen sind sehr differenziert und heterogen. Die Anforderungen, wann ein Handwerksbetrieb vorliegt, sind sehr differenziert und komplex. Die Handwerksmäßigkeit deutet auf eine Wahrnehmung unterschiedlicher Funktionen des Handwerks hin. Das Handwerk weist unterschiedliche Betriebsgrößenstrukturen auf und ist, worauf die breite Streuung in Anlage A hindeutet, auf unterschiedlichen Absatzmärkten tätig. Ebenso heterogen ist das Handwerk auf europäischer Ebene.

Die berufsständische und fachliche Organisation zeigt zwar eine Vielfalt der Interessen, durch organisatorische Zwischenebenen und den Zentralverband als Dachorganisation aber eine starke Geschlossenheit, die gefestigt wird durch die Personalunion des Präsidenten des Zentralverbandes des Deutschen Handwerks, der gleichzeitig Präsident des Deutschen Handwerkskammertages (DHKT) und Vorsitzender der Bundesvereinigung der Fachverbände des Handwerks (BFH) ist. Somit leisten der Zentralverband und die Querverbindungen einen wesentlichen Beitrag zur Geschlossenheit der Handwerksorganisation sowohl nach innen als auch nach außen.

Angesichts der eingangs gestellten Frage, welche Branchenbesonderheiten im Handwerk vorliegen, ergeben sich als erste Merkmale und Anhaltspunkte die Vielseitigkeit und die Heterogenität. Sie verdienen im weiteren Verlauf besondere Aufmerksamkeit. Aufgrund dieser Feststellung erscheint es notwendig, die Ausgangsfragestellung dahingehend zu konkretisieren, inwieweit sich mit der Heterogenität eine einheitlich geregelte Marktzugangsbeschränkung vereinbaren läßt, und ob ein einheitliches Instrument angezeigt ist.

Schon der bisherige Einblick in das System der Handwerksregulierung verdeutlicht im Vergleich zu anderen europäischen Staaten eine gewisse Sonderstellung und besonders hohe Regulierungsintensität des bundesdeutschen Handwerkssystems. Für die Untersuchung des Handwerks stellt sich deshalb zunächst die Frage, wie sich ein so umfangreiches Regulierungssystem in einer sozialen Marktwirtschaft und speziell im Handwerk begründen läßt und welche Folgen und Konsequenzen damit verbunden sind. Anschließend sind anhand theoretischer Grundlagen Kriterien und Grundvoraussetzungen für eine Analyse des Handwerks zu entwickkeln.

KAPITEL III:
INSTITUTIONELLE UND THEORETISCHE GRUNDLAGEN

1. Ansatz und Grundaussagen der Regulierung und Deregulierung

1.1 Ordnungspolitische Grundlagen der sozialen Marktwirtschaft

Grundlegendes Prinzip einer Wirtschaftsordnung in Form der Marktwirtschaft ist eine Koordination der Wirtschaftspläne der einzelnen Individuen auf Märkten bei freier Preisbildung. Voraussetzung hierfür ist Dispositionsfreiheit von Unternehmen und Haushalten. Dies erfordert Privateigentum an Gütern und Produktionsmitteln, Sicherung und Gestaltung der Vertragsfreiheit und Sicherung der Gewerbe- und Berufsfreiheit, damit ein Eintritt in gewinn- und einkommensgünstige Märkte und Berufe erhalten bleibt.[1]

In einer marktwirtschaftlichen Wirtschaftsordnung ist der Wettbewerb zentrales Element und Leitidee.[2] Der Wettbewerb soll die wirtschaftliche Handlungs- und Entschließungsfreiheit gewährleisten und damit Machtpositionen verhindern, aber auch durch Stimulierung der Leistungsanreize für eine optimale Produktion und Verteilung der Güter entsprechend den Konsumentenwünschen sorgen und gleichzeitig eine höchstmögliche Wohlfahrt erzielen.[3] Ferner sollen bei einer optimalen Faktorallokation und Angebotszusammensetzung die Anpassungsflexibilität und der technische Fortschritt gefördert werden.

Geprägt durch den Ordoliberalismus führte die Bundesrepublik Deutschland 1948 als konkrete Wirtschaftsordnung die soziale Marktwirtschaft ein, die eine besondere Form der Marktwirtschaft ist. Zweck der sozialen Marktwirtschaft ist eine Verbindung des Wettbewerbsprinzips mit der Idee des sozialen Ausgleichs.[4] Im Gegensatz zum liberalistischen laissez-faire strebt dieses Konzept konstitutive Regelungen zur Sicherung eines funktionsfähigen Wettbewerbs an.[5] Insbesondere soll die Wirksamkeit des Wettbewerbs durch eine Verhinderung von Wettbewerbsbeschränkungen erhöht werden, dabei sollen staatliche Eingriffe auf die Funktionsfähigkeit des Marktes Rücksicht nehmen.[6]

---

[1]   Vgl. Molitor, B. (1988), S. 20 ff.

[2]   Die Marktwirtschaft wird deshalb auch als Wettbewerbswirtschaft bezeichnet. Wettbewerb läßt sich als vielschichtiges Phänomen schwer in einer Definition erfassen. Zugrunde liegt dem Wettbewerb eine marktliche Rivalitätsbeziehung. Schmidt charakterisiert Wettbewerb durch die Existenz von Märkten, auf dem mindestens zwei Anbieter oder Nachfrager durch antagonistisches Verhalten den eigenen Grad der Zielerreichung zu Lasten des Konkurrenten verbessern. Vgl. Schmidt, I. (1993), S. 1 f.

[3]   Ausführlich mit den Funktionen des Wettbewerbs setzt sich Schmidt, I. (1993), S. 28 f. auseinander.

[4]   Vgl. Müller-Armack, A. (1956), S. 390.

[5]   Vgl. Müller-Armack, A. (1956), S. 390.

[6]   Vgl. Müller-Armack, A. (1956), S. 391.

Allerdings können schon staatliche Eingriffe zur Gestaltung eines Ordnungsrahmens und zum sozialen Ausgleich strittig sein, die Wettbewerbsfreiheit beschränken und über ein für notwendig erachtetes Maß hinausgehen. Generell ist festzuhalten, daß in sozial gesteuerten Marktwirtschaften staatliche Eingriffe nicht völlig abzulehnen sind, aber auch kein wesentliches Element der Wirtschaftsordnung wie in Zentralverwaltungswirtschaften sind. In marktwirtschaftlichen Ordnungen stellen sie theoretisch eine Ausnahme dar und bedürfen einer Rechtfertigung.[7]

Nachdem vorab in der Einleitung jeglicher staatliche Eingriff als Regulierung bezeichnet wurde, soll im folgenden Abschnitt eine nähere Bestimmung und Eingrenzung dieses Begriffs erfolgen.

1.2 Abgrenzung des Regulierungsbegriffs

Im deutschsprachigen Raum verwendete Emil Sax schon 1878 den Begriff der staatlichen Regulierung beim Problem der Aufgabenteilung zwischen Staat und privaten Unternehmen in der Wirtschaft speziell im Verkehrsbereich.[8] Zwar fand der Begriff Regulierung in der Folgezeit kaum Verwendung, aber die Diskussion über die Rollenverteilung wurde unter anderen Namen wie staatliche Eingriffe, Staatsinterventionen usw. fortgesetzt. Durch die neuere Regulierungsdiskussion in Deutschland, ausgelöst durch Arbeiten in den USA und Großbritannien, gelangte der Begriff in den letzten Jahren wieder in die wirtschaftswissenschaftliche Diskussion.

In der deutschen Literatur wird der Begriff staatliche Regulierung sehr unterschiedlich definiert. So kann jeglicher staatliche Eingriff in die Vertrags- oder Transaktionsfreiheit als Regulierung bezeichnet werden.[9] Müller/Vogelsang schließen sich dem amerikanischen Trend einer weiten Fassung des Regulierungsbegriffs an und begrenzen Regulierung lediglich auf Einschränkungen der Gewerbe- und Vertragsfreiheit, wenn die damit formulierten Spielregeln nicht für alle gelten.[10]

Der Begriff Regulierung ist von den Begriffen der Bürokratisierung und Privatisierung abzugrenzen. Mit Bürokratisierung ist die allgemein in Verwaltung und Wirtschaft festzustellende erhebliche Zunahme von Gesetzen, Verordnungen und Normen gemeint.[11] Allerdings sind

---

[7] So auch Knieps, G. (1985), S. 1.

[8] Vgl. Sax, E. (1878), S. 8 ff.

[9] Vgl. bspw. Weizsäcker, C. C. v. 1982, S. 326. Weizsäcker geht von einer weiten Definition aus, schließt aber fiskalische Maßnahmen des Staates aus.

[10] Vgl. Müller, J., Vogelsang, I. (1979), S. 19.

[11] Andere Bezeichnungen dafür sind Paragraphendschungel oder Gesetzesdickicht, vgl. dazu Kroker, R. (1985), S. 28 ff.

gewisse Abhängigkeiten zwischen Bürokratisierung und Regulierung vorhanden, weil sich durch Regulierung und Deregulierung die Anzahl der Gesetze und Verordnungen verändert.[12]

Unter dem Begriff Privatisierung ist eine Übertragung von Eigentumsrechten aus öffentlichen Unternehmen an private Unternehmen zu verstehen.[13] Eine Schnittmenge zur Regulierung ist vorhanden, wenn auf Private übertragene Dienstleistungen einer speziellen Branchenregulierung unterworfen werden (contracting out).[14]

Eine differenzierte Betrachtungsweise liefern Ewers/Wein. In einer weiten Begriffsfassung ist "... Regulierung jede Art staatlicher Intervention ...".[15] Ewers/Wein unterscheiden aber konstitutive Regulierungen, die ein gesellschaftliches und wirtschaftliches Normsystem für alle Mitglieder der Gesellschaft schaffen, wie z. B. das Eigentums-, Vertrags- und Strafrecht sowie lenkende Regulierungen, die das Verhalten spezieller Gruppen von Wirtschaftssubjekten beschränken.[16] Für die Deregulierungsdiskussion schränken Ewers/Wein den Begriff ein, auf direkte Regulierungen, die den Zugang zu Märkten oder den Marktprozeß regeln.[17]

Wie Ewers/Wein verwendet die Mehrzahl der Autoren jedoch einen engen Regulierungsbegriff,[18] der vereinzelt nur für wettbewerbliche Ausnahmebereiche Verwendung findet.[19] Eickhof grenzt den Regulierungsbegriff ein auf "... die direkte Kontrolle ... der ökonomischen Aktivitäten erwerbswirtschaftlich tätiger Unternehmen in einzelnen Wirtschaftsbereichen durch staatliche Institutionen oder deren Beauftragte."[20] Eickhof schließt mit dieser Definition indirekte Eingriffe des Staates, die alle Branchen betreffen, beispielsweise die Fiskal- und Geldpolitik, aus. Eine Beschränkung auf einzelne Branchen schließt lediglich gesamtwirtschaftliche Maßnahmen aus. Die Definition von Eickhof ist für eine Betrachtung des Handwerks zu eng,

---

12   Vgl. Kurz, R. (1986), S. 42 f.

13   Sehr ausführlich mit diesem Begriff setzen sich Bauer, J. M. (1989), S. 253, und Möschel, W. (1988), S. 886 ff. auseinander. Möschel unterscheidet Privatisierung im formellen Sinne, die Übertragung von Dienstleistungen auf Private, Gutscheinsysteme und Übertragung von Eigentum. Intensive Privatisierungsmaßnahmen erfolgen nach der Wiedervereinigung in Ostdeutschland und nach dem Zusammenbruch des Ostblocks in den osteuropäischen Staaten. Privatisierung ist nach Möschel ein Unterfall der Deregulierung. Vgl. Möschel, W. (1988), S. 888.

14   Vgl. Möschel, W. (1988), S. 886.

15   Ewers, H.-J., Wein, T. (1989), S. 4.

16   Vgl. Ewers, H.-J., Wein, T. (1989), S. 5 ff.

17   Vgl. Ewers, H.-J., Wein, T. (1989), S. 7.

18   Ebenfalls einen engeren Regulierungsbegriff verwenden Böbel, I. (1988), S. 105, Issing, O. (1987), o. S., Krakowski, M. (1988b), S. 9, Pascher, H. (1987) S. 30 f., Bögelein, M. (1990), S. 13 f.

19   Vgl. Kaufer, E. (1981), S. V. Zu den wettbewerblichen Ausnahmebereichen des GWB zählen u. a. Verkehr, Land- und Forstwirtschaft, Banken, Versicherungen, Verwertungsgesellschaften, Versorgungsunternehmen und bestimmte Sonderbereiche, wie Deutsche Bundesbank, Kreditanstalt für Wiederaufbau.

20   Eickhof, N. (1985), S. 64.

84

weil in der HwO auch Handwerkskammern geregelt sind, die aber nicht erwerbswirtschaftlich tätig sein dürfen.[21]

Dieser Untersuchung wird die Definition von Soltwedel zugrunde gelegt, der unter Regulierung "... die direkte hoheitliche Einschränkung der Gewerbe- und Vertragsfreiheit in bestimmten Wirtschaftsbereichen .." versteht.[22] Soltwedel bezieht sich bei seiner Definition auf Eickhof. Indirekte Eingriffe des Staates, die alle Branchen betreffen sind damit ausgeschlossen. Damit umfaßt die Definition nahezu alle ökonomischen Aktivitäten, dazu gehören Regelungen des Markteintritts, der Preise, der Produktions- und Absatzmengen, Vorschriften über Investitionen, Kapazitäten, Qualitäten, Konditionen und andere Aktionsparameter.[23] Regulierung und staatlicher Eingriff werden im folgenden synonym verwendet. Über- und Unterregulierung kennzeichnen Situationen, in denen das Regulierungsniveau über bzw. unter den feststellbaren Ursachen liegt.

Im nächsten Abschnitt folgt eine nähere Bestimmung des Begriffs Deregulierung.

1.3 Abgrenzung des Deregulierungsbegriffs

Der Begriff Deregulierung bezieht sich nicht auf ein bestimmtes Regulierungssystem oder eine spezielle Regulierungsform. Auffallend ist, daß der Begriff Regulierung in der Literatur vielfältig definiert wird, der Begriff Deregulierung in der Diskussion häufig Verwendung findet, aber kaum konkrete Definitionen vorhanden sind.

Die Deregulierungskommission umschreibt Deregulierung mit einer "... Veränderung der Spielregeln, die der wirtschaftlichen Freiheit dient."[24] Dies umfaßt demnach nicht nur die Reduzierung von regulierenden Eingriffen. Erforderlich ist aber, festzulegen, was mit wirtschaftlicher Freiheit gemeint ist.

Soltwedel definiert Deregulierung nicht direkt, er beschreibt Deregulierungspotentiale, die dann vorliegen, wenn "... die der Regulierung zugrunde liegenden Vorstellungen über den Marktprozeß oder seine Ergebnisse unzutreffend und daher unbegründet sind."[25] Soltwedel umschreibt Deregulierung damit über eine Handlungsanweisung und geht von unterschiedlichen Regulierungstiefen aus.

---

21 Vgl. John, P. (1983), S. 250, o. V. (1981), S. 57.

22 Soltwedel, R. et al. (1986), S. 3.

23 Vgl. Soltwedel, R. et al. (1986), S. 3. Soltwedel bezieht sich bei den ökonomischen Aktivitäten auf Eickhof, N. (1985), S. 64, ferner ist zu nennen Eickhof, N. (1992), S. 3.

24 Deregulierungskommission (1990), S. 15.

25 Soltwedel, R. et al. (1986), S. 3.

Deregulierung ist nach Bauer als ein Prozeß des Übergangs "... von einem bestimmten System der Regulierung zu einem anderen System der Regulierung, das durch geringere Regulierungsintensität charakterisiert ist ..."[26] zu bezeichnen. Im Vordergrund dieser Definition steht die prozeßorientierte Betrachtungsweise. Bauer definiert Deregulierung im weitesten Sinn als Maßnahme "... die die organisatorische Komplexität wirtschaftlicher Steuerungsprozesse reduziert."[27] Gemeint ist damit nicht nur der Abbau von Regulierungen im engeren Sinn, sondern auch die Vereinfachung von Verfahren und Umsetzung der Regulierung. Im engeren Sinn ist nach Bauer unter Deregulierung eine Verringerung der Regulierungsintensität oder die Aufhebung regulierender Eingriffe in einem Wirtschaftsbereich zu verstehen.[28]

Gemeint ist mit einer Verringerung der Regulierungsintensität beispielsweise der Ersatz administrativer Regelungen durch marktmäßige Anreizstrukturen.[29] Das wäre im Handwerk der Fall, wenn die Anzahl der in Anlage A enthaltenen Handwerkszweige, für die eine Meisterprüfung erforderlich ist, reduziert oder die Meisterprüfung völlig aufgehoben würde. Anknüpfungspunkt der Intensität ist sozusagen der Freiheitsgrad oder die Eingriffsstärke in die Gewerbe- und Vertragsfreiheit.

Hinzuweisen ist an dieser Stelle darauf, daß der in der Literatur häufig verwendete Begriff Regulierungsintensität problematisch ist, weil nicht wie bei der Kapitalintensität oder Arbeitsintensität quantifizierbare Bezugsgrößen vorliegen. In vielen Bereichen ist auf Grund der wirtschaftlichen Dynamik eine Quantifizierung der regulierten Situation und der deregulierten Situation nicht möglich und ökonomisch auch nicht zweckmäßig, wenn der Wettbewerb als Entdeckungsverfahren im Sinne von v. Hayek interpretiert wird.[30] Neben den Quantifizierungsproblemen bestehen Aggregationsprobleme, denn es stellt sich die Frage, ob beispielsweise eine Preis- und Mengenregulierung stärker als eine alleinige Umsatzregulierung ist.

Moschels Definition liegt ein mikroökonomischer Ansatzpunkt zugrunde. Er definiert Deregulierung als "... Abbau von direkten staatlichen Eingriffen in die Gewerbe- und Vertragsfreiheit auf einzelnen Märkten."[31] Obwohl die aufgeführten Definitionen unterschiedliche Gesichtspunkte hervorheben, stimmen sie im wesentlichen darin überein, daß Deregulierung eine "Abschaffung oder Abschwächung" von Regulierung bedeutet.[32]

---

26   Bauer, J. M. (1989), S. 251.

27   Bauer, J. M. (1989), S. 252.

28   Vgl. Bauer, J. M. (1989), S. 252.

29   Vgl. Bauer, J. M. (1989), S. 252.

30   Vgl. Hayek, F. A. (1968), S. 9 ff. Marktzutrittsregulierungen sind beispielsweise durchaus nicht identisch, sie weisen eine unterschiedliche Eingriffsstärke auf und bei der Umsetzung ist eine unterschiedliche Handhabung durch enge oder weite Auslegung denkbar.

31   Möschel, W. (1988), S. 888.

32   Vgl. Kurz, R. (1986), S. 42.

Umfassend soll im folgenden, analog zur Definition Regulierung, unter Deregulierung die Abschaffung oder Abschwächung von staatlichen Eingriffen in die Gewerbe- und Vertragsfreiheit auf einzelnen Märkten verstanden werden. Der Begriff Deregulierung wird synonym mit Umregulierung und Regulierungsveränderung gebraucht.[33]

Jedoch bedarf in einer sozialen Marktwirtschaft nicht die Deregulierung einer Begründung und Legitimierung, sondern die Regulierung. Aus welchen Gründen in der Realität Regulierungen erfolgen und warum Deregulierung gefordert wird, ist Gegenstand des nächsten Abschnitts.

2. Regulierung und Deregulierung in der Sozialen Marktwirtschaft

2.1 Ökonomische und rechtliche Ursachen der Regulierung

Wird in einer prinzipiell marktwirtschaftlich orientierten Wirtschaftsordnung die Gewerbe- und Vertragsfreiheit durch Regulierung in einigen Branchen, wie dem Handwerk, eingeschränkt oder eine Branche einer wettbewerbspolitischen Sonderstellung unterworfen, so ist hierfür eine besondere Begründung notwendig.[34] Auf die verschiedenen Gründe ist im folgenden einzugehen.

Traditionelle Begründung für den Einsatz von Regulierungsinstrumenten ist Marktversagen aufgrund von Branchenbesonderheiten.[35] Nach Scheib zählen zu den Branchenbesonderheiten angebotsseitige, nachfrageseitige und marktliche Besonderheiten der jeweiligen Branche.[36] Diese Besonderheiten be- oder verhindern eine wettbewerbliche Steuerung oder die Ergebnisse des Markt- und Wettbewerbsprozesses gelten als unerwünscht, weil sie nicht den normalerweise erwarteten Wirkungen eines funktionierenden Marktes und Wettbewerbs entsprechen.[37] Aufgrund der Besonderheiten in diesen Branchen werden wirtschaftspolitische Grundsätze, wie sie in anderen Bereichen gelten, nicht für zweckmäßig gehalten. Deshalb sind korrigierende staatliche Eingriffe notwendig, um die Marktergebnisse zu verbessern und um Wettbewerb herzustellen.[38]

---

[33]   In der Literatur sind für Umregulierung auch andere Bezeichnungen, wie z. B. Re-Regulierung, zu finden.

[34]   Vg. Krakowski, M. (1988c), S. 25.

[35]   Vgl. Soltwedel, R. et al. (1986), S. 4, Knieps, G. (1988), S. 39.

[36]   Scheib spricht von "... Eigenarten der Produktionsprozesse der Güter oder der Märkte ...". Scheib, H. H. (1967), S. 19. Die Branchenbesonderheiten sind entsprechend abhängig von der jeweiligen Branche. Typische Beispiele sind Leitungs- und Schienengebundenheit im Versorgungs- und Verkehrswesen sowie Sicherheits- und Vertrauensargumente im Finanzdienstleistungsbereich. Vgl. Deregulierungskommission (1990), S. 59 f. und S. 113 f.

[37]   Vgl. Soltwedel, et al. (1986), S. 4.

[38]   Vgl. Soltwedel, R. et al. (1986), S. 4.

Die von der Rechtsprechung erarbeiteten und im letzten Kapitel vorgestellten Kriterien der Handwerksmäßigkeit geben Hinweise auf typische Branchenbesonderheiten des Handwerks im Vergleich zum übrigen Gewerbe. Diese rechtlichen Kriterien, die um weitere ökonomische Begründungen zu ergänzen sind, rechtfertigen aus theoretischer Sicht eine Marktzugangsregulierung nur dann, wenn sie Marktversagen verursachen.[39]

Marktversagen ruft gesamtwirtschaftlich, so wird argumentiert, Wohlfahrtsverluste hervor, die Maßnahmen des Staates zu Gunsten des Gemeinwohls rechtfertigen.[40] Faktisch geht man davon aus, daß Staatseingriffe bessere Ergebnisse hervorbringen, als marktliche Lösungen, obwohl häufig keine Erläuterung gegeben wird, was schlechte Ergebnisse sind.[41] Die hinter Regulierung stehende Idee ist, daß sie die Funktionsfähigkeit des Marktes sowie des Wettbewerbs und die Allokation in den Märkten verbessert und insgesamt zu zufriedenstellenderen Marktergebnissen führt.[42] Ökonomisch läßt sich Regulierung neben allokativen Gründen mit distributiven und stabilisatorischen Argumenten begründen.

Im allgemeinen wird davon ausgegangen, daß Marktversagen zu erwarten ist beim Vorliegen natürlicher Monopole, bei ruinöser Konkurrenz, externen Effekten, öffentlichen Gütern und Informationsasymmetrien.[43]

Ein natürliches Monopol liegt vor, wenn ein einzelner Anbieter die gesamte nachgefragte Menge kostengünstiger herstellen kann als eine größere Zahl von Anbietern.[44] Bei einer strikt subadditiven Kostenfunktion sind die Produktionskosten bei einer Produktion durch einen Anbieter geringer als bei Produktionen durch mehrere Anbieter. Wettbewerb würde die Marktergebnisse insgesamt verschlechtern. Durch staatliche Regulierung erfolgt eine Überwachung der monopolistischen Anbieter, um Machtmißbrauch und Angebotsreduzierungen zu verhindern.[45]

Der Begriff ruinöser Wettbewerb oder ruinöse Konkurrenz wird in der wirtschaftswissenschaftlichen und politischen Diskussion sehr unterschiedlich gehandhabt. Gemeint ist ein zu heftiger Wettbewerb, der adverse Selektionsprozesse bewirkt. Bei ruinösem Wettbewerb ist ein Wettbewerbsversagen denkbar, wenn aus "zuviel Wettbewerb" ein übertriebener Verdrän-

---

39 Vgl. Eickhof, N. (1992), S. 8.

40 Vgl. Kupitz, R. (1983), S. 50 f.

41 Vgl. Bögelein, M. (1990), S. 4 f.

42 Vgl. Ewers, H.-J., Wein, T. (1990), S. 321.

43 Krakowski spricht in diesem Zusammenhang von den klassischen Begründungen. Vgl. Krakowski, M. (1988c), S. 25. An dieser Stelle soll nur ein kurzer Überblick über die wesentlichen Begründungen gegeben werden.

44 Vgl. Kruse, J. (1985), S. 19 ff.

45 Vgl. Teichmann, U. (1993), S. 203.

gungswettbewerb resultiert und effiziente Unternehmen vor ineffizienten Unternehmen den Markt verlassen.[46]

Im Falle externer Effekte sind mit der Produktion Vor- oder Nachteile verbunden, die nicht ins Preissystem eingehen. Externe Effekte führen zu Marktversagen, wenn zu hohe Transaktionskosten die Definition von Eigentumsrechten und eine Internalisierung über den Markt verhindern. Folge daraus sind Unter- bzw. Überproduktionen und Wohlfahrtsverluste. Regulierungen sollen in diesem Fall Transaktionskosten senken und Internalisierungsmängel beheben.[47]

Konstitutives Merkmal öffentlicher Güter im Vergleich zu privaten Gütern ist die Nichttrivialität des Konsums als nachfrageseitiges Merkmal.[48] Allerdings wird damit noch nicht begründet, ob die Bereitstellung des Gutes private oder öffentliche Aufgabe ist. Wenn Anbieter Eigentumsrechte nicht über den Marktmechanismus geltend machen können, also das Ausschlußprinzip nicht anwendbar und Bürger von Leistungen nicht auszuschließen sind, erfolgt ein Angebot nicht über den Markt sondern vom Staat. Auch hohe Ausschlußkosten können eine öffentliche Bereitstellung begründen.[49]

Ein weiterer, im Handwerk besonders wichtiger, Regulierungsgrund sind Informationsprobleme. Wenn Informationen über Güter und Leistungen zwischen Anbieter und Nachfrager ungleich verteilt sind und der Markt nicht für einen Abbau der Informationsasymmetrien sorgt, können negative Ausleseprozesse und eine Verstärkung der ruinösen Konkurrenz drohen. Staatliche Eingriffe erfolgen hier, um Marktversagen zu verhindern und um den Verbraucher vor Schäden zu bewahren, die aus mangelnden Informationen über die Produkte entstehen. Gerade Informationsasymmetrien zeigen, daß zur Begründung der Regulierung vielfach das Argument des Verbraucherschutzes herangezogen wird. Allerdings ist damit fast jeglicher Eingriff des Staates zu begründen. Schwierigkeiten bereitet es, Grenzen für Regulierungseingriffe unter der Prämisse des Verbraucherschutzes festzulegen.

Regulierungen erfolgen ferner aus strukturpolitischen Erwägungen. Zum Aufgabenbereich der Strukturpolitik zählen Maßnahmen zur Beeinflussung und Steuerung des Strukturwandels durch eine Anpassung der Faktorangebotsstruktur an die Nachfragestruktur.[50] Hierzu gehören auch Maßnahmen, Lasten des Strukturwandels erträglicher zu gestalten und die Effizienz der

---

[46]   Vgl. Soltwedel, R. et al. (1986), S. 10, Eickhof, N. (1986), S. 474, Eickhof, N. (1992), S. 25 ff.

[47]   Vgl. Krakowski, M. (1988c), S. 79 ff.

[48]   Vgl. Zimmermann, H., Henke, K.-D. (1990), S. 43 f.

[49]   Vgl. Krakowski, M. (1988c), S. 76 ff.

[50]   Vgl. Hübl, L., Schepers, W. (1983), S. 81 f.

Globalsteuerung zu erhöhen.[51] Ebenso erfolgen Regulierungen aus strategischen und industriepolitischen Gründen, um wichtige Industriebereiche zu schützen.[52]

Obwohl verteilungspolitische Argumente vielfach nicht direkt als Regulierungsgrund genannt werden, spielen sie indirekt in regulierten Sektoren eine zentrale Rolle. Im Rahmen der Einkommensverteilung soll Regulierung die sich auf Basis der Marktergebnisse ergebende Verteilung aus sozialen oder ethischen Gründen verändern. Neben Regulierungen aus ökonomischen Motiven heraus, entstand eine Vielzahl von Regulierungen aus sozialen, politischen und gesellschaftspolitischen Gründen. Sie lassen sich teilweise sowohl aus der sozialen Marktwirtschaft als auch aus der Entwicklung zu einem fürsorgenden Sozialstaat, der sich der Daseinsfürsorge verpflichtet fühlt, ableiten.[53]

Während in der Geschichte des Handwerks das Streben nach einem ausreichenden und gesicherten Einkommen explizit als Regulierungsgrund Verwendung fand,[54] werden die verteilungspolitischen Gründe heute nicht direkt erwähnt. Zu fragen ist aber, inwieweit verteilungspolitische Gründe indirekt in anderen, bei Einführung der HwO aufgeführten, Gründen enthalten sind. Die bei Einführung der HwO genannte Erhaltung und Förderung eines gesunden leistungsfähigen Handwerksstandes als Ganzes aber auch die Verhinderung von Kümmerexistenzen weist indirekt auf verteilungspolitische Argumente hin. Auch das Argument der Erhaltung und Förderung des Handwerks als Teil des Mittelstandes läßt sich mit der Daseinsfürsorge und gesellschaftspolitischen Motiven begründen.

Des weiteren findet eine Vielzahl von umwelt-, wachstums-, verkehrs-, medien- und energiepolitischen Gründen Verwendung, die hier jedoch nicht weiter verfolgt werden. Auch mit rechtlichen Argumenten wird versucht, staatliche Regulierung zu rechtfertigen.[55] Infrastrukturregulierungen für bestimmte Wirtschaftsbereiche und -regionen lassen sich beispielsweise mit der grundgesetzlichen Verpflichtung der Einheitlichkeit der Lebensverhältnisse begründen.

Aus dem Grundgesetz läßt sich nach herrschender Meinung keine feste Grenze für eine Betätigung des Staates ableiten.[56] Sozialstaatsprinzip und Daseinsfürsorge liefern eher vielfältige Möglichkeiten für staatliche Eingriffe. Aus rechtlicher Sicht ist allgemeines Staatsziel das Gemeinwohl. Es beinhaltet weitere Ziele wie Rechtssicherheit, Aspekte des Gemeinwesens, Wirt-

---

51 Vgl. Molitor, B. (1988), S. 214.

52 Vgl. Müller, J. (1988a), S. 21.

53 Dies zeigt Hedrich am Beispiel der Sparkassen auf. Vgl. Hedrich, C.-C. (1993), S. 103.

54 Vgl. Kapitel II, Abschnitt 2.1.

55 Ausführlich mit rechtlichen Argumenten setzt sich Hedrich auseinander. Vgl. Hedrich, C.-C. (1993), S. 152 ff.

56 Vgl. Hedrich, C.-C. (1993), S. 159 ff. Das Sozialstaatsprinzip resultiert aus Art. 20 GG. Nach Rechtsprechung und Schrifttum läßt sich daraus ein Gestaltungsauftrag des Staates ableiten zum Ausgleich sozialer Gegensätze und zum Schutz sozial und wirtschaftlich schwacher Bevölkerungskreise.

schaft, Sozialordnung und Kultur.[57] Gerade das Gemeinwohl und Gemeinwesen kann für viele Staatsaufgaben und regulierende Eingriffe zur Begründung herangezogen werden.

Aspekte des Gemeinwohls und Gemeinwesens spiegeln sich auch in der Entscheidung des BVerfG wider. Das BVerfG hatte 1961 darüber zu entscheiden, ob die Marktzugangsregulierung durch den Großen Befähigungsnachweis (§ 1 und § 7 Abs. 1 und 2 HwO) mit dem Grundgesetz, speziell mit der Freiheit der Berufswahl Art. 12 Abs. 1 GG vereinbar ist und ob der Wesensgehalt eines Grundrechts (Art. 19 Abs. 2 GG) angetastet wird.[58]

Für die Auslegung des Grundrechts auf Berufsfreiheit entwickelte das BVerfG in einem zuvor erlassenen Apothekenurteil[59] eine Stufentheorie, nach der das Verhältnismäßigkeitsprinzip strikt anwendbar ist.[60] Das BVerfG unterscheidet danach zwischen der Regelung der Berufsausübung und Einschränkungen der Berufswahl. Danach kann die Berufsausübung beschränkt werden "... soweit vernünftige Erwägungen des Gemeinwohls es zweckmäßig erscheinen lassen ....".[61] Einschränkungen der Berufswahl sind nur möglich, " ... soweit der Schutz besonders wichtiger Gemeinschaftsgüter es zwingend erfordert."[62] Gemeinschaftsgüter i. S. des BVerfG sind die Volksgesundheit sowie die Abwehr von Gefahren für die Allgemeinheit.[63] Nach dem Urteil des BVerfG ist die selbständige Ausübung eines Handwerkszweiges der Anlage A ein Akt der Berufswahl.

Das BVerfG hat abweichend vom Apothekenurteil dem Gesetzgeber einen weiten Ermessensspielraum bei der Definition wichtiger Gemeinschaftsgüter zugestanden. Das BVerfG akzeptierte danach nicht nur " ... allgemein anerkannte und von der jeweiligen Politik des Gemeinwesens unabhängige Gemeinschaftswerte ... ",[64] sondern das BVerfG überließ es dem Gesetzgeber, wirtschafts-, sozial- und gesellschaftspolitische Vorstellungen und Ziele als Gemeinschaftsgut zu definieren. Eine Begrenzung des Handlungsspielraumes des Gesetzgebers nahm das BVerfG dahingehend vor, daß es dem BVerfG obliegt, zu prüfen " ... ob die öffentlichen Interessen, deren Schutz die gesetzliche Regelung dient, überhaupt Gemeinschaftswerte von so hohem Rang darstellen können, daß sie eine Einschränkung der freien Berufswahl rechtfertigen."[65] Versagt wird die Anerkennung bei offensichtlich "fehlsamen" Anschauungen des Gesetzgebers oder einer Unvereinbarkeit mit der Wertordnung des Grundgesetzes.

---

57   Vgl. dazu ausführlich Isensee, J. S. (1988), S. 4 ff.

58   Vgl. BVerfG 13, 97 (1961), S. 97 ff.

59   Vgl. BVerfG 7, 377 (1958).

60   Vgl. BVerfG 13, 97 (1961, S. 104.

61   BVerfG 7, 377 (1958), S. 378.

62   BVerfG 7, 377 (1958), S. 378.

63   Vgl. BVerfG 7, 377 (1958), S. 414.

64   BVerfG 13, 97 (1961), S. 107.

65   BVerfG 13, 97 (1961), S. 107.

Zusammenfassend läßt sich festhalten, daß in der Realität mit einer Vielzahl von Argumenten Regulierung begründet wird. Je vielfältigere und weiterreichendere Möglichkeiten zur Begründung der Regulierung vorliegen, um so eher ist davon auszugehen, daß der Staat im konkreten Fall regulierend eingreift. Die skizzierte Vielfalt der Regulierungsgründe in der Realität spricht dafür, daß ein Übermaß an Regulierung entstanden ist, daß nicht mehr dem ökonomisch notwendigen Maß (Regulierungsbedarf) und den ökonomisch feststellbaren Ursachen entspricht.

Zur Rechtfertigung der Regulierung können grundsätzlich ökonomische, rechtliche sowie politische Argumente herangezogen werden. Theoretische Auseinandersetzungen, die sich mit der Rechtfertigung und der Notwendigkeit von Regulierungen befassen, unterscheiden zwischen der normativen und positiven Theorie der Regulierung.[66] Die normative Theorie geht der Frage nach, warum aus ökonomischen Gründen eine Regulierung notwendig ist. Sie analysiert Markteingriffe anhand der Markt- und Wettbewerbstheorie und anhand wohlfahrtstheoretischer Überlegungen und versucht, Empfehlungen und Ratschläge für die praktische Wirtschaftspolitik und den Einsatz von Instrumenten zu geben.[67] Ökonomische Begründungen wie natürliche Monopole, ruinöse Konkurrenz, externe Effekte, öffentliche Güter, Informationsasymmetrien und andere Regulierungen lassen sich deshalb der normativen Theorie zuordnen.

Die positive Theorie hingegen versucht, zu ergründen, warum es tatsächlich Regulierung gibt und warum in der Realität Regulierungen häufig vom normativ ermittelten Bedarf abweichen. Sie leisten einen Beitrag zur Erklärung der Vielzahl der Regulierungen.[68] Mit welchen Argumenten Regulierungen zu erklären sind, ist Gegenstand des nächsten Abschnitts.

2.2 Eigeninteressen beteiligter Gruppen zur Begründung von Regulierung und Deregulierung

Wenn in der Realität politische Entscheidungen geprägt sind durch Unsicherheit sowie asymmetrische Information und ferner Informationsbeschaffungen mit Kosten verbunden sind, stellt sich die Frage, inwieweit verschiedene gesellschaftliche Gruppen, auch die Handwerker, bei der Entstehung und Beibehaltung von Regulierungen mitwirken und Einfluß ausüben. Im historischen Teil wurde der Einfluß der Handwerkerverbände bei der Regulierug angedeutet.[69] Warum aber treten die Mitglieder einer Berufsgruppe einem Verband bei und welchen Einfluß kann dieser Verband auf Regulierung ausüben und welche Rolle spielen Politiker bei der Entstehung von Regulierungen?

---

66 Vgl. Weizsäcker, C. C. v. (1982), S. 326 und S. 343.

67 Somit fließen in die normative Theorie wertende Aspekte ein. Vgl. Krause, J. (1988), S. 349.

68 Vgl. Weizsäcker, C. C. v. (1982), S. 326 f. und Soltwedel, R. et al. (1986), S. 4 f.

69 Vgl. Kapitel II, Abschnitt 2.4.

Erklärungshinweise hierfür liefern Modelle der ökonomischen Theorie der Politik, die auf Regulierung angewendet werden.[70] Die Modelle gehen davon aus, daß die an der Regulierung beteiligten Gruppen in einem politischen Umfeld unterschiedlichen Interessen ausgesetzt sind, nicht nur im Sinne des Gemeinwohls handeln, bürokratische Tendenzen aufweisen können und Freiheitsspielräume zu Gunsten eigener Ziele verwenden. Folge eines größeren Handlungsspielraumes kann eine qualitative Zunahme der Regulierung sein.

Nach der von Stigler und Peltzmann entwickelten Grundhypothese besteht ein Markt für Regulierung.[71] Während Interessengruppen Regulierung nachfragen, um durch Wettbewerbsbeschränkungen in den Genuß von Einkommensvorteilen zu gelangen, bietet der Staat Regulierungsleistungen an, um Informationen oder Wählerstimmen zu erhalten. Die Interessengruppen helfen somit den Politikern, ein politisches Amt zu erringen.

Wenn man davon ausgeht, daß Politiker nicht vornehmlich das Gemeinwohl maximieren wollen, sondern eine Wiederwahl und einen hohen eigenen Nutzen anstreben, lassen sich hieraus Regulierungstendenzen ableiten, die über das ökonomisch notwendige Maß hinausgehen. Führen Politiker Regulierungen in bestimmten Branchen ein, kann damit der Konkurrenzdruck in diesem Wirtschaftsbereich abgeschwächt werden. Von Vorteil ist hierbei, daß die Begünstigten der Regulierung in der Regel eine relativ klar abzugrenzende Gruppe darstellen, während sich Verluste auf die große Gruppe der Konsumenten verteilen und der Einzelne nur gering betroffen ist.[72]

Politiker können sich somit im regulierten Sektor Vorteile verschaffen, ohne in anderen Bereichen Stimmenverluste zu erzielen.[73] Zwar lassen sich derartige Einflüsse in der Realität nicht konkret nachweisen, aber die Kenntnis dieser Zusammenhänge unterstreicht die Notwendigkeit, Regulierungen zu überprüfen.

Auch Bürokraten können Eigeninteressen verfolgen. Primäres Ziel der Bürokraten[74] kann weniger die Erfüllung der Organisationsziele, sondern vielmehr eine Maximierung des eigenen Nutzens sein. Weil zwischen der Größe der Verwaltung, der Zahl der Untergebenen, dem Gesamtbudget der Verwaltung sowie dem eigenen Einkommen und dem Prestige der Bürokraten ein direkter Zusammenhang besteht, kann es im Interesse der Bürokraten liegen, einen größeren Regulierungsumfang anzustreben, um mehr Personalstellen zu erhalten und das Budget zu

---

[70] V. Weizsäcker spricht auch von einer Politischen Ökonomie staatlicher Regulierung. Vgl. Weizsäcker, C. C. v. (1982), S. 334.

[71] Vgl. Stigler, G. J. (1971), S. 3 ff., Peltzman, S. (1976), S. 211 ff.

[72] Vgl. Ewers, H.-J., Wein, T. (1989), S. 21.

[73] Vgl. Deregulierungskommission (1990), S. 31.

[74] Zu den bürokratietheoretischen Ansätzen vgl. Niskanen, W. A. (1975), S 617 ff.

erhöhen. Damit gleichzeitig steigen politischer Einfluß, Prestige und Einkommen der Bürokraten.[75]

Ferner verfügen Bürokraten über einen diskretionären Spielraum, der auf Grund mangelhafter Kontrolle durch Regierung und Wähler entsteht. Unterstellt wird, daß die Anreize zur Kontrolle der Bürokraten gering sind, weil ihre Leistungen vielfach öffentliche Güter darstellen. Bürokraten nutzen diskretionäre Spielräume zur Verbesserung der eigenen Arbeitsbedingungen und zur Einstellung von Mitarbeitern, so daß umfangreichere Regulierung unter Umständen ineffizient zur Verfügung gestellt wird.[76]

Inflexibilitäten in Verwaltungen, zu denen auch öffentlich rechtliche Körperschaften zu zählen sind, führen ferner dazu, daß erst mit erheblicher Zeitverzögerung eine Anpassung der Regulierung an veränderte wirtschaftliche und marktliche Gegebenheiten erfolgt. Daraus läßt sich ableiten, daß von den mit der Ausführung und Umsetzung der Regulierung beauftragten Körperschaften keine nennenswerten Vorschläge zum Abbau überflüssiger staatlicher Eingriffe zu erwarten sind. Es bestehen eher Tendenzen für eine permanente Ausweitung der Regulierung. Dies spricht für ein Vorliegen von Deregulierungspotentialen.

Olson zeigte, daß Angehörige von Berufsgruppen bereit sind, in einem Verband tätig zu sein, wenn dieser Verband neben öffentlichen, für alle Mitglieder und Nichtmitglieder geltenden, Vorzügen, den Mitgliedern private exklusive Vorteile verschafft.[77] Während bei den Handwerkskammern eine Zwangsmitgliedschaft besteht, findet die Theorie Olsons bei Handwerksinnungen eine gewisse Bestätigung. Der Beitritt zur Handwerksinnung ist frei, Innungsmitglieder erhalten aber für ihren Bereich spezifische Informationen, Werbematerial und die Möglichkeit auf genormte Anzeigen zurückzugreifen. Ferner werden Informationen preisgünstig zur Verfügung gestellt.[78] Hinzu kommen Angebote von Weiterbildungsveranstaltungen und Vorteile von Gruppenversicherungen sowie die Mitgliedschaft in Innungskrankenkassen.

Die Arbeit in Berufsverbänden läßt sich des weiteren mit dem Wunsch von Personen erklären, in einer Gruppe Gleichgesinnter Probleme auszutauschen, i. S. eines homo organisatoricus oder homo sociologicus.[79] Herder-Dorneich geht ferner davon aus, daß die Partizipation an Organisationen der eigenen politischen Meinung im Gegensatz zum Wahlrhythmus von vier Jahren mehr Gewicht verleiht und dies eine Organisation in Interessengruppen unterstützt.[80]

---

75   Vgl. Krakowski, M. (1988c), S. 104 ff.

76   Bürokratisches Verhalten kann nicht nur in den mit der Umsetzung beauftragten Ministerien sondern
      auch bei den hauptamtlichen Verbänden auftreten.

77   Vgl. Olson, M. (1968), S. 135

78   Vgl. Zentralverband des Deutschen Dachdeckerhandwerks (1988/89), S. 50 ff.

79   Vgl. Schulenburg, J.-M. Graf v. d. (1984a), S. 26.

80   Vgl. Herder-Dorneich, P. (1980), S. 27 ff.

Aufgrund von Informationsmängeln über die zu regulierende Branche ist der Gesetzgeber als Träger der Regulierung auf die Bereitstellung von Informationen seitens der Kammern und Verbände angewiesen. Bei diesen Organisationen und Interessengruppen entsteht dadurch eine gewisse Machtposition, die sie auch für eigene Interessen nutzen können.[81] Die Politiker bieten den Interessengruppen im Gegenzug eine Berücksichtigung der Interessen an. Vorhanden sind demzufolge wechselseitige Beziehungen zwischen Verbänden, Körperschaften und dem Staat, die tendenziell zu Ausweitungen der Regulierungen führen.

Ferner lassen sich Produzenten als relativ kleine Gruppe besser organisieren als Konsumenten als heterogene große Gruppe.[82] Die Handwerksmeister sind als Produzentengruppe im Vergleich zur großen Anzahl von Konsumenten eine eher kleine Gruppe. Das Handwerk ist zwar heterogen, aber die Organisation versucht durch den Großen Befähigungsnachweis sowie durch Aufbau und Struktur der Organisation eine Homogenität und Geschlossenheit zu erreichen. Dies spricht dafür, daß Regulierungen daher auch im Handwerk eher Produzenten- als Konsumenteninteressen begünstigen. Doch sind Konsumenteninteressen nicht völlig unorganisierbar. Eine Durchsetzung schwach organisierter Interessen gelingt dann, wenn die Politiker durch ein Engagement in einem bestimmten Bereich Stimmen gewinnen können, ohne anderweitig Stimmen zu verlieren. Das Verhalten der Interessengruppen begünstigt insoweit die Entstehung von Regulierung. Die Interessenverflechtung Politiker und Interessengruppen unterstreicht die Notwendigkeit, Regulierungen auf ihre Erforderlichkeit zu überprüfen.

Regulierung kann ferner mit dem "rentensuchenden" Verhalten von Unternehmen begründet werden (Rent-Seeking). Danach hat ein Unternehmen zwei Möglichkeiten, zusätzliche Gewinne zu erzielen. Das Unternehmen kann durch innovative Maßnahmen eine temporäre Verbesserung der Effizienz erreichen, also Profit-Seeking betreiben. Oder das Unternehmen wendet Ressourcen auf, um in den Genuß einer staatlichen Regulierung zu gelangen und Sonderprivilegien zu erreichen. Diese Vorgehensweise wird als Rent-Seeking bezeichnet. Das gesamte Verhalten zur Erzielung von derartigen Renten durch Regulierung stellt allzuoft volkswirtschaftliche Verschwendung dar, weil Ressourcen in Aktivitäten gebunden sind, die keine Wohlfahrtssteigerung bewirken und darüber hinaus Regulierungskosten entstehen. Dieses Verhalten unterstreicht die Notwendigkeit, Regulierungen zu überprüfen.

Die Beispiele im letzten Abschnitt zeigten, daß Tendenzen zu einem Übermaß und zu Fehlregulierungen anzunehmen sind, wenn Regulierungsgründe für andere interventionistische Interessen verwendet werden. Entstehen Interessenkoalitionen können diese politisch mächtig sein,

---

[81]   Zur Machtbegrenzung wird in verschiedenen Ländern ein unterschiedliches Instrumentarium verwendet. Vgl. Schulenburg, J.-M. Graf v. d. (1987b), S. 405 f.

[82]   Vgl. Krakowski, M. (1988c), S. 101. Vgl. zur Begründung der Durchsetzungsfähigkeit von Produzenteninteressen Weizsäcker, C.- C. von (1982), S. 336.

und von derart neokorporatistischen Verbindungen ist eine vehemente Verteidigung der Regulierung im Falle von Deregulierungsbestrebungen zu erwarten.[83]

Neben den bisher aufgeführten Erklärungen, die Hinweise für die Handwerksregulierung liefern können, stellt sich die Frage, warum das Handwerk auf dem Markt für Regulierungen so erfolgreich ist?

Die Gründe sind vielfältig. Das Handwerk verfügt über eine historisch gewachsene sehr umfangreiche Organisation, die eine starke Geschlossenheit aufweist. Unterschiedliche Interessenlagen werden durch die Struktur der Organisation vermieden.[84] Aufgrund der historisch gewachsenen Selbstverwaltung konnte das Handwerk seine Organisationsstruktur weitgehend selbst bestimmen.[85] Kritisiert wird in diesem Zusammenhang nicht nur die Personalunion der Präsidenten, sondern auch die Ämterhäufung der Geschäftsführer des ZDH, DHKT und der Bundesvereinigung der Fachverbände, die institutionalisiert wird durch Satzungsbestimmungen.[86]

Obwohl der ZDH ein privatrechtlicher Verein ist, erreicht er durch Satzungsbestimmungen eine annähernd lückenlose Mitgliedschaft der Handwerksorganisation. Mitgliedschaftsstruktur, Ämterhäufung und autoritäre Organisationsform unterstützen die Schlagkräftigkeit der Organisation und damit ihren Einfluß auf die Politik und somit auf die staatliche Regulierung. Da die Mitglieder der Fachverbände selbst Handwerksmeister sind[87] und auch bei den Handwerkskammern das Gewicht der selbständigen Handwerksmeister überwiegt,[88] ist zu vermuten, daß vorrangig die Interessen der Selbständigen vertreten werden.[89]

Durch Funktion und Tätigkeit der Handwerkskammern wird zudem die Sonderstellung des Handwerks bewahrt. Die Kammern versuchen, Umgehungen der Marktzugangsregulierung zu verhindern. Durch die Zwangsmitgliedschaft in den Kammern fließen den Verbänden entsprechende Mittel für ihre Interessenvertretung zu.[90] Hinzu kommt, daß das Handwerk aufgrund

---

83   So auch Deregulierungskommission (1990), S. 30. Ausführlich zum Neokorporatismus vgl. Alemann, U. v., Heinze, R. G. (1981), S. 43 ff.

84   Vgl. Kapitel II, Abschnitt 6.

85   Die erfolgreiche politische Einflußnahme der Vertreter des Handwerks zeigt sich bei Verabschiedung der HwO 1953. Die gesetzlich verankerte Struktur der Organisation blieb 1953 gegenüber 1936 nahezu unverändert. Vgl. John, P. (1983), S. 184.

86   Vgl. Kapitel II, Abschnitt 6.

87   Eine Beteiligung der Gesellen findet in Innungen nicht statt.

88   Die Gesellen verfügen über eine Drittelparität.

89   In der Literatur wird die gesamte Organisation als eine lückenlose Unternehmervertretung bezeichnet. Vgl. dazu u. a. Hartmann, J. (1985), S. 99.

90   Zum Finanzierungszusammenhang vgl. Kapitel II, Abschnitt 6.

seiner umfangreichen Definition ein bedeutender Wirtschaftsbereich ist.[91] Wie bei den Zünften gilt, daß der politische Einfluß von der wirtschaftlichen Position abhängig ist.

Der Erfolg des Handwerks bei der Durchsetzung von Regulierungen ist zudem eng verknüpft mit dem Ausbildungsmonopol für Handwerksberufe.[92] Auf der einen Seite hat der Staat ein bildungs- und gesellschaftspolitisches aber auch ökonomisches Interesse[93] an einer Ausbildung für eine Vielzahl junger Menschen. Auf der anderen Seite wird seitens der Handwerksorganisation bei Veränderungen der Handwerksgesetzgebung, z. B. einem Wegfall des Großen Befähigungsnachweises, mit einem Rückgang der Ausbildungskapazitäten gedroht.[94]

Nicht außer acht gelassen werden darf im Zusammenhang mit dem Erfolg des Handwerks auf dem Markt für Regulierungen, die Zugehörigkeit des Handwerks zum Mittelstand. Über die Grenzen des Handwerks hinweg stellen die selbständigen Unternehmer des Mittelstandes ein Wählerpotential dar.[95] Fraglich ist, welcher wählerstimmenmaximierende Politiker oder welche Partei es sich erlauben kann, Privilegien der Mittelschicht abzubauen und sich damit dem Vorwurf der Mittelstandsfeindlichkeit aussetzen will.

Hinzu kommen Informationsprobleme. So liegen beispielsweise keine genauen aktuellen Statistiken über das Handwerk vor. Trotz der umfangreichen Organisation ist die Datenlage des Handwerks unzureichend.[96] Das Handwerk kann diese Unsicherheiten für eigene Interessen nutzen. Insgesamt ist festzustellen, daß es vielfältige Hinweise für den Erfolg des Handwerks auf dem Markt für Regulierung gibt.

Aber sowohl die theoretischen Erklärungsansätze als auch die Hinweise aus dem Handwerk liefern keine exakten empirischen Nachweise für die wechselseitigen Einflußnahmen. Die theoretischen Erklärungsansätze werden deshalb kritisiert und bislang theoretisch für relativ unbefriedigend gehalten.[97] So ist es bisher kaum möglich, die Ansätze zu operationalisieren und Kriterien aufzustellen, an denen politische Entscheidungen gemessen werden können. Einige Ökonomen kritisieren in diesem Zusammenhang, daß die Theorien nicht erklären können, in welchen spezifischen Wirtschaftsbereichen Regulierung auftritt und warum einige Branchen

---

[91]   Vgl. Kapitel II, Abschnitt 4.2 und 4.3.

[92]   Gleichzeitig bildet das Ausbildungsmonopol eine Rechtfertigung für hoheitliche Aufgaben der Kammern. Vgl. Hartmann, J. (1985), S. 99. Zur bildungspolitischen Dimension vgl. Kapitel II, Abschnitt 5.

[93]   Die Wettbewerbsfähigkeit wird u. a. auch durch den Ausbildungsstand beeinflußt.

[94]   Auf dieses Argument wird in Kapitel IV, Abschnitt 2.8 noch näher eingegangen.

[95]   Vgl. Kapitel II, Abschnitt 2.4.2 und 2.4.5.

[96]   Vgl. Kapitel II, Abschnitt 4 dieser Arbeit.

[97]   Vgl. Krakowski, M. (1988c), S. 95.

nicht reguliert sind.[98] Damit können auch keine Aussagen darüber getroffen werden, wann eine Deregulierung durchzuführen ist.[99]

Für die Regulierungsuntersuchung des Handwerks hat dies zur Folge, daß sich empirisch nicht belegen läßt, inwieweit die Organisation des Handwerks Einfluß auf die Entscheidungen der Politiker ausübt. Nur vermuten läßt sich, inwieweit Drohgebärden, daß alle Handwerker in den Streik treten, falls der Große Befähigungsnachweis abgeschafft wird, Auswirkungen auf die allgemeine Wirtschaftspolitik und die Novelle der HwO haben. Nach der Veröffentlichung des Gutachtens der Deregulierungskommission wurden die Politiker seitens des ZDH ermahnt, die Folgen für die nächsten Wahlen zu berücksichtigen. Durch die Drohungen erreichte das Handwerk von den Politikern die Bestätigung, am Großen Befähigungsnachweis festzuhalten.[100]

Auch wenn kritisiert wird, daß die theoretischen Ansätze häufig kaum empirisch überprüfbar sind, ist ihre Bedeutung nicht zu unterschätzen, weil sie neue Sichtweisen präsentieren und Erklärungshilfen liefern. Eine Aufgabe der Erklärungsansätze ist darin zu sehen, transparent zu machen, welche Interessen in der Realität eine Regulierungsentscheidung beeinflussen.[101] Die theoretischen Ansätze unterstützen somit die ökonomische Argumentation.

Insgesamt weist das Verhalten von Politikern, Bürokraten und Interessenverbänden auf die Gefahr eines Politik- bzw. Staatsversagens hin.[102] Diese Gefahren spielen unter Umständen eine bedeutendere Rolle als Marktversagen. Zudem sind die Interessenkoalitionen politisch mächtig, sie liefern gleichzeitig Hinweise, welche Schwierigkeiten bei Deregulierungsvorhaben auftreten können. Abbildung 15 faßt die Regulierungsgründe noch einmal zusammen.

---

[98]   Vgl. Knieps, G. (1985), S. 78.

[99]   Zur Diskussion der Ansätze vgl. Müller, J., Vogelsang, I. (1979), S. 101 ff., Bauer, J. M. (1989), S. 91 ff., Wolf, M. (1980) mit umfassenden Literaturhinweisen.

[100]   Vgl. Donges, J. B. (1992), S. 81.

[101]   Vgl. Weizsäcker, C. C. von (1982), S. 326.

[102]   Vgl. Müller, J., Vogelsang, I. (1979), S. 119.

Abbildung 15: Übersicht über die Regulierungsgründe

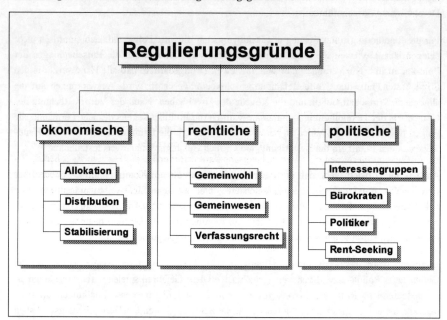

Überlegungen dieser Art zeigen, daß Tendenzen zu einem Übermaß und zur Fehlregulierung anzunehmen sind, wenn Regulierungsgründe für andere interventionistische Tendenzen verwendet werden.[103] Die Erklärungen unterstreichen die Notwendigkeit Regulierungen zu untersuchen, zudem verweisen die Erklärungen auf vorhandene Deregulierungspotentiale.

Ein in der Realität entstehendes Übermaß an Regulierung hat geringere Bedeutung, wenn damit keine ökonomischen Folgen und Konsequenzen verbunden sind. Im folgenden ist daher zu fragen, welche ökonomischen Effekte ein Übermaß an Regulierung verursacht, ob daraus Deregulierungspotentiale entstehen und welche anderweitigen damit zusammenhängenden Gründe für eine Deregulierung sprechen.

2.3 Effekte und Konsequenzen des Regulierungsprozesses

Empirisch läßt sich die zunehmende Regulierungsdichte anhand der sprunghaft gestiegenen Anzahl von Gesetzen, Verordnungen, Erlassen und Verwaltungsakten des Bundes erkennen, die in den einzelnen Wahlperioden veröffentlicht wurden.[104] Dabei nahm auch der Umfang der

---

[103] So auch Deregulierungskommission (1990), S. 30.

[104] Vgl. hierzu und zum folgenden Cassel, D. (1989), S. 60 ff.

Verordnungen, gemessen an der Seitenzahl, zu. Inzwischen geht man davon aus, daß nurmehr ca. 50 % der Wertschöpfung in nicht regulierten Bereichen entstehen.

Bei einer gesamtwirtschaftlichen Betrachtung der Regulierung ist zu berücksichtigen, daß jede einzelne Branchenregulierung einen Beitrag zu den Gesamtwirkungen und gesamtwirtschaftlichen Effekten leistet. Als eigentliches Problem ist gesamtwirtschaftlich die Summe und das Geflecht der Regulierung anzusehen.[105]

Grundsätzlich ist davon auszugehen, daß der Einsatz von Regulierung nicht kostenlos ist und administrative Verwaltungskosten und Umsetzungskosten in den regulierten Branchen verursacht.[106] Damit Regulierungen die angestrebten Ziele erreichen können, sind kostspielige Kontrollen und verschiedene Überwachungsapparate erforderlich.[107] Bei den Regulierungsinstanzen und Aufsichtsbehörden erzeugen Regulierungen direkte Kosten durch entsprechenden Arbeitsaufwand oder durch Errichtung der jeweiligen Institution. Ausweichreaktionen und die Auslegung der gesetzlich normierten Regulierung fördern darüber hinaus eine verstärkte Inanspruchnahme der Rechtsprechung.[108] Sofern Regulierungen nicht als sogenannte sunset-Regeln[109] auf Zeit mit festen Terminen für eine Außerkraftsetzung erlassen werden, entstehen bei einer Deregulierung ebenfalls entsprechende Kosten. Indirekte volkswirtschaftliche Kosten entstehen durch die Folgen und Wirkungen der Regulierung auf den Marktprozeß und die Marktteilnehmer. Allerdings sind die Folgen und Wirkungen teilweise unbekannt und lassen sich schwer quantifizieren.[110]

Auf einzelwirtschaftlicher Ebene nehmen Regulierungen unmittelbar Einfluß auf die Produktions- und Absatzbedingungen der Unternehmen. Es entstehen Informations- und Verwaltungskosten, die die Produktivität der eingesetzten Produktionsfaktoren und das Angebot beeinträchtigen.[111] Versuchen Unternehmen oder Verbraucher die Regulierung zu umgehen, entstehen zusätzliche Umgehungskosten, die Effizienz und Wirksamkeit der Regulierung mindern.

Regulierungen können somit die Wahlfreiheit der Verbraucher einschränken. Wird durch die Regulierung die Allokationsfunktion des Wettbewerbs beeinträchtigt, kann dies die größtmög-

---

[105] Vgl. Hirsch, W., Zeppernick, R. (1988), S. 158.

[106] Vgl. Müller, J. (1988a), S. 36 f.

[107] Vgl. Hamm, W. (1978), S. 170.

[108] Vgl. Kapitel IV.

[109] Vgl. Weber, R. H. (1986), S. 621.

[110] Vgl. Hirsch,W., Zeppernick, R. (1988), S. 158. Hinweise auf die Auswirkungen der Regulierung sind zu finden u. a. bei Müller, J., Vogelsang, I. (1979), S. 47 ff., Joskow, P. L., Rose, N. L. (1989), S. 1449 ff. Bauer versucht ökonomische Effekte der Regulierung in verschiedenen Bereichen abzuleiten. Vgl. Bauer, J. M. u. a. (1988), S. 127 ff.

[111] Vgl. hierzu und zum folgenden Hirsch, W., Zeppernick, R. (1988), S. 158.

liche Effizienz des Faktoreinsatzes behindern[112] und Einflüsse auf Preise, Mengen und Qualität der angebotenen Güter haben. Das Angebot entspricht dann nicht mehr unbedingt den Konsumentenpräferenzen und die Konsumentensouveränität wird beeinträchtigt. Festzustellen ist in einigen Märkten ein übertriebener Qualitätswettbewerb, so daß Nachfrager nicht mehr zwischen unterschiedlich hohen Qualitätsstandards wählen können.[113] Kostensteigerungen und Ineffizienzen übertragen sich durch den Produktionszusammenhang zudem von regulierten Branchen auch auf andere Branchen.

Gegenüber freierem Wettbewerb werden andere Preis- und Anreizsignale gegeben, was letztendlich ein vergleichsweise geringeres Beschäftigungsniveau, eine ungünstigere Produktionsstruktur und Wachstumseinbußen bewirkt. Insbesondere ist von einer geringeren Anpassungsbereitschaft und Anpassungsfähigkeit auszugehen, wenn der dynamische Wettbewerb behindert wird. Derartige Behinderungen, die langfristige Folgewirkungen haben, sind besonders nachteilig. Mangelnde Anpassungsfähigkeit hat häufig Überkapazitäten in bestimmten Branchen zur Folge, indem ineffiziente Anbieter nicht aus dem Markt ausscheiden, während in prosperierenden Branchen unter Umständen ein Kapazitätsaufbau wegen mangelnder Anbieter und Arbeitskräfte verzögert wird. Dies kann langwierige Anpassungs- und Erhaltungssubventionen sowie schmerzhafte Anpassungsprozesse nach sich ziehen und zu neuen Regulierungsforderungen führen.[114] Vorhandene Regulierungen schaffen dann neue Regulierungsgründe. Sind in solchen Fällen rigide Deregulierungen erforderlich, besteht die Gefahr von Anpassungsschocks.

Spezifische Branchenuntersuchungen weisen nach, daß Innovationsanreize vermindert werden und Regulierungen somit innovationshemmend wirken können.[115] Jedoch sind die Auswirkungen von Regulierungen auf die Innovation nicht eindeutig. Der Anreiz Innovationen durchzuführen geht verloren, wenn neue Ideen sofort von allen Anbietern umgesetzt werden könnten. Verzögern Regulierungen den Marktzutritt, kann dies unter Umständen den dynamischen Wettbewerb fördern.[116] Bezüglich Unternehmensneugründungen wird vermutet, daß Regulierungen einen negativen Anreizfaktor darstellen.[117] Ferner nehmen bei einem zunehmenden Netzwerk von Regulierungen auch die Ausweichreaktionen zu, vor allem eine Abwanderung in die Schattenwirtschaft, was zudem erhebliche Steuerausfälle und ein geringeres Beitragsauf-

---

[112]   Vgl. Braubach, U. (1992), S. 75.

[113]   Hamm zeigt hierfür Beispiele aus dem Luftverkehr, vgl. Hamm, W. (1978), S. 169.

[114]   Vgl. Hamm, W. (1978), S. 168, vgl. Hirsch, W., Zeppernick, R. (1988), S. 158.

[115]   Vgl. Hamm, W. (1978), S. 166 f. mit veschiedenen Beispielen, Müller kommt in seiner Untersuchung zum Fernmeldewesen und zu den Medien zu diesem Ergebnis. Vgl. Müller, J. (1988b), S. 353.

[116]   Vgl. Schmidt, I. (1993), S. 64.

[117]   Vgl. Windisch, R. (1980), S. 314 f.

kommen in der Sozialversicherung nach sich ziehen kann.[118] Die Grenzen zwischen einem re-
gulierungs- und steuerinduzierten Ausweichen in die Schattenwirtschaft sind dabei fließend.[119]

Zur Diskussion stehen auch stets die Verteilungswirkungen der Regulierung. Zwar sind diese
Auswirkungen von Bedeutung, aber ein empirischer Nachweis ist schwierig. Hinsichtlich der
Verteilung sind Effekte auf die Einkommen der Unternehmer und Arbeitnehmer, Verteilungsef-
fekte über die Konsumseite durch zu hohe oder zu niedrige Preise und regionale Verteilungsef-
fekte zu berücksichtigen.[120] Allgemein wird davon ausgegangen, daß Marktzutrittsregulierungen tendenziell die Wettbewerbsintensität vermindern und die Einkommensverteilung zugunsten der betreffenden Branche verändern.[121]

Aus gesamtwirtschaftlicher Sicht wird auf die mögliche wettbewerbsverzerrende Wirkung hingewiesen. Zudem belastet die Vielfalt und Menge rechtlicher Vorschriften kleine und mittlere
Unternehmen stärker als große Unternehmen, die über größere Verwaltungsabteilungen verfügen. Insofern wirken Regulierungen allgemein nicht wettbewerbsneutral.[122] Schließlich vergrößern staatliche Regulierungen allgemein die Planungsunsicherheit.

Nicht außer acht zu lassen sind die Rückwirkungen für die internationale Wettbewerbsfähigkeit, die sich aus der Summe der vielfältigen Einzelwirkungen ergeben. Regulierungen in einer
Branche haben ferner die Eigenschaft, eine Eigendynamik zu entfalten, und können deshalb
staatliche Eingriffe in anderen Bereichen nach sich ziehen.

Sowohl die Kosten der Regulierung als auch die Wirkungen auf Marktprozeß, Marktteilnehmer, Produktionsstruktur, Anpassungsfähigkeit, Innovation, Wettbewerb und internationale
Wettbewerbfähigkeit haben wiederum Rückwirkungen auf Wachstum, Beschäftigung, Preisniveau und außenwirtschaftliches Gleichgewicht und somit auf die Zielgrößen der Wirtschaftspolitik.

Das im Laufe der Jahre entstandene weitreichende Geflecht von Regulierungen steht zunehmend im Verdacht, Wettbewerbsfähigkeit, dynamische Wachstumskräfte, Beschäftigungsmög-
lichkeiten und die Umsetzung neuer Ideen zu behindern. Daraus läßt sich einerseits die Notwendigkeit von Regulierungsuntersuchungen ableiten, andererseits weisen die Folgen und
Konsequenzen auf vorliegende Deregulierungspotentiale hin.

---

[118] Sind aus diesem Grunde Steuer- und Beitragserhöhungen erforderlich, folgen daraus negative Multi-
       plikator- und Akzeleratorwirkungen.

[119] Den Zusammenhang zwischen Deregulierung und Schattenwirtschaft untersucht Cassel, D. (1989), S.
       37 ff.

[120] Vgl. Bauer, J. M. (1988), S. 224 f.

[121] Vgl. Bauer, J. M. (1988), S. 87.

[122] Vgl. Windisch, R. (1980), S. 314.

Forderungen nach Deregulierung werden durch die Gutachten der Deregulierungskommission und verschiedene Gutachten des Sachverständigenrates unterstützt. Nach Ansicht des Sachverständigenrates ist es "... eine ständige Aufgabe der Wirtschaftspolitik, den regulierten Bereich der Wirtschaft so klein wie möglich zu halten."[123] Insbesondere spricht sich der Sachverständigenrat dafür aus, Regulierungen zu überdenken, die den Marktzugang direkt oder indirekt definieren oder verhindern.[124]

Für einen Abbau staatlicher Eingriffe sprechen zudem die von einer Deregulierung erwarteten Wirkungen. Es wird angenommen, daß durch eine Senkung von Marktzutrittschranken und einem Abbau von hemmenden Normen die Anzahl wirtschaftlich nutzenstiftender Transaktionen steigt, insbesondere weil die Opportunitätskosten der Regulierung für innovative Zwecke eingesetzt werden. Ferner geht man davon aus, daß der Abbau von Normen die Kreativität unterstützt.[125]

Man geht zwar davon aus, daß in einigen Bereichen durch einen beschleunigten Strukturwandel und eine Kostensenkung ein Arbeitsplatzabbau erfolgt, aber durch die Vermehrung der Transaktionen neue Arbeitsplätze entstehen und insgesamt die Beschäftigungswirkungen positiv sind und eine Wohlfahrtssteigerung zu erwarten ist.[126]

Die Notwendigkeit umfassender Deregulierungsmaßnahmen weisen zudem die bisher durchgeführten Regulierungsuntersuchungen nach. Sie führten in der Regel zu dem Ergebnis, daß die gegenwärtige Regulierung in der jeweiligen Branche nicht notwendig, gerechtfertigt und zweckdienlich ist sowie ein Übermaß an Regulierung vorliegt, welches die einzelwirtschaftliche und gesamtwirtschaftliche Effizienz behindert.

Vielfach entspricht die gegenwärtige Regulierung nicht dem Regulierungsbedarf, die Gründe liegen nicht mehr oder nicht im erwarteten Umfang vor oder andere wirtschaftspolitische Instrumente mit geringerer Eingriffsstärke und geringeren Nebenwirkungen führen zum gleichen Ergebnis.[127]

[123] Sachverständigenrat (1985), S. 156. Zu ähnlichen Ergebnissen kommt die Deregulierungskommission (1990), S. 29 f.

[124] Vgl. Sachverständigenrat (1991), S. 226.

[125] Vgl. Deregulierungskommission (1990), S. 43.

[126] Vgl. Deregulierungskommission (1990), S. 45. Als Problem ist unter Umständen die Zeitspanne vom Abbau von Arbeitsplätzen bis zu Schaffung neuer Arbeitsplätze anzusehen.

[127] Vgl. die Untersuchungen in verschiedenen Branchen der Deregulierungskommission (1990) und (1991), Müller, J., Vogelsang, I. (1979), S. 191 ff., Soltwedel, R. et al. (1986), S 19 ff., Horn, M. u. a. (1988), S. 83 ff., Krakowski, M. u. a. (1988a), S. 117 ff., Untersuchungen liegen ferner vor für Finanzmärkte vgl. Schulenburg, J.-M. Graf v. d. (1992a), Kupitz, R. (1983), Finsinger, J. (1983), Pascher, H. (1987), Hedrich, C.-C. (1993), für die Postdienste vgl. Braubach, U. (1992), für die öffentliche Wasserversorgung vgl. Dick, G. (1993), für das Gesundheitswesen vgl. Schulenburg, J.-M. Graf v. d. (1992b) mit vielen weiteren Nachweisen.

Obwohl Regulierungen die Funktionsfähigkeit des Marktes und Wettbewerbs und die Allokation in begründeten Fällen verbessern und zu zufriedenstellenderen Marktergebnissen führen können, weisen die empirischen Ergebnisse bisheriger Regulierungsuntersuchungen und die ökonomischen Folgen und Konsequenzen auf ein Übermaß an Regulierung, vorliegende Deregulierungspotentiale und eine notwendige Deregulierung hin.

2.4 Weitere Einzelargumente

Impulse für eine Deregulierung gehen zudem von der in den USA geführten Deregulierungsdiskussion aus. Die Beseitigung der Regulierung in anderen Ländern, der Abbau von protektionistischen Regelungen im Rahmen des GATT und der dadurch ausgelöste steigende Wettbewerbsdruck erfordern es, wettbewerbsbehindernde und wettbewerbsverzerrende Regulierungen abzubauen.

Zwänge und Gründe für eine Deregulierung ergeben sich ferner aus der Schaffung des EU-Binnenmarktes. Mit der Gründung der Europäischen Gemeinschaft für Kohle und Stahl (EGKS) 1951, der Europäischen Wirtschaftsgemeinschaft (EWG) 1957 und der Europäischen Atomgemeinschaft (EURATOM, EAG) 1957 beabsichtigte man eine Harmonisierung der Politik und Förderung der wirtschaftlichen Entwicklung. EGKS, EWG und EURATOM bilden die völkerrechtliche Basis für den 1965 erfolgten Zusammenschluß zur Europäischen Gemeinschaft. Man wollte damit protektionistische Maßnahmen und eigennütziges Verhalten von Regierungen unterbinden und internationale Mindeststandards festlegen, auch um Wettbewerb und freien Zutritt zu Märkten zu schützen.[128]

Mit dem EWG-Vertrag entstand eine eigene Rechtsordnung, das Gemeinschaftsrecht hat aufgrund des supranationalen Charakters Vorrang vor innerstaatlichen Rechtsvorschriften.[129] Bis auf Landwirtschaft und Verkehr, die als wettbewerbliche Ausnahmebereiche geregelt wurden,[130] enthält der EWGV konstitutive Normen zur Sicherung eines funktionsfähigen Wettbewerbs. Auch wenn die Rechtsprechung des EuGH und der EWGV primär von einem marktwirtschaftlich und wettbewerbsorientiertem Leitbild ausgehen, sind in viele Aufgabenbereiche regulierende Eingriffe möglich.[131] Damit zeigt sich, wie im nationalen Bereich, eine Tendenz zur Ausweitung der Regulierung. Die vom Ursprung her wettbewerbliche und marktwirtschaftliche Ausrichtung und die Tendenzen zu einer Zunahme der Regulierung erfordern es, über die Begrenzung von staatlichen Eingriffen sowie einer entsprechenden Deregulierung nachzudenken.

---

128   Vgl. Hedrich, C.-C. (1993), S. 190.

129   Vgl. Oppermann, T. (1991), S. 155 ff.

130   Vgl. Oppermann, T. (1991), S. 355 f.

131   Vgl. Hedrich, C.-C. (1993), S. 198 ff.

Mit der Harmonisierung des Rechts und dem Wettbewerb verschiedener Regulierungssysteme innerhalb der EU entstehen zunehmend Deregulierungspotentiale. Auch damit läßt sich eine Überprüfung bestehender nationaler Regulierungen rechtfertigen und Deregulierung begründen.

Nicht zuletzt können auch rechtliche Aspekte zur Begründung der Deregulierung herangezogen werden. Fraglich ist, ob sich das Subsidiaritätsprinzip auf Regulierung anwenden läßt. Nach diesem, in der katholischen Soziallehre entwickelten Prinzip, wären Staat und Gesetzgeber als nächsthöhere Ebene erst dann legitimiert einzugreifen, wenn damit nachweislich eine bessere Aufgabenerfüllung verbunden ist.[132]

Zur Begründung einer Deregulierung läßt sich auch das Übermaßverbot heranziehen. Danach unterliegt jeder staatliche Eingriff dem Prinzip des geringstmöglichen Eingriffs, das angestrebte Ziel muß sich mit dem mildesten Eingriff erreichen lassen. Ferner gehört zum Übermaßverbot das Prinzip der Verhältnismäßigkeit, es soll kein Mißverhältnis zwischen Zweck und Mittel bestehen.[133]

Ebenso können die durch die deutsche Wiedervereinigung in Ostdeutschland notwendigen Erneuerungsprozesse dazu veranlassen, bestehende Regulierungen auf ihre Notwendigkeit zu überprüfen,[134] denn jedes Gesetz, das in den neuen Bundesländern eingeführt wird, verursacht administrative Kosten und Umsetzungskosten.

Gegen ein Übermaß an Regulierung, für eine Deregulierung und für eine Überprüfung bestehender Regulierungen sprechen weitere Einzelargumente. Zu berücksichtigen ist ein Irrtumsrisiko auf Seiten des Gesetzgebers, wenn Regulierungen ohne genaue Kenntnis der tatsächlichen Marktverhältnisse eingesetzt werden und ohne Regulierung genauso gute Ergebnisse erzielt worden wären. Unter Umständen vernachlässigte der Staat bewußt bestimmte Fakten, um eigene fiskalische Vorteile zu erreichen oder Gruppeninteressen zu bedienen.[135] Folge kann sein, daß einem Wirtschaftsbereich ohne begründeten Anlaß oder eine zu stark eingreifende Sonderregelung zugestanden wird. Wie bei vielen anderen wirtschaftspolitischen Instrumenten sind auch bei Regulierungen Dosierungsprobleme vorhanden. Überdosierungen können dabei Folge eines Informationsgefälles zwischen der regulierten Branche und dem Gesetzgeber sein.

---

[132] Vgl. Isensee, J. (1988), S. 75 f.

[133] Vgl. dazu das Apothekenurteil des BVerfG. BVerfG 7, 377 (1958).

[134] Der Sachverständigenrat spricht in diesem Zusammenhang von einer "Modernisierungschance" der Wiedervereinigung, um die Wettbewerbsfähigkeit Deutschlands zu stärken. Vgl. Sachverständigenrat (1991), S. 226.

[135] Vgl. Hamm, W. (1978), S. 164.

Nicht auszuschließen sind zudem Beharrungstendenzen bei eingeführten gesetzlichen Normen, da weder eine laufende Kontrolle der Notwendigkeit noch eine entsprechende Abschaffung erfolgt.

Allerdings finden Argumente und Ideen zur Deregulierung keinesfalls überall Zustimmung. Neben den allgemeinen Gründen für eine Regulierung wenden die Gegner ein, daß sich bei einem geringeren Regulierungsniveau das Leistungsangebot und die Versorgungsdichte verschlechtern und bei steigenden Preisen die Qualität sinken könnte. Nicht zuletzt wird eine Verschlechterung der sozialen Situation der Arbeitnehmer befürchtet.[136]

Dies führt zu der Forderung Deregulierungen danach zu beurteilen, ob eine Maximierung des sozialen Nettonutzens möglich ist. Die Gegenargumente müssen in der Diskussion berücksichtigt und ernst genommen werden. Allerdings kann das Problem entstehen, daß an Deregulierungen zu hohe Anforderungen gestellt werden und damit jegliches Deregulierungsvorhaben scheitert. Deshalb ist im Rahmen von Regulierungsuntersuchungen zunächst zu prüfen, ob die Regulierungsgründe noch vorliegen und inwieweit geeignete andere Instrumente angebracht sind.

Eine Verschlechterung der sozialen Lage kann auch auf Regulierungsdefizite in anderen Bereichen zurückzuführen sein, die aber erst im Rahmen von Regulierungsuntersuchungen aufgedeckt wird. Die Deregulierungskommission plädiert deshalb dafür, wirtschafts- und sozialpolitische Aufgaben zu entzerren.[137] Deregulierungsvorhaben können daher zum Ausgleich Veränderungen im Wettbewerbs- und Sozialrecht nach sich ziehen. Deregulierung heißt nicht, ohne eine pragmatische Abwägung von Vor- und Nachteilen, Regulierungen ersatzlos zu streichen.[138]

2.5   Zwischenergebnis

Mit der Darstellung der Regulierung und Deregulierung in der sozialen Marktwirtschaft sollte verdeutlicht werden, warum man in einer sozialen Marktwirtschaft über Regulierung und Deregulierung diskutiert, aus welchen Gründen also Regulierungen eingesetzt und warum Deregulierung gefordert wird.

Regulierungen lassen sich mit einer Vielzahl von Argumenten begründen. Je eher sich ein staatlicher Eingriff ökonomisch begründen läßt, umso eher ist davon auszugehen, daß der Staat

---

[136]   Die Grenzen einer Deregulierung werden ausführlich von Weber aufgegriffen. Vgl. hierzu und zum folgenden Weber, R. H. (1986), S. 606 ff. Hedrich untersucht im Rahmen einer Privatisierungs- und Deregulierungsanalyse verschiedene Einzelargumente gegen Deregulierung. Vgl. hierzu und im folgenden ebenso Hedrich, C.-C. (1993), S. 132 ff.

[137]   Vgl. Deregulierungskommission (1990), S. 42.

[138]   Vgl. Weber, R. H. (1986), S. 618.

regulierend eingreift. Nicht zu unterschätzen ist zudem die Gefahr des Politik- bzw. Staatsversagens, wie das Verhalten der an der Regulierung beteiligten Gruppen zeigt.

Anhand der verschiedenen Argumente wurde deutlich, daß

- Regulierungen Kosten verursachen,

- Regulierungen Beharrungstendenzen aufweisen und eine Eigendynamik entfalten können,

- bei lange bestehenden übermäßigen Regulierungen rigide Deregulierungen erforderlich sind, wobei die Gefahr von Anpassungsschocks besteht,

- Regulierungen gesamtwirtschaftliche Größen beeinflussen und ein Übermaß an Regulierung negative Auswirkungen auf die Zielgrößen hat.

Aufgrund bisheriger empirischer Untersuchungen liegen zudem Anhaltspunkte dafür vor, daß mittlerweile ein Übermaß an Regulierung entstanden ist und damit die gesamtwirtschaftliche Effizienz und Dynamik beeinträchtigt wird.

Ökonomisch ist deshalb nicht nur die Überprüfung bestehender Regulierungen berechtigt, sondern Deregulierung stellt eine permanente Aufgabe dar. Auch wenn Deregulierung von Kritikern vielfach als zeitliche Modeerscheinung angesehen wird, weisen ökonomische, sachliche, rechtliche und internationale Zwänge darauf hin, daß aus gesamtwirtschaftlichen Gründen Regulierungsuntersuchungen notwendig und gerechtfertigt sind. Aufgrund der Begründungen der Regulierung und der wechselseitigen Beziehungen der an der Regulierung Beteiligten bestehen Tendenzen zur Ausweitung der Regulierung. Die ökonomischen Folgen und Konsequenzen und Deregulierungsbegründungen fordern aber, und dies ist ein zentrales Ergebnis, den regulierten Bereich so klein wie möglich zu halten. Allerdings sind die Argumente der Gegner einer Deregulierung ernst zu nehmen. Erforderlich ist eine Abwägung der Vor- und Nachteile einer Regulierung.

Welche Branchenbesonderheiten das Handwerk aufweist und mit welchen Instrumenten die Marktzugangsregulierung des Handwerks ausgestaltet ist, folgt im nächsten Abschnitt.

3. Elemente der Regulierung des Handwerks

3.1 Branchenbesonderheiten

Zu den Branchenbesonderheiten zählen angebotsseitige, nachfrageseitige und marktliche Besonderheiten.[139] Nach dem schon bei der Betrachtung des Handwerks aus der historischen

---

[139] Vgl. Kapitel III, Abschnitt 2.1.

Perspektive auf die im Zeitablauf sehr unterschiedlichen Gründe für die Regulierung des Handwerks und die Gründe für die Entstehung der HwO 1953 eingegangen wurde,[140] stellt sich die Frage, mit welchen regulierungsauslösenden Branchenbesonderheiten eine Marktzugangsregulierung zu begründen ist, warum im Handwerk also ein Regulierungsbedarf besteht.

Im Handwerk zählen zu den Branchenbesonderheiten besondere Charakteristika und besondere Merkmale, über die im Handwerk allerdings Unsicherheit herrscht. Mit den besonderen in der Literatur vorhandenen diversen Umschreibungen und Begriffserklärungen des Handwerks wird versucht, diese besonderen Merkmale herauszuarbeiten. Eine Konkretisierung des Handwerksbegriffs erfolgt am Handwerksbetrieb.[141] Die Charakteristika des Handwerks werden deshalb anhand des Handwerksbetriebs ermittelt.

Hinweise auf Branchenbesonderheiten liefern in erster Linie die Kriterien der Handwerksmäßigkeit. Auch wenn seitens der Rechtsprechung darauf verwiesen wird, daß die Handwerksmäßigkeit nicht von einem einzelnen Merkmal abhängen kann und das technische und wirtschaftliche Gesamtbild entscheidend ist, stellen die Kriterien der Handwerksmäßigkeit Merkmale zur Klassifizierung des Handwerks gegenüber der Industrie dar und sind somit sozusagen als rechtlich vorgegebene Branchenbesonderheiten anzusehen. Denn unter der regulierungstheoretischen Betrachtungsweise ist die HwO nicht als Datum aufzufassen, sondern im Sinne einer ökonomischen Analyse des Rechts selbst zu hinterfragen. Deshalb ist es legitim zu fragen, welche Branchenbesonderheiten das Handwerk aufweist. Zu den besonderen Merkmalen i. S. der HwO zählen die Betriebsgröße, die persönliche Mitarbeit des Betriebsinhabers, die fachliche Qualität der Mitarbeiter, die Arbeitsteilung, die Verwendung von Maschinen und das betriebliche Arbeitsprogramm.[142]

Die Befürworter der Marktzugangsregulierung stützen ihre Argumentation im wesentlichen auf drei Argumente, die historisch gewachsen sind.[143] Genannt werden Verbraucherschutz und die Notwendigkeit von Qualitätssicherungen aufgrund asymmetrischer Information, Schutz vor ruinöser Konkurrenz sowie die Ausbildungsfunktion und die Bedeutung positiver externer Effekte.[144]

Daneben kann auf die einschlägige Literatur zurückgegriffen werden. Die diversen Umschreibungen versuchen, den besonderen Charakter der Wirtschaftsweise des Handwerks herauszu-

---

140 Vgl. Kapitel II, Abschnitt 2.4.4.

141 Vgl. Hagebölling, L. (1983), S 166.

142 Vgl. Kapitel II, Abschnitt 3.1.

143 Vgl. auch Kapitel II, Abschnitt 2.4.4. Die einzelnen Argumente der Befürworter werden im weiteren Verlauf der Untersuchung näher erläutert. Vgl. Kapitel IV.

144 Vgl. u. a. Roehl, H. (1902), S. 80 ff., Winterberger, G. (1948), S. 13, Soltwedel, R. et al. (1986), S. 30 f., Deregulierungskommission (1991), S. 173.

arbeiten und damit gleichzeitig eine Abgrenzung des Handwerks zur Industrie und zum übrigen Gewerbe zu konstruieren.

Ältere Definitionen des Handwerks, wie die von Bücher, sehen als bestimmende Merkmale des Handwerks eine individuelle Kundenproduktion.[145] Nach Sombart sind wesentlich die "... zwischen Kunst und gewöhnlicher Handarbeit die Mitte haltende Fertigkeit zur Herrichtung oder Bearbeitung gewerblicher Gebrauchsgegenstände... ."[146] Kennzeichnend für das Handwerk ist nach Schmoller die persönliche Beziehung des Meisters zu den Konsumenten, der Absatz in der näheren Umgebung. Der Handwerksbetrieb wird als kleiner Betrieb beschrieben, in dem der Meister irgendeine besondere technisch-gewerbliche Geschicklichkeit aufweist.[147]

Kennzeichnend für das alte Handwerk ist Reith zufolge die berufliche Vielfalt und Differenzierung. Reith weist auf die Unterschiede in der Betriebsgröße, beim Kapitaleinsatz, in den Eigentumsverhältnissen, im Ausmaß der Mechanisierung und Arbeitsteilung, in der Ausrichtung des Absatzes, der Arbeitszeit, den Arbeitsprozessen und Lohnformen hin.[148] Insofern ist auch das alte Handwerk kein homogenes Gebilde. Als übergreifende Merkmale des Handwerks führt Reith die kleinbetriebliche Produktionsweise, die Personalität, den geregelten Ausbildungsgang und die korporative Organisation auf.[149]

Allgemeine Anerkennung fand 1949 die Definition der Internationalen Gewerbeunion: "Handwerk ist selbständige Erwerbstätigkeit auf dem Gebiete der Be- und Verarbeitung von Stoffen, gerichtet auf die Befriedigung individualisierter Bedürfnisse durch Arbeiten, die ein Ergebnis der Persönlichkeit des handwerklichen Unternehmers, seiner umfassenden beruflichen Ausbildung und des üblichen Einsatzes seiner persönlichen Kräfte und Mittel sind."[150] Wesensmerkmale des Handwerks nach dieser Definition sind die Erstellung von Individualleistungen, die Personalität, die selbständige Erwerbstätigkeit und der geregelte Ausbildungsgang.

Eine umfangreiche wissenschaftliche Auseinandersetzung mit der besonderen Wirtschaftsweise des Handwerks ging nach 1950 von Wernet aus. Charakteristische Merkmale des Handwerks sind seiner Ansicht nach die Personalität, die handwerkliche Tätigkeit ist an einen Träger, eine Person gebunden, die Individualität, die Leistung des Handwerkers ist persönlich und individuell gefärbt sowie die Lokalität, der Handwerker hat seinen Standort in der Nähe der Nach-

---

145 Bücher, K. (1910), S. 183.

146 Sombart, W. (1902), S. 76.

147 Vgl. Schmoller (1919), S. 472, zitiert nach Kroeker, K. (1927), S. 5

148 Vgl. Reith, R. (1990), S. 9 f.

149 Vgl. Reith, R. (1990), S. 10 f. Ohne auf die Beiträge im einzelnen einzugehen, sei der interessierte Leser ferner verwiesen auf Kroeker, K. (1927), S. 6 ff., Beckmann, L. nach Grundgedanken von Rössle, K. F. (1964), S. 15 ff., ausführlich Britze, H. (1962), S. 28 ff., Hagebölling, L. (1983), S. 102 ff.

150 Rencontres de St. Gall, Protokoll einer von der Internationalen Gewerbeunion über Probleme der Handwerks- und Kleinhandelsforschung in Weißbad vom 19.-23. April 1949 durchgeführten Tagung, zitiert nach Beckmann, L. nach Grundgedanken von Rössle, K. F. (1964), S. 26.

frager.[151] Neben diesen drei wesentlichen Besonderheiten, Personalität, Individualität, Lokalität,[152] verweist Wernet darauf, daß der Handwerker "... seine Persönlichkeit in das Werk seiner Hände ..." legt. Damit erfolgt also auch ein Hinweis auf Handarbeit.[153] Weitere Besonderheit des Handwerks ist die Differenzierung, die nach unterschiedlichen Kriterien vorgenommen werden kann.

Kübler nennt als handwerkstypische Merkmale die Deckung des Individualbedarfs, den hohen Anteil an Fachkräften unter den Beschäftigten, die Kundennähe der Produktion und die Fähigkeit des Handwerkers zur Anpassung und Differenzierung.[154] Tuchtfeldt und Stober heben den geringen Kapitaleinsatz, die überschaubare Betriebsgröße, geringe Arbeitsteilung, die Individualleistung und den räumlich begrenzten Absatzmarkt hervor. Ferner wird darauf verwiesen, daß technische Hilfsmittel und Maschinen lediglich die Handfertigkeit unterstützen und erleichtern sollen und Betriebsinhaber und Arbeitskräfte über eine umfassende fachliche Qualifikation verfügen.[155]

Brockhaus nennt als wesentliche Merkmale des Handwerks das personale Element, die im Vergleich zur Industrie geringe Betriebsgröße mit niedrigerem Technisierungsgrad und Arbeitsteilung. Die im Handwerksbetrieb Tätigen fertigen einzelne Produkte auf Bestellung für den lokalen Markt an und sind in der Lage, alle Arbeitsvorgänge durchzuführen.[156]

Die vorherrschende Unsicherheit über die besonderen Charakteristika des Handwerks wird auch an den Ausführungen Beckermanns deutlich. So stellt Beckermann 1965 die Frage, ob die als gängigen Kriterien des Handwerksbetriebes geltenden Merkmale, wie hohe Elastizität und Flexibilität, Erstellung von Individualleistungen, Lokalität und Kundenproduktion das Wesen des Handwerks beschreiben können. Beckermann hebt als wesentliche Merkmale die Differenzierung des Handwerks hervor.[157] Die Vielfalt des Handwerks bringt Beckermann auch 1980 zum Ausdruck. Als Gemeinsamkeit der Handwerkszweige und wesentliches Merkmal hebt er den klein- und mittelbetrieblichen Charakter des Handwerks, die persönliche Führung der Betriebe durch selbständige Betriebsleiter, also die Personalität des Handwerks, und die individuelle Bedürfnisbefriedigung hervor.[158]

---

151 Vgl. Wernet, W. (1965), S. 15 ff.

152 Wernet spricht von den Grundelementen des Handwerks.

153 Vgl. Wernet, W. (1965), S. 15 f.

154 Vgl. Patzig, H. G. (1983), S. 519.

155 Vgl. Tuchtfeldt, E., Stober, R. (1986), S. 1211.

156 Vgl. Brockhaus (1988), S 453.

157 Vgl. Beckermann, T. (1965), S. 8. Vgl. Beckermann, T. (1974), S. 14.

158 Vgl. Beckermann, T. (1980), S. 15.

Auch Schlaghecken kritisiert die Versuche, Handwerk anhand der häufig verwendeten Kriterien wie Erstellung von Individualleistungen, Befriedigung lokaler Bedürfnisse, Kundenproduktion, Elastizität und Flexibilität zu charakterisieren. Kennzeichnend ist seiner Ansicht nach die weitgehende Differenzierung und Vielfalt des Handwerks.[159]

Ebert charakterisiert Handwerk mit der "... Befriedigung eines meist individuellen lokalisierten Bedarfs... ."[160] Ferner ist dominierend im Handwerk seiner Ansicht nach die Handarbeit, die lediglich unterstützt wird durch einfache Werkzeuge und Maschinen. Kennzeichnend ist weiterhin die geringe durchschnittliche Betriebsgröße, die Persönlichkeit des Betriebsinhabers, der Betriebsleiter, Kapitalgeber und Mitarbeiter ist, und die Wahrnehmung differenzierter Funktionen, wie Neuherstellung, Reparatur, Dienstleistung und Handel.

Voigt stellt als besondere Merkmale die Handfertigkeit und Handarbeit, die individuelle Leistung, die besonders vom ausgebildeten Betriebsinhaber und Meister durch persönliche Leistung geprägt wird, und die Produktion für bestimmte Kunden heraus.[161]

Hagebölling geht davon aus, daß keine geschlossene Zahl konstituierender Merkmale für den Handwerksbetrieb bestimmend ist, sondern mehrere Einzelmerkmale auf einen Handwerksbetrieb hinweisen. Hagebölling geht in Anlehnung an die Rechtsprechung davon aus, daß kennzeichnend für den Handwerksbetrieb der Einsatz von Maschinen und anderen technischen Hilfsmitteln, die fachliche Qualität der Mitarbeiter, Art und Ausmaß der Arbeitsteilung, das betriebliche Arbeitsprogramm sowie die Überschaubarkeit und Einwirkungsmöglichkeit durch den Betriebsinhaber sind.[162] Das personale Element[163] ist Hagebölling zufolge wesentliches Unterscheidungsmerkmal zur Industrie. Gleichzeitig rechtfertigt das personale Element die Sonderstellung des Handwerks.

Auch das Bundesverfassungsgericht (BVerfG) hat in seinem Urteil auf typische Merkmale des Handwerks hingewiesen. Der Gesetzgeber hat das Handwerk in den Rang eines wichtigen Gemeinschaftsgutes erhoben. Maßgebend für den Gesetzgeber war hierbei aus Sicht des BVerfG nicht der Verbraucherschutz, in dem einzelne Bürger oder die Gesamtheit vor den Gefahren unsachgemäß ausgeführter Handwerksarbeiten zu schützen sind (Gefahrenabwehr), sondern die" ... Erhaltung und Förderung eines gesunden, leistungsfähigen Handwerksstandes als Ganzem."[164] Das BVerfG kam zu dem Ergebnis, daß der Große Befähungungsnachweis für das

---

159   Vgl. Schlaghecken, A. (1969), S. 12 ff. und S. 136 f.

160   Ebert, G. (1980), S. 511.

161   Vgl. Voigt, F. (1956), S. 24.

162   Vgl. Hagebölling, L. (1983), S. 212 ff.

163   Persönliche Mitarbeit des Betriebsinhabers, Überschaubarkeit und Einwirkungsmöglichkeit lassen sich unter dem Oberbegriff Personalität oder personales Element zusammenfassen. Vgl. Hagebölling, L. (1983), S. 261 ff.

164   BVerfG 13, 97 (1961), S. 110.

Handwerk mit dem Grundgesetz vereinbar ist. Er brachte zum Ausdruck: "Vom Standpunkt einer auf den Schutz des Mittelstandes durch Erhaltung einer möglichst großen Zahl selbständiger Unternehmen bedachten Wirtschafts- und Gesellschaftspolitik erscheint die Förderung des Handwerks folgerichtig."[165]

Aus Sicht des BVerfG stellt das Handwerk "... eine einheitliche soziale Gruppe dar, die durch geschichtliche Entwicklung, Tradition, typische Besonderheiten ihrer Tätigkeiten, Lebensstil und Standesbewußtsein der Berufsangehörigen von anderen Berufsgruppen deutlich abgegrenzt ist."[166] Bezeichnend für das Handwerk ist danach die Ausführung von Arbeits- und Dienstleistungen in handwerklicher Arbeitstechnik,[167] das Vorherrschen von Kleinbetrieben sowie "... die persönliche handwerkliche Mitarbeit des Betriebsinhabers; seine fachliche Qualifikation entscheidet über den Wert der handwerklichen Leistung."[168]

Tabelle 5 liefert einen Überblick über die Besonderheiten. Festzustellen ist eine beeindruckende Häufung von Besonderheiten. Von Bedeutung für die weitere Analyse sind aber nur jene Merkmale, die die Funktionsfähigkeit des Handwerks beeinträchtigen können. Auslegungen des Urteils des BVerfG sehen die Grenze des Handwerks dort, " ... wo das Verlangen eines bestimmten Befähigungsnachweises seinen Sinn und seine sachliche Berechtigung verliert,"[169] denn der Befähigungsnachweis muß auch wirksam werden können. Daraus läßt sich schließen, daß die Besonderheiten des Handwerks in enger Beziehung zur Marktzugangsregulierung stehen müssen. Die für die Funktionsfähigkeit relevanten Sachverhalte weisen auf angebotsseitige, nachfrageseitige und marktliche Branchenbesonderheiten hin.

Die Vielzahl der Besonderheiten haben zu einer sehr spezifischen Ausgestaltung der Marktzugangsregulierung geführt, die im nächsten Abschnitt zu erläutern ist.

---

165 BVerfG 13, 97 (1961), S. 111. Daneben hatte das BVerfG die Frage der Verhältnismäßigkeit einer Zulassungsregel zu prüfen, insbesondere ob nicht eine Berufsausübungsregelung mit freiem Marktzugang und einem Kleinen Befähigungsnachweis gereicht hätte. Dies verneint das BVerfG, weil dadurch nicht das Eindringen von Unqualifizierten in den Stand der Selbständigen verhindert wird und der Kundschaft und dem Ansehen des Handwerksstandes als Ganzem Schaden entstehen kann. Vgl. BVerfG 13, 97 (1961), S. 114. Auch sah das BVerfG keine Verletzung des allgemeinen Gleichheitssatzes gegeben. Vgl. BVerfG 13, 97 (1961), S. 122 f. Im Vergleich mit früheren oder späteren Entscheidungen war das Handwerksurteil eine Ausnahmeentscheidung. Das Urteil des BVerfG erhielt im juristischen und wirtschaftspolitischen Schrifttum Zustimmung und Kritik. Vgl. dazu ausführlich Bullinger, M. (1962), S. 381 ff., Kollner, W. (1962), S. 73 ff., Reuß, W. (1961), S. 865 ff.

166 BVerfG 13, 97 (1961), S. 110.

167 BVerfG 13, 97 (1961), S. 111.

168 BVerfG 13, 97 (1961), S. 123.

169 Hagebölling, L. (1983), S. 126.

Tabelle 5:   Besonderheiten des Handwerks

Branchenbesonderheiten	Merkmal	Bücher	Sombart	Schmoller	Reith	Gew. uni.	Wernet	Kübler	Brockhaus	Tuchtfeldt	Beckermann	Schlaghecken	Ebert	Voigt	Hageböhling	HwO	BVerfG	Kucera	Dereg.-kom.	Roehl
angebotsseitige	technische Ausstattung				+				+	+			+		+	+				
	Heterogenität			+	+		+	+				+	+					+		
	Handfertigkeit		+				+			+	+		+	+			+			
	Personalität				+	+	+		+		+		+	+	+	+	+			
	Arbeitsteilung			+	+				+	+	+		+		+	+	+			
	Betriebsgröße		+		+				+	+	+		+			+		+	+	
	ext. Effekte														+	+				
	Arbeitsprogr.												+							
	- Lokalität	+	+	+			+		+	+			+		+					
	- uno actu		+	+										+						
	- Individualität	+	+			+	+	+	+	+	+		+	+				+	+	+
	- Kundenprod.	+						+						+				+		
nachfrageseitige	asymmetrische Information																	+	+	+
marktliche	ruinöser Wettb.																+	+	+	+
	Mittelstand								+									+		
sonstige	geregelter Ausbildungsgang				+	+				+										
	Qualifizierung							+												
	Mitarbeiter														+	+				
	Kapitaleinsatz				+					+										

3.2 Regulierungsinstrumente

3.2.1 Überblick über Marktzutrittsregulierungen

Ebenso vielfältig wie die Regulierungsgründe sind die zur Erreichung der Ziele verwendeten Regulierungsinstrumente,[170] weil in den einzelnen Branchen sehr unterschiedliche Gründe und Formen auftreten. Abgesehen von sehr spezifischen Regelungen einiger Branchen konzentrieren sich die Instrumente auf die Aktionsparameter Preise, Qualität, Mengen und Marktzutritt.[171] Mit Blick auf das Handwerk steht im Vordergrund dieses Abschnitts eine Darstellung der diversen Formen der Marktzutrittsregulierung.[172] Für den Marktzutritt können unterschiedliche Voraussetzungen bestehen,[173] wie Abbildung 16 verdeutlicht.

Abbildung 16: Übersicht über die Formen des Marktzutritts

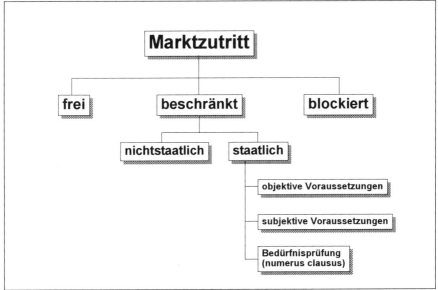

---

170 Dafür sind in der Literatur auch Bezeichnungen wie Regulierungsmaßnahmen, Eingriffsformen und Formen regulierender Eingriffe zu finden. Vgl. Möschel, W. (1988), S. 889.

171 Eine ausführliche Darstellung der Preis-, Mengen- und Qualitätsregulierungen ist zu finden bei Bauer, J. M. (1989), S. 33 ff., Woll, A. (1988), S. 203 ff., Müller, J., Vogelsang, I. (1979), S. 45 f., Knieps, G. (1988), S. 69 ff. mit vielen weiteren Literaturhinweisen.

172 Im folgenden werden die Begriffe Marktzutrittsbeschränkung und Marktzutrittsregulierung synonym verwendet.

173 Vgl. Tuchtfeldt, E. (1988), S. 612.

Der Marktzutritt kann frei sein, es bestehen dann keinerlei Zutrittshemmnisse.[174] Liegen Eintrittshindernisse verschiedener Art vor, spricht man von beschränktem Marktzutritt.

Eine allgemeingültige Definition von Marktzutrittsschranken und Marktzutrittsbeschränkungen ist nicht vorhanden.[175] Nach Bain sind Marktzutrittsschranken Vorteile etablierter Unternehmen gegenüber neu in den Markt eintretender Unternehmen.[176] Aus wirtschaftswissenschaftlicher Sichtweise sind Marktzutrittsschranken (-beschränkungen) Behinderungen und Nachteile neuer Unternehmen gegenüber etablierten Unternehmen beim Markteintritt.[177]

Marktzutrittsbeschränkungen lassen sich in nicht-staatliche und staatliche Beschränkungen gliedern. Zu den nicht-staatlichen Zugangsbeschränkungen, zählen Betriebsgrößenvorteile, absolute Kostenvorteile und Produktdifferenzierungsvorteile, also ökonomische Beschränkungen des Marktzutritts.[178]

Zu den staatlichen Marktzutrittsbeschränkungen zählen objektive und subjektive Voraussetzungen sowie Bedürfnisprüfungen. Unter die objektiven Voraussetzungen fallen Sicherheitskriterien,[179] die einen präventiven Schutz von Leben, Gesundheit und Eigentum der Bürger bezwecken, wie Sicherheitsvorschriften im Gesundheits- und Energiebereich. Der Marktzutritt kann ferner von der finanziellen Leistungsfähigkeit abhängig sein. Bei Kapitalnachweisen muß ein bestimmtes Anfangskapital, bei Versicherungsnachweisen der Abschluß einer Versicherung, teilweise mit Mindestdeckungssummen, vorhanden sein.[180]

Mit subjektiven Voraussetzungen werden primär wirtschaftspolitische Zielsetzungen verfolgt, wenn die Folgen eines freien Marktzutritts politisch nicht akzeptiert werden. Nach der Stärke der Zutrittsbeschränkung lassen sich Zuverlässigkeits-, Sachkunde- und Befähigungsnachweise unterscheiden. Bei Zuverlässigkeitsnachweisen erfolgt ein Nachweis der persönlichen Eig-

---

[174] Andere Bezeichnungen hierfür sind offener Markt, free entry, easy entrey, no barriers to entry. Vgl. Tuchtfeldt, E. (1988), S. 612. Ein freier Marktzutritt gilt als konstitutives Merkmal einer primär marktwirtschaftlichen Volkswirtschaft, während im Gegensatz dazu der blockierte Zutritt in verstaatlichten Wirtschaftszweigen und Systemen der Zentralverwaltungswirtschaft zu finden ist.

[175] Vgl. ausführlich zum Begriff Marktzutrittsschranke Weizsäcker, C. C. v. (1980), Schultze, J.-M. (1988), S. 52 ff. und Weber, R. H. (1986), S. 195 ff.

[176] Vgl. Bain, J. S. (1956), S. 3.

[177] Vgl. Schultze, J.-M. (1988), S. 69.

[178] Vgl. dazu vertiefend statt anderer Schultze, J.-M. (1988), S. 89 ff. mit diversen Literaturhinweisen und Tuchtfeldt, E. (1988), S. 612 f.

[179] Tuchfeldt spricht in diesem Fall von polizeilichen Zulassungsbeschränkungen.

[180] Vgl. hierzu Weber, R. H. (1986), S. 202 und Tuchtfeldt, E. (1988), S. 615.

nung.[181] Bei einem Sachkundenachweis muß der Bewerber beispielsweise die für die Führung eines Betriebes grundlegenden sachlichen, nicht fachlichen, Kenntnisse vorweisen.[182]

Von fachlichen Qualifikationen mit längerer Fachausbildung und entsprechender Abschlußprüfung ist der Marktzutritt abhängig, wenn Befähigungsnachweise gefordert werden. Das Handwerk bildet hierfür den wichtigsten Anwendungsbereich. Während mit dem obligatorischen Befähigungsnachweis, der für alle Berufe eines bestimmten Wirtschaftsbereichs gilt, primär wirtschaftspolitische Ziele bezweckt werden, strebt man mit dem partiell obligatorischen Befähigungsnachweis, der nur für einzelne Berufe gültig ist, polizeiliche Zielsetzungen an.[183] Zu den partiell obligatorischen Befähigungsnachweisen gehört auch die Voraussetzung akademischer Qualifikationen für bestimmte Berufe, wie Ärzte, Zahnärzte, Apotheker, Tierärzte, Rechtsanwälte usw.

Im Falle von Bedürfnisprüfungen muß im Markt ein Bedürfnis für die Gewährung des Marktzutritts vorhanden sein. Ist die Gesamtzahl der Anbieter begrenzt, liegt ein numerus clausus vor. Markteintritte können erfolgen, sofern ein zugelassener Anbieter den Markt verläßt.[184]

Marktzutrittsregulierungen wirken über die Zahl der Anbieter auf die Aktionsparameter Preis, Qualität und Menge. Nach v. Weizsäcker sind dabei zwei Gruppen von Situationen zu unterscheiden, zum einen zu wenige Marktzutritte oder zum anderen zu viele Marktzutritte.[185] Zu wenige Marktzutritte erfolgen, wenn der Schutz der Aktivitäten zu gering ist und gewinnbringende Tätigkeiten nicht zu erwarten sind. Ist der Schutz der im Markt befindlichen Unternehmen zu groß, ist u. U. mit zu wenigen Marktzutritten zu rechnen oder es erfolgen zu viele Marktzutritte, weil durch Regulierung langfristig Subventionen zu erwarten sind oder den Unternehmen ein anderweitiger Schutz zukommt. Langfristig kann eine Marktzutrittsregulierung dann zu ruinöser Konkurrenz führen.

---

181   Die persönliche Eignung beinhaltet nicht die sachliche und fachliche Eignung. Vgl. dazu und zum folgenden Tuchtfeldt, E. (1988), S. 615.

182   Hierzu zählen bspw. Elementarkenntnisse betriebswirtschaftlicher Art. Vgl. Tuchtfeldt, E. (1988), S. 615.

183   Nähere Einzelheiten zum partiell obligatorischen Befähigungsnachweis und weitere Literaturhinweise sind zu finden bei Tuchtfeldt, E. (1955), S. 120 ff.

184   In der Zunftzeit war es teilweise üblich, daß ein Bewerber, um zugelassen zu werden, die Witwe eines verstorbenen Zunftbruders heiraten mußte. Man bezweckte damit eine Stabilisierung der Zahl der Anbieter. Im Handwerk ist der numerus clausus heute bei den Schornsteinfegern zu finden. Der Wirtschaftsraum wird derart in Kehrbezirke aufgeteilt, daß die Schornsteinfeger ein nahezu gleiches Einkommen erhalten. Meister müssen sich auf eine Warteliste setzen lassen, wird ein Kehrbezirk frei, kann ein Schornsteinfeger der Warteliste nachrücken, es gilt das first-come, first-serve-Prinzip. Diese numerus-clausus-Regelungen sind aber nicht in der HwO geregelt, sondern in der speziellen Schornsteinfegergesetzgebung, sie sollen deshalb hier nicht weiter vertieft werden.

185   Vgl. hierzu und zum folgenden Weizsäcker, C. C. v. (1980), S. 9 ff.

Bei subjektiven Voraussetzungen, wie dem Befähigungsnachweis, besteht die Gefahr eines branchenkartellistischen Vorgehens. Über die Zahl der Anbieter ist eine künstliche Angebotsverknappung möglich, die preissteigernd wirken kann. Hinsichtlich der Qualität wird einerseits davon ausgegangen, daß beschränkter Marktzugang qualitätssteigernd wirkt, weil "schädlicher" Preiswettbewerb verhindert wird.[186] Andererseits können Marktzugangsregulierungen zu einen Überangebot an Qualität führen. Durch eingeschränkten Wettbewerb ist auch eine Qualitätsabsenkung möglich, wenn Anreizmechanismen zur ständigen Qualitätsverbesserung über den Wettbewerb fortfallen.

Wie das Instrument Marktzutrittsregulierung im Handwerk ausgestaltet ist, erläutert der folgende Abschnitt.

3.2.2 Marktzugangsregulierung der HwO

Grundsätzlich muß ein Handwerksbetrieb vorliegen, nur dann sind die nachfolgenden Regelungen maßgebend.[187] Nach § 1 Abs. 1 HwO ist Voraussetzung für den selbständigen Betrieb eines Handwerks die Eintragung in die Handwerksrolle. § 7 HwO nennt die Voraussetzungen für die Eintragung in die Handwerksrolle. § 7 Abs. 1: "In die Handwerksrolle wird eingetragen, wer in dem von ihm zu betreibenden Handwerk oder in einem diesem verwandten Handwerk die Meisterprüfung bestanden hat. Der Bundesminister für Wirtschaft bestimmt ... welche Handwerke sich so nahestehen, daß die Beherrschung der wesentlichen Kenntnisse und Fertigkeiten des einen Handwerks die fachgerechte Ausübung des anderen Handwerks gewährleistet (verwandte Handwerke)." Nach § 7 Abs. 2 kann der Bundesminister für Wirtschaft durch Rechtsverordnung "... andere, der Meisterprüfung für die Ausübung des betreffenden Handwerks mindestens gleichwertige Prüfungen als ausreichende Voraussetzungen für die Eintragung in die Handwerksrolle anerkennen und dabei bestimmen, daß eine zusätzliche praktische Tätigkeit nachzuweisen ist." Ferner ist nach § 7 Abs. 3 in die Handwerksrolle einzutragen, wer eine Ausnahmebewilligung nach § 8 oder § 9 HwO erhalten hat. § 7 Abs. 4 HwO und § 7 Abs. 5 bestimmen, welche Marktzugangsvoraussetzungen für juristische Personen, Personengesellschaften und handwerkliche Nebenbetriebe gelten. § 7 Abs. 6 regelt die Fortführung des Handwerksbetriebes nach dem Tode des selbständigen Handwerkers. Vertriebene und Sowjetzonenflüchtlinge können aufgrund von Prüfungen, die der Meisterprüfung gleichwertig sind, in die Handwerksrolle eingetragen werden. Abbildung 17 stellt die Eintragungsmöglichkeiten in die Handwerksrolle zusammen.

---

[186] Vgl. hierzu und zum folgenden Bauer, J. M. (1988), S. 32.

[187] Vgl. dazu Kapitel II, Abschnitt 3.1.

Abbildung 17: Eintragung in die Handwerksrolle

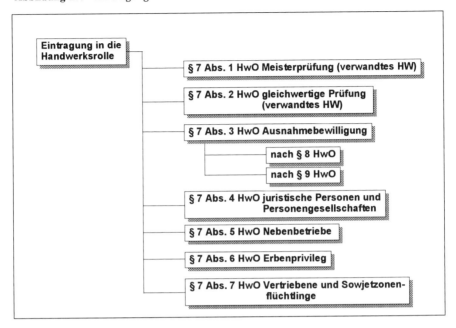

Meisterprüfung

Grundsätzliche Voraussetzung für die Eintragung in die Handwerksrolle ist nach § 7 Abs. 1 HwO die bestandene Meisterprüfung in dem Handwerk, welches der Selbständige betreiben will, oder in einem verwandten Handwerk. Die HwO geht ferner vom Inhaberbefähigungsprinzip aus. Dies bedeutet, daß stets der Inhaber des Handwerksbetriebes den notwendigen Befähigungsnachweis oder eine Ausnahmebewilligung besitzen muß. Die Anstellung eines technischen Betriebsleiters, der die Befähigung nachweist, ist nur bei juristischen Personen möglich, nicht aber bei Einzelfirmen und Personengesellschaften.[188] Bei Personengesellschaften muß der technische Leiter persönlich haftender Gesellschafter sein. Man wollte damit einer Ausdehnung des Betriebsleiterprivilegs und einer Aushöhlung des Inhaberbefähigungsprinzips entgegenwirken.[189]

---

[188]   Vgl. Mirbach, H. G. (1989), S. 81 und Siegert, A., Musielak, H.-J. (1984), § 7, Rn. 4, S. 124.

[189]   Vgl. Siegert, A., Musielak, H.-J. (1984), § 7, Rn. 4, S. 124.

Die Ablegung einer Meisterprüfung ist nur in einem Handwerk möglich, das in Anlage A aufgeführt ist (§ 46 Abs. 1 HwO). Zulassungsvoraussetzung für eine Meisterprüfung ist eine bestandene Gesellenprüfung und in dem Handwerk, in dem die Meisterprüfung abgelegt wird, eine mehrjährige Tätigkeit als Geselle (§ 49 Abs. 1 HwO). Die HwO legt ebenfalls fest, wie lange der angehende Meister als Geselle tätig gewesen sein muß. Als Zeitdauer gibt die HwO mindestens drei Jahre und nicht mehr als fünf Jahre an. Die bestandene Meisterprüfung berechtigt zur Führung des Meistertitels (§ 51 HwO) und, sofern das 24. Lebensjahr vollendet ist, zur Einstellung und Ausbildung von Lehrlingen (§ 21 Abs. 1 bis 3 HwO).

Gleichwertige Prüfungen

Durch Rechtsverordnung kann der Bundesminister für Wirtschaft mit Zustimmung des Bundesrates andere, der Meisterprüfung mindestens gleichwertige Prüfungen - unter Nachweis einer praktischen Tätigkeit - für eine Handwerksrolleneintragung anerkennen (§ 7 Abs. 2 HwO). Diese Regelung verfolgt neben einer Verwaltungsvereinfachung den Zweck, Ingenieure in das Handwerk einzubinden.[190]

Welche Prüfungen als gleichwertig gelten, regelt die "Verordnung über die Anerkennung von Prüfungen bei der Eintragung in die Handwerksrolle und bei Ablegung der Meisterprüfung im Handwerk" vom 2. 11. 1982.[191] Nach dieser Verordnung sind Diplomprüfungen und Abschlußprüfungen an deutschen staatlichen oder staatlich anerkannten wissenschaftlichen Hochschulen oder Fachhochschulen nur dann anzuerkennen, wenn der Bewerber zusätzliche Voraussetzungen erfüllt. Erforderlich ist ferner in dem zu betreibenden Handwerk oder in einem für verwandt erklärten Handwerk eine bestandene Gesellenprüfung oder eine Abschlußprüfung in einem Ausbildungsberuf, die für das betreibende oder verwandte Handwerk anerkannt wird. Statt einer bestandenen Gesellenprüfung oder bestandenen Abschlußprüfung wird auch eine praktische Tätigkeit von mindestens drei Jahren in dem zu betreibenden oder verwandten Handwerk akzeptiert (§ 1 der Verordnung über die Anerkennung von Prüfungen bei der Eintragung in die Handwerksrolle und bei Ablegung der Meisterprüfung im Handwerk). Ebenfalls regelt diese Verordnung welche Diplomprüfungen für welche Handwerkszweige gelten. So wird beispielsweise eine Diplomprüfung in Chemie neben der zusätzlichen praktischen Tätigkeit anerkannt für eine selbständige Ausübung als Gebäudereiniger.

190   Vgl. Siegert, A., Musielak, H.-J. (1984), § 7, Rn. 2, S. 123.

191   Vgl. Bundesgesetzblatt I, 1982, S. 1475. Zitiert nach Siegert, A., Musielak, H.-J. (1984), S. 502 ff.

Verwandtes Handwerk

Die Handwerksnovelle von 1965 führte den Begriff des verwandten Handwerks wieder ein.[192]
Nach § 7 Abs. 1 wird in die Handwerksrolle eingetragen, wer die Meisterprüfung in dem zu
betreibenden Handwerk oder einem verwandten Handwerk bestanden hat. Miteinander verwandt sind jene Handwerke, die in der "Verordnung über verwandte Handwerke" vom
18. 12. 1968[193] aufgeführt sind. Nach dieser Verordnung sind Bäcker und Konditoren, Da-
men- und Herrenschneider, Schiff- und Bootsbauer, um nur einige Beispiele zu nennen, miteinander verwandt.[194]

Die Verwandtschaft der Handwerkszweige ist, wie aus Anhang 4 hervorgeht, eng begrenzt und
gilt nur für die Gewerbeausübung.[195] Für die Lehrlingsausbildung ist die Meisterprüfung in
dem Handwerk notwendig, in dem ausgebildet wird.[196] Die Regelung bezweckte, Handwerksbetrieben eine wirtschaftlich gebotene Möglichkeit zu bieten, ihren Bereich auf technisch und
fachlich nahestehende Gewerbebereiche auszudehnen und die Wettbewerbsfähigkeit betroffe-
ner Handwerksbetriebe zu verbessern, sowie Abgrenzungsschwierigkeiten zu begegnen.[197]

Arbeiten in anderen Handwerken § 5 HwO

Nach § 5 kann ein selbständiger Handwerker die mit diesem Handwerk technisch und fachlich
zusammenhängenden Arbeiten in anderen Handwerkszweigen ausführen (§ 5 HwO). Die Vorschriften des verwandten Handwerks und die Ausführungen über die Arbeiten in anderen
Handwerken regeln damit den Geltungsbereich der Meisterprüfung.[198]

Zweck dieser Vorschrift ist es, daß einzelne Tätigkeiten aus angrenzenden Handwerkszweigen
miterledigt werden dürfen, um aus wirtschaftlichen Gründen unvernünftige und lebensfremde
Ergebnisse zu vermeiden.[199] Allerdings müssen die Tätigkeiten "... im Rahmen eines in den
Bereich des eigenen Handwerks fallenden Auftrags ..."[200] liegen. Demzufolge ist keine selbständige Übernahme und Ausführung von Aufträgen aus fremden Handwerkszweigen möglich.

---

192   Verwandtes Handwerk gab es zuvor in der Handwerks-Verordnung von 1935. Vgl. Siegert, A., Musielak, H.-J. (1984), § 7, Rn. 1, S. 122.

193   Bundesgesetzblatt I (1968), S. 1355 zuletzt geändert durch die sechste Verordnung zur Änderung der
Anlage A zur Handwerksordnung vom 9. 12. 1991, Bundesgesetzblatt I (1991), S. 2169.

194   Vgl. Anhang 4.

195   Vgl. Siegert, A., Musielak, H.-J. (1984), § 7, Rn. 1, S. 123.

196   Vgl. Siegert, A., Musielak, H.-J. (1984), § 7, Rn. 13, S. 127.

197   Vgl. Siegert, A., Musielak, H.-J. (1984), § 7, Rn. 1, S. 123.

198   Welche Tätigkeiten der Handwerkszweig umfaßt, in dem die Meisterprüfung abgelegt wird, regeln die
Berufsbilder nach § 45 HwO.

199   Vgl. Siegert, A., Musielak, H.-J. (1984), § 7, Rn. 1, S. 114.

200   Siegert, A., Musielak, H.-J. (1984), § 5, Rn. 3, S. 114.

Technischer und fachlicher Zusammenhang sind eng begrenzt. Der technische Zusammenhang wird angenommen, wenn die Leistungserbringung im eigenen Handwerk ohne die Verrichtung von Tätigkeiten aus dem anderen Handwerk nicht möglich ist oder wesentlich erleichtert wird. Fachlicher Zusammenhang besteht, wenn die gemeinsame Verrichtung wirtschaftlich geboten erscheint.[201] Beispielsweise darf ein Damenschneider bei einem von ihm genähten Mantel Pelz verarbeiten. Nicht fachlich und technisch zusammenhängend sind Reparaturarbeiten am Dachstuhl, die in den Bereich des Zimmerhandwerks fallen, und anschließendes Neueindecken des Daches nach der Dachstuhlreparatur.[202] Der Gesetzgeber hat die Tätigkeiten auf das notwendigste Mindestmaß beschränkt.[203]

Erbenprivileg

Ehegatten, Erben bis zur Vollendung des 25. Lebensjahres, Testamentsvollstreckern, Nachlaßverwaltern, Nachlaßkonkursverwaltern und Nachlaßpflegern ist es nach dem Tode des selbständigen Handwerkers gestattet, auch ohne den Nachweis der Befähigung nach § 7 HwO, den Betrieb bis zur Dauer von zwei Jahren fortzuführen (Erbenprivileg) (§ 4 Abs. 1 HwO). Allerdings hat nach Ablauf eines Jahres nach dem Tod des selbständigen Handwerkers die Fortführung des Betriebes von einem Handwerker zu erfolgen, der die Meisterprüfung oder eine gleichwertige Prüfung vorweist, also die Voraussetzungen des § 7 Abs. 1, 2, 3 oder 7 HwO erfüllt. Eine Fristverlängerung ist in Härtefällen durch die Handwerkskammer möglich. Gleiche Bedingungen gelten auch für Ehegatten und für Erben nach dem Tod eine betriebsleitenden Gesellschafters einer Personengesellschaft.

Inhaltlich ist den Erben eine wirtschaftliche Veränderung des Betriebs durch Ausweitung, Gründung von Zweigniederlassungen und Veränderungen des Unternehmensgegenstandes möglich. Das Fortführungsrecht gilt nur für den übernommenen Betrieb. Wird der Betrieb veräußert oder in eine andere Rechtsform umgewandelt, erlischt das Erbenprivileg.

Die Verwaltungsbehörde kann für die Fortführung des Betriebes vor Ablauf der Jahresfrist die Einstellung eines Betriebsleiters anordnen, sofern es sich um ein Gefahrenhandwerk handelt und die Fortführung des Betriebes die öffentliche Sicherheit gefährdet.[204] Aufgrund von Lebenserfahrungen geht man davon aus, daß eine Gefährdung der öffentlichen Sicherheit in bestimmten Handwerken vorliegt, wenn diese Tätigkeiten ohne Fachkenntnisse ausgeführt werden. Der Begriff Gefahrenhandwerk entstand durch die OMGUS-Direktive der amerikanischen Militärregierung, die Einschränkungen der Gewerbefreiheit nur im Interesse der öffentlichen

---

[201] Vgl. Siegert, A., Musielak, H.-J. (1984), § 5, Rn. 4, S. 115.

[202] Vgl. Siegert, A., Musielak, H.-J. (1984), § 5, Rn. 5, S. 115.

[203] Vgl. Siegert, A., Musielak, H.-J. (1984), § 5, Rn. 1, S. 114.

[204] Der Begriff öffentliche Sicherheit bezieht sich auf die Unversehrtheit von Gesundheit, Ehre, Freiheit und Vermögen sowie die Rechtsordnung und Einrichtungen des Staates. Vgl. Siegert, A., Musielak, H.-J. (1984), § 4, Rn. 22, S. 110.

Sicherheit zuließ.[205] Diese Direktive liefert Anhaltspunkte, welche handwerklichen Tätigkeiten zu den Gefahrenhandwerken rechnen. Beispielhaft führt der Kommentar zur HwO Handwerkszweige auf, in denen Gefahren für die öffentliche Sicherheit bei Ausübung auftreten können.[206]

Ausnahmebewilligung nach § 8 HwO

Ohne Meisterprüfung wird derjenige in die Handwerksrolle eingetragen, dem eine Ausnahmebewilligung nach § 8 oder § 9 HwO zuerkannt wurde. Eine Ausnahmebewilligung nach § 8 HwO zur Eintragung in die Handwerksrolle wird in Ausnahmefällen erteilt, sofern der Antragsteller die notwendigen Kenntnisse und Fertigkeiten in dem Handwerk, daß er selbständig betreiben will, nachweisen kann *und* die Ablegung der Meisterprüfung für den Antragsteller eine unzumutbare Belastung darstellt (§ 8 Abs. 1 HwO). Ein Rechtsanspruch besteht nur dann, wenn der Antragsteller beide Voraussetzungen erfüllt.[207]

Die Unzumutbarkeit ist ein unbestimmter Rechtsbegriff, die Interpretation erfolgt durch die Rechtsprechung.[208] Ebenso problematisch ist der Nachweis der erforderlichen Kenntnisse und Fertigkeiten. Nach der Rechtsprechung sind bezüglich der fachlichen Befähigung inhaltlich zwischen der Meisterprüfung und der Ausnahmebewilligung keine wesentlichen Unterschiede zu machen. Der Nachweis und die Art und Weise der Nachweise obliegt dem Antragsteller. Über die Tauglichkeit von Beweismitteln entscheidet die Verwaltungsbehörde. Als untaugliche Beweismittel gelten bspw. Zeugnisse früherer Auftraggeber.

"Die Ausnahmebewilligung kann unter Auflagen oder Bedingungen oder befristet erteilt und auf einen wesentlichen Teil der Tätigkeiten beschränkt werden, die zu einem in der Anlage A. aufgeführten Gewerbe gehören..." (§ 8 HwO). Befristung bedeutet, daß der Antragsteller innerhalb einer festgesetzten Frist eine Meisterprüfung nachholen muß. Besteht der Prüfling die Meisterprüfung nicht, kann eine Löschung des Betriebes und Betriebsschließung erfolgen.

Der Kommentar weist darauf hin, daß die Ausnahmebewilligung nicht dazu verwendet werden darf, der Meisterprüfung auszuweichen.[209] Personen die aus Nachlässigkeit und ähnlichen Gründen die Ablegung der Meisterprüfung versäumten, können sich nicht auf vorgerücktes Alter berufen. Ein Ausnahmegrund liegt dann nicht vor. Auch mit einer bestandenen Meisterprüfung in einem anderen Handwerk können lediglich einzelne Fertigkeiten nachgewiesen wer-

---

205   Vgl. Siegert, A., Musielak, H.-J. (1984), §4, Rn. 23 f., S. 111 f.

206   Vgl. dazu Anhang 5.

207   Vgl. Siegert, A., Musielak, H.-J. (1984), § 8, Rn. 7, S. 136.

208   Vgl. Küffner, G. (1977), S. 197 ff.

209   Vgl. Siegert, A., Musielak, H.-J. (1984), § 8, Rn. 6, S. 135.

den, wie z. B. betriebswirtschaftliche, kaufmännische und rechtliche Kenntnisse, die ein Antragsteller besitzen muß.[210]

Ausnahmebewilligung nach § 9 HwO

Für Staatsangehörige aus EU -Mitgliedstaaten, die ein Gewerbe der Anlage A auszuüben wünschen, ist sowohl zur Verwirklichung des Niederlassungs- als auch des Dienstleistungsrechts eine Handwerksrolleneintragung auf Basis einer Ausnahmebewilligung nach § 9 HwO erforderlich. Diese wird erteilt, sofern die Voraussetzungen der EWG-Handwerk-Verordnung[211] erfüllt sind.

Juristische Personen, Personengesellschaften und handwerkliche Nebenbetriebe

Soll ein selbständiger Handwerksbetrieb (Vollhandwerk) in der Rechtsform der juristischen Person betrieben werden, muß der Betriebsleiter die Meisterprüfung oder eine gleichwertige Prüfung bestanden haben oder eine Ausnahmebewilligung nach § 8 oder § 9 HwO besitzen. Gleiches gilt für handwerkliche Nebenbetriebe. Entsprechendes gilt bei Personengesellschaften für den persönlich haftenden Gesellschafter, der für die technische Leistung zuständig ist.

3.3   Zusammenfassende Beurteilung

Kennzeichnend für das Handwerk ist eine Vielzahl von Besonderheiten. Zu den Branchenbesonderheiten zählen Charakteristika und besondere Merkmale des Handwerks. Hinweise hierauf liefern die Gesetzgebung des Handwerks sowie die in der Literatur vorhandenen diversen Umschreibungen und Begriffserklärungen des Handwerks. Hinzu kommen historisch gewachsenen Besonderheiten, mit der die Regulierung vornehmlich begründet wird. Diese angebotsseitigen, nachfrageseitigen und marktlichen Branchenbesonderheiten bilden die Grundlage für die Untersuchung des Handwerkts

Dominierendes Regulierungsinstrument im Handwerk ist die Marktzutrittsregulierung. Neben der Grundvoraussetzung, daß ein Handwerksbetrieb vorliegt, ist Vorbedingung für die Eintragung in die Handwerksrolle und damit Voraussetzung für die selbständige Ausübung eines Handwerks, die Meisterprüfung. Eine Verordnung regelt, welche Prüfungen der Meisterprüfung gleichwertig und bei einer Eintragung in die Handwerksrolle anzuerkennen sind.

Neben den Berufsbildern spezifizieren die Bestimmungen über das verwandte Handwerk und den Arbeiten in anderen Handwerken nach § 5 den Geltungsbereich der Meisterprüfung. Die

---

[210]   Nähere Einzelheiten zur fachlichen Befähigung und dem Nachweis der fachlichen Befähigung vgl. Siegert, A., Musielak, H.-J. (1984), § 8, Rn. 7 ff., S. 136 ff.

[211]   Vgl. Kapitel II, Abschnitt 7.

nach § 5 und im Rahmen des verwandten Handwerks auszuführenden Tätigkeiten sind eng begrenzt.

Überschneidungen der Marktzutrittsregulierung sind auch mit anderen Regulierungsinstrumenten wie Preis-, Qualitäts- und Mengenregulierung vorhanden. Die Marktzutrittsregulierung soll aus Sicht des Handwerks gleichzeitig eine Qualitätsregulierung sein, um den hohen Leistungsstand und die Leistungsfähigkeit zu gewährleisten.[212] Indirekt ist eine Überschneidung zur Mengenregulierung gegeben, weil die Diversifikationsmöglichkeiten sowohl des Handwerks als auch des übrigen Gewerbes eingeschränkt werden. Ein Handwerker kann lediglich in seinem durch § 45 umrissenen Tätigkeitsbereich (Berufsbild), im verwandten Handwerk und nach § 5 tätig sein. Diversifikationsmöglichkeiten bestehen in das übrige Gewerbe,[213] nicht aber in die restlichen 126 Handwerkszweige.

Ein nicht-handwerklicher Gewerbebetrieb kann ohne eine Meisterprüfung oder Ausnahmebewilligung für eines der 127 Handwerkszweige nicht in den handwerklichen Bereich diversifizieren, so daß indirekt durch die HwO im nicht-handwerklichen Bereich eine mengenmäßige Beschränkung vorliegt. Gleichzeitig verändert die Regulierung die Handlungs- und Verfügungsrechte des Handwerks und Nicht-Handwerks. Eine indirekte Preisregulierung liegt insofern vor, weil durch die Marktzugangsregulierung und Mengenregulierung auf die Preisbildungsdeterminanten Einfluß ausgeübt wird.[214]

Sowohl die in Kapitel II erläuterten Bedingungen, wann ein Handwerksbetrieb vorliegt, als auch die Marktzugangsregulierung zeigen, daß im Handwerk real aus positiver Sicht ein hochkomplexes Regulierungssystem installiert wurde. Gerade die Komplexität, aber auch die umfangreichen und differenzierten Regelungen werfen die Frage auf, ob eine Regulierung dieser Art gerechtfertigt, notwendig und erforderlich ist, und inwieweit dieses komplexe System dem Vorwurf der Überregulierung ausgesetzt ist. Sowohl die gesamtwirtschaftliche Betrachtung als auch die Elemente der Handwerksregulierung führen zum Ergebnis, die Regulierung zu überprüfen.

Die bisherige Diskussion um die Handwerksregulierung zeigte, daß zwischen Regulierung und Deregulierung ein Wechselspiel mit time lags stattfindet. Während bei Regulierungen die Tendenz zu quantitativen und qualitativen Ausweitungen besteht, erfolgt ein Abbau nach der Veränderung oder dem Wegfall der Ursachen mit erheblicher Zeitverzögerung. Im folgenden soll

---

212   Daneben betreffen das Handwerk spezifische Qualitätsregulierungen, die auch andere nicht-handwerkliche Gewerbezweige betreffen, z. B. Hygienevorschriften, Vorgabe von Inhaltsvorschriften, Deklarierungspflichten usw.

213   Diese Annahme setzt voraus, daß keine anderweitige Regulierung im übrigen Gewerbe die Ausübung von nicht-handwerklichen Tätigkeiten beschränkt.

214   Vgl. Woll, A. (1988), S. 203.

versucht werden, den Ablauf von Regulierung und Deregulierung mit Hilfe theoretischer Ansätze zu erklären.

4. Ansätze zur Erklärung des Regulierungs- und Deregulierungsprozesses

Schon im letzten Abschnitt wurde darauf hingewiesen, daß bei Regulierungen die Gefahr einer permanenten quantitativen und qualitativen Ausweitung besteht ("Ölflecktheorie") und eingeführte Regulierungen gewisse Beharrungstendenzen aufweisen. Dies ließ sich empirisch anhand verschiedener Beispiele nachweisen.

Tritt ein Tatbestand ein, der eine Regulierung erfordert, sind Abstimmungs- und Entscheidungsprozesse zwischen Legislative und Exekutive unter Einbeziehung der Rechtsprechung erforderlich. Umgehungsstrategien ziehen teilweise weitere Regulierungen nach sich.[215] Kern der Deregulierungsüberlegungen ist es, ökonomischen Regulierungsbedarf, also das Vorhandensein von regulierungsauslösenden Besonderheiten und das Ausmaß vorhandener Regulierungen miteinander zu vergleichen.

Weil Regulierungen in der Regel nicht als "sunset-Regeln" begrenzt für eine bestimmte Zeit erlassen werden, folgt einer kurzfristigen Krise häufig eine langfristige Regulierung.[216] Fallen die ursprünglichen Gründe weg, erfolgt eine Veränderung oder Aufhebung erst mit beträchtlicher Zeitverzögerung oder überhaupt nicht. Hinzu kommt, daß Regulierungen ordnungspolitisch stets ein ambivalentes Mittel darstellen, weil sie in die Gewerbe-, Vertrags- und individuelle Handlungsfreiheit eingreifen.[217]

Theoretisch geht es insofern darum, einen optimalen Regulierungsgrad zu bestimmen. Der zeitliche Ablauf des Regulierungs- und Deregulierungsprozesses und das Aufzeigen von Deregulierungspotentialen sowie eines optimalen Regulierungsgrades läßt sich mit Hilfe verschiedener theoretischer Ansätze veranschaulichen. Vorgestellt werden im folgenden das Hysteresis-Konzept, das Lebenszyklus-Konzept und wohlfahrtstheoretische Konzepte.

---

215 Vgl. Hedrich, C.-C. (1993), S. 142.

216 Die Tendenzen zu einer Ausweitung der Regulierung bestätigt die Handwerksgesetzgebung vom Beginn der Gewerbefreiheit 1810 bis zur Einführung der Meisterprüfung als Marktzugangsbeschränkung 1953. Auch in der Zunftgesetzgebung entwickelte sich im Zeitablauf eine gewisse Eigendynamik. Obwohl die Zunftentwicklung sehr unterschiedlich verlief und die Zunftregelungen nicht einheitlich waren, bestand im Zeitablauf eine Tendenz zur Verschärfung der Bestimmungen. Vgl. Reininghaus, W. (1985), S. 371.

217 Vgl. Cassel, D. (1989), S. 70.

4.1 Hysteresis-Konzept

Neuerdings wird versucht, in der Physik verwendete Hysteresis-Effekte in ökonomischen Modellen anzuwenden. Als Hysteresis bezeichnet man in der Physik "... das Zurückbleiben einer Wirkung hinter der sie verursachenden ... Größe."[218] Hedrich[219] verwendet das Hysterese-Konzept, um die Asymmetrie und das Wechselspiel zwischen Regulierung und Deregulierung zu verdeutlichen.

Abbildung 18: Remanenz und Hysterese der Regulierung

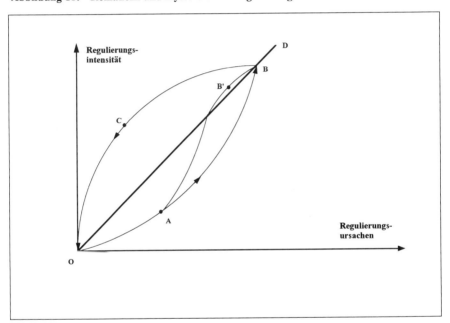

Quelle: Hedrich, C.-C. (1993), S. 144

In der Abbildung 18 wird der Zusammenhang zwischen Regulierungsintensität und Regulierungsursachen im Zeitablauf dargestellt. Auf der 45° Linie entspricht die Regulierungsintensität den Regulierungsursachen (RI = RU). In der Ausgangssituation 0 sind weder Regulierungsursachen noch Regulierungen vorhanden. Tritt ein Bedarf ein, erfolgt ein Regulierungseinsatz erst mit gewisser Zeitverzögerung. Der Verlauf der Regulierung kann sehr unterschiedlich sein

---

218   Brockhaus (1989), S. 354 f.

219   Vgl. hierzu und zum folgenden Hedrich, C.-C. (1993), S. 143 ff.

und verschiedene Situationen (Punkt A) durchlaufen, bis Regulierungsursachen und Intensität sich entsprechen (Punkt B).

Kennzeichnend für den Verlauf ist eine nur allmähliche Deregulierung nach dem Rückgang oder letztlich dem Wegfall der Regulierungsursachen. Bis zum Abbau der Regulierung ist, wie der Punkt C verdeutlicht, eine Überregulierung vorhanden und es liegen Deregulierungspotentiale vor. Das Regulierungsniveau übersteigt die ökonomischen Regulierungsursachen.

Zwar läßt sich der Verlauf der Kurven empirisch nicht exakt bestimmen, aber die Beharrungstendenzen und vorhandene Deregulierunspotentiale können damit verdeutlicht werden. Ob diese Konzepte neue Erkenntnisse für Deregulierung bringen, ist derzeit noch nicht abzusehen.

4.2 Lebenszyklus-Konzept

Die zeitliche Abfolge von Unterregulierung und Überregulierung läßt sich mit Hilfe der Lebenszyklus-Hypothese abbilden.[220] Die Regulierung durchläuft, nach dem der Regulierungsbedarf entstanden ist, Phasen der Unterregulierung, bis Regulierungsbedarf und Regulierungsniveau sich entsprechen. Deregulierungspotentiale entstehen, wenn sich durch ökonomischen Wandel die Rahmenbedingungen ändern und die ursprünglichen Gründe, die zur Einführung der Regulierung führten, sich abschwächen oder nicht mehr vorliegen. Die Tendenz zur permanenten quantitativen und qualitativen Ausweitung der Regulierung und die der Regulierung innewohnende Eigendynamik können die Deregulierungspotentiale erhöhen. Erfolgt keine Gegenbewegung durch Deregulierung ist eine Verstetigung möglich. Eine empirische Evidenz des Lebenszykluskonzeptes ist für das Handwerk nicht exakt nachweisbar. Allerdings liefert die historische Entwicklung Hinweise darauf, daß 1810 Deregulierungspotentiale vorlagen und durch die Einführung der Gewerbefreiheit eine Gegenbewegung erfolgte.[221]

---

[220] Die Darstellung folgt in Anlehnung an Bauer, J. M. (1989), S. 119 ff., Hedrich, C.-C. (1993), S. 145 ff.

[221] Vgl. Kapitel II, Abschnitt 2.3.

Abbildung 19:   Zyklus der Handwerksregulierung

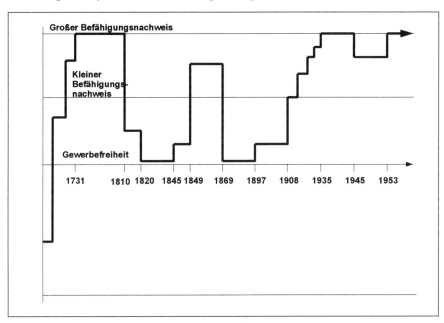

Ob und inwieweit durch die nachfolgende Handwerksgesetzgebung eine Überregulierung entstand, also ob Regulierungsintensitat und Regulierungsursachen voneinander abwichen, läßt sich nicht exakt nachweisen. Durchgeführte Untersuchungen,[222] die eine begrenzte Wirkung des Befähigungsnachweises aufzeigten, deuten auf Deregulierungspotentiale hin. Die Wirkungen des Großen Befähigungsnachweises auf Basis der Regelungen der HwO von 1953 untersuchte Watrin 1957. Watrin verneinte eine produktivitätssteigernde Wirkung. Seiner Ansicht nach führt der Befähigungsnachweis zu einer abnehmenden Marktversorgung bei steigenden Preisen.[223]

Der zeitliche Ablauf der Handwerksgesetzgebung zwischen Gewerbefreiheit und Großen Befähigungsnachweis läßt sich aber in Anlehnung an das Lebenszyklus-Konzept darstellen. Den Einführungs- und Wachstumsphasen folgten Degenerationsphasen, seit 1897 ist ein Wachstum und seit 1953 eine Verstetigung zu beobachten.

---

222   Vgl. Kapitel II, Abschnitt 2.4.1.

223   Vgl. Watrin, C. (1957), S. 264.

4.3   Wohlfahrtskonzept

Unter wohlfahrtstheoretischen Aspekten wird zur Formulierung eines optimalen Regulierungsgrades ein auch in der Umweltökonomie gebräuchliches Konzept zur Analyse von Staatseingriffen verwendet. Abbildung 20 auf der nächsten Seite zeigt die wohlfahrtstheoretische Bestimmung des optimalen gesamtwirtschaftlichen Regulierungsgrades.[224] Ohne Regulierung (RG = 0) entstehen Wohlfahrtsverluste, die als Opportunitätskosten fehlender Regulierung anzusehen sind, durch Informationskosten auf Märkten, Schutz der Umwelt, Unterstützung sozial Schwacher. Dagegen liegen keine direkten Kosten der Regulierung vor. Durch verstärkten Einsatz von Regulierung sinken zwar die Opportunitätskosten, aber die direkten Kosten der Regulierung nehmen zu. Beide Kostenarten zusammen ergeben die volkswirtschaftlichen Gesamtkosten der Regulierung. Der optimale Regulierungsgrad RG^{opt} wird durch das Minimum der Gesamtkosten bestimmt, Opportunitätskosten und direkte Kosten der Regulierung zusammen sind dort am geringsten.

Zieht man zur weiteren Darstellung die Laffer-Kurve heran, so würde das Regulierungsoptimum der maximalen Rate der Wohlfahrtssteigerung entsprechen. Durch den Einsatz von Regulierung ist zunächst eine Wohlfahrtssteigerung möglich. Übersteigt der Regulierungsgrad ein bestimmtes Maß, sind die Auswirkungen negativ. Entsprechend ist im Punkt S der Regulierungsgrad gemessen an den Gesamtkosten und der Wohlfahrtssteigerung zu niedrig und im Punkt T zu hoch. Im Bereich 0-S-RG^{opt} liegt eine Unterregulierung und im Bereich RG^{opt}-T eine Überregulierung vor. Insoweit besteht in diesem zuletzt genannten Bereich ein Deregulierungsbedarf.[225]

Zwar ist kritisch an dieser Stelle anzumerken, daß sich empirisch der Verlauf der Kurven nicht exakt festlegen läßt. Gleichwohl kann man damit den Zusammenhang zwischen gesamtwirtschaftlicher Wohlfahrt und Regulierung veranschaulichen. Die Abbildung kann zudem verdeutlichen, daß Regulierungen einerseits ein wohlfahrtserhöhendes Mittel sind, um einen bestimmten Ordnungsrahmen abzustecken, in dem das Wirtschaftsgeschehen effizient ablaufen kann. Andererseits gehen von Regulierungen wohlfahrtsmindernde Effekte aus, weil ein Übermaß kostensteigernd wirkt und Ineffizienzen hervorruft.

Wesentliches und historisch gewachsenes Argument[226] für eine Regulierung des Handwerks ist die asymmetrische Information und die Qualität der Handwerksgüter. Die Ableitung einer optimalen Regulierungsintensität im Handwerk macht es daher erforderlich, die Qualität einzubeziehen, wie Abbildung 21 auf der übernächsten Seite verdeutlicht.

---

[224]   Vgl. hierzu und zum folgenden Cassel, D. (1989), S. 71 ff.

[225]   Vgl. Cassel, D. (1989), S. 71 ff.

[226]   Vgl. Kapitel II, Abschnitt 2.

Abbildung 20: **Wohlfahrtstheoretische Bestimmung des optimalen gesamtwirtschaftlichen Regulierungsgrades**

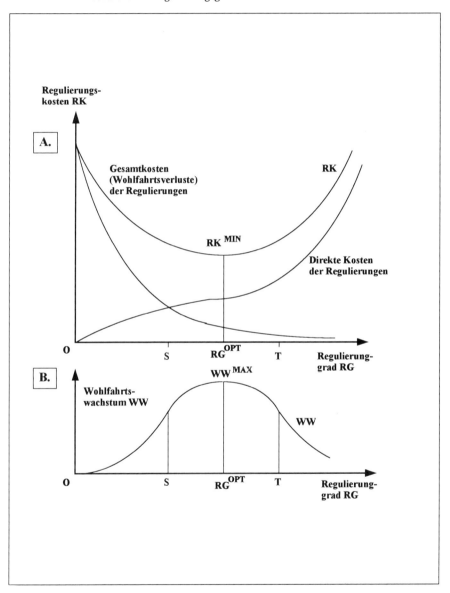

Quelle: Cassel, D. (1989), S. 72

130

Abbildung 21: Modell zur optimalen Regulierungsintensität

I   Q' >0   Max.   Q' <0

IV

U''' U'' U'

A   B   C

P'

Q

P

III

45°

P

RT'   RT

II

RT*   RT'   RT

P*   P'

P

Q*

Q

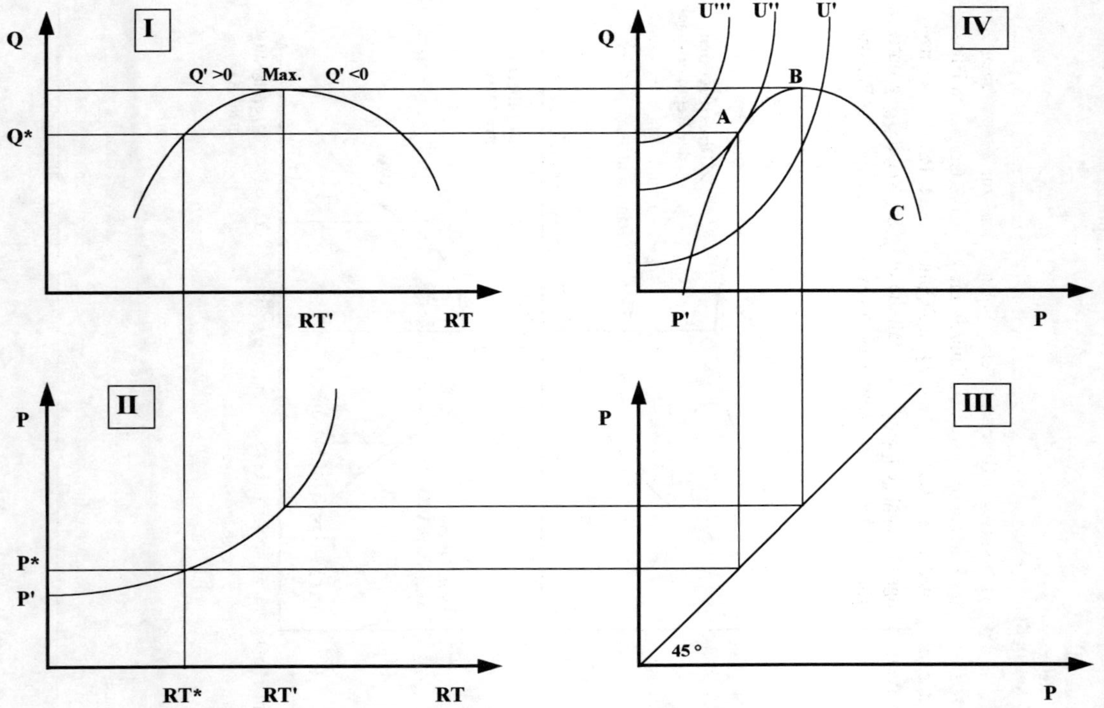

Q = Qualität   RT = Regulierungsintensität   P = Preis für Handwerksleistung

Die Figur I stellt die Qualiätsproduktionsfunktion dar. Angenommen wird, entsprechend der Begründung der Regulierung und der Argumentation der Befürworter, daß die Qualität mit zunehmender Regulierungstiefe steigt. Wenn die Regulierungstiefe jedoch ein optimales Maß überschritten hat, dies verdeutlicht der Kurvenverlauf, werden negative Qualitätsanreize gegeben. Die Qualität der Leistungen sinkt aus Sicht der Verbraucher auch dann, wenn das Angebot an Handwerksleistungen nicht den Präferenzen entspricht. Hinweise darauf können im Verlauf der Untersuchung gewonnen werden.

Die Figur II stellt die Regulierungskostenfunktion dar, eine steigende Regulierung führt zu steigenden Preisen. Die Figur III enthält eine Spiegelachse zur graphischen Ableitung. Die Nutzenfunktion der Konsumenten veranschaulicht die Figur IV. Graphisch läßt sich eine Möglichkeitenkurve ableiten, mit RT*, P* und Q* als Optimalwerte. Punkt A kennzeichnet die optimale Regulierungsintensität. Es zeigt sich, daß die optimale Regulierung unterhalb der optimalen Qualitätsproduktion liegt. Die negativen Auswirkungen durch die Preissteigerungen bei höherer Qualität überwiegen die Qualitätssteigerungen. Für das Handwerk folgt daraus, wenn Regulierungsgründe nicht mehr oder nur eingeschränkt vorliegen, kann die Zulassung von mehr Preiswettbewerb den Nutzen der Verbraucher erhöhen, denn anhand der Abbildung wird deutlich, daß ein ausgewogenes Mischungsverhältnis zwischen Qualität und Preis den Nutzen der Verbraucher bestimmt.

Die theoretischen Ansätze verdeutlichen insgesamt, daß sowohl Unterregulierung als auch Überregulierung die gesamtwirtschaftliche Wohlfahrt beeinträchtigen und es offensichtlich schwierig ist, das richtige Maß an Regulierung zu treffen, und Regulierungsniveau und Regulierungsbedarf vielfach auseinanderklaffen. Doch wann ist im Handwerk Regulierung und wann Deregulierung gerechtfertigt? Anhand theoretischer Grundlagen ist im folgenden eine konzeptionelle Basis für eine Regulierungsuntersuchung herzuleiten.

5. Konzepte zur Ermittlung von Regulierungs- und Deregulierungspotentialen

5.1 Untersuchungsmethoden

Um im Handwerk zu untersuchen, ob die ermittelten Branchenbesonderheiten eine Marktzugangsregulierung rechtfertigen, bieten sich zwei Vorgehensweisen an. Deregulierungspotentiale lassen sich durch eine Wirkungsanalyse oder Rechtfertigungsanalyse ausloten.

Bei einer Wirkungsanalyse wird eine Nutzen-Kosten-Analyse durchgeführt, der regulierte Markt wird mit dem deregulierten Markt verglichen. Dazu ist eine Ermittlung der Kosten und Nutzen der Regulierung sowie der erwarteten Deregulierung einschließlich der Anpassungskosten von einem regulierten in ein dereguliertes System erforderlich.[227] Deregulierungspotentiale liegen vor, wenn der Nettonutzen der Deregulierung den Nutzen der Regulierung übersteigt.

Für eine derartige Effizienzanalyse ist ein umfassend operational definiertes Modell erforderlich, in das eine Vielzahl von Faktoren, die für die jeweilige Branche relevant sind, einbezogen werden muß. Eines der gravierendsten Probleme liegt darin, die Wirkung der Regulierung auf die Effizienz von der Wirkung anderer ökonomischer Faktoren zu isolieren.[228]

Auf den Leistungsstand und die Leistungsfähigkeit des Handwerks z. B. wirken vielfältige andere Faktoren und Rahmenbedingungen ein, wie die konjunkturelle Situation, der gesellschaftliche und volkswirtschaftliche Entwicklungsstand sowie die Ordnungs-, Finanz- und Geldpolitik. Die Marktzugangsregulierung ist in diesem Zusammenhang ein Mosaikstein, der zudem vielfältige Interdependenzen zu den anderen Faktoren aufweist. So ist bspw. eine Marktzugangsregulierung bei hohen Zinsen effektiver als bei vergleichsweise niedrigen Zinsen. Bei einer monokausalen Betrachtungsweise läßt sich stets einwenden, die entstehenden Kosten oder Nutzen sind nicht der Regulierung sondern anderen Faktoren zuzuschreiben.

Hinzu kommt, daß für eine Effizienzanalyse operationalisierbare und eindeutige Definitionen des Regulierungsinstruments notwendig sind. Eine Marktzutrittsregulierung im Handwerk z. B. hat direkte Auswirkungen unterschiedlicher Stärke auf die verschiedenen Aktionsparameter Preise, Kosten, Qualität, Menge und Zahl der Anbieter im Markt.[229] Ferner ist bei einer empirischen Effizienzmessung eine Vielzahl von Größen nicht quantitativ sonder nur qualitativ meßbar und daher mit Problemen behaftet.[230]

Darüber hinaus ist auf die Schwierigkeiten hinzuweisen, die Wirkungen und Wohlfahrtseffekte einer Deregulierung zu prognostizieren, denn nicht die statische allokative Effizienz, sondern die dynamische Effizienz steht im Mittelpunkt der Regulierungsdiskussion.[231] Versteht man unter Wettbewerb ein Entdeckungsverfahren mit evolutorischem Charakter, lassen sich die Ergebnisse des Wettbewerbsprozesses nicht genau vorhersagen, es sind lediglich Mustervoraussagen möglich.[232]

Es ist insofern äußerst schwierig, wenn nicht sogar unmöglich, die Effizienz der Regulierung im Vergleich zur Deregulierung zu evaluieren. Weil die Marktzugangsregulierung im Hand-

---

[227] Vgl. hierzu und zum folgenden Soltwedel, R. et al. (1986), S. 17.

[228] Vgl. Bauer, J. M. u. a. (1988), S. 8.

[229] Ferner sind indirekte wechselseitige Wirkungen zu berücksichtigen. Die Zahl der Anbieter wirkt wiederum auf Preise, Qualität und Mengen, die Preise auf die Mengen, die Qualität auf die Preise usw.

[230] Vgl. zu Effizienzanalysen auch Dick, G. (1993), S. 213 ff.

[231] Vgl. Bauer, J. M. u. a. (1988), S. 9.

[232] Vgl. Soltwedel, R. et al. (1986), S. 18.

werk auf vielfältige Faktoren Einfluß ausübt und die Wirkungen nicht zu isolieren sind, läßt sich eine Wirkungsanalyse nicht durchführen. Gegen Effizienzvergleiche mit unregulierten Vergleichsmärkten kann aufgrund der Unterschiedlichkeit der Märkte der Vorwurf einer mangelnden Vergleichbarkeit erhoben werden. Wie die Handwerkssysteme in Europa zeigten, sind derartige Vergleichsmärkte auch in anderen Ländern nicht zu finden, da die gewerblichen Berufe sowie Handwerks- und Industrieprodukte unterschiedlich definiert und abgegrenzt sind. Zudem liegen statistische Daten für einzelne, dem deutschen Handwerk vergleichbare Berufszweige, kaum vor.

Das bisher am häufigsten verwendete Verfahren ist die Rechtfertigungsanalyse. Dieser Ansatz geht davon aus, daß Wettbewerb ein grundlegendes Koordinationsprinzip ist und für jede Regulierung eine Rechtfertigung erforderlich ist. Regulierungen stellen eine Ausnahme vom Prinzip eines unbehinderten Wettbewerbs dar. Deshalb ist zu überprüfen, ob die Ausnahmen stichhaltig sind.[233] Soltwedel zufolge sind zum einen die Ursachen zu untersuchen, die im Einzelfall beim unregulierten Wettbewerb zu unerwünschten Ergebnissen führen. Zum anderen stellt sich die Frage, ob Branchenbesonderheiten vorliegen und daraus nicht funktionsfähiger Wettbewerb resultiert. Wenn keine Branchenbesonderheiten vorliegen oder nicht zu erwarten ist, daß die Besonderheiten die Funktionsfähigkeit des Wettbewerbs beeinträchtigen, entstehen Deregulierungspotentiale.[234]

Traditionelle Begründung für den Einsatz von Regulierungsinstrumenten bei Branchenbesonderheiten ist Marktversagen. Der reine Rechtfertigungsansatz beruft sich damit auf Marktversagen.

Doch um festlegen zu können, ob der Markt versagt, sind ein Leitbild und ökonomische Kriterien zur Überprüfung des Marktes erforderlich. Hinter einem Leitbild verbirgt sich eine aus der Theorie normativ abgeleitete Beschreibung der Funktionsweise, der Voraussetzungen und der zu erwartenden Wirkungen des Markt- und Wettbewerbsprozesses. Leitbilder sollen verdeutlichen, was angestrebt wird und wie die Ziele zu erreichen sind.[235] Sie stellen somit einen ökonomisch optimalen oder wünschenswerten Zustand dar. Weil aber Markt- und Wettbewerbstheorie verschiedene Ansätze und Leitbilder aufweisen, variieren auch die Marktversagensdefinitionen.[236] Um eine Regulierungsuntersuchung durchführen zu können, muß deshalb zunächst das dahinter stehende markt- und wettbewerbstheoretische Leitbild dargestellt und erläutert werden, nach welchen Kriterien Marktversagen beurteilt wird. Es wird ein Maßstab gebraucht, um konkret im Handwerk Regulierung und das Vorhandensein von Deregulie-

233   Vgl. hierzu und zum folgenden Soltwedel, R. et al. (1986), S. 17, ferner Krause, J. (1988), S 352.

234   Vgl. Soltwedel, R. et al. (1986), S. 17.

235   Vgl. Berg, H. (1992), S. 245.

236   Vgl. Bögelein, M. (1990), S. 23.

rungspotentialen beurteilen zu können. Die traditionelle Regulierungstheorie greift hierzu auf die Wohlfahrtsökonomie und das Pareto-Optimum als Referenzstandard zurück.

Ein Marktversagen aus Sicht der paretianischen Wohlfahrtsökonomie[237] ist festzustellen, sofern kein Pareto-Optimum erreichbar ist.[238] Dies bedeutet, daß gegen die Bedingungen der vollständigen Konkurrenz verstoßen wird oder externe Effekte[239] vorliegen. Faktisch läßt sich mit dem Modell der vollständigen Konkurrenz jeder staatliche Eingriff, auch auf funktionierenden Märkten, legitimieren. Reale Marktsituationen, wie unterschiedliche Bedürfnisse der Nachfrager, Qualitätswettbewerb, Preiswettbewerb oder Bevölkerungsveränderungen rufen eine Art von "Marktversagen" hervor. Die paretianische Wohlfahrtsökonomik liefert insofern kein Beurteilungskriterium, wann Abweichungen positiv oder negativ zu bewerten sind.

Aufgrund der Unvollkommenheiten realer Märkte ist mit Hilfe der paretianischen Wohlfahrtsökonomie Marktversagen nicht exakt bestimmbar und es ergibt sich ein weites Feld für ungerechtfertigte Regulierungseingriffe. Weil der Begriff Marktversagen nicht eindeutig und zweckmäßig abzugrenzen ist[240] und die strengen Bedingungen des Modells keinen Maßstab für eine empirische Überprüfung liefern, ob Regulierungen erforderlich sind oder Deregulierungspotentiale vorliegen, verbleibt ein weiter Interpretationsspielraum.

Im folgenden soll die grundlegende Funktionsweise des Markt- und Wettbewerbsprozesses erörtert werden. Gleichzeitig stellt sich damit die Frage, ob daraus Kriterien für eine Untersuchung des Handwerks abzuleiten sind. Neuere markt- und wettbewerbstheoretische Ansätze[241] trennen analytisch zwischen Marktprozeß und Wettbewerbsprozeß, weil Markt und Wettbewerb unterschiedliche Funktionen erfüllen und verschiedene Störungen aufweisen können.[242]

5.2   Markt- und wettbewerbstheoretische Grundlagen

Aufgabe des Marktprozesses ist eine Koordination der individuellen Wirtschaftspläne der Marktteilnehmer über den Preismechanismus.[243] Demgegenüber soll Wettbewerb "... durch

---

[237]   Auf eine detaillierte Beschreibung der paretianischen Wohlfahrtsökonomie wird an dieser Stelle verzichtet und auf die weiterführende Literatur verwiesen. Umfassende Darstellungen zur paretianischen Wohlfahrtsökonomie sind zu finden bei Pütz, T. (1979), S. 96 ff., Schmidt, I. (1993), S. 5 ff. Eine detaillierte kritische Auseinandersetzung mit der paretianischen Wohlfahrtsökonomie als Leitbild zur Bestimmung von Marktversagen findet man bei Bögelein, M. (1990), S. 24 ff.

[238]   Vgl. Bögelein, M. (1990), S. 26.

[239]   Beim Vorliegen externer Effekte können die Marginalbedingungen nicht erfüllt werden und das Pareto-Optimum wird nicht erreicht.

[240]   Vgl. Eickhof, N. (1992), S. 29.

[241]   Die Grundlagen der sogenannten "neueren" Markt- und Wettbewerbstheorie gehen auf Arbeiten von Eickhof und Bögelein zurück. Vgl. u. a. Eickhof, N. (1986), Eickhof, N. (1992), Bögelein, M. (1990).

[242]   Vgl. Eickhof, N. (1992), S. 11.

[243]   Vgl. Prohaska, M. (1986), S. 20 f.

Leistungskontrolle und Anreize zur Leistungssteigerung die Effizienz der marktlichen Koordination"[244] bewirken.

Wettbewerb führt zu effizienzorientierten Selektionsprozessen und damit auch zu einer Verbesserung der Marktergebnisse durch differenzierende, kreative, nivellierende, adaptive Aktionen.[245] Auch wenn eine analytische Trennung vorgenommen wird, beeinflussen sich die Prozesse wechselseitig und stehen in einem engen Zusammenhang. Eine kurze Beschreibung des Marktprozesses ist Gegenstand des nächsten Abschnitts.

5.2.1 Marktprozeß und Marktversagen

Kennzeichen der neoklassischen Markttheorie ist die Betrachtung des Konkurrenzgleichgewichts, während die neuere Markttheorie vornehmlich den "...Prozeß, der zum Gleichgewicht tendiert ..."[246] analysiert.[247] Als Hauptfunktion des Marktprozesses ist die Koordination der Wirtschaftspläne von Individuen und Unternehmen, also die Koordination von Angebot und Nachfrage, anzusehen.[248] Diese Abstimmungsprozesse finden wechselseitig statt, weil sich die Pläne der beteiligten Wirtschaftssubjekte ständig ändern. Zudem erfolgt die Abstimmung der Pläne ständig und spontan, ist somit zeitraumbezogen.[249]

Vorbedingung für funktionierende Marktprozesse ist die Schaffung institutioneller Voraussetzungen, die Vertragsstreitigkeiten nach allgemeinen Regeln beilegen, sowie die Existenz von Verhaltensregeln.[250] Den Marktteilnehmern müssen Handlungs- und Verfügungsrechte (property rights)[251] zugeordnet werden. Sie sollen die Spielregeln für alle Gesellschaftsmitglieder festlegen. Handlungsrechte und -beschränkungen lassen sich aus dem Recht, der Tradi-

---

244 Bögelein, M. (1990), S. 100 f.

245 Vgl. Eickhof, N. (1986) S. 470 ff., Prohaska, M. (1986), S. 20.

246 Bögelein, M. (1990), S. 104.

247 Auf traditionelle Wettbewerbskonzepte, so das Konzept des funktionsfähigen Wettbewerbs von Kantzenbach, Hoppmanns Konzept der Wettbewerbsfreiheit, Großekettlers Koordinationsmängelkonzept wird hier nicht näher eingegangen. Vgl. Kantzenbach, E. (1967), Hoppmann, E. (1980), Großekettler, H. (1988). Eine ausführliche regulierungstheoretische Auseinandersetzung unter dem Aspekt des Marktversagens mit vielen weiteren Literaturhinweisen ist bei Bögelein zu finden. Vgl. Bögelein, M. (1990), S. 35 ff.

248 Vgl. Eickhof, N. (1992), S. 11.

249 Vgl. Bögelein, M. (1990), S. 105.

250 Vgl. Schüller, A. (1983a), S. 145 f.

251 Im allgemeinen sind darunter Handlungsrechte und -möglichkeiten zu verstehen, die rechtlich, sozial oder institutionell festgelegt sind. Vgl. Tietzel, M. (1981), S. 209. Nähere Einzelheiten dazu vgl. Böbel, I. (1988), S. 16 ff. Zu berücksichtigen ist, daß Regulierungen die Handlungs- und Verfügungsrechte verändern.

tion, der Sitte, der Moral und religiösen Vorstellungen ableiten.[252] Ferner sollte ein funktionierendes Vertragsrecht den Güteraustausch absichern.

Für die Koordination der Wirtschaftpläne der Marktteilnehmer, also das Funktionieren des Marktprozesses, hat das Preissystem eine wesentliche Bedeutung.[253] Preise fungieren als Informationsvermittler und stellen eine gesellschaftlichen Bewertungsprozeß dar, weil Anbieter und Nachfrager Einfluß auf die Preise ausüben können.[254] Dennoch verursacht der Markt-Preis-Mechanismus Kosten, die Coase "Kosten durch den Gebrauch des Preismechanismus" nannte und die später die Bezeichnung Transaktionskosten erhielten.[255]

Allerdings sind Transaktionskosten keine fixe systembedingte Größe, sie fallen nicht nur bei einer marktlichen Koordination an, sondern auch bei einer Koordination über den Staat. Zum einen ist die Höhe der Transaktionskosten abhängig von den marktlichen Aktivitäten, je mehr Aktivitäten stattfinden, umso höher sind die Transaktionskosten. Zum anderen entstehen durch die Kreativität des Marktes transaktionskostensenkende Institutionen.[256]

Wie läßt sich in diesem skizzierten marktlichen Koordinationsprozeß Marktversagen definieren? Marktversagen liegt vor, wenn die vom Markt normalerweise erwartete Koordinationsleistung ausbleibt.[257] Danach versagt der Markt, bzw. eine Planabstimmung über den Markt findet nicht statt oder wird behindert, bei der Bereitstellung öffentlicher Güter, bei unüber-

---

[252] Vgl. Schüller, A. (1983a), S. 147 f.

[253] Allerdings handeln die Marktteilnehmer nicht nur nach Preisen, sondern beziehen darüber hinaus zusätzliche Faktoren in ihr Entscheidungskalkül ein, wie die Qualität der Handwerksprodukte, den Service, die Einhaltung von Terminen bei der Leistungserstellung und Wartezeiten auf einen Handwerker.

[254] Die Gesellschaftsmitglieder können Einfluß auf die entstehenden Preise nehmen über den Umfang von Angebot und Nachfrage. Außerdem sind Nachfrager unter Umständen bereit, höhere Preise zu zahlen, wenn die Bedürfnisintensität sehr hoch ist. Nähere Einzelheiten zum gesellschaftlichen Bewertungsprozeß vgl. Streißler, E. (1980), S. 60 ff.

[255] Vgl. Coase, R. H. (1960), S. 1 ff., Zu den Transaktionskosten zählen Informationskosten, Aushandlungskosten und Anpassungs- bzw. Durchsetzungskosten. Wegehenkel, der diese Kosten laufende Transaktionskosten nennt, zählt auch die rechtsetzenden Kosten des Staates für die Schaffung eines Ordnungsrahmens zu den Transaktionskosten. Vgl. Wegehenkel, L. (1981), S. 21.

[256] Vgl. Schüller, A. (1983a), S. 159. Als Beispiele für transaktionskostensenkende Informationsvermittler sind u. a. Börsen, Beratungsdienste, Steuerberater, Rechtsanwälte und Finanzberater zu nennen. Vgl. Schulenburg, J.-M. Graf v. d. (1993a), S. 542 ff.

[257] Vgl. Eickhof, N. (1992), S. 11.

windlichen Koordinationshemmnissen,[258] externen Effekten und transaktionalem Marktversagen.[259]

Nach der Darstellung des Marktprozesses und der Beschreibung von Marktversagen, erfolgt im nächsten Abschnitt eine Erläuterung des Wettbewerbsprozesses und des Wettbewerbsversagens.

5.2.2 Wettbewerbsprozeß und Wettbewerbsversagen

Wettbewerb hat insbesondere die Funktion Leistungsanreize zu geben und den Leistungswillen des einzelnen zu fördern. Gleichzeitig bewirkt Wettbewerb eine Leistungskontrolle und entscheidet damit über die Effizienz der marktlichen Koordination.[260] Diese Funktionen sind notwendig für Anpassungsflexibilität, Innovation und Strukturwandel.

Kennzeichen eines dynamischen evolutorischen Wettbewerbsprozesses ist es, daß Unternehmen mit innovativen Leistungen und marktgerechten Angeboten eine Belohnung erfahren, während nicht marktgerecht produzierende Unternehmen mit Verlusten oder einer Marktverdrängung rechnen müssen.[261] Der Wettbewerbsprozeß fördert eine gegenseitige Kontrolle der Marktkontrahenten.[262] Entfällt diese oder wird die Kontrolle durch staatliche Regulierung eingeschränkt, sind staatliche Kontrollen notwendig. Insofern zieht eine Regulierung weitere Regulierungen nach sich. Wie beim Marktprozeß ist es aufgrund des evolutorischen Charakters des Wettbewerbsprozesses nicht möglich, Ergebnisse dieses Prozesses im voraus zu bestimmen. Es sind lediglich Mustervoraussagen möglich.

Beim Wettbewerbsprozeß wirken Innovations- und Transfermechanismus zusammen. Unternehmen, die durch eine Innovation einen Effizienzvorsprung erreichen, können zu Lasten weniger effizienter Unternehmen wachsen (Transfermechanismus).[263] Dieser Wettbewerb kann als Wettbewerb der "Bahnbrecher" bezeichnet werden. Über den Markt laufen insofern effizienzorientierte Selektionsprozesse und Diffusionsprozesse ab. Erwartet wird, daß die Konkurrenten und weniger effizienten Unternehmen Maßnahmen zur Effizienzsteigerung unternehmen

---

258 Unüberwindliche Koordinationshemmnisse liegen beispielsweise vor, bei anomalen Angebots- und Nachfragereaktionen oder wenn die Marktteilnehmer bei Abweichungen zwischen Angebot und Nachfrage nur Mengen- oder Preisreaktionen zeigen. Vgl. Eickhof, N. (1986), S. 472.

259 Transaktionales Marktversagen liegt nach Eickhof vor, wenn die "... Transaktionskosten relativ hoch sind" und die Kosten einer Markttransaktion die Nutzen übersteigen und deshalb marktliche Transaktionen ausbleiben. Eickhof, N. (1986), S. 471 ff., ausführlich Eickhof, N. (1992), S. 14 ff., Bögelein, M. (1990), S. 110 ff.

260 Vgl. Streit, M. E. (1983), S. 26 f.

261 Vgl. Bögelein, M. (1990), S. 141 ff.

262 Vgl. Leipold , H. (1985), S. 38 ff.

263 Unter Innovation wird hier die nach der Entdeckung neuer Verfahren oder Produkte (Invention) erfolgte Weiterentwicklung bis zur Marktreife verstanden.

und ebenfalls mit Imitationen an den Markt gehen. Dieser Wettbewerb der "Nachahmer", der als Innovationsmechanismus bezeichnet wird, gleicht Effizienzunterschiede aus und verhindert eine monopolistische Stellung des "Bahnbrechers".

Für den Wettbewerbsprozeß von elementarer Bedeutung ist der fortwährende Ablauf des Transfer- und Innovationsmechanismus, weil gerade dieses Wechselspiel eine effizienzorientierte Auslese und ständige Verbesserung der Marktergebnisse fördert.[264]

Damit der Wettbewerb funktionieren kann, ist er an gewisse Voraussetzungen gebunden. So erfordert ein funktionierender Wettbewerb eine wettbewerbliche Gesinnung,[265] also kreative Unternehmer, die innovativ tätig sind. Versuchen Unternehmen sich durch wettbewerbsbeschränkende Verhaltensweisen teilweise dem Wettbewerb zu entziehen, muß der Staat verläßliche Rahmenbedingungen setzen, die derartiges Verhalten unterbinden und die Erhaltung des Wettbewerbs fördern.[266]

Weitere Voraussetzungen für einen funktionierenden Wettbewerb sind freier Marktzutritt und ausreichende Informationen der Marktteilnehmer. Ohne eine solche Markttransparenz ist ein Nachfragezuwachs bei innovativen Unternehmen, nicht möglich.[267] Denn die Nachfrager müssen Leistungsunterschiede erkennen, um darauf mit Abwanderung und Widerspruch reagieren zu können.[268]

Welche Wirkungen gehen von einem so beschriebenen Wettbewerbsprozeß aus? Normalerweise geht von einem funktionierenden Wettbewerb eine effizienzorientierte Selektion aus, relativ effiziente Unternehmen wachsen zu Lasten ineffizienter Unternehmen.[269] Dieser Prozeß fördert Invention, Innovationen, Diffusionen sowie Imitation und damit die Transformation und Verbreitung neuen Wissens.[270] Gleichzeitig passen sich in einem solchen System die Kapazitäten der Marktentwicklung an und es erfolgt eine Leistungskontrolle.

Nach der neueren Markt- und Wettbewerbstheorie liegt Wettbewerbsversagen bei echten Funktionsstörungen des Transfer- und Innovationsmechanismus vor.[271] Kommt der Wettbewerb in einem Markt zum Stillstand oder treten Störungen des Transfer- und Innovationsmechanismus auf, die durch Verhaltensverbote nicht zu beseitigen sind, liegen Funktionsstörungen

---

[264] Ein Stillstand ist zu erwarten, wenn keine bahnbrechenden Innovationen durchgeführt oder den Nachahmern die Kompetenz für konkurrierende Leistungen fehlt. Vgl. Bögelein, M. (1990), S. 145.

[265] Vgl. Berg, H. (1992), S. 243.

[266] Vgl. hierzu und zum folgenden Bögelein, S. 151, 153 ff.

[267] Vgl. Berg, H. (1992), S. 243.

[268] Vgl. dazu ausführlich Hirschmann, A. O. (1974), S. 17 ff.

[269] Vgl. Eickhof, N. (1986), S 471.

[270] Vgl. Bögelein, M. (1990), S. 155.

[271] Vgl. hierzu und zum folgenden Eickhof, N. (1986), S. 471.

vor. Hingegen sind Funktionsstörungen aufgrund wettbewerbsbeschränkender Verhaltensweisen nicht als Wettbewerbsversagen anzusehen. Nach Eickhof bewirken die Funktionsstörungen, daß eine effizienzorientierte Unternehmensselektion oder Verbesserung der Marktergebnisse ausbleiben. Selbst bei Vorliegen echter Funktionsstörungen kann nicht der Schluß gezogen werden, staatliche Regulierung einzusetzen. Bevor eine Branche eine eigene Regulierung erhält, ist im Rahmen eines comparativ institution approach zu untersuchen, ob alternative wirtschaftspolitische Instrumente oder institutionelle Alternativen die Störungen beheben können.

Führt Wettbewerb zu einer Verschlechterung der Marktergebnisse oder besteht zuviel oder zu wenig Wettbewerb, so liegt nach Ansicht von Eickhof Wettbewerbsversagen vor. Zu diskutieren ist dies bei natürlichen Monopolen, ruinöser Konkurrenz, und transaktionalem Wettbewerbsversagen.[272]

5.2.3 Zusammenfassung und kritische Würdigung

Die Darstellung der Markt- und Wettbewerbstheorie diente dem Zweck, die grundlegende Funktionsweise des Markt- und Wettbewerbsprozesses darzustellen, sowie Kriterien und Grundlagen für die Untersuchung der Regulierung und Deregulierung des Handwerks abzuleiten.

Aufgrund der neueren Markt- und Wettbewerbstheorie ist zwischen Markt- und Wettbewerbsversagen zu unterscheiden. Marktversagen liegt vor, wenn die Koordinationsleistung des Marktes ausbleibt. Wettbewerbsversagen stellt eine Funktionsstörung des Wettbewerbs dar. Es liegen "... Abweichungen von den normalerweise zu erwartenden Wirkungen des Wettbewerbsprozesses ..."[273] vor, eine effizienzorientierte Unternehmensselektion oder Verbesserung der Marktergebnisse bleiben aus.[274]

Dennoch liefert ein vorhandenes Markt- und Wettbewerbsversagen noch keine Begründung für den Einsatz staatlicher Regulierungsmaßnahmen. Vielmehr ist zu prüfen, ob alternative wirtschaftspolitische Instrumente in den Fällen, in denen ein wirtschaftspolitischer Handlungsbedarf diagnostiziert wurde, die Störungen beheben können.[275]

---

[272] Transaktionales Wettbewerbsversagen entsteht, wenn die "... Informationskosten relativ hoch sind." Eickhof, N. (1992), S. 27. Nachfrager beziehen aufgrund zu hoher Informationskosten Leistungsveränderungen nicht in ihre Entscheidungen ein, so daß effizienzorientierte Selektionsprozesse ausbleiben.

[273] Bögelein, M. (1990), S. 220.

[274] Vgl. Eickhof, N. (1992), S. 12.

[275] Vgl. zu dieser Vorgehensweise auch Bögelein, M. (1990), S. 224, Bartling, H. (1983).

140

Zwar liefert die Markt- und Wettbewerbstheorie eine differenzierte Beschreibung des Markt-und Wettbewerbsprozesses, der Voraussetzungen, des Ablaufs und der zu erwartenden Wir-kungen des Markt- und Wettbewerbsprozesses und ein Leitbild, das auf die Wirklichkeit ab-stellt. Weil aber verschiedene Branchen unterschiedliche Produktionsprozesse mit bestimmten Eigenarten, verschiedenen Güter- und Marktbesonderheiten aufweisen, wäre ein Katalog von Kriterien erforderlich, um zu prüfen, ob diese Besonderheiten Markt- und Wettbewerbsversa-gen hervorrufen. Diese "neuere" Markt- und Wettbewerbstheorie liefert allerdings hierfür kei-nen Kriterienkatalog, mit dem in verschiedenen Branchen die Besonderheiten und Rechtferti-gungsgründe zu überprüfen sind. Aufgrund der fehlenden Handlungsanweisung für die Analyse der Regulierung des Handwerks ist ein Markt- bzw. Wettbewerbsversagen nicht exakt fest-stellbar. Unklar bleibt auch hier, wann beispielsweise Transaktionskosten und Informationsko-sten als zu hoch anzusehen sind. Es wird keine ökonomisch theoretische Begründung geliefert, wann Regulierung und Deregulierung notwendig und gerechtfertigt sind, denn auf un-vollkommenen Märkten kann traditionelle Wettbewerbspolitik durchaus kontraproduktiv sein.[276] Eine Handlungsanweisung liefert die Theorie dahingehend, vorhandene Regulierungen mit anderen wirtschaftpolitischen Instrumenten i. S. eines "comparative institution approach" zu vergleichen.

5.3 Konzeptionelle Probleme und Grundvoraussetzungen einer Deregu-lierungsuntersuchung

Auch wenn bisherige Regulierungsuntersuchungen als normatives Leitbild und zur Ermittlung von Marktversagen die paretianische Wohlfahrtsökonomie verwendeten, lassen sich daraus kaum Kriterien für die Untersuchung des Handwerks ableiten. Da sich Regulierungsuntersu-chungen, zumindest anfangs, insbesondere mit Versorgungsunternehmen, also Monopolunter-nehmen, befaßten, liegen hierfür besser ausgebaute theoretische Grundlagen vor.[277]

Für das Handwerk ist eine pragmatische Vorgehensweise erforderlich. Angestrebt wird eine modifizierte Rechtfertigungsanalyse in Form einer ökonomisch-institutionellen Analyse. Vor-rangig wird der Frage nachgegangen, ob die Ursachen der Regulierung noch vorliegen, sofern es möglich ist, sollen ökonomische Effekte abgeleitet werden.

• Deregulierung bzw. eine Veränderung der Regulierung ist dann angezeigt, wenn die Bran-chenbesonderheiten nicht mehr oder nicht im ganzen Handwerk[278] vorliegen.

---

[276] Vgl. Bauer, J. M. u. a. (1988), S. 22 ff.

[277] Vgl. Bauer, J. M. u. a. (1988), S. 20. Bauer geht davon aus, daß sich exogene Eingriffe in der Theorie reiner Monopole rigoroser analysieren lassen.

[278] Gemeint ist das Handwerk in Abgrenzung der HwO.

• Damit stellt sich auch die Frage, ob mit den Branchenbesonderheiten eine Marktzugangsre-gulierung als einheitliches Instrument für das gesamte Handwerk vereinbar ist.

• Eine Veränderung der Regulierung ist denkbar, wenn zwar Branchenbesonderheiten vor-liegen, aber mit marktnäheren Instrumenten und marktergänzenden Institutionen zu be-heben sind. In diesem Fall sind die Vor- und Nachteile marktnäherer Lösungen abzuwägen.

• Deregulierungspotentiale entstehen dann, wenn ein Regulierungssystem Inkonsistenzen und Widersprüche aufweist und verstärkt Umgehungen zu beobachten sind.[279]

Die ökonomischen Grundlagen für eine derartige ökonomisch-institutionelle Analyse der Re-gulierung und Deregulierung des Handwerks sind verschiedenen theoretischen Bereichen zu entnehmen,[280] auf die im folgenden eingegangen wird.

6. Unvollkommene Information, Qualitätsunsicherheit und ruinöse Konkurrenz

6.1 Informationsökonomische Grundlagen

In der Literatur gibt es eine Vielzahl von Informationsbegriffen und Definitionen.[281] In der wirtschaftswissenschaftlichen Literatur ist die Definition von Wittmann weit verbreitet, der Informationen als zweckorientiertes Wissen bezeichnet.[282] Da sich Informationen definieren lassen, als Nachrichten, die ein Wirtschaftssubjekt veranlassen, seine Einschätzung und damit subjektive Wahrscheinlichkeit für mögliche Umweltzustände zu revidieren,[283] verstärken neue Informationen unter Umständen auch das "... Wissen über das Unwissen ...",[284] also über jene Informationen, die nicht vorliegen. Mit der Information wird der Zweck verfolgt, Handlungen vorzubereiten.

---

279 Vgl. dazu auch bislang durchgeführte Regulierungsuntersuchungen. Stellvertretend Kupitz, R. (1983), Hedrich, C.-C. (1993).

280 Eine einheitliche Partialmarkttheorie Handwerk liegt nicht vor und ist, wie v. d. Schulenburg im Rah-men einer Theorie der Gesundheitsökonomie feststellt, nicht wünschenswert, denn die vielfachen Be-hauptungen der Andersartigkeit von Märkten stimmen häufig nicht und können nicht begründen, daß Gesetze über relative Knappheit keine Anwendung finden. Vgl. Schulenburg, J.-M. Graf v. d. (1993b), S. 74.

281 Die Definitionen zum Begriff Information sind kaum noch überschaubar. Vgl. mit vielen weiteren Nachweisen Hopf, M. (1983), S. 6 ff. und Bössmann, E. (1988), S. 185.

282 Vgl. Wittmann, W. (1959), S. 14.

283 Vgl. Hirshleifer, J. (1973), S. 31 ff.

284 Schulenburg, J.-M. Graf v. d. (1993a), S. 512. v. d. Schulenburg bezeichnet dies als Sokrates-Theorem.

Informationen lassen sich als ökonomische Güter betrachten.[285] Ökonomisch von Bedeutung ist der Gehalt der Information, der den Individuen einen Wert oder Nutzen stiftet. Eine Informationsbeschaffung ist mit Kosten verbunden, die Kosten und Nutzen der Informationsbeschaffung bestimmen den Umfang der Informationsaktivitäten. Daher weisen die Marktteilnehmer einen unterschiedlichen Informationsstand auf. Durch neue Informationen ändert sich zudem der Informationsraum ständig.[286]

Die Informationsbeschaffung einzelner Marktteilnehmer ist ebenso wie eine Güterbeschaffung von einer Vielzahl von Faktoren, wie verfügbare Ressourcen, Bildungsstand, Vorlieben für bestimmte Informationsquellen, unterschiedliche Anspruchsniveaus sowie subjektive und objektive Einstellungen, Einkommen, Geschlecht und dem Informationsstand im Freundeskreis abhängig ist.[287] Auch bei Informationen ist ein Veblen-Effekt denkbar, wenn spezielle Informationen aus Geltungsdrang beschafft werden. Ziel einer Informationsbeschaffung ist nicht eine vollkommene Information sondern ein Ausgleich von Grenzkosten und Grenznutzen.[288] Insofern ist auf Märkten von unvollständigen Informationen auszugehen, da eine vollständige Information und Informationsbeschaffung nicht zu erreichen ist.[289]

Nach der ökonomischen Theorie der Unsicherheit und unvollständigen Information lassen sich als Formen unvollständiger Information Marktunsicherheit und technologische Unsicherheit unterscheiden.[290] Während sich die technologische Unsicherheit auf exogene Variablen, wie den Eintritt zukünftiger Ereignisse[291] bezieht, betrifft die Marktunsicherheit endogene Variablen, wie Unsicherheiten über die Marktbedingungen, also Angebots- und Nachfragebedingungen auf Märkten. Die Marktunsicherheit liefert somit Ansatzpunkte für staatliche Eingriffe auf Märkten.

---

285   Ökonomische Güter sind dadurch charakterisiert, daß sie Bedürfnisse befriedigen oder einen Nutzen stiften. Ferner müssen die Güter knapp und fungibel sein sowie durch Menschen oder Maschinen produziert oder distribuiert werden. Vgl. Hopf, M. (1983), S. 70.

286   Vgl. Schulenburg, J.-M. Graf v. d. (1993a), S. 512.

287   Vgl. dazu auch empirische Untersuchungen von Schulenburg, J.-M. Graf v. d. (1987a), S. 712 ff.

288   Vgl. Meyer, D. (1990), S. 104.

289   In der Literatur ist an der Stelle von unvollständigen und unvollkommenen Informationen auch der Begriff Informationsmängel zu finden. Ewers u. a. gehen davon aus, daß nicht nur quantitativ fehlende Informationen sondern auch mit qualitativen Mängeln behaftete Informationen, also fehlerhafte oder irreführende Informationen vorliegen können. Ihrer Ansicht nach erweckt der Begriff der unvollständigen Information den Eindruck, daß eine vollständige Informationsbeschaffung anzustreben oder möglich sei. Vgl. Ewers, H.-J. u. a. (1990), S. 71. Hier werden im folgenden die Begriffe Informationsmängel und unvollständige Information synonym verwendet.

290   Vgl. hierzu und zum folgenden Schulenburg, J.-M. Graf v. d. (1993a), S. 515 f.

291   v. d. Schulenburg nennt als Beispiele Unsicherheiten über die Ressourcenverfügbarkeit, die Verfügbarkeit neuer Technologien, die staatliche Politik oder den Eintritt von Todesfällen.

Im Rahmen der Marktunsicherheit lassen sich verschiedene Informationsstrukturen unterscheiden.[292] Von symmetrischer Informationsverteilung spricht man, wenn Anbieter und Nachfrager über gleiche Informationen verfügen. In der Realität vorherrschend ist die asymmetrische Informationsverteilung, bei der die Informationen zwischen den Marktteilnehmern ungleich verteilt sind.[293] Asymmetrische Informationen liegen beispielsweise vor, wenn die Anbieter über Preise, Mengen oder die eigenen Produktqualitäten informiert sind, die Nachfrager aber diesbezüglich teilweise uninformiert sind. Grundsätzlich ist in der Realität davon auszugehen, daß die Marktteilnehmer bezüglich der Tauschbedingungen am Markt über unvollständige und ungleichmäßige Informationen verfügen.[294]

Sowohl asymmetrische Informationsverteilungen als auch die Informationsmöglichkeiten der Wirtschaftssubjekte beeinflussen in vielfältiger Form das Marktgeschehen. Darüber hinaus haben aber die Marktbedingungen ihrerseits einen Einfluß auf den Informationsstand der Wirtschaftssubjekte. Aufgrund der Eigenschaften der Information ist davon auszugehen, daß es neben Gütermärkten Informationsmärkte mit Informationsgütern gibt. Wie bei Gütern ist aber auch die Qualität von Informationen mit Unsicherheit behaftet.[295]

Der Nutzenzuwachs für Anbieter und Nachfrager auf dem Gütermarkt ist dabei abhängig von der Qualität der bereitgestellten Informationen. Beeinträchtigungen der Funktionsfähigkeit von Informations- und Gütermärkten sind zu erwarten, wenn auf den Informationsmärkten keine verläßlichen Informationen über die Gutseigenschaften, Produktpreise und Qualitäten bereitgestellt und übertragen werden.[296] Als Folge treten Fehlallokationen auf Informations- und Gütermärkten auf. Um eindeutige und verläßliche Informationen bereitzustellen und die Informationskosten zu senken, greift der Staat bei asymmetrischer Information regulierend in die Märkte ein.[297]

Die Zusammenhänge zwischen unvollständiger Information, individuellem Informationsverhalten und Marktgleichgewichten werden analysiert durch verschiedene Ansätze der Informationsökonomie.[298] Wohlfahrtstheoretisch orientierte Modelle gehen Fragen der Bewertung von In-

---

292 Einen Überblick über die Arten von Informationsstrukturen liefert v. d. Schulenburg. Vgl. hierzu und zum folgenden Schulenburg, J.-M. Graf v. d. (1993a), S. 516 f.

293 Zu den verschiedenen Formen asymmetrischer Information vgl. Spremann, K. (1990), S. 562 ff.

294 Vgl. hierzu und zum folgenden Schulenburg, J.-M. Graf v. d. (1993a), S. 517 ff.

295 Vgl. Hopf, M. (1983), S. 71 ff.

296 Vgl. Hopf, M. (1983), S. 76 f.

297 Wie empirisch bereits dargestellt wurde, erfolgen regulierende Eingriffe aber nicht nur zum Zwecke des Verbraucherschutzes.

298 Vgl. zur Modellierung von Marktprozessen bei unvollständiger Information Schulenburg, J.-M. Graf v. d. (1987a), S. 699, Schlesinger, H., Schulenburg, J.-M. Graf v. d. (1991), S. 110 ff. mit vielen weiteren Nachweisen.

formationsaktivitäten aus gesellschaftlicher Sicht[299] und den wohlfahrtstheoretischen Auswirkungen einer marktmäßigen Organisation von Informationsaktivitäten nach.[300] Gegenstand wohlfahrtstheoretisch orientierter Ansätze ist ferner die Frage, welche Marktstruktur zu einer optimalen Produktion von Informationen führt.[301]

Im Rahmen von Markteffizienzansätzen wird diskutiert, inwieweit Marktgleichgewichte und Preise, die den Informationsstand widerspiegeln, unter Berücksichtigung von Marktunvollkommenheiten möglich sind.[302] Für das Handwerk lassen sich gewisse Aussagen aus den Qualitätsunsicherheits- und Suchkostenansätzen ableiten. Bevor jedoch hierauf eingegangen wird, ist zu klären, was Qualität ist.

6.2   Qualität und Qualitätsmerkmale

In der Literatur sind zahlreiche Definitionen des Begriffs "Qualität" zu finden, allerdings scheint keine eindeutige und allgemein akzeptierte Definition vorzuliegen, denn der Begriff Qualität ist äußerst vielschichtig und jedes Individuum hat andere Vorstellungen von Qualität.[303]

Die Definition der Qualität ist mit Problemen behaftet, weil Vorstellungen über Qualität einem zeitlichen und umweltbedingten Wandel unterliegen und ferner die Vorstellungen von Nachfragern, Lieferanten, Herstellern sowie des Gesetzgebers über Qualität und Qualitätsansprüche sehr unterschiedlich ausfallen.[304] Während früher Qualität nur anhand des materiellen Produkts beurteilt wurde, steht heute verstärkt die gesamte Marktleistung des Unternehmens im Vordergrund. Qualität umfaßt insofern mehr als nur die Erfüllung technischer Spezifikationen und die Abwesenheit von Fehlern.

Einige Autoren in der wirtschaftswissenschaftlichen Diskussion gehen davon aus, daß Qualität durch objektive naturwissenschaftlich-technische Daten bestimmt wird.[305] Andere Autoren betonen einen subjektiven Qualitätsbegriff. Qualität wird durch die subjektiven Bedürfnisse der

---

[299]   Vgl. Hirshleifer, J. (1971), S. 561 ff.

[300]   Eine marktmäßige Organisation von Information kann Arrow zufolge zu einer Unterversorgung und nach Hirshleifer zu einer Überversorgung mit Informationen führen. Vgl. Hirshleifer, J. (1971), S. 564 ff. Verschiedene Autoren griffen die Diskussion auf und kamen zu unterschiedlichen Ergebnissen. Vgl. ausführlich dazu mit vielen weiteren Nachweisen Hopf, M. (1983), S. 42 ff.

[301]   Vgl. zu dieser Diskussion Demsetz, H. (1969), S. 1 ff.

[302]   Vgl. Grossmann, S. J., Stiglitz, J. E. (1976), S. 246 ff. und Grossmann, S. J. (1977), S. 431 ff.

[303]   Vgl. Benkenstein, M. (1993), S. 1099 f.

[304]   Vgl. hierzu und zum folgenden Horváth, P., Urban, G. (Hrsg.) (1990), S. 5.

[305]   Vgl. Wirz, W. (1915), S. 6 . Vgl hierzu auch die Diskussion bei Benkenstein, M. (1993), S. 1100 mit vielen weiteren Nachweisen.

Nachfrager determiniert.[306] Bei der Untersuchung von Qualität sind aber letztlich sowohl subjektive als auch objektive Merkmale maßgebend.[307]

Die von Juran verwendete Definition von Qualität als "fitness for use" stellt auf die Eignung des Gutes für seinen Verwendungszweck und damit auf den erzielbaren Kundennutzen ab.[308] Nach dem Entwurf des Deutschen Instituts für Normung zur DIN ISO 8402 und DIN ISO 9000 bis 9004 wird Qualität definiert als "... Gesamtheit von Merkmalen einer Einheit bezüglich ihrer Eignung, festgelegte und vorausgesetzte Erfordernisse zu erfüllen."[309] Allerdings bleibt hierbei offen, ob Nachfrager, Anbieter oder Gesetzgeber die Erfordernisse festlegen und bei wem Qualität zu messen ist. Aber die Definition verweist darauf, daß Qualität aus einer Gesamtheit von Eigenschaften und Merkmalen[310] besteht. Qualität ist danach gegeben, wenn die Anforderungen, die ein Nachfrager an Qualitätsmerkmale stellt, und die Eigenschaften des Gutes selbst, weitgehend übereinstimmen. Je größer die Übereinstimmung ist, umso höher ist der Qualitätsgrad.[311]

In der Literatur sind verschiedene, aber nicht handwerksspezifische Zusammenstellungen von Qualitätsmerkmalen vorhanden.[312] Aufgrund der Vielfältigkeit der Handwerkszweige läßt sich für das gesamte Handwerk kein allgemein gültiger und gleichzeitig für jeden Handwerkszweig zutreffender Katalog von Merkmalen aufstellen. Allerdings reguliert die HwO, wie schon mehrfach erwähnt, keine Qualitätsmerkmale, sondern Tätigkeiten, die zu unterschiedlichen Produkten führen. Aber für den Nachfrager sind Qualitätsmerkmale relevant, denn bei einzelnen Qualitätsmerkmalen können Informationen zwischen dem Handwerker und dem Nachfrager ungleich verteilt sein.

Zu den produktbezogenen Qualitätsmerkmalen zählen Gebrauchstauglichkeit, Haltbarkeit, Lebensdauer, Robustheit, Zuverlässigkeit, Funktionstüchtigkeit, Sicherheit, Güte, Design (Form und Farbe), Geschmack und Umweltfreundlichkeit. Hinzu kommen sonstige Qualitätsaspekte wie Reklamationsbearbeitung, Abwicklung von Garantie und Kulanz, Service und Kundenfreundlichkeit.[313] Für das Handwerk zutreffende Qualitätsmerkmale sind u. a. den vereinzelt durchgeführten Befragungen zum Handwerk zu entnehmen. Von Bedeutung sind u. a. Wartezeiten bis Arbeitsbeginn, Wartezeiten während der Auftragsbearbeitung, Einhaltung von Ver-

306 Vgl. zum subjektiven Qualitätsbegriff Menger, C. (1923), S. 138, Lisowsky, A. (1938). S. 46 ff., Abbott, L. (1955), S. 166, Rieger, H. (1962), S. 70 ff.
307 Unterschiedliche Auffassungen und Definitionen zum Begriff Qualität liefert Oess, A. (1989), S. 13 ff.
308 Zitiert nach Horváth, P., Urban, G. (Hrsg.) (1990), S. 5.
309 Deutsches Institut für Normung (1992), S. 6.
310 Im folgenden werden die Begriffe Qualitätsmerkmale und Gutseigenschaften synonym verwendet.
311 Vgl. Kuhlmann, E. (1990), S. 171.
312 Vgl. zu unterschiedlichen Merkmalskatalogen Horváth, P., Urban, G. (Hrsg.) (1990), S. 31, Benkenstein, M. (1993), S. 1104 ff., Oess, A. (1989), S. 33 ff.
313 Vgl. Horváth, P., Urban, G. (Hrsg.) (1990), S. 31; Oess, A. (1989), S. 33 ff.

einbarungen und Zeitplänen, Sauberkeit der Arbeitsplatzes (Baustelle), Abstimmung mit anderen Handwerkszweigen, Hilfe in Notfällen, Durchführung kleinerer Aufträge, Geschäftszeiten und Mitführung von Ersatzteilen.[314] Aufgrund der Heterogenität des Handwerks sind die Merkmale in unterschiedlicher Gewichtung in den einzelnen Handwerkszweigen vorhanden.

Auch Güter mit gleichen Merkmalen können von den Nachfragern unterschiedlich wahrgenommen werden, weil subjektive Einstellungen einfließen. Ferner sind einige Qualitätsmerkmale oder Produkteigenschaften meßbar, andere Merkmale sind abhängig von spezifischen Präferenzen und Vorlieben der Nachfrager, beispielsweise die Form, das Design oder die Farbe.[315] Einige Qualitätsmerkmale sind abhängig vom Verbraucherverhalten, andere unterliegen einem gesellschaftlichen Wertewandel und wieder andere Merkmale sind objektiv und zeitlos.[316]

Gegenstand unvollständiger Information sind einzelne Qualitätsmerkmale der Güter, aber auch die Produktionstechniken und die Ebene der Innovation.[317] Inwieweit asymmetrische Informationen Funktionsstörungen hervorrufen und Regulierungen rechtfertigen, ist Gegenstand des nächsten Abschnitts.

6.3 Asymmetrische Information als Ansatzpunkt zur Rechtfertigung von Regulierungen

Verschiedene informationsökonomische Modelle haben sich mit der Funktionsfähigkeit von Märkten mit asymmetrisch verteilten Informationen befaßt. Für die Funktionsfähigkeit des Wettbewerbs von Bedeutung ist, inwieweit Qualitätsinformationen über die Gutseigenschaften (Qualitätsmerkmale) weitergegeben werden. Für das Handwerk relevant sind vornehmlich unvollständige Informationen über die Qualität, deshalb wird darauf näher eingegangen.[318]

Nach der Verfügbarkeit von Qualitätsinformationen lassen sich Suchgüter, Erfahrungsgüter, Vertrauensgüter und Glaubensgüter unterscheiden.[319] Von *Suchgütern* spricht man, wenn die Qualitätsmerkmale durch einen Vergleich mit anderen Produkten, eine Besichtigung sowie durch die Auswertung von Ausschreibungen vor dem Kauf zu klassifizieren und zu beurteilen

---

314   Vgl. dazu auch Rühl, G. u. a. (1979), S. 57 ff.

315   Vgl. Schulenburg, J.-M. Graf v. d. (1993), S. 522.

316   Vgl. Oess, A. (1989), S. 52.

317   Vgl. Schulenburg, J.-M. Graf v. d. (1993a), S. 520. Zu Unsicherheiten auf der Innovationsebene vgl. Schulenburg, J.-M. Graf v. d. (1988b), Audretsch, D. B., Schulenburg, J.-M. Graf v. d. (1990), Schulenburg, J.-M. Graf v. d., Wagner, J. (1990).

318   Einen Überblick über unvollständige Informationen über Preise mit vielen weiteren Nachweisen liefert Schulenburg, J.-M. Graf v. d. (1993a), S. 518 ff. Preisdifferenzen auf Märkten sind letztlich Ausdruck unterschiedlicher Informationsstände der Nachfrager.

319   Die Unterscheidung von search qualities (Suchgütern) und experience qualities (Erfahrungsgüter) wurde von Nelson in die Diskussion gebracht. Vgl. Nelson, P. (1970), S. 312 f.

sind.[320] Auch bei Suchgütern sind einheitliche Preis-Leistungsverhältnisse nicht generell zu erwarten, weil die Nachfrager dann, wenn ihnen die Informationskosten zu hoch erscheinen, die Suche beenden und somit eine Entscheidung unter Unsicherheit treffen.[321]

Erfahrungsgüter sind dadurch gekennzeichnet, daß der Käufer erst nach dem Erwerb des Gutes oder nach längerer Nutzung (Gebrauch oder Verbrauch) in der Lage ist, die Qualität des Gutes zu beurteilen. Die Wahl des Produktes ist dabei abhängig von früheren Erfahrungen.[322]

Blankart und Pommerehne verweisen darauf, daß bei einigen Gütern und Qualitätsmerkmalen ein Qualitätsurteil selbst bei längerem Gebrauch teilweise nicht möglich ist.[323] Beispiele für diese *Vertrauensgüter* sind die langfristige Bekömmlichkeit von Nahrungsmitteln. Die Nachfrager müssen sozusagen darauf vertrauen, Güter hoher Qualität zu erwerben,[324] oder selbst den Produktionsprozeß überwachen.[325] Die Vertrauensgüter sind v. d. Schulenburg zufolge ein Spezialfall der Erfahrungsgüter.[326] Bei *Glaubensgütern* ist der Nachfrager über die Nutzungsmöglichkeiten des Gutes unsicher. Die Eigenschaften Güter sind abhängig von der Art der Verwendung durch die Konsumenten.

Eine asymmetrische Informationsverteilung und Qualitätsunsicherheit ist bei Erfahrungsgütern möglich. Wie Akerlof anhand des Gebrauchtwagenmarktes zeigte, honorieren die Nachfrager bessere Qualität nicht, wenn sie die besseren Qualitätsmerkmale vor dem Kauf nicht erkennen können.[327] In diesen Fällen bildet sich für unterschiedliche Qualitäten ein einheitlicher Preis.[328] Können die Anbieter überdurchschnittlicher Qualität nur einen Durchschnittspreis erzielen, besteht kein Anreiz sehr gute Qualität anzubieten.[329] Denn die Anbieter guter Qualität erzielen Verluste und wandern deshalb vom Markt ab oder bieten niedrigere Qualitäten an, während Anbieter schlechter Qualität vom Durchschnittspreis profitieren und Gewinne erzielen. Sie locken weitere Anbieter schlechter Qualität auf den Markt. Infolge der verschlechterten Durchschnittsbewertung wandern weitere Anbieter guter Qualität vom Markt ab. Der Markt pendelt sich auf eine untere Qualität ein. Letztlich verdrängt die schlechte Qualität die gute Qualität

---

[320]   Vgl. Hauser, H. (1979), S. 747 ff. und Schulenburg, J.-M. Graf v. d. (1987a), S. 704 f.

[321]   Vgl. Hauser, H. (1979), S. 748 ff.

[322]   Vgl. hierzu und zum folgenden Schulenburg, J.-M. Graf v. d. (1987a), S. 702 f.

[323]   Vgl. Blankart, C. B., Pommerehne, W. W. (1985), S. 431 ff.

[324]   Vgl. Bartling, H. (1988), S. 151.

[325]   Vgl. Schulenburg, J.-M. Graf v. d. (1987a), S. 703 f.

[326]   Vgl. Schulenburg, J.-M. Graf v. d. (1993a), S. 522.

[327]   Vgl. hierzu und zum folgenden Akerlof, G. A. (1970), S. 490 ff.

[328]   Eickhof zufolge gilt dies auch, wenn aufgrund der Informationskosten die Qualität nicht erfaßt wird. Vgl. Eickhof, N. (1992), S. 27.

[329]   Angenommen wird, daß die Herstellung einer höheren Qualität höhere Produktionskosten verursacht. Vgl. Schulenburg, J.-M. Graf v. d. (1993a), S. 522.

vom Markt. Aufgrund dieser adversen Selektion scheiden effiziente Anbieter vor weniger effizienten Anbietern aus dem Markt aus und eine Funktionsstörung bzw. ein Wettbewerbsversagen liegt vor.

In diesen Fällen, so wird argumentiert, kann eine staatliche Regulierung durch die Festlegung von Preisen einen für Konsumenten nachteiligen Preiswettbewerb mit einer Einschränkung von Informationen, Nebenleistungen und Garantien verhindern.[330] In der Regel findet bei regulierten Preisen Wettbewerb auf der Qualitätsebene statt. Übersteigen die regulierten Preise die Kosten der Produktion, verbessern die Anbieter die Produktqualität, um Nachfrager zu gewinnen. Mit höherer Produktqualität steigen auch die Grenzkosten, somit werden Monopolrenten unterbunden.[331] Preisregulierungen führen deshalb, so das Standardergebnis partialanalytischer Betrachtungsweisen, im regulierten Sektor zu einer höheren Qualität. Allerdings kann eine Preisregulierung zu einem Überangebot hoher Qualität führen und das Angebot unterschiedlicher Qualitäten einschränken, obwohl dies weniger den Konsumentenpräferenzen entspricht.

Ferner kann ein qualifizierter und beschränkter Marktzutritt die Qualität erhöhen. Die Absicherung eines Qualitätsstandards über Marktzutrittsregulierung hängt eng mit versunkenen Kosten des Marktzutritts zusammen.

Versunkene Kosten sind jene Investitionen, die bei Einstellung der Produktion und Liquidation der Produktionsfaktoren nicht eliminiert werden können. Sie stellen irreversible Kosten dar, weil der Ressourceneinsatz nicht wieder monetarisiert werden kann.[332] Versunkene Kosten entstehen u. U. durch eine Investition in eine Meisterprüfung "Friseurhandwerk". Wenn der Betreffende den Beruf wechselt, ist diese Investition nicht direkt weiter verkäuflich, es sei denn, er fungiert als Strohmann für eine Person, die ohne Großen Befähigungsnachweis selbständig ist. Die Entstehung versunkener Kosten ist eng mit der Unsicherheit über Entscheidungen und zukünftige Handlungsbedingungen verknüpft. Bei Entscheidungen unter Sicherheit wäre die beste Handlungsalternative vorher zu bestimmen, versunkene Kosten beeinflußten die Entscheidungen nicht.[333]

Auf Märkten mit Erfahrungsgütern kann eine Regulierung des Marktzutritts, die zu höheren versinkenden Kosten des Marktzutritts führt, einen höheren Qualitätsstandard erzeugen. Durch die Kosten für die im Handwerk erforderliche Meisterprüfung steigen im Handwerk die versunkenen Kosten des Markteintritts. Dadurch sinkt das Interesse an einem Marktzutritt derjenigen Unternehmer, die in betrügerischer Absicht den Markt betreten und kurzfristige Gewinne durch hohe Preise bei niedriger Produktqualität erzielen wollen.

---

330 Vgl. Bauer, J. M. u. a. (1988), S. 32 f.

331 Vgl. Knieps, G. (1988), S. 65.

332 Zwischen fixen und versunkenen Kosten ist zu unterscheiden. Fixe Kosten können reversibel sein, versunkene Kosten sind zwar fixe Kosten, aber nicht reversibel. Vgl. Hauer, R. (1990), S. 49.

333 Vgl. Hauer, R. (1990), S. 49 ff.

Im Anschluß an die Überlegungen von Akerlof entstand eine Fülle von Aufsätzen, die sich mit ungleich verteilten Informationen über die Qualität befaßten. Die Modelle sind hinsichtlich der Wahl der exogenen und endogenen Größen und der Zeitstruktur unterschiedlich.[334] Die Ergebnisse dieser Forschung weisen darauf hin, daß es selbst bei asymmetrisch verteilten Informationen nicht zu Markt- oder Wettbewerbsversagen kommen muß. Darauf wird im folgenden Abschnitt eingegangen.

6.4 Qualitätssicherung und Bereitstellung von Informationen über den Marktmechanismus

Hohe Informationskosten, asymmetrische Information und Wettbewerbsversagen liefern allerdings noch keine Begründung für den Einsatz staatlicher Regulierungsmaßnahmen. Vielmehr ist zu prüfen, ob alternative wirtschaftspolitische Instrumente oder marktergänzende Institutionen in den Fällen, in denen ein wirtschaftspolitischer Handlungsbedarf diagnostiziert wurde, die Störungen beheben können.[335] Denn dem Wettbewerbsversagen entgegen wirken diverse Mechanismen des Markt- und Wettbewerbsprozesses.[336]

So läßt sich gegen eine Klassifizierung der Güter einwenden, daß nicht das gesamte Gut Such-, Erfahrungs- oder Glaubensgut ist, sondern die einzelnen Qualitätsmerkmale eines Gutes informationstheoretisch unterschiedlich einzuordnen sind.[337] Ein Handwerksgut kann hinsichtlich des Qualitätsmerkmals "Mitführung von Ersatzteilen" ein Erfahrungsgut, aber bezüglich der Funktionstüchtigkeit oder des Designs ein Suchgut sein. Ferner unterliegt die Klassifizierung im Zeitablauf Veränderungen. Verschiedene Qualitätsmerkmale eines Gutes können im Zeitpunkt t_0 auf ein Erfahrungsgut hinweisen. Aufgrund technischer und anderweitiger Veränderungen kann das gleiche Gut im Zeitpunkt t_1 zum Suchgut geworden sein. Ferner geht man bei Erfahrungsgütern davon aus, daß die Eigenschaften durch ein objektives ordinales Qualitätsmaß meßbar sind, und dieses Maß von allen Nachfragern anerkannt ist.[338] Dieses Kriterium ist allerdings bei diversen Qualitätsmerkmalen nicht erfüllt. Auch die Höhe der Informationskosten ist im Zeitablauf Veränderungen unterworfen.

Ferner ist der Marktmechanismus selbst bei ungleich verteilten Informationen über die Qualitätsmerkmale von Gütern in der Lage, diese Informationen zu übertragen. In der Literatur zur Informationsökonomie wird zwischen "Signaling", "Screening" und "Self Selection" unter-

---

334   Auch mit Hilfe von Suchkostenansätzen sind Informationen über die Qualität zu beschaffen. Vgl. ausführlich mit vielen weiteren Nachweisen dazu Schulenburg, J.-M. Graf v. d. (1993a), S. 518 ff. und S. 523 ff. und Schulenburg, J.-M. Graf v. d. (1987a), S. 699 ff.

335   Vgl. zu dieser Vorgehensweise auch Bartling, H. (1983), S. 326 und Bögelein, M. (1990), S. 224.

336   Vgl. Schulenburg, J.-M. Graf v. d. (1993a), S. 521.

337   Vgl. Bartling, H. (1988), S. 151.

338   Vgl. Schulenburg, J.-M. Graf v. d. (1993a), S. 522.

schieden.[339] Unter Signaling[340] ist eine Informationsübertragung zu verstehen, bei der die informierte Marktseite, beispielsweise die Anbieter, der uninformierten Marktseite notwendige Informationen in Form von Qualitätssignalen, Garantieversprechen, Markennamen und anderen sichtbaren Zeichen übermittelt.[341] Mit Screening ist eine Informationsbeschaffung gemeint, die von der schlecht informierten Seite ausgeht.[342] Die nicht informierte Marktseite wendet Ressourcen auf, zur Sammlung von Marktinformationen oder um das Vertrauen in angenommene Wahrscheinlichkeitsverteilungen und eigene Prognosen zu stärken.[343] Zur Infomationsbeschaffung ziehen die Marktteilnehmer darüber hinaus Informationsvermittler und externe Berater heran. Hinter Self Selection verbirgt sich die Möglichkeit einer Selbsteinordnung. Die nicht informierte Seite liefert den Informierten Wahlmöglichkeiten, aus denen die nicht informierte Seite Rückschlüsse bezüglich des unsicheren Merkmals ziehen kann.[344]

Gegen das Entstehen adverser Selektionsprozesse ist einzuwenden, daß bei Erfahrungsgütern nur kurzfristige Periodengewinne aus einer Qualitätsverschlechterung zu erzielen sind.[345] Bei langfristiger Betrachtungsweise besteht hingegen, insbesondere wenn die Konsumenten ein Gut häufiger erwerben, für die Anbieter ein Anreiz, gute Qualität anzubieten. Außerdem tauschen Konsumenten untereinander Informationen über die Qualität von Anbietern aus. Weiter empfohlen werden nur Anbieter guter Qualität.[346] Von Anbietern, die in der Vergangenheit gute Qualität anboten, wird dies auch in der Zukunft erwartet, gute Erfahrungen werden in die Zukunft extrapoliert.

Voraussetzung für ein Angebot guter Qualität ist, daß die abdiskontierten zukünftigen Gewinne guter Qualität höher sind als die Opportunitätskosten niedriger Qualität. Daher läßt sich durch ein gutes Qualitätsangebot in der Gegenwart das zukünftige Verkaufsvolumen erhöhen. Die aus den Wiederholungskäufen resultierenden Gewinne stellen einen Goodwill dar, den der Anbieter bei den Konsumenten erzielt. Gleichzeitig bieten diese Gewinne einen Anreiz, gegenwärtig und zukünftig gute Qualität anzubieten. Analog einer Investitionsentscheidung weisen Qualitätsentscheidungen durch den Goodwill-Mechanismus einen intertemporalen Charakter

---

339   Vgl. Hopf, M. (1983), S. 31.

340   Vgl. dazu auch Spence, M. A. (1973), S. 355 ff.

341   Vgl. Schulenburg, J.-M. Graf v. d. (1993a), S. 523 mit vielen weiteren Nachweisen.

342   Vgl. ausführlich zu den Suchstrategien bei unvollständiger Information Schulenburg, J.-M. Graf v. d. (1993a), S. 524 ff. und 542 ff. mit vielen weitere Nachweisen.

343   Vgl. hierzu und zum folgenden ausführlich mit vielen weiteren Nachweisen Schulenburg, J.-M. Graf v. d. (1993a), S. 542 ff.

344   Vgl. Hopf, M. (1983) S. 31 ff. mit vielen weiteren Nachweisen.

345   Vgl. Hauser, H. (1979), S. 750.

346   Vgl. hierzu und zum folgenden Ungern-Sternberg, T. R. v. (1984), S. 58 ff.

auf.[347] Voraussetzung und notwendige Grundbedingung für das Funktionieren des Goodwill-Mechanismus sind häufig Markenzeichen und Markennamen zur Identifizierung des Anbieters. Treten Anbieter mit Markenzeichen, Firmennamen oder besonderen Fertigkeiten aus der Anonymität heraus, bringen die Nachfrager den Firmennamen mit hochwertiger Qualität in Verbindung.[348] Durch Wiederholungskäufe kann sich der Anbieter dann langfristig eine Stammkundschaft aufbauen.[349]

Mit derartigen Konzepten der Reputation signalisieren Anbieter eine freiwillig auferlegte Sorgfaltspflicht.[350] Faktisch ist Goodwill ein Signal, mit dem der Anbieter Informationen über nicht beobachtbare Qualitätsmerkmale und -risiken überträgt.

Derartige Aufwendungen in Markenzeichen mit informatorischer Wirkung, stellen irreversible Investitionen dar und erhöhen die versunkenen Kosten.[351] Infolge der qualitätssichernden Preisaufschläge werden Gewinne erzielt, die für weitere Anbieter einen Marktzutritt interessant machen. Voraussetzung für Preis- und Qualitätswettbewerb ist, daß der Nachfrager auch bei niedrigen Preisen erkennt, ob der Marktaustritt für den Anbieter Verluste hervorruft[352] und wie lange der Planungshorizont bzw. die Restverweildauer des Anbieters am Markt ist.[353] Gehen die Nachfrager davon aus, daß die Restverweildauer kurz ist, wenden sie sich gegebenenfalls jüngeren Anbietern zu.[354]

Die Nachfrager müssen daher über die Irreversibilität der Aufwendungen in Markenzeichen und über einen langfristigen Planungshorizont informiert werden, denn drohende Verluste aus irreversiblen Ressourcen zwingen den Anbieter aufgebaute und erzeugte Qualitätserwartungen aufrecht zu erhalten. Über die versinkenden Kosten für Reputationsmaßnahmen soll eine Selbstbindung der Anbieter erreicht werden.[355]

Anhand der Reputationsmaßnahmen läßt sich zeigen, daß auch in Märkten mit asymmetrisch verteilten Informationen Anreize bestehen, hohe Informationen und gute Qualität bereitzustellen. Wiederholungskäufe und Goodwill können die von Akerlof beschriebenen adversen Selektionsprozesse verhindern. Zudem ist eine Erhöhung der versunkenen Kosten nicht nur über

---

347 Rückrufaktionen fehlerhafter Ware weisen auf solche intertemporalen Entscheidungen hin. Vgl. Ungern-Sternberg, T. R. v. (1984), S. 59.

348 Vgl. hierzu und zum folgenden Schulenburg, J.-M. Graf v. d. (1993a), S. 521 f.

349 Zum Goodwill-Mechanismus Ungern-Sternberg, T. R. v. (1984), S. 56 ff, mit vielen weiteren Nachweisen.

350 Vgl. Hopf, M. (1983), S. 78 f.

351 Vgl. dazu Hirshleifer, J. (1977), S.

352 Eine modelltheoretische Betrachtung hierzu liefern Klein, B., Leffler, K. B. (1981), S. 615 ff.

353 Vgl. Hauer, R. (1990), S. 103 f.

354 Vgl. ausführlich dazu Schulenburg, J.-M. Graf v. d. (1984a), S. 41 f.

355 Modelltheoretisch befaßt sich Hopf mit der Selbstbindung. Vgl. Hopf, M. (1983), S. 216 ff.

staatliche Regulierungsmaßnahmen sondern auch über den Marktmechanismus möglich. Was läßt sich daraus für eine Untersuchung des Handwerks ableiten?

Eine Regulierung oder Deregulierung ist zu überlegen, wenn die Gründe für eine Regulierung ganz oder teilweise vorliegen, aber über den Markt- und Wettbewerbsmechanismus, mit marktergänzenden Institutionen oder einem freiwilligen Befähigungsnachweis zu beheben sind.[356] Damit stellt sich die Frage, was staatliche Regulierungsinstrumente hinsichtlich der asymmetrischen Information im Vergleich zu den marktlichen Instrumenten leisten.[357] Im Rahmen eines derartigen Vergleichs kann der Große Befähigungsnachweis aus informations-theoretischer Sichtweise als Informationsgut betrachtet werden. Mit dem Großen Befähigungs-nachweis soll ein Markenartikelimage für das gesamte Handwerk erzeugt werden. Informati-onsmängel bezüglich der Qualität sollen behoben, das Vertrauen in die Qualität der Handwerks-produkte gestärkt, sowie Vorstellungen über die Diskrepanz zwischen scheinbarer und tat-sächlicher Qualität der Handwerksprodukte verringert werden.[358]

Bei einem Vergleich zwischen staatlichen und marktlichen Instrumenten sind an die zu übertra-genden Informationen Anforderungen zu stellen. Beurteilungskriterium ist hierbei, daß die In-formationsübertragungsinstrumente eindeutige und verläßliche Indikatoren und Signale für die schwer zugänglichen Qualitätsmerkmale und Qualitätseigenschaften liefern.[359]

Insofern stellt sich die Frage, ob der Große Befähigungsnachweis eindeutige und verläßliche Indikatoren für das gesamte Handwerk über die nicht direkt zu beobachtenden Qualitätsmerk-male und -eigenschaften zur Verfügung stellt und gegebenenfalls den Informationsstand der Nachfrager verbessert.[360] Des weiteren ist zu prüfen, inwieweit dies mit Hilfe von Repu-tationsmaßnahmen gelingt und inwieweit im Handwerk die Möglichkeit besteht, Informations-intermediäre und infomationskostensenkende Institutionen einzusetzen.[361]

Eng mit asymmetrischen Informationen ist im Handwerk das Argument der ruinösen Konkur-renz verknüpft. Darauf wird im folgenden eingegangen.

---

[356]   Vgl. Kapitel III, Abschnitt 5.4.

[357]   Gemeint sind Reputation, Wiederholungskäufe, Goodwill, versunkene Kosten.

[358]   Vgl. Kucera, G. (1989), S. 63 ff.

[359]   In Anlehnung an Hopf, der seine Betrachtung allgemein auf Informationen beschränkt, werden die Er-gebnisse auf das Handwerk übertragen. Vgl. Hopf, M. (1983), S. 31.

[360]   Die Fragen werden bei der Analyse des Handwerks in Kapitel IV aufgegriffen.

[361]   Zu Informationsintermediären vgl. Schulenburg, J.-M. Graf v. d. (1993a), S. 517.

6.5   Ruinöse Konkurrenz

6.5.1   Grundlegende Abgrenzung

Der Begriff "ruinöse Konkurrenz" findet in der wirtschaftswissenschaftlichen Literatur und im politischen Sprachgebrauch für viele Sachverhalte Anwendung, ist aber nicht eindeutig definiert.[362] Allgemein wird unter ruinöser Konkurrenz ein zu intensiver Wettbewerbsdruck, also eine zu starke Wettbewerbsintensität verstanden, die Unternehmen vom Markt drängt.[363]

Bei ruinöser Konkurrenz versagt der marktwirtschaftliche Ausleseprozeß angeblich, so daß Funktionsstörungen vorliegen und gesamtwirtschaftlich schädliche Wirkungen entstehen.[364] Davon wird ausgegangen, wenn Unternehmen aus dem Markt ausscheiden, "... deren Verbleiben im Markt sozial erwünscht gewesen wäre,"[365] also eine gewisse Entartung des Wettbewerbs entsteht. Ruinöse Konkurrenz wird angenommen, wenn Unternehmen den Markt verlassen, die im Vergleich zu den im Markt befindlichen Unternehmen effizienter produzieren oder mit einer Marktverdrängung zukünftig dringend gebrauchte Kapazitäten vom Markt ausscheiden.[366]

Derartige ruinöse Marktverdrängung verursacht volkswirtschaftlich schädliche Folgen, wie eine Verschlechterung der Faktornutzung, fehlgesteuerte Faktorverwendung, Fehlinvestitionen und damit verbundene gesamtwirtschaftliche Wohlstands- und Wachstumsverluste.[367] Nicht als ruinöse Konkurrenz ist der normale wettbewerbliche Ausleseprozeß zu bezeichnen, der dazu führt, daß neue Anbieter mit effizienter Produktionstechnik oder neuen Produkten in den Markt eintreten und ineffiziente Anbieter ausscheiden oder Unternehmen den Markt bei weltweiten Überkapazitäten verlassen. Auch wenn dieser Selektionsprozeß einzelwirtschaftlich "ruinös" wirkt, ist gesamtwirtschaftlich die Auslese und Umsteuerung von Produktionsfaktoren für eine Marktwirtschaft unverzichtbar, um Ressourcenverschwendung und Fehlallokationen zu vermeiden.[368]

---

362   Vgl. hierzu und zum folgenden Soltwedel, R. et al. (1986), S. 9 ff., Krakowski, M. (1988c); S. 59 ff., Tolksdorf, M. (1971a), S. 28 ff., Tolksdorf, M. (1971b), S. 285 ff.

363   Neben ruinöser Konkurrenz wird hierfür auch der Begriff ruinöser Wettbewerb verwendet. Im folgenden werden diese Begriffe synonym verwendet.

364   Vgl. Soltwedel, R. et al. (1986), S. 10.

365   Hierzu und zum folgenden Müller, J., Vogelsang, I. (1979), S. 42.

366   Tuchtfeldt versteht unter ruinöser Konkurrenz im Gewerbe erstens ein Teiloligopol, wenn Großanbieter mittelständische Anbieter konkurrenzieren; zweitens ruinöse Konkurrenz als Folge einer Übersetzung, die einkommensmäßig kein standesgemäßes Leben mehr ermöglicht und drittens die Konkurrenz des Mittelstandes durch das ambulante Gewerbe. Vgl. Tuchtfeldt, E. (1955), S. 102 f.

367   Vgl. Willeke, R. (1977), S. 160 ff.

368   Vgl. hierzu und zum folgenden Willeke, R. (1977), S. 157.

Problematisch ist aber die Abgrenzung der Konkurrenz als einzelwirtschaftliche Existenzbedrohung von der ruinösen Konkurrenz als volkswirtschaftlich schädliche Fehlsteuerung. Kontrovers diskutiert wird deshalb, wann eine gesamtwirtschaftliche schädliche Fehlsteuerung vorliegt. Das Argument der ruinösen Konkurrenz ist beliebt, weil sich viele Gruppen durch Regulierungen Vorteile versprechen.

In der ökonomischen Literatur werden drei Sachverhalte als ruinöse Konkurrenz diskutiert,[369] ruinöse Konkurrenz in unkonzentrierten Märkten, ruinöse Konkurrenz in konzentrierten Märkten und ruinöse Konkurrenz als marktstrategischer Kampf.[370]

6.5.2 Formen ruinöser Konkurrenz

Ruinöse Konkurrenz in unkonzentrierten Märkten

Kennzeichen einer ruinösen Konkurrenz in unkonzentrierten Märkten[371] sind nach Ansicht einiger Ökonomen anhaltender Preisverfall, unterdurchschnittliche Faktorentlohnungen und Unternehmensgewinne sowie eine hohe Anzahl von Marktaustritten die einhergehen mit zahlreichen Neugründungen.[372] Andere Autoren gehen von ruinöser Konkurrenz aus, wenn fast alle Betriebe einer Branche nicht mehr kostendeckend arbeiten und ein länger anhaltender Preisverfall zu beobachten ist.[373]

Unmittelbare Ursache des ruinösen Wettbewerbs sind Überkapazitäten und hohe Marktaustrittsschranken.[374] Treten Überkapazitäten auf und verhindern Marktaustrittshindernisse den Abbau der Überkapazitäten, versuchen die im Markt befindlichen Unternehmen durch Preissenkungen die Kapazitäten auszulasten. Dies führt zu einer Unterbietungskonkurrenz und selbst in an sich rentablen Betrieben zu geringeren Gewinnen oder Verlusten.[375] Gesamtwirt-

---

369   Vgl. Willeke, R. (1977), S. 160 ff., Tolksdorf, M. (1971b), S. 258 ff., Tolksdorf, M. (1971b), S. 289 ff.

370   Eine andere Unterscheidung treffen Kupitz und Soltwedel. Sie unterscheiden nicht-wettbewerbliche Marktverdrängung, die häufig synonym mit ruinösem Wettbewerb als marktstrategischer Kampf verwendet wird. Produktionstechnisch ruinöser Wettbewerb ist vergleichbar mit ruinöser Konkurrenz auf nicht konzentrierten Märkten. Periodisch ruinöser Wettbewerb gilt als Spezialfall der asymmetrischen Information. Vgl. Soltwedel, R. et al. (1986), S. 10 ff., Kupitz, R. (1983), S. 123 ff.

371   Merkmal unkonzentrierter Märkte ist eine große Zahl von Marktteilnehmern, auf die geringe Marktanteile entfallen und das Fehlen von Marktmacht auf der Angebots- und Nachfrageseite. Vgl. Tolksdorf, M. (1971a), S. 41. Willeke versteht darunter zersplitterte klein bis mittelbetrieblich strukturierte Märkte. Vgl. Willeke, R. (1977), S. 162.

372   Vgl. Tolksdorf, M. (1971b), S. 289.

373   Vgl. Bartling, H. (1983), S. 335 f.

374   Vgl. Tolksdorf, M. (1971b), S. 288.

375   Vgl. Bögelein, M. (1990), S. 199.

schaftlich entstehen durch Überkapazitäten Kosten sowie aufgrund der Fehlallokation der Ressourcen Wachstums- und Wohlfahrtsverluste.[376]

Zu fragen ist, welche vorgelagerten Gründe zu Überkapazitäten und Marktaustrittsschranken führen. Sowohl strukturelle Nachfrageänderungen, wie Präferenzänderungen der Nachfrage oder neu auf den Markt kommende Substitutionsgüter als auch angebotsseitige Veränderungen durch technischen Fortschritt und Produktivitätsfortschritte, die zu höheren Ausbringungsmengen führen, können Überkapazitäten verursachen. Die Entstehung von Überkapazitäten kann zudem durch verzögerte Anpassungsprozesse unterstützt werden.

Marktaustrittsschranken treten unter anderem in Branchen mit relativ hohen Fixkosten bzw. irreversiblen Kosten und niedrigen variablen Kosten auf.[377] Da aufgrund der irreversiblen Investitionen nicht ohne Verluste in einen anderen Markt ausgewichen werden kann, ist mit einem Verbleiben im Markt zu rechnen, solange die Preise die irreversiblen Kosten decken.[378] Hohe versunkene Kosten in einem Markt können insoweit ruinöse Konkurrenz begünstigen. Überkapazitäten und ruinöse Konkurrenz bei hohen Fixkosten sind vor allem bei stark fluktuierender Nachfrage und geringer Kapazitätsauslastung zu erwarten.[379] Entstehen Überkapazitäten durch unvollständige Informationen hinsichtlich der zukünftigen Marktentwicklung, beispielsweise durch einen Zustrom von Selbständigen, wirken irreversible Kosten der ruinösen Konkurrenz entgegen, weil sie markteintrittshindernd wirken.

Als Marktaustrittsschranke wirkt ferner eine geringe Mobilität des Produktionsfaktors Arbeit. Eine Abwanderung in andere Wirtschaftzweige unterbleibt, wenn berufliche Qualifikationen in anderen Bereichen nicht zweckmäßig und sinnvoll einzusetzen sind.[380] Darüber hinaus können Selbständige häufig neben dem Arbeitseinkommen auf Kapitaleinkommen zurückgreifen und damit eine ungünstige Wirtschaftslage überbrücken. Vorhandenes Kapitaleigentum erleichtert zudem eine Kreditaufnahme zur Überbrückung finanzieller Engpässe.[381]

Überkapazitäten können ferner Folge von Informationsproblemen sein. Scheiden Unternehmen aus Märkten mit Überkapazitäten nur verzögert aus oder treten sogar neue Unternehmen in den Markt ein, deutet dies darauf hin, daß die Marktteilnehmer Entscheidungen auf der

376 Vgl. Tolksdorf, M. (1971b), S. 289.

377 Allgemein wird in der Literatur von hohen Fixkosten ausgegangen. Vgl. stellvertretend hierfür Müller, J., Vogelsang, I. (1979), S. 42. Knieps weist jedoch darauf hin, daß weniger die fixen Kosten sondern primär irreversible Kosten als Ursache ruinösen Wettbewerbs anzusehen sind. Vgl. Knieps, G. (1988), S. 48.

378 Vgl. Krakowski, M. (1988c), S. 60.

379 Vgl. Müller, J., Vogelsang, I. (1979), S. 42.

380 Vgl. hierzu und zum folgenden Bartling, H. (1983), S. 336.

381 Vgl. ausführlich zu Marktaustrittsschranken mit vielen weiteren Nachweisen Tuchtfeldt, E., Fritz-Aßmus, D. (1992), S. 246 ff.

Grundlage unvollständiger Information über die zukünftige Marktentwicklung treffen.[382] Unterdurchschnittliche Gewinne oder Verluste sowie vorhandene Überkapazitäten werden nicht korrekt interpretiert. Vielmehr werden Informationssurrogate verwendet, die Verzerrungen und Marktungleichgewichte herbeiführen.[383] Als typisches Beispiel läßt sich die Verwendung des gegenwärtigen Preises als Entscheidungsgrundlage des zukünftigen Angebotes im Cobweb-Modell (Schweinezyklus-Modell) anführen.

Ebenfalls marktaustrittshindernd und als Mobilitätsschranke wirken Gründe in der Person des Selbständigen. Die mit der Selbständigkeit verbundene gesellschaftliche Anerkennung sowie Hoffnung auf eine Besserung der eigenen Wirtschaftslage und der Branchensituation schränken auch bei sinkenden Einkommen die Mobilität ein.[384] Befindet sich ein Unternehmen seit mehreren Generationen im Eigentum einer Familie oder wurde das Unternehmen in jahrelanger harter Arbeit aufgebaut, wird eine Betriebsaufgabe als menschliche Niederlage empfunden. Berufsehre und Berufsstolz sind verletzt und der Eigentümerunternehmer fühlt sich als Versager.

Langfristig auftretende Überkapazitäten in einem Sektor oder einer Branche, die einen Großteil der Unternehmen betreffen, werden in der Literatur als Strukturkrise bezeichnet.[385] Mit dem Auftreten von Strukturkrisen ist zu rechnen, wenn die Marktphasenentwicklung weit fortgeschritten ist und eine relative Effizienzgleichheit zwischen den konkurrierenden Unternehmen besteht, je größer die Marktaustrittshindernisse sind und wenn die Innovationsfähigkeit und Innovationsneigung gering ist.

Überkapazitäten und Marktaustrittsschranken treten teilweise in Branchen auf, die eine lange Regulierungstradition aufweisen. Bietet sich Unternehmen durch strukturerhaltende und wettbewerbsbeschränkende Maßnahmen oder Subventionen nicht nur kurzfristig sondern langfristig eine Überlebenschance, kann dies Marktaustritte verhindern und es unterbleibt eine erforderliche Anpassung der Kapazitäten. Wenn staatliche Maßnahmen Marktaustritte verhindern und Überkapazitäten fördern, liegt keine ruinöse Konkurrenz sondern Politik- oder Staatsversagen vor.[386]

Ruinöser Wettbewerb auf konzentrierten Märkten

Ursache des ruinösen Wettbewerbs auf konzentrierten Märkten sind chronische teilweise über lange Zeit hinweg bestehende Überkapazitäten, die im Gegensatz zu unkonzentrierten Märkten

---

382   Vgl. Kupitz, R. (1983), S. 125.

383   Vgl. hierzu und zum folgenden Müller, J., Vogelsang, I. (1979), S. 42.

384   Vgl. hierzu und zum folgenden Tuchtfeldt, E., Fritz-Aßmus, D. (1992), S. 247 f.

385   Vgl. Eickhof, N. (1982), S. 15.

386   Vgl. Bögelein, M. (1990), S. 204.

längerfristig Preiserhöhungen zur Folge haben.[387] Ein Preisverfall, schlechte Ertragslage und unterdurchschnittliche Faktorentlohnungen, die typischen Folgen auf unkonzentrierten Märkten, treten in konzentrierten Märkten auf Grund kollusiven Verhaltens nicht ein. Nach Tolksdorf verhindern Absprachen zwischen den Unternehmen bei auftretenden Überkapazitäten einen Preisverfall.

Fraglich ist, ob hier ruinöse Konkurrenz vorliegt, weil Unternehmen durch Absprachen einen Marktaustritt verhindern. Darüber hinaus ist zu bezweifeln, inwieweit Preisabsprachen erfolgen und ob diese langfristig stabil sind. Besonders bei sinkender Nachfrage sind ständig neue kostenträchtige Einigungen erforderlich. Zu beheben sind derartige Absprachen mit wettbewerblichen Maßnahmen und einem Verbot kollusiven Verhaltens.

Ruinöse Konkurrenz als marktstrategischer Kampf

Verwendet wird der Begriff der ruinösen Konkurrenz auch für marktstrategische Kämpfe. Folgen des ruinösen Wettbewerbs sind wie auf unkonzentrierten Märkten Preisverfall, unterdurchschnittliche Gewinne, niedrige Faktorentlohnungen und Unternehmenssterblichkeit.[388] Ursache der ruinösen Konkurrenz ist bewußter Verdrängungswettbewerb eines Unternehmens, welches eine Marktbeherrschung anstrebt.

Die Unternehmen bedienen sich teilweise einer Quersubventionierung und Mischkalkulation mit Gewinnen aus anderen Bereichen, um mittels Preisunterbietung andere Mitanbieter zu verdrängen.[389] Derartige Preiskämpfe sind äußerst selten, es sind nur wenige empirische Beispiele dafür vorhanden.[390] Die Wettbewerbsverdrängung ist eher Folge von Marktmacht. Gefordert sind deshalb Maßnahmen des Staates zur Herabsetzung von Marktmacht und Schaffung von Chancengleichheit, nicht aber regulierende Eingriffe.

6.5.3   Schlußfolgerungen für das Handwerk

Für die Untersuchung des Handwerks stellt sich die Frage, inwieweit in einem unregulierten Handwerk eine ungehemmte Betriebsvermehrung zu erwarten ist. Ferner sind Überlegungen erforderlich, ob im unregulierten Markt ökonomische Hindernisse bestehen, die einer ruinösen Konkurrenz entgegenwirken. Auf diese Weise sollen Erkenntnisse darüber gewonnen werden, ob die Gründe für eine Marktzugangsregulierung noch vorliegen.

---

387   Vgl. Tolksdorf, M. (1971b), S. 290 f.

388   Vgl. Tolksdorf, M. (1971b), S. 292 f.

389   Vgl. Bögelein, M. (1990), S. 207.

390   Vgl. Deregulierungskommission (1990), S. 25, Kupitz, R. (1983), S. 124.

Darüber hinaus stellt sich die Frage, ob Überkapazitäten und Marktaustrittsschranken, also die Ursachen einer ruinösen Konkurrenz, auch in einem regulierten Markt mit Befähigungsnachweis vorliegen. Deregulierungspotentiale entstehen dann, wenn nachzuweisen ist, daß die Branchenbesonderheiten nicht mehr vorliegen oder sogar durch die Regulierung geschaffen werden.

7. Regulierung und Deregulierung in unvollkommenen Märkten

7.1 Monopolistische Konkurrenz

Kennzeichnend für das Handwerk sind zahlreiche Anbieter und Nachfrager, in einigen speziellen Handwerkszweigen auch wenige Anbieter und zahlreiche Nachfrager auf unvollkommenen Märkten. Es liegt Produktheterogenität vor und es bestehen in verschiedenster Form sachliche, räumliche und/oder zeitliche Präferenzen. Deshalb sind Hinweise für eine Regulierungsuntersuchung des Handwerks der Literatur zur Marktform der monopolistischen Konkurrenz zu entnehmen, die auf Regulierungsfragen angewendet wird.[391]

Monopolistische Konkurrenz liegt vor, wenn viele Betriebe differenzierte Produkte anbieten. Jeder einzelne Anbieter ist insofern ein kleiner Monopolist. Augrund des geringen Marktanteils kann der Anbieter die Entscheidungen der Konkurrenten als konstant betrachten. Entscheidungen des einzelnen Betriebs sind aber abhängig vom Wettbewerbsverhalten und der Marktstruktur, also auch vom Verhalten und der Anzahl der Konkurrenten.[392]

Die Entscheidungen der Kosumenten für spezifische Anbieter kann auf Informations- und Transaktionskosten, z. B. Wegekosten, sowie räumliche und persönliche Präferenzen oder dem Angebot von Zusatzleistungen und Garantien beruhen.

Aufgrund der differenzierten Produkte hat jeder Anbieter eine negativ geneigt Preis-Absatz-Funktion. Im kurzfristigen Gleichgewicht entspricht der Grenzumsatz den Grenzkosten. Da die Preise über den kurzfristigen Stückkosten liegen, erzielt der Betrieb einen Gewinn in Höhe der Differenz zwischen den Preisen und den kurzfristigen Stückkosten multipliziert mit der abgesetzten Menge. Bestehen kurzfristig keine Marktzutrittsbeschränkungen drängen aufgrund des zu erzielenden Gewinns weitere Betriebe in den Markt. Langfristig entsprechen die Preise zwar den Stückkosten, aber der Anbieter produziert nicht im Minimum der kurz oder langfristigen Stückkostenkurve. Im Gleichgewicht herrschen Überkapazitäten, die Produktion ist insofern ineffizient. Eine Nutzung der Überkapazitäten führt zu einer Einsparung von Produktionsfaktoren und das produzierte Gut wird billiger. Dies spricht dafür, den Marktzugang durch Regulierung zu beschränken und die Kapazitäten auszulesen. Allerdings gilt es zu berücksichtigen, daß

---

391   Vgl. Dixit, A. K., Stiglitz, J. E. (1977), S. 297 ff., ferner Bauer, J. M. u. a. (1988), S. 22 ff.

392   Vgl. Bauer, J. M. u. a. (1988), S. 23.

sich Überkapazitäten beim Anbieter und der Vorteil einer breiten Angebotspalette und differenzierter Produkte für den Konsumenten gegenüberstehen.[393]

Insbesondere sind Nebeneffekte zu berücksichtigen. Marktzutrittsbeschränkungen durch Qualifikationsanforderungen können auf Preise, Qualität und Innovationen nachteilig wirken. Langfristig ist dann die Versorgung der Konsumenten mit hoher Qualität nicht gesichert.[394] Allerdings führt eine Marktzutrittsregulierung nicht zu eindeutigen Effekten. Ist damit eine Verringerung der Anbieterzahl verbunden, ist mit höheren Preisen und Gewinnchancen beim einzelnen Anbieter zu rechnen.[395]

Allerdings ist bei nicht vollkommen preisunelastischer Nachfrage mit sinkendem Output zu rechnen. Während die Wohlfahrt der Konsumenten infolge gestiegener Preise und eines beschränkten Angebots sinkt, erfolgt eine Umverteilung zu den Anbietern, die von höheren Preisen und geringerer Konkurrenz profitieren und höhere Monopolrenten abschöpfen. Folglich steht der Reduzierung der sozialen Kosten durch den Abbau von Überschußkapazitäten ein verringerter Nutzen der Konsumenten durch geringere Produktdifferenzierung, höhere Preise und eine geringere Auswahl von Anbietern gegenüber, so daß die Wohlfahrtseffekte nicht eindeutig, eher aber negativ zu beurteilen sind.[396]

Für das Handwerk von Bedeutung ist, ob die Nachfrager auf Substitute ausweichen können, oder ob die Handwerker eine monopolistische Stellung innehaben, so daß den Nachfragern als Ausweichstrategie nur Eigenerstellung, Schwarzarbeit oder der Verzicht auf die entsprechenden Güter verbleibt. Folglich ist in regulierten Märkten auch die Substitutionskonkurrenz zu berücksichtigen.

In Modellen monopolistischer Konkurrenz führen steigende Kosten tendenziell zu höheren Preisen und sinkenden Gewinnen. Bei steigenden Fixkosten sinkt längerfristig die Zahl der Unternehmen.[397] Bei einem Vergleich der Handwerksregulierung mit marktnäheren Instrumenten stellt sich die Frage, inwieweit die Marktzugangsregulierung die Nutzung von economies of scale und economies of scope zuläßt.

Deregulierung kann im Rahmen einer solchen theoretischen Betrachtung zu einer Vergrößerung des Marktes führen, wenn neue Konsumenten zu gewinnen sind, beispielsweise jene, die heute in die Schattenwirtschaft abwandern. Infolge einer Marktzutrittsregulierung können sich zudem die Marktgrenzen verändern. Des weiteren kann mehr Wettbewerb infolge Deregulie-

---

393 Vgl. Bauer, J. M. u. a. (1988), S. 25.

394 Vgl. Bauer, J. M. u. a. (1988), S. 44.

395 Gewinnchancen deshalb, weil ein vergleichsweise geringerer Wettbewerb den Zwang zu Kostensenkungen u. U. reduziert und dann nicht höhere Gewinne erzielt werden.

396 Vgl. Bauer, J. M. u. a. (1988), S. 27.

397 Vgl. Bauer, J. M. u. a. (1988), S. 27 f.

rung die Anbieter zu veränderten Marketingaktivitäten anregen oder Parameter wie Preise und Qualität verändern, und damit neue Konsumenten anziehen. Kurzfristig führt eine Zunahme des Abnehmerkreises zu erhöhtem Output und steigenden Gewinnen, langfristig treten weitere Anbieter in den Markt. Infolge stärkeren Wettbewerbs sinken die Preise. Die Wohlfahrtseffekte sind dann sowohl langfristig als auch kurzfristig positiv.[398]

Gleichwohl ist bei einem Vergleich marktnäherer Instrumente mit der Marktzugangsregulierung die Bedeutung der potentiellen Konkurrenz zu berücksichtigen. Im Handwerk wird davon ausgegangen, daß ein ständiger Wettbewerbsdruck auch mit Marktzugangsregulierung durch unselbständige Handwerksmeister, Schwarzarbeit sowie Eigenarbeit besteht[399] und damit der Handwerksmarkt i. S. der Theorie der contestable markets[400] wettbewerblich angreifbar ist. Auf die Grundzüge der Theorie der angreifbaren Märkte und ihre Bedeutung für das Handwerk geht der folgende Abschnitt ein.

7.2 Angreifbarkeit des Marktes

Nach der von Baumol, Panzar und Willig entwickelten Theorie der contestable markets besteht ein Wettbewerbsdruck und eine Eintrittsbedrohung durch potentielle Wettbewerber.[401] Ein Markt gilt als anfechtbar, wenn neben dem friktionslosen Marktein- und austritt weitere Prämissen erfüllt sind.[402]

Angreifbare Märkte weisen dann bestimmte Effizienzeigenschaften auf. Der drohende Markteintritt diszipliniert das Verhalten der etablierten Unternehmen. Dies zwingt die etablierten Unternehmen effizient zu produzieren. Die Preise entsprechen den Durchschnittskosten und die Unternehmen verdienen nicht mehr als die normalen Gewinnraten. Erzielen die etablierten Unternehmen Profitrenten oder produzieren sie ineffizient, besteht die Gefahr von Marktzutritten durch effizientere neue Unternehmen. Daher besteht zum einen kein Spielraum für ineffizientes strategisches Verhalten, zum anderen stehen die etablierten Unternehmen unter einem starken Druck, sich innovativ zu verhalten.[403]

---

[398] Vgl. Bauer, J. M. u. a. (1988), S. 28.

[399] Vgl. Kucera, G. (1989), S. 74 f.

[400] In der deutschen Literatur ist dafür die Bezeichnung "Theorie der angreifbaren Märkte" zu finden.

[401] Der Wettbewerbsdruck geht demnach nicht vom Verhalten der aktuellen Konkurrenten im Markt sondern von jenen aus, die die Möglichkeit haben, in den Markt einzudringen. Ein contestable market i. S. von Baumol "... is one into which entry is absolutely free, and exit is absolutely costless." Baumol, W. J. (1982), S. 3.

[402] Dazu zählt u. a., daß etablierte Unternehmen erst mit erheblichen Zeitverzögerungen ihre gesetzten Preise ändern. Angenommen wird, daß die Neulinge ihre Investitionen voll amortisieren können und keine versunkenen Kosten vorliegen. Potentielle Konkurrenten können die gesamte Nachfrage bedienen, unterstellt werden genau abgrenzbare Märkte mit homogenen Gütern.

[403] Vgl. Baumol, W. J. (1982), S. 4 ff.

In der Regulierungsdiskussion wird aus der Theorie der bestreitbaren Märkte teilweise abgeleitet, vorhandene rechtliche und ökonomische Markteintritts- und Marktaustrittsbeschränkungen abzubauen, damit Märkte die Eigenschaften potentiell angreifbarer Märkte entfalten können.[404] Kritisiert wird an der Theorie bestreitbarer Märkte die stationäre Betrachtungsweise. Zudem weisen fast alle Märkte aufgrund des Marktmechanismus gewisse Ein- und Austrittshindernisse auf und sind deshalb nicht vollkommen angreifbar. Die Annahme eines sofortigen und vollständigen Marktzutritts, bei dem der Neuling die gesamte Nachfrage erfüllen kann, scheint wenig haltbar.[405] Ferner kann mit raschen Reaktionen der etablierten Anbieter gerechnet werden. Darüber hinaus bestehen seitens der Nachfrager räumliche, persönliche und sachliche Präferenzen für bestimmte Anbieter und ein Anbieterwechsel ist mit spezifischen Anbieterwechselkosten behaftet.[406] Seitens des Modells wird vorausgesetzt, daß ein Markteintritt höchstens von einem potentiellen Konkurrenten erfolgt.[407] Der neu eingetretene Anbieter müßte seinerseits gewissermaßen vor potentieller Konkurrenz geschützt werden, damit er seine sunk costs amortisieren kann.[408]

Was läßt sich aus der Theorie der angreifbaren Märkte für die Untersuchung des Handwerks ableiten? Das Modell unterstreicht die Bedeutung des potentiellen Wettbewerbs. Die Gefahr eines Marktzutritts effizienterer Unternehmen und von Außenseitern kann ein wettbewerbliches Verhalten der etablierten Anbieter fördern und disziplinieren.

In der Realität liegen in fast allen Märkten gewisse Markteintritts- und Marktaustrittshindernisse vor, die letztlich sowohl positive als auch negative Wirkungen auf die Situation in einem Markt haben können. Die Möglichkeiten der Unternehmen, dem Wettbewerbsdruck auszuweichen, steigen einerseits mit der Höhe und Intensität der Marktzutritts- und Marktaustrittsschranken.[409] Andererseits können gewisse Marktzutrittschranken den dynamischen Wettbewerb fördern, weil sie den Marktzutritt von potentiellen Konkurrenten verzögern und verhindern können, denn der Anreiz Innovationen durchzuführen ginge verloren, wenn neue Ideen sofort von allen umgesetzt werden könnten.[410]

Im Handwerk ist deshalb zu prüfen, ob auch ohne staatliche Marktzutrittsregulierung ökonomische Hindernisse beim Markteintritt und Marktaustritt bestehen, die eine ungehemmte Betriebsvermehrung verhindern können. Liegen sie vor, ist abzuwägen, ob es einer zusätzlichen

---

404 Vgl. Bauer, J. M. (1989), S. 53.

405 Vgl. dazu auch Bauer, J. M: (1989), S. 57.

406 Vgl. zum Problem der Anbieterwechselkosten Schulenburg, J.-M. Graf v. d. (1987a), S. 706 ff.

407 Vgl. zu dieser Diskussion Wieandt, A., Wiese, H. (1993), S.194.

408 Vgl. dazu die Diskussion bei Wieandt, A., Wiese, H. (1993), S. 196 ff.

409 Vgl. hierzu und zum folgenden Schmidt, I. (1993), S. 64 f.

410 Vgl. zum Zusammenhang von Marktstruktur und Innovation Schulenburg, J.-M. Graf v. d. (1988b), S. 144 ff.

staatlichen Regulierung bedarf. Ferner ist zu fragen, ob im regulierten Handwerk potentielle Konkurrenz wirksam werden kann.[411]

Des weiteren sind versunkene Kosten in die Betrachtung einzubeziehen. Versunkene Kosten können für vorhandene Anbieter eine Marktaustrittsbarriere in gleicher Weise aber für potentielle neue Anbieter ein Marktzutrittshindernis darstellen. Einerseits stellen die versunkenen Kosten ein gewisses Hindernis ökonomischer Art dar, sie können insoweit als Hemmnis einer zügellosen Betriebsvermehrung angesehen werden. Andererseits sind versunkene Kosten ein Instrument, um über den Marktmechanismus asymmetrischer Information entgegenzuwirken. Zu prüfen ist deshalb, welche Bedeutung versunkenen Kosten in einem deregulierten Handwerk zukommt.

8.   Zusammenfassung und weitere Vorgehensweise

Dieses Kapitel diente der Vorbereitung der Analyse des Handwerks. Dazu wurde zunächst der Frage nachgegangen, aus welchen Gründen Regulierungen erfolgen und welche Folgen und Konsequenzen damit verbunden sind. Die bisherige Analyse führte zu dem Ergebnis, daß Regulierungen mit einer Vielzahl von Argumenten begründet werden. Auch im Handwerk ist eine beeindruckende Häufung von Branchenbesonderheiten festzustellen. Zudem ist ein hochkomplexes Regulierungssystem entstanden.[412]

Das im Laufe der Jahre entstandene weitreichende Geflecht an Regulierungen steht zunehmend im Verdacht, den ursprünglichen Regulierungsursachen nicht mehr zu entsprechen. Empirische Untersuchungen regulierter Branchen lieferten Anhaltspunkte dafür, daß die gegenwärtige Regulierung nicht mehr dem Regulierungsbedarf entspricht oder sich die Ursachen mit anderen Instrumenten beheben lassen. Anhand der verschiedenen Argumente wurde deutlich, daß Regulierungen Kosten verursachen, Beharrungstendenzen aufweisen und eine Eigendynamik entfalten können und sowohl Unterregulierung als auch Überregulierung die gesamtwirtschaftliche Wohlfahrt beeinträchtigen. Offensichtlich ist es schwierig, das richtige Maß an Regulierung zu treffen, Regulierungsniveau und Regulierungsbedarf klaffen vielfach auseinander. Bei Überregulierungen besteht die Gefahr von Fehlallokationen und Ressourcenverschwendung. Insbesondere sind negative Auswirkungen auf ökonomische Zielgrößen, die gesamtwirtschaftliche Effizienz und Dynamik zu befürchten. Bei lange bestehenden übermäßigen Regulierungen sind rigide Deregulierungen erforderlich, wobei die Gefahr von Anpassungsschocks besteht. Deshalb sind aus ökonomischen, sachlichen und rechtlichen Gründen, aber auch aufgrund internationaler Zwänge, nicht nur Regulierungsuntersuchungen notwendig und gerechtfertigt, sondern Deregulierung stellt eine permanente Aufgabe dar und der regulierte Bereich ist so klein wie möglich zu halten.

---

[411]   Vgl. hierzu Kapitel IV.

[412]   Vgl. dazu ferner Kapitel II, Abschnitt 3, Abschnitt 5.3, Abschnitt 6.

Angestrebt wird im Handwerk eine modifizierte Rechtfertigungsanalyse in Form einer ökonomisch-institutionellen Untersuchung. Die ökonomischen Grundlagen hierfür sind der Markt- und Wettbewerbstheorie und informationsökonomischen Modellen für unvollkommene Märkte zu entnehmen. Die hier ermittelten Kriterien bilden den konzeptionellen Hintergrund für die im nächsten Kapitel folgende nähere Analyse des Handwerks. Dabei ist zu prüfen, ob die Branchenbesonderheiten vorliegen und aus ökonomischer Sicht eine Marktzugangsregulierung erfordern.

KAPITEL IV:
ANALYSE UND EVALUATION DER REGULIERUNG DES HANDWERKS

1. Branchenbesonderheiten als Analysegegenstand

Im folgenden soll untersucht werden, ob Deregulierungspotentiale im Handwerk vorliegen. Die Kernfrage bei der Prüfung des Regulierungskomplexes lautet, ob und inwieweit aufgrund der Branchenbesonderheiten des Handwerks eine Marktzugangsregulierung aus ökonomischer Sicht grundsätzlich notwendig, erforderlich und gerechtfertigt ist. An einer hinreichenden Begründung für die Regulierung mangelt es, wenn die Branchenbesonderheiten, also die angebotsseitigen, nachfrageseitigen sowie die marktlichen Besonderheiten nicht mehr oder nicht im ganzen Handwerk vorliegen.[1] Darüber hinaus sind die Kriterien der Handwerksmäßigkeit, die neben anderen Argumenten die Sonderstellung des Handwerks begründen,[2] auf ihre Eignung als Abgrenzungskriterium zu untersuchen.

Die Regulierung verliert ihre Berechtigung ebenso, wenn feststellbar ist, daß sich innerhalb des Handwerks Veränderungen ergaben oder außerhalb des Handwerks, also in anderen nicht regulierten Bereichen, gleiche oder hinreichend ähnliche Besonderheiten oder Eigenarten vorliegen, so daß aus diesen Besonderheiten eine Sonderstellung des Handwerks nicht abgeleitet werden kann. Ferner stellt sich die Frage, ob das Handwerk durch die Branchenbesonderheiten so stark benachteiligt ist, daß eine Marktzugangsregulierung erforderlich ist. Eine Veränderung der Regulierung oder Deregulierung ist zu überlegen, wenn die Gründe für eine Regulierung ganz oder teilweise vorliegen, aber mit marktnäheren oder marktergänzenden Instrumenten oder einem freiwilligen Befähigungsnachweis zu beheben sind.[3] Abzuwägen ist insofern die Leistungsfähigkeit staatlicher Instrumente im Vergleich zu marktlichen Instrumenten. Dabei sind auch die ökonomischen Effekte zu berücksichtigen.

Deregulierungspotentiale liegen schließlich dann vor, wenn die jeweilige Branchenbesonderheit Folge der Regulierung ist oder durch Regulierung erst geschaffen wird. Eine Deregulierung ist ferner angezeigt, wenn sich aufgrund der technischen und wirtschaftlichen Entwicklung die Besonderheiten verändern, aber dennoch, beispielsweise als Abgrenzungskriterium, an der "Besonderheit" festgehalten werden soll. Deregulierungspotentiale sind ebenso feststellbar, wenn ein Regulierungssystem Inkonsistenzen und Widersprüche aufweist und Umgehungen zu beobachten sind. Derartige Regulierungsmängel können durch Deregulierung abgeschwächt werden.

---

[1]   Vgl. Kapitel III, Abschnitt 5.3.

[2]   Vgl. Kapitel III, Abschnitt 3.1.

[3]   Vgl. Kapitel III, Abschnitt 5.3.

Die im vorangegangenen Kapitel ermittelten Branchenbesonderheiten bilden das Schema der nachfolgenden Analyse.[4] Einen Überblick über die angebotsseitigen, nachfrageseitigen und marktlichen Besonderheiten sowie der zu untersuchenden Kriterien liefert die nachstehende Abbildung.

Abbildung 22:   Übersicht über die Branchenbesonderheiten

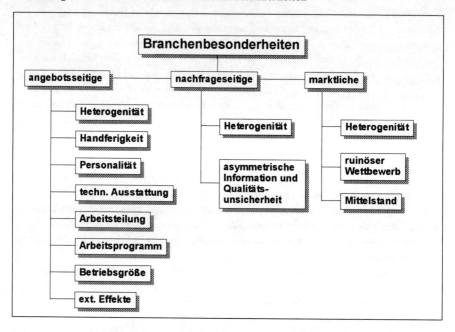

Da die Besonderheiten in enger Beziehung zur Marktzugangsregulierung stehen, erfolgt in den jeweiligen Abschnitten zunächst eine Begründung der Regulierung aus Sicht der Befürworter. Anschließend werden die Besonderheiten einer Analyse unterzogen und festgestellt, ob sich Deregulierungspotentiale ergeben. Zuvor ist jedoch auf eine elementare Besonderheit des Handwerks, die Heterogenität, einzugehen.

Unter Heterogenität wird hier im Gegensatz zur Homogenität ein nicht gleichartiger innerer Aufbau verstanden.[5] Mit Differenzierung werden allgemein Abweichungen, Abstufungen und Unterscheidungen bezeichnet. In der Entwicklungsphysiologie kennzeichnet Differenzierung

---

4   Vgl. Kapitel III, Abschnitt 3.1.

5   Vgl. Brockhaus, F. A. (1989), S. 44.

einen Vorgang, bei der sich Gewebe in verschiedene Richtungen entwickeln und sich für verschiedene Aufgaben spezialisieren. Differenzierung bedeutet in der Psychologie die Herausbildung einer größeren Mannigfaltigkeit und spezifischer Eigenschaften und Funktionen. Soziale Differenzierung entsteht, wenn ein mehr oder weniger homogenes Gebilde in heterogene Teilsysteme aufgelöst wird, die spezielle Aufgaben oder Funktionen erfüllen. Horizontale und funktionale Differenzierung führen zu spezialisierten Subsystemen.[6] Im folgenden werden Heterogenität und Differenzierung als synonym betrachtet.

Das Handwerk liefert sachlich, personell und regional, bezogen auf die Güter und Befriedigung von Bedürfnissen, ein heterogenes Bild.[7] Die Heterogenität äußert sich anhand der unterschiedlichen Wirtschafts- und Gewerbezweige, die Handwerk umfassen, den unterschiedlichen Betriebsgrößen, Unternehmensrechtsformen, Produktionsweisen, der differenzierten Anbieter-, Nachfrage- und Marktstruktur. Daher ist die Heterogenität sowohl angebotsseitige, nachfrageseitige als auch marktliche Besonderheit.

Die Befürworter der Marktzugangsregulierung gehen davon aus, daß die rechtlichen Regelungen die Funktion haben, dem Handwerk aufgrund seiner Heterogenität ein einheitliches Image zu geben.[8] HwO und Marktzugangsregulierung sind faktisch notwendig, um das Handwerk abzugrenzen und aus der Vielfalt eine Einheit zu machen.

2. Angebotsseitige Besonderheiten

Nach der Begründung bzw. der handwerksrechtlichen Erläuterung lassen sich bei der Analyse der angebotsseitigen Besonderheiten in der Regel drei Argumentationslinien verfolgen. Zunächst wird die Situation und Entwicklung innerhalb des Handwerks betrachtet und der Frage nachgegangen, welche Auswirkung die Heterogenität des Handwerks auf dieses Kriterium hat, um zu ermitteln, ob die Besonderheit vorliegt und inwieweit sie das ganze Handwerk betrifft. Schließlich ist zu überprüfen, ob dieses Merkmal ebenso kennzeichnend ist für Betriebe außerhalb des Handwerks, also für andere Klein- und Mittelbetriebe oder industrielle Großbetriebe. Spezifische Merkmale und Abgrenzungskriterien verlieren an Bedeutung, wenn sie auch in anderen Bereichen außerhalb des Handwerks anzutreffen sind.

Eine dominierende angebotsseitige Besonderheit ist die Heterogenität und Differenzierung des Handwerks. Sie läßt sich an den Funktionen verdeutlichen, ist aber auch kennzeichnend und elementar für die nachfolgenden Branchenbesonderheiten.

---

6   Vgl. Brockhaus, F. A. (1988), S. 495.

7   Vgl. dazu auch Kucera, G. (1989), S. 85. Zur Homogenität und Heterogenität bei der Abgrenzung von Märkten vgl. u. a. Fröhlich, P. (1975), S. 65 ff.

8   Vgl. hierzu und zum folgenden Kucera, G. (1989), S. 85.

168

2.1 Funktionen des Handwerks

Als charakteristisch für das Handwerk gelten folgende Aufgabenbereiche:

a) Produktionsfunktion

Ursprünglich waren Handwerksbetriebe reine Produktionsbetriebe, dies hat sich jedoch im Zeitablauf geändert.[9] Die Produktion und Herstellung von Gütern wird allerdings immer noch als wichtigste Funktion des Handwerks angesehen, obwohl diese Funktion strukturellen Veränderungen unterliegt. Vorherrschend ist die Herstellung von Gütern im Bau- und Ausbauhandwerk, bei der Nahrungsmittelherstellung und im Bereich der individuellen Produktion, bei Optikern, Zahntechnikern, Orthopädiemechanikern, -schuhmachern, um hier nur einige Beispiele zu nennen.

b) Installations- und Montagefunktion[10]

Die Installation und Montage umfaßt handwerklich erzeugte, größtenteils aber industriell erzeugte Güter und Leistungen. Als Beispiele lassen sich die Leistungen der Elektro-, Gas- Wasserinstallateure, Radio- und Fernsehtechniker, Zentralheizungs- und Lüftungsbauer, Kälteanlagenbauer anführen. Infolge der verstärkten industriellen Produktion entstanden hier neue Aufgaben für das Handwerk.[11]

c) Reparaturfunktion

Zur Reparaturfunktion zählt die Wartung und Instandsetzung von Gebrauchsgütern und Bauten.[12] Diese Funktion ist einerseits Folge der industriellen Fertigung von Gütern und der damit verbundenen Notwendigkeit, diese Güter instandzuhalten, andererseits wurde das Handwerk aus der Fertigung bestimmter Güter verdrängt, es übernimmt in diesen Bereichen aber die Reparaturfunktion.[13] Besonders deutlich wird dies im Schneiderhandwerk, daß sich heute auf Änderungsschneiderei und Reparaturen konzentriert.[14] Auch bei Schuhmachern, Uhrmachern,

---

[9] Vgl. hierzu und zum folgenden Tuchtfeldt, E., Stober, R. (1986), S. 1203 f. und Hamer, E. (1979), S. 22 f..

[10] Vgl. hierzu und zum folgenden Tuchtfeldt, E., Stober, R. (1986), S. 1204.

[11] Vgl. Tuchtfeldt, E., Stober, R. (1986), S. 1203 f.

[12] Vgl. Beckmann, L. nach Grundgedanken von Rössle, K. F. (1964), S. 28 ff.

[13] Dies gilt z. B. für Uhrmacher, Gold- und Silberschmiede, Reparatur von Maschinen und Geräten, Kraftfahrzeugen, Landmaschinen, Haushaltsgeräten. Vgl. Tuchtfeldt, E. Stober, R. (1986), S. 1204.

[14] Vgl. hierzu und zum folgenden Rheinisch-Westfälisches-Institut für Wirt-schaftsforschung (RWI) (1993), S. 49 ff.

Gold- und Silberschmieden entfällt eine erheblicher Teil des handwerklichen Umsatzes auf Reparaturen.

Ein Großteil der Maschinenbauer ist in der Installation, Wartung und Reparatur der Industrieunternehmen tätig.[15] Durch die Reparaturfunktion leistet das Handwerk damit einen Beitrag zur Aufrechterhaltung der Betriebsbereitschaft.[16]

d) Dienstleistungsfunktion

Infolge der zunehmenden Arbeitsteilung haben spezielle Dienstleistungsaufgaben[17] zugenommen, einerseits durch Ausgliederungen von ursprünglichen Funktionen der Haushalte und Unternehmen, wie Reinigung und Körperpflege, andererseits durch den zunehmenden Bedarf an Serviceleistungen. Besonders ausgeprägt ist der Dienstleistungscharakter im Friseurhandwerk, bei den Gebäudereinigern und den Schornsteinfegern. Dienstleistungen vornehmlich für die gewerbliche Wirtschaft erstellen auch Buchdrucker und Schriftsetzer.[18] Durch zunehmende Differenzierung und Komplexität der Produkte sowie Veränderungen der Nachfrage nehmen allerdings auch die Beratungsleistungen und Dienstleistungsfunktionen in jenen Handwerksbereichen zu, die vornehmlich Produktions-, Installations-, Montage-, Reparatur- und Handelsfunktionen wahrnehmen. Speziell gilt dies für das Bau- und Ausbaugewerbe und den Gesundheits- und Körperpflegebereich.

e) Handelsfunktion

Der Handel mit industriell erzeugten Gütern sorgt für eine Verbesserung der Existenzgrundlage. Als Beispiele für die Handelsfunktion sind der Kfz-Handel, Elektro-, Radio-, und Fernsehhandel zu nennen. Bei den Nahrungsmittelhandwerken wird durch den Zukauf von Waren ein vergrößertes Sortiment angestrebt.[19] Bei Radio- und Fernsehtechnikern wird inzwischen der größte Teil des Umsatzes durch den Verkauf von Geräten und Zubehörteilen erzielt.[20]

Allerdings ist unter dem Befähigungsaspekt die Handelsfunktion kritisch zu betrachten. Bei den Konsumgütern des gehobenen Bedarfs liegt der Anteil des Handels am Umsatz bei knapp 60 % (1977), bei Uhrmachern und Goldschmieden bei über 70 % sowie bei Radio- und Fern-

---

15   Vgl. Rheinisch-Westfälisches Institut für Wirtschaftsforschung (RWI) (1993), S. 101.

16   Vgl. Beckmann, L. nach Grundgedanken von Rössle, K. F. (1964), S. 29.

17   Vgl. Tuchtfeldt, E., Stober, R. (1986), S. 1204 und Beckmann, L. nach Grundgedanken von Rössle, K. F. (1964), S. 30 f..

18   Vgl. Rheinisch-Westfälisches Institut für Wirtschaftsforschung (RWI) (1993), S. 103.

19   Vgl. Rheinisch-Westfälisches Institut für Wirtschaftsforschung (RWI) (1993), S. 45.

20   Vgl. Rheinisch-Westfälisches-Institut für Wirtschaftsforschung (RWI) (1993), S. 62.

sehtechnikern bei rund 65 %.[21] Fraglich ist, inwieweit unter diesen Bedingungen ein Großer Befähigungsnachweis erforderlich ist, denn der Gesetzgeber hat sich gegen eine Marktzutrittsbeschränkung im Handel ausgesprochen.[22] Allerdings ist zu berücksichtigen, daß mit der Handwerksarbeit, die in den genannten Bereichen überwiegend aus Reparaturen besteht, ein hoher mengenmäßiger Umsatz nicht zu erzielen ist. Deshalb ist es fraglich, ob Reparaturen allein eine ausreichende Existenzgrundlage bieten. Umso mehr stellt sich deshalb die Frage, ob aus nachfrageseitigen oder anderen Gründen, beispielsweise aufgrund vorhandener Informationsmängel, eine Meisterprüfung für den Reparaturanteil gerechtfertigt ist.

f) Sonstige Funktionen

Beckmann weist überdies auf die kulturelle Funktion des Handwerks hin. Zum Wesen der Handwerksarbeit gehört eine schöpferische-künstlerische Erstellung und Gestaltung von formvollendeten Gegenständen. Derartig erstellte Produkte spiegeln eigenschöpferische Ideen der Handwerker wider und repräsentieren ein Stück Kulturgeschichte.[23]

Ebenso liegen Hinweise auf die sozialen Funktionen des Handwerks vor. Demnach übt das Handwerk Einfluß auf die Wirtschaftsstruktur aus. Insbesondere bietet das Handwerk Berufstätigen eine Chance zum Aufbau einer eigenen wirtschaftlichen Existenz.[24] Von den im Handwerk Tätigen wird eine engere Beziehung zu den erstellten Produkten angenommen.

Ferner übt das Handwerk aus handwerklicher Sicht politische und gesellschaftspolitische Funktionen aus. Das Handwerk nimmt Kucera zufolge durch die Verteilung der Einkommen, durch die Verteilung des Produktivvermögens und die Verteilung der wirtschaftlichen Entscheidungsmacht eine Pufferfunktion zwischen den sozialen Klassen ein und dämpft somit gesellschaftliche Konflikte. Die berufsständische Tradition des Handwerks wirkt stabilisierend auf die gesellschaftlichen Verhältnisse.[25]

Die einzelnen Aufgabenbereiche verdeutlichen insgesamt die Wahrnehmung sehr heterogener Funktionen durch das Handwerk.

---

[21] Die Zahlen basieren auf der Handwerkszählung von 1977. Die Entwicklung hat sich aber im Zeitablauf fortgesetzt wie Berichte in ausgewählten Handwerkszweigen bestätigen. Vgl. Rheinisch-Westfälisches Institut für Wirtschaftsforschung (RWI) (1993), S. 62 ff.

[22] Vgl. BVerfG 19, 330 (1965). Das BVerfG hält im Einzelhandel einen Sachkundenachweis, der eine geringere Eingriffsstärke als ein Befähigungsnachweis aufweist, für nicht vereinbar mit dem Grundrecht auf Berufsfreiheit nach Art. 12 Abs. 1 GG.

[23] Vgl. Beckmann, L. nach Grundgedanken von Rössle, K. F. (1964), S. 35.

[24] Vgl. Beckmann, L. nach Grundgedanken von Rössle, K. F. (1964), S. 36.

[25] Vgl. Kucera, G. (1989), S. 84 f.

2.2. Handfertigkeit

Handfertigkeit, also bestimmte Dinge mit der Hand herzustellen, setzt bestimmte Fingerfertigkeit voraus und ist eine Besonderheit des Handwerks schlechthin. Diese Fertigkeiten und der Umgang mit Werkstoffen müssen erlernt werden.

Handwerkliche Tätigkeiten sind nach Wernet mit künstlerischem Tun verwandt.[26] Handfertigkeit ist eine Form der Produktionsweise des Handwerks, in der dominierend die Handarbeit und Benutzung einfacher Werkzeuge im Gegensatz zur Maschinenarbeit ist.[27] Voigt betont, daß die Handfertigkeit erlernt werden muß und die verwendeten Maschinen der Ergänzung und Vervollkommnung der Handarbeit dienen.[28] Voigt geht ferner davon aus, daß Handwerk den "Mensch in seiner Totalität" beansprucht. Die Maschine bestimmt nicht Arbeitsrhythmus und Arbeitsablauf, sondern der Mensch. Mit zwei Argumenten lassen sich Meisterprüfung und Marktzugangsregulierung begründen.

Die Erstellung von Produkten in Handarbeit setzt bestimmte Fingerfertigkeiten voraus. Sowohl die Finger- und Handfertigkeit als auch der Umgang mit Werkstoffen müssen erlernt werden. Aus Sicht der Befürworter ist dafür eine Ausbildung und Meisterprüfung erforderlich. Aus informationsökonomischer Sichtweise wird für den Befähigungsnachweis votiert, weil die Verbraucher die Handfertigkeit nicht beurteilen können,[29] also asymmetrisch verteilte Informationen vorliegen.

Die Situation innerhalb des Handwerks ist differenziert zu betrachten. Selbst bei Handarbeiten wiederholen sich im Zeitablauf die einzelnen Tätigkeiten und Arbeitsvorgänge. Bei der Entstehung unterschiedlicher Produkte werden somit normierte Tätigkeiten unterschiedlich angeordnet.

Zudem verlaufen innerhalb des Handwerks differenzierte Entwicklungen. Aufgrund dessen und wegen der Heterogenität des Handwerks ist die Handfertigkeit nicht mehr in allen Handwerkszweigen von ausschlaggebender Bedeutung.[30] In einigen Bereichen wird die reine Handarbeit durch den Einsatz industriell vorgefertigter Teile verdrängt. Der Anteil der Handfertigkeiten sinkt dadurch. Geht die Verdrängung von Handfertigkeiten mit dem Einsatz neuer komplexer Technologien einher, steigt unter Umständen der Anteil der erforderlichen Kenntnisse.

---

26 Vgl. Wernet, W. (1965), S. 15.

27 Vgl. Kapitel III, Abschnitt 3.1.

28 Vgl. hierzu und zum folgenden Voigt, F. (1956), S. 24 f.

29 Dieses Kriterium wird eingehender im Abschnitt 3.2 dieses Kapitels behandelt.

30 Als Beispiele sind Bäcker zu nennen, die vorgefertigte Backmischungen und Teigrohlinge verwenden. Durch die technische Entwicklung im EDV-Bereich verändert sich auch die Tätigkeit der Buchdrucker und Schriftsetzer. Vgl. Rheinisch-Westfälisches Institut für Wirtschaftsforschung (RWI) (1993), S. 106.

Einflüsse auf die Handfertigkeit gehen darüber hinaus von veränderten sozialen und technischen Rahmenbedingungen aus. Der technische Fortschritt hat sowohl im handwerklichen als auch im nicht-handwerklichen Bereich zum Teil völlig neue Produktionstechniken und Herstellungsverfahren hervorgebracht, die Handfertigkeiten verdrängen, aber dennoch eine zur Handarbeit vergleichbare oder sogar höhere Qualität erlauben. Die ursprüngliche Besonderheit des Handwerks, "die Handfertigkeit", verliert damit an Bedeutung.

In anderen Bereichen ist gerade Handarbeit ein Qualitätskennzeichen. Ähnlich einer künstlerischen Tätigkeit können bestimmte Handfertigkeiten einen bestimmten Stil prägen. Einzelne Beispiele hierfür sind Pralinenherstellung in Handarbeit, Restaurierung alter Uhren und Musikinstrumente, traditionelle Verlegung von Tonziegeln im Mörtelbett, Treppenherstellung in Handarbeit und bestimmte Restaurierungsarbeiten. Handarbeit und Handfertigkeit sind ferner in bestimmten Handwerkszweigen häufiger zu finden. Zu nennen sind Kunstschmiede, Möbeltischler, Modisten, Goldschmiede, Drechsler, Elfenbeinschnitzer u. a..

Die Heterogenität des Handwerks äußert sich gerade darin, daß in einigen Handwerkszweigen innerhalb des Handwerks Handfertigkeiten noch vorherrschend sind oder bewußt Herstellungsverfahren in Handarbeit beibehalten werden, während in anderen Bereichen eine Annäherung an industrielle Produktionsprozese erfolgt. Insofern sind auch die Qualifikationsanforderungen und Ausbildungsanforderungen unterschiedlich.

Die Handfertigkeit ist zwar eine gewisse Besonderheit des Handwerks, dennoch ist das Erlernen von Handfertigkeiten ebenso in vielen Bereichen außerhalb des Handwerks erforderlich. Hand- und Fingerfertigkeit ist auch kennzeichnend für einige Berufe außerhalb des Handwerks z. B. bei Klavierstimmern, Sprengmeistern, Abbruchunternehmern, Garten- und Landschaftsbauern, Floristen, Gärtnern, Köchen, Physiotherapeuten, Krankengymnasten sowie Fußpflegern.

Bei der Beantwortung der Frage, ob die Handfertigkeit eine Markt-zugangsregulierung rechtfertigt, und welchen Beitrag der Befähigungsnachweis leistet, sind verschiedene Teilaspekte zu berücksichtigen. Wenn es aus wirtschaftspolitischer Sichtweise wünschenswert ist, daß bestimmte Herstellungsverfahren mit einem mehr oder minder großen Teil an Handarbeit über mehrere Generationen erhalten bleiben, müssen bestimmte spezielle Handfertigkeiten an den Berufsnachwuchs und den Betriebsnachfolger weitergegeben werden, wenn der Meister aus Altersgründen ausscheidet. Dabei stellt sich die Frage, ob diese Weitergabe von Fähigkeiten nur mit einem Großen Befähigungsnachweis möglich ist.

Für die Erstellung eines "Meisterstücks" spricht, daß damit der Berufsnachfolger den Nachfragern und Kunden gegenüber ein Musterexemplar präsentieren kann und zumindest bezogen auf dieses Einzelstück nachweisen kann, daß er zum Zeitpunkt der Erstellung dieses Werkstücks über bestimmte Handfertigkeiten verfügte. Unsicherheiten verbleiben, weil die Nachfrager nicht beurteilen können, ob dieses Werkstück tatsächlich von dem Berufsnachfolger hergestellt wurde.

Allerdings ist davon auszugehen, daß auch ohne den Zwang einer Meisterprüfung ein Berufsnachfolger aus Prestige- und Werbegründen daran interessiert ist, Kunden und Nachfrager von
seiner Qualität, seinem Können und seinem speziellen Stil in Kenntnis zu setzen und zu über-
zeugen. Führt eine Deregulierung zu einer Intensivierung des Wettbewerbs ist unter Umständen die Bereitschaft eines Anbieters größer, auch ohne Meisterprüfungszwang auf die eigene
Leistungsfähigkeit hinzuweisen, weil der Wettbewerb Leistungsanreize schafft und sich der
Anbieter von Konkurrenten abheben will.[31]

Aber selbst Bereiche, in denen Handfertigkeit von Bedeutung ist, sind ohne Marktzutrittsregulierung nicht funktionsunfähig. Das Erwerben bestimmter Erfahrungen[32] und die Ausprägung
eines bestimmten Stils stellen für den Handwerker irreversible Investitionen dar. Ihm entstehen
insofern versunkene Kosten. Die irreversiblen Investitionen schaffen Spielraum für Preiserhöhungen.[33] Zusätzliche Gewinne durch Wiederholungskäufe bieten auch ohne Marktzugangsregulierung einen Anreiz, einen bestimmten Stil beizubehalten, insbesondere wenn es dem
Handwerker gelingt, dem Nachfrager zu signalisieren, im Markt das beste Angebot zu unter-
breiten und längerfristig am Markt bleiben zu wollen.[34] v. d. Schulenburg zeigte auf, daß selbst
ohne irreversible Marktzutrittskosten Anreize zur Produktion hoher Qualität oder, in diesem
Fall, einer bestimmten Stilrichtung bestehen, wenn positive Gewinne durch Qualitätsrenten
möglich sind und die Nachfrager Produkte häufiger nachfragen.[35] Gegen Argumente, daß höhere Preise nicht durchsetzbar wären, läßt sich einwenden, daß Handwerker sich mit Diversifizierungen und spezieller Handarbeit von anderen Anbietern positiv abheben können. Außerdem stellen die irreversiblen Investitionen eine gewisse ökonomische Markteintrittsbarriere dar.
Gerade Diversifizierungen läßt die HwO aber nur in beschränktem Umfang zu. Auch in anderen Marktsegmenten ist der Verbraucher in der Lage zu differenzieren. So werden ökolo-
gisch hergestellte Lebensmittel trotz höherer Preise nachgefragt.

Für die Funktionsfähigkeit des Wettbewerbs bezüglich der Handfertigkeit ist ferner die Markttransparenz von Bedeutung.[36] Probleme sind dann zu erwarten, wenn die Nachfrager nicht
über eine ausreichende Transparenz verfügen, um besondere Handfertigkeiten, einen besonderen Stil, besonders umweltfreundliche Herstellungsverfahren zu erkennen. Der Befähigungs-

---

31 Vgl. Kapitel III, Abschnitt 5.2.2.

32 Diese Erfahrungen können durch eine Lehre oder eine praktische Tätigkeit in einem oder mehreren
    Betrieben erworben werden.

33 Ist eine Handarbeit aufgrund der arbeitsintensiveren Herstellung oder besonders ausgewählter Rohstof-
    fe mit höheren fixen und variablen Kosten verbunden, verlangt dies höhere Preise. Bei besonderen
    Herstellverfahren tritt ohnehin der reine Preiswettbewerb hinter einem Preis-Leistungswettbewerb zu-
    rück, der den Anbietern größere wettbewerbliche Handlungsmöglichkeiten eröffnet.

34 Vgl. Kapitel III, Abschnitt 6.4.

35 Vgl. Schulenburg, J.-M. Graf v. d. (1984a), S. 37 ff.

36 Märkte gelten als transparent, wenn in einem bestimmten Zeitpunkt Daten der Gegenwart und Ver-
    gangenheit für die Preisbildung vorliegen, wie Güterart, -qualität, Preise, Konditionen, Anbieterzahl
    und Anbietergröße. Vgl. Woll, A. (1993), S. 190.

nachweis schafft angeblich ein Markenartikelimage für das gesamte Handwerk, aber auch eine berufsständische Verbundenheit, mithin ein traditionelles Zusammengehörigkeitsgefühl unter den Handwerkern.[37] Dies äußert sich in gemeinschaftlicher Werbung und in einem gestärkten Solidaritätsgefühl, insbesondere durch die Verbindungen in Innungen. Die Werbung der Innung zielt auf einen Vergleich des Handwerks zur Industrie ab. Dennoch besteht auch heute ein gewisser Wettbewerb unter den Handwerksbetrieben. Kritisiert wird aber, daß Marktbeobachtung, Branchenanalysen und Absatzpflege nur am Rande betrieben werden. Durch Regulierung und die dadurch geförderte berufsständische Verbundenheit bestehen Tendenzen, daß einzelne Handwerksbetriebe ihre Spezialisierungen und besonderen Fertigkeiten nicht herausheben. Infolge der damit verbundenen Einschränkung der Markttransparenz können Leistungsunterschiede bestehen, die seitens der Verbraucher nicht zu Wanderungsbewegungen und zur Angleichung führen. Die Regulierung führt dann faktisch zu staatlich verursachtem Wettbewerbsversagen. Ein intensiverer Wettbewerb, ohne eine zwangsweise Zusammengehörigkeit über die HwO, könnte die Markttransparenz verbessern, weil der einzelne Betrieb daran interessiert ist, seine besondere Befähigung und Handfertigkeit werbewirksam einzusetzen.[38] Bei funktionsfähigem Wettbewerb werden Leistungsunterschiede erkannt und bewirken Anpassungsreaktionen.[39] Dem entgegen zu halten ist, daß ein einzelner kleiner Handwerksbetrieb durch Werbung überfordert sein könnte. Um die Attraktivität von handgefertigten Gütern gegenüber Substitutionsgütern zu erhöhen, bietet sich ferner eine Zulassung und Förderung von Kooperationen an, die spezifische Werbung über die Kooperation durchführen.[40]

Chancen für handgefertigte Produkte bestehen auch dann, wenn der Anteil der informierten Konsumenten hoch ist und diese bereit sind, höhere Preise zu zahlen.[41] Bessere Informationen in unregulierten Märkten können auch durch Informationsintermediäre erfolgen.[42]

Fehlt einem Handwerksbetrieb im derzeitigen Regulierungssystem Nachwuchs, der den Anforderungen der HwO genügt, also eine Meisterprüfung vorweisen kann, müssen unter Umständen effiziente Betriebe schließen und Fähigkeiten, spezielle Handfertigkeiten, Erfahrungen und ein bestimmter Stil, gehen verloren. Erfahrungen und ein bestimmter Stil lassen sich als versunkene Kosten interpretieren, insofern wäre damit bei einer Betriebsschließung der Anteil der versunkenen Kosten hoch.[43] Ferner wird bei einer Liquidation das Angebotsspektrum der Konsumenten eingeschränkt, was sich letztlich negativ auf die Wohlfahrt auswirkt. Eine Ver-

---

[37] Vgl. Kucera, G. (1989), S. 85.

[38] Vgl. Kapitel III, Abschnitt 5.2.2.

[39] Vgl. Finsinger, J. (1983), S. 166.

[40] Vgl. Bögelein, M. (1990), S. 258.

[41] Vgl. bezüglich Qualitätsprämien zwischen informierten und uninformierten Konsumenten die modelltheoretische Analyse bei Finsinger, J. (1991), S. 212 ff.

[42] Vgl. Kapitel III, Abschnitt 6.4. Erste Ansatzpunkte sind bspw. alternative Branchenverzeichnisse.

[43] Vgl. Kapitel III, Abschnitt 6.3.

ringerung der Anbieterzahl führt unter Umständen zu höheren Preisen. Geringere Produktdifferenzierung, höhere Preise und eine kleinere Anzahl von Anbietern vermindern letztendlich die Wohlfahrt der Konsumenten.[44]

Hinsichtlich der Ausbildungsanforderungen sollte die Handfertigkeit nicht überbewertet werden. Die Beherrschung wesentlicher Arbeitsvorgänge und der Umgang mit Werkstoffen wird in der Regel durch eine Lehre erworben. Letztlich spricht gegen die Marktzugangsregulierung, daß sich selbst bei Handarbeit normierte Handgriffe im Zeitablauf wiederholen.

Zwar ist für Handarbeit der Umgang mit Werkstoffen und eine gewisse Fingerfertigkeit zu erlernen, aber die Ausbildungsanforderungen sind aufgrund der Heterogenität unterschiedlich und rechtfertigen keine Marktzugangsregulierung für das gesamte Handwerk. Zu berücksichtigen ist ferner, daß der Beitrag der Meisterprüfung zur Handfertigkeit eingeschränkt ist, da sich nur 25 % der Meisterprüfung auf praktische Fähigkeiten beziehen. Gleichwohl kann bei einer praktischen Tätigkeit Erfahrung wichtig sein, sie läßt sich aber auch anderweitig nachweisen.

Abschließend kann folgendes Zwischenfazit gezogen werden: Innerhalb des Handwerks ist das konstitutive Merkmal Handfertigkeit nicht mehr im ganzen Handwerk anzutreffen, Handarbeit und Handfertigkeit sind ebenso in einigen nicht-handwerklichen Bereichen von elementarer Bedeutung. Gleichwohl liefert gerade die Handfertigkeit Hinweise auf gewisse Besonderheiten. Aufgrund des dynamischen Handwerksbegriffs und der Modernisierung von Berufsbildern über § 45 HwO werden aber die Berufe um gewerbefreie Tätigkeiten erweitert, die dann zu handwerksmäßigen Tätigkeiten i. S. der HwO werden.[45] Dadurch können eigentliche Besonderheiten, wie die Handfertigkeit, überlagert werden.

Da die Branchenbesonderheit Handfertigkeit nicht mehr in ganzen Handwerk vorliegt, ergeben sich Deregulierungspotentiale. Selbst in Bereichen mit Handfertigkeit erscheint eine Regulierung nicht notwendig, da mögliche Defizite über den Markt zu beheben sind und die Marktzugangsregulierung kaum zur Lösung vorhandener Probleme beiträgt.[46] Im Hinblick auf die Handfertigkeit erscheint eine Deregulierung daher gerechtfertigt.

Infolge der Heterogenität und im Rahmen einer Deregulierung des Handwerks drängt sich die Frage auf, inwieweit eine Neudefinition erforderlich ist und welche Rolle dabei der Handfertigkeit zukommt. Hamer schlägt in diesem Zusammenhang vor, den Handwerksbegriff in § 1 HwO um Handfertigkeiten zu ergänzen. § 1 Abs. 2 HwO könnte seiner Ansicht nach lauten: "... wenn er handwerksmäßig betrieben wird, d. h. seine Produktion oder Leistung wesentlich

---

[44] Vgl. Kapitel III, Abschnitt 7.1.

[45] So wird derzeit darüber gestritten, inwieweit die Konfigurierung von Personalcomputern zu den wesentlichen Teiltätigkeiten des Büroinformationselektronikerhandwerks oder die Videofilmherstellung zum Fotografenhandwerk gehört. Vgl. Czybulka, D. (1994), S. 94,

[46] Näher auf die mit der Handfertigkeit verbundenen Informationsprobleme wird im Abschnitt 3 dieses Kapitels eingegangen.

durch den Einsatz von Handfertigkeiten entsteht ..."[47] Bei einer Neudefinition des Handwerks stellt sich die Frage, ob Handfertigkeit ein schützenswertes Produktionsverfahren ist und wie ein solcher Schutz aussehen soll. Ein wirksamer Schutz könnte darin bestehen, für eine Chancengleichheit jener Unternehmen zu sorgen, die spezielle Produkte in Handarbeit herstellen. Also Maßnahmen und Regelungen zu unterlassen, die Substitutionsgütern Vorteile verschaffen, denn derartige Maßnahmen hätten Wettbewerbsverzerrungen zur Folge. Der Markt ist durchaus selbst in der Lage, eine Konkurrenzfähigkeit von Produkten in Handarbeit herzustellen. So haben auch Anbieter die Möglichkeit, die Einschätzung eines Produktes aus Sicht der Nachfrager zu erhöhen und damit das Produkt für bislang unbekannte Nachfragergruppen attraktiv zu machen.[48]

2.3 Personalität

2.3.1 Personalität als Abgrenzungskriterium

Kennzeichnend für einen Handwerksbetrieb ist die Personalität bzw. das personale Element seiner Betriebsstruktur.[49] Wesentliches Merkmal der Personalität ist die Überschaubarkeit des Betriebes und die Einwirkungsmöglichkeit durch den Betriebsinhaber. Sie bestimmen Leistungsstand und Leistungsfähigkeit des jeweiligen Handwerkers und damit des gesamten Handwerks. Daneben umfaßt das personale Element die personal geprägte Arbeits- und Fertigungsweise, in der Technik und Maschinen lediglich der Unterstützung der Handarbeit und Handfertigkeit dienen. Um die persönliche Leistungsfähigkeit des Inhabers und damit den Leistungsstand des Handwerks zu erhalten, ist eine Marktzugangsregulierung durch den Großen Befähigungsnachweis erforderlich.

Ebenso stehen die anderen Marktbesonderheiten des Handwerks in einer engen Beziehung zur Personalität. Technische Hilfsmittel sollen das Können des Meisters lediglich unterstützen, die geringe Arbeitsteilung, Einzelfertigung und Arbeit auf Bestellung sind auf das persönliche Wirken des Meisters zurückzuführen. Die Person des Meisters bestimmt den Betriebsablauf und trägt die Verantwortung. Daher geht man davon aus, daß sowohl die besondere Produktions- und Wirtschaftsweise des Handwerksbetriebes als auch Leistungsstand und Leistungsfähigkeit des Handwerks von der Person des Meisters abhängen.[50]

Die Personalität wird als eine Besonderheit des Handwerks und als ein wesentliches Abgrenzungskriterium gegenüber der Industrie und dem übrigen Gewerbe angesehen. Auch das

---

[47] Hamer, E. (1979), S. 26. Hamer bezweckt mit dieser faktorspezifischen Definition eine eindeutigere Definition und Abgrenzung, die wirtschaftstheoretisch und verwaltungsorganisatorisch handhabbar ist.

[48] Vgl. Bögelein, M. (1990), S. 233. Vgl. Kapitel III, Abschnitt 5.2.2.

[49] Vgl. Kapitel II, Abschnitt 3.1 und Kapitel III, Abschnitt 3.1.

[50] Vgl. Hagebölling, L. (1983), S. 262.

BVerfG hebt in seinem Urteil die persönlichen Fähigkeiten, "... das eigene berufliche Können..." hervor.[51]

Nach der HwO ist Anhaltspunkt für eine handwerksmäßige Betriebsweise, daß "... der Inhaber des Betriebes im technischen Bereich selbst aktiv mitarbeitet...".[52] Dabei sollen die meisterlichen Kenntnisse und Fertigkeiten richtungsweisend für Gesellen und Lehrlinge sein und der Meister soll die Arbeiten der Gesellen und Lehrlinge überwachen sowie die Ausbildung der Lehrlinge durchführen. Dieses Prinzip wird im sogenannten Dreiklang Meister - Geselle - Lehrling deutlich. Um diesem Grundcharakter gerecht zu werden, fordert die HwO das Inhaberbefähigungsprinzip.[53] Grundsätzlich gilt im Vergleich zum Industriebetrieb die Mitarbeit des Inhabers im gewerblich technischen Bereich als wesentliches Merkmal eines Handwerksbetriebes und damit auch als wesentliches Abgrenzungskriterium.[54]

Neuere Veröffentlichungen gehen, Bezug nehmend auf den dynamischen Handwerksbegriff, davon aus, daß sich das Aufgabenspektrum des Meisters und Inhabers im Zeitablauf veränderte. Dies führt aber nicht zu einer Ablehnung der Handwerkseigenschaft und Handwerksmäßigkeit, solange es dem Inhaber *faktisch* möglich ist, den Betriebsablauf in einzelnen Teilen zu bestimmen, einzuwirken und zu überschauen.[55] Honig geht davon aus, daß objektiv die Möglichkeit einer persönlichen Einflußnahme bestehen muß.[56] Für die Handwerkseigenschaft ist es demnach unerheblich, ob sich der Inhaber auf Außentätigkeiten und reine Überwachungsfunktionen beschränkt. Auch das Handwerk muß sich aus Sicht eines Kommentars moderner Rationalisierungs- und Betriebsführungsmethoden bedienen.[57]

Der ursprüngliche Charakter des Handwerks verlangt zwar als maßgebliches Abgrenzungskriterium die aktive Mitarbeit des Inhabers im technischen Bereich. Weil aber aufgrund der wirtschaftlichen und technischen Änderungen dieses Merkmal für eine handwerksmäßige Betriebsweise nicht mehr gegeben ist, geht man dazu über, nur noch die faktische Einwirkungsmöglichkeit zu verlangen. Damit wird die Anforderung der persönlichen Mitarbeit des Betriebsinhabers letztlich zur Auslegungsfrage. Schon an dieser Stelle wird deutlich, daß dieses Abgrenzungskriterium überlagert ist durch Rechtsunsicherheit.

51 BVerfG. 13, 97 (1961), S. 111. Neuere Urteile von 1993 heben als Hauptkennzeichen einer handwerksmäßigen Betriebsform das inhaberbezogene personale Prinzip hervor. Vgl. dazu Zentralverband des Deutschen Handwerks (1994), S. 234 f.
52 Eyermann, E. u. a. (1973), § 1, Rn. 14, S. 70.
53 Vgl. Britze, H.-H. (1962), S. 125, Hagebölling, L. (1983), S. 233. Ausgenommen davon sind juristische Personen. Vgl. Kapitel III, Abschnitt 3.2.2.
54 Vgl. Britze, H.-H. (1962), S. 123.
55 Vgl. Siegert, A., Musielak, H.-J. (1984), § 1, Rn. 25, S. 83.
56 Vgl. Honig, G. (1993), § 1, Rn. 57, S. 96.
57 Vgl. Eyermann, E. u. a. (1973), § 1, Rn. 12, S. 70 f.

178

Darüber hinaus stellt sich aber die Frage, ob die Personalität eine Besonderheit des Handwerks darstellt, die eine Marktzugangsregulierung rechtfertigt. Dies ist Gegenstand des nachfolgenden Abschnitts.

2.3.2 Bedeutung der Personalität

Innerhalb des Handwerks vollzogen sich vielfältige und differenzierte Entwicklungen. Teilweise näherten sich die Handwerkszweige einer industriellen Fertigungsweise an,[58] Teile des Handwerks sind verstärkt im Handel tätig,[59] einige Handwerkszweige spezialisierten sich[60] und fertigen besondere Produkte und wiederum andere erstellen Güter und Leistungen nach traditionellen Verfahren oder in Handarbeit. Differenzierungen sind dabei sowohl zwischen den Handwerkszweigen als auch zwischen den Handwerksbetrieben eines Handwerkszweiges möglich.[61] So können auch Handwerkszweige, die sich einer industriellen Fertigungsweise annäherten, bestimmte spezialisierte Produkte erstellen.

Aufgrund der Heterogenität des Handwerks ist zudem die Personalität, also die Überschaubarkeit und Einwirkungsmöglichkeit des Meisters und Betriebsinhabers, sehr unterschiedlich ausgeprägt. Sie variiert nach dem Handwerkszweig, nach der Betriebsgröße, nach der technischen Komplexität der Leistungen, auch danach ob Handwerks- oder Handelsleistungen den Bereich dominieren. Entscheidend für die Stellung und Bedeutung des Betriebsinhabers ist handwerkszweigübergreifend vielmehr die Betriebsgröße und die Art der erstellten Leistungen, also ob Reparatur, Montage oder Handelsleistungen vorliegen. Ferner sind das Gefährdungspotential und die Schutzbedürftigkeit der Verbraucher sowie die Erklärungsbedürftigkeit der Leistungen zu berücksichtigen.

In einigen Bereichen wiederum gibt die Personalität dem Produkt eine besondere Note, deshalb ist nach Wernet handwerkliches Schaffen dem künstlerischen nahe verwandt.[62] Wernets Äußerungen zielen darauf ab, daß manche Handwerker traditionelle Fertigungsmethoden anwenden, die durch Besonderheiten und spezifische Herstellungsverfahren, besondere Stoffbearbeitung und ähnliches gekennzeichnet sind. Beispiele wären handgefertigte Pralinen, Treppenaufgänge eines bestimmten individuellen Stils, Holzfenster, Innentüren mit bestimmter Prägung. Teilweise handelt es sich hier um einen Grenzbereich zwischen künstlerischer und handwerklicher Erstellung. Die Personalität steht hier deshalb in enger Beziehung zur Individualität und Handfertigkeit.[63]

---

58   Durch eine Produktion für einen anonymen Markt und Produktion von Serienleistungen.
59   Vgl. Kapitel IV, Abschnitt 2.1.
60   Zu nennen sind horizontale und vertikale Spezialisierung.
61   Vgl. auch Schlaghecken, A. (1969), S. 66 ff.
62   Vgl. Wernet, W. (1965), S. 15.
63   Vgl. Kapitel IV, Abschnitt 2.2.

Unter dem Aspekt der Personalität drängt sich die Frage auf, was Handwerk ist und was es sein soll. Unterscheiden läßt sich unter Umständen "echtes" und "unechtes" Handwerk. Das echte Handwerk, als persönlich geprägtes individuelles Handwerk, ist bemüht, bestimmte Fertigkeiten und Fähigkeiten an Mitarbeiter weiterzugeben und somit bestimmte Herstellungsverfahren zu erhalten. Erkennbar ist, daß Handwerksleistungen innerhalb des durch die HwO abgegrenzten Bereichs sehr unterschiedlich sind. Infolge dieser Heterogenität ist die Personalität unterschiedlich ausgeprägt. Hinzu kommen wirtschaftliche und technische Änderungen, die die Funktion des Meisters und somit die Personalität innerhalb des Handwerks verändern.

Im Zeitablauf und verglichen mit dem alten Handwerk haben Akquisitions-, Werbungs-, Auftrags- und Vertriebsaufgaben sowie die Beteiligung an Ausschreibungen stark zugenommen. Dies gilt auch für Büro- und Verwaltungsaufgaben. Der zeitliche Handlungsspielraum für eine aktive Mitarbeit des Meisters wird dadurch eingeengt, in vielen Fällen ist eine Mitarbeit gar nicht mehr möglich.

Des weiteren grenzen Änderungen und Ausweitungen von gesetzlichen Bestimmungen und Regulierungen im Bereich der Sozialgesetzgebung, die Umsetzung von Arbeitsschutzvorschriften und arbeits- und tarifrechtlichen Regelungen, Umweltschutz- und Energiesparvorschriften, Berufsbildungsvorschriften, Veränderungen durch den europäischen Binnenmarkt, statistische Erhebungen sowie steuerliche Veränderungen den zeitlichen Handlungsspielraum des Meisters zunehmend ein. Es verbleibt damit ohnehin ein geringeres Zeitbudget für produktive Tätigkeiten, die am Markt wirksam werden. Zeitersparnisse durch Deregulierung in anderen Bereichen und eine Senkung der Bürokratiebelastung würden Kapazitäten für innovative Aktivitäten oder Weiterbildungsmaßnahmen im technischen Bereich freisetzen, die gesamtwirtschaftlich wachstumsfördernd wirken. Diese Probleme betreffen aber auch andere nicht-handwerkliche Betriebe und Dienstleistungsunternehmen in ähnlicher Weise.

Es stellt sich die Frage, welche Folgen die Personalität für das Handwerk hat. Die dominierende Stellung des Meisters und Betriebsinhabers und die damit bezweckte Steigerung der Leistungsfähigkeit, die durch die HwO begünstigt werden soll, ist im Handwerk zunehmend der Kritik ausgesetzt. Kritisiert wird, daß der autoritäre Führungsstil, also der sogenannte Dreiklang Meister - Geselle - Lehrling, dazu führt, daß von Mitarbeitern keine Vorschläge zur Verbesserung der Qualität kommen. Ein großes Potential zur Verbesserung der Qualität bleibt somit ungenutzt.[64] Als qualitätshemmend wird die eng mit der Personalität verknüpfte funktionale Arbeitsteilung und damit die stark hierarchische Aufbau- und Ablauforganisation angesehen.[65] Es fehlen häufig Aufzeichnungen über den Arbeitsplatz, die Ablauforganisation, die Verantwortlichkeiten, die Lagerhaltung und die Meß- und Prüfgeräte.[66] Daß der Meister alles

---

64   Vgl. o. V. (1992), S. 27.

65   Es wird kritisiert, daß in der Industrie als Fehler anerkannte Organisationsmängel im Handwerk wiederholt werden. Vgl. o. V. (1992), S. 27.

66   Vgl. hierzu und zum folgenden o. V. (1992), S. 26.

im Kopf hat, erweist sich nicht selten als verhängnisvoller Irrtum. Ferner wird kritisiert, daß Vorschlagswesen zur Verbesserung der Qualität fehlen und Motivation und Qualitätsbewußtsein nicht auf allen Ebenen ausreichen, um steigenden Qualitätsanforderungen gerecht zu werden.

Die neuen Qualitätsanforderungen durch den europäischen Binnenmarkt, durch das Produkthaftungsgesetz und durch schärfere Umweltbestimmungen deuten darauf hin, daß sich eine auf Personalität ausgerichtete Organisation unter den heutigen Bedingungen als nachteilig erweisen kann. Höhere Qualitätsanforderungen von Kunden und Zulieferern verlangen Fehlerfreiheit. Dies gilt insbesondere dann, wenn vom Handwerk gefertigte Teile in komplexe Systeme eingebaut werden. Um die hohe Qualität zu erzielen, ist es verstärkt notwendig, im Team zu arbeiten.

Dies zeigt sich auch bei neu entstandenen Betrieben, die teilweise zu den sogenannten Alternativbetrieben zählen. Ökologische Gesichtspunkte und Nachfrageverschiebungen führten zur Gründung von spezialisierten Betrieben, z. B. Vollwertbäckereien, Tischlereien die Bio-Möbel, Fenster, Innenausbauten und Dachdämmungen mit natürlichen Baustoffen herstellen. Obwohl in diesen Betrieben individuell geprägte Produkte bearbeitet und hergestellt werden, also eher von der Art her nach ursprünglich handwerklichen Methoden[67] gearbeitet wird, erfolgt die Betriebsleitung häufig durch Teams und der dominierenden Stellung des Inhabers kommt hier wenig Bedeutung zu.[68]

Anhand der Erläuterung der Situation innerhalb des Handwerks wird deutlich, daß die Personalität aufgrund der Heterogenität des Handwerks sehr unterschiedlich ausgeprägt ist und die Personalität innerhalb des Handwerks aufgrund der wirtschaftlichen und technischen Veränderung an Bedeutung verliert. Die Möglichkeit des Betriebsinhabers auf den Betriebsablauf einzuwirken, den Betrieb zu überschauen und Richtlinien der Produktion zu bestimmen, ergibt sich vielmehr aus der klein- und mittelbetrieblichen Betriebsstruktur. Eine dominierende Stellung des Betriebsinhabers, der die persönliche Leitung des Betriebes übernimmt, ist in vielen, sogar fast allen Klein- und Mittelbetrieben innerhalb und außerhalb des Handwerks zu finden.

Kennzeichnend für Klein- und Mittelbetriebe ist, daß die Unternehmensführung in der Regel durch einen einzelnen Unternehmer oder wenige Personen erfolgt, der gleichzeitig mehrere Funktionen ausübt. Der Eigentümerunternehmer übernimmt das volle Risiko, aber auch eine

---

[67] Ursprüngliche Herstellungsverfahren beziehen sich darauf, daß in Vollwertbäckereien beispielsweise ganze Körner angeliefert, in den Betrieben selbst gemahlen und verbacken werden. Während in anderen herkömmlichen Bäckereien der Einsatz von industriell erstellten Backfertigmischungen und tiefgefrorenen Teiglingen, die aufzubacken sind, zugenommen hat. Vgl. Rheinisch-Westfälisches Institut für Wirtschaftsforschung (RWI) (1991), S. 23 f.

[68] Alternative Bäckereien beispielsweise unterliegen wie auch andere Bäckereien der HwO, also für die Selbständigkeit muß nach außen hin ein Inhaber mit Meisterprüfung oder Ausnahmegenehmigung vorhanden sein.

führende Stellung innerhalb des Betriebes. Der Betriebsinhaber ist gleichzeitig Eigentümer oder hält einen großen Teil der Eigentumsrechte, er arbeitet teilweise hauptberuflich im Betrieb mit und pflegt ein persönliches Verhältnis zu seinen Mitarbeitern. Ferner findet sich häufig eine Mitarbeit von Familienangehörigen und eine Betriebsnachfolge ist durch Erbschaft geregelt.[69] Er nimmt die Betriebsleitung, Personalführung, Planung, Organisation und Kontrolle wahr, ist zuständig für Kapitalbeschaffung (Finanzierung), Kapitalverwendung (Investition), die Beschaffung, die Leistungserstellung und den Absatz.

Was im Handwerk unter Personalität verstanden wird, ist demnach kennzeichnend für den selbständigen Mittelstand und Klein- und Mittelbetriebe, insoweit aber keine Besonderheit des Handwerks. Sowohl im Handwerk als auch in Industrie, Handel und dem übrigen Gewerbe nimmt die Bedeutung des Merkmals Personalität mit zunehmender Betriebsgröße ab.[70]

Die persönliche Mitarbeit des Inhabers, die persönliche Gestaltung des Betriebs und des Betriebsablaufs, also gerade die Merkmale der Personalität, sind also ebenso außerhalb des Handwerks in anderen mittelständischen Betrieben und Dienstleistungsunternehmen zu beobachten. Zu nennen sind Gärtnereien, landwirtschaftliche Betriebe, Floristikbetriebe, Einzelhandelsgeschäfte, Ingenieurbüros und Restaurants. Ebenso gilt dies für Rechtsanwälte, Wirtschaftsprüfer, Steuerberater, Architekten, Ärzte und Apotheker.

An dieser Stelle läßt sich festhalten, daß die in der Personalität zum Ausdruck kommende dominierende Stellung des Meisters ein Kennzeichen aller Klein- und mittelständischen Betriebe ist. Persönlich geprägte spezifische Fertigungsmethoden sind zwar im Handwerk zu finden, besonders im Grenzbereich künstlerischer und handwerklicher Herstellung, aber auch außerhalb des Handwerks in anderen nicht handwerklichen Bereichen. Insofern stellt die Personalität keine angebotsseitige Besonderheit des Handwerks dar.

2.3.3 Zusammenfassende Beurteilung

Innerhalb des Handwerks ist aufgrund der Heterogenität des Handwerks, die sich an vielfältigen Kriterien festmachen läßt, die Personalität unterschiedlich ausgeprägt. Wirtschaftlicher und technischer Wandel lösen innerhalb des Handwerks betriebswirtschaftliche Umstrukturierungen aus. Die Aufgaben und Funktionen des Meisters ändern sich dadurch und nähern sich der Industrie an. Durch wirtschaftlichen und technischen Wandel verliert daher die Besonderheit Personalität an Bedeutung. Die Personalität ist ferner keine Besonderheit des Handwerks schlechthin, denn eine persönlich geprägte Unternehmensführung mit Einwirkungsmöglichkeit und Überschaubarkeit des Inhabers ist kennzeichnend für fast alle Klein- und Mittelbetriebe

---

69   Diese Merkmale werden auch zur Bestimmung des Mittelstandsbegriffs herangezogen. Vgl. Beyenburg-Weidenfeld, U. (1992), S. 33 f.

70   Vgl. Beyenburg-Weidenfeld, U. (1992), S. 34.

auch außerhalb des Handwerks. Die Personalität stellt insofern keine Branchenbesonderheit des Handwerks dar.

Gleichzeitig wird damit deutlich, daß die Personalität kein Abgrenzungskriterium zum übrigen Gewerbe darstellt. Zwar ist Grundprinzip des Handwerks i. S. der HwO die aktive Mitarbeit des Inhabers, doch selbst aufgrund der Veränderungen wird die Personalität als Abgrenzungskriterium aus handwerklicher Sicht nicht in Frage gestellt. Man ist im Gegenteil bemüht, die Personalität als Besonderheit aufrecht zu erhalten. "Für die Erhaltung des Handwerks in seiner spezifischen Funktion im Wirtschaftsleben, der vom Gesetzgeber ein besonderes Gemeinschaftsinteresse zuerkannt worden ist, kommt es folglich darauf an, das personale Element zu erhalten, zu stärken und zu fördern."[71] Hieran wird deutlich, daß nicht die Frage gestellt wird, ob es ökonomisch zweckmäßig ist, aufgrund der vielfältigen technischen und wirtschaftlichen Veränderungen Handwerk an diesem Kriterium abzugrenzen. Vielmehr soll das besondere Merkmal verstärkt und als Kriterium künstlich erhalten werden, faktisch um das Handwerk mit seiner Regulierung zu erhalten.

Das Abgrenzungskriterium schafft hingegen zusätzlich Rechtsunsicherheit. Ökonomisch führen Unsicherheiten dazu, daß Investitionen und Innovationen unterbleiben und Wachstumschancen nicht genutzt werden.

Es verbleibt die Frage, ob für die persönliche Leistungsfähigkeit des Inhabers und den Leistungsstand des Handwerks ein Befähigungsnachweis erforderlich ist. Geradezu paradox erscheint es, wenn für die Führung eines "überschaubaren" Handwerksbetriebes ein Großer Befähigungsnachweis gefordert wird, jedoch der Marktzugang zu einem großen nicht überschaubaren Industriebetrieb frei ist. [72] Zu berücksichtigen ist, daß Überqualifizierung eine Ressourcenverschwendung darstellt. Eine Unterforderung kann demotivierend wirken und in Verbindung mit einer engen Begrenzung des Handwerkszweiges negative ökonomische Folgen haben, weil die Kreativität und damit auch Innovationen behindert werden können.

Die beschriebenen innerbetrieblichen Organisations- und Koordinationsprobleme deuten darauf hin, daß die Leistungsfähigkeit des Handwerks durch den Befähigungsnachweis nicht unterstützt wird. Personalität geht davon aus, daß der Meister selbst mitarbeitet und der Meister erworbene Fähigkeiten auch anwendet. Wie die Folgen aufzeigen, liefert durch Personalität geprägte Fertigungsweise weder innerhalb noch außerhalb des Handwerks eine Garantie für hohe Leistungen, ebensowenig liefert auch ein Zustand ohne Befähigungsnachweis noch keine Gewähr für gute oder schlechte Leistungen.

---

[71]   Hagebölling, L. (1983), S. 264.

[72]   Vgl. Etzold, H.-J. (1983),S. 183.

Ob das Produkt eine besondere Note erhält und inwieweit dies den Mitarbeitern weitergegeben wird, ist von vielfältigen Voraussetzungen abhängig. Vielmehr sind Anreize notwendig, Wissen auch anzuwenden. Wesentliche Anreize dafür gibt der Wettbewerb.[73]

Aus ökonomischer Sicht umschreibt die Personalität vielmehr die Bedeutung des Unternehmers in marktwirtschaftlichen Ordnungen. Schumpeter zufolge ist der dynamische Unternehmer derjenige, der neue Faktorkombinationen am Markt durchsetzt.[74] Ferner wird auf die unterschiedlichen unternehmerischen Verhaltensweisen abgestellt. Der Unternehmer soll durch Erkennen von Marktchancen zur Marktdiffusion beitragen oder unbekannte Arbitragemöglichkeiten entdecken und wahrnehmen.[75] In der Personalität sind teilweise diese unternehmerischen Funktionen enthalten.

Es verbleibt die Frage, ob ein Meister alles können muß. Das Prinzip der Meisterprüfung zielt darauf ab, daß der Meister Führungskraft, Ausbilder, Kaufmann, technische Fachkraft und Technischer Leiter, Organisator und Koordinator sowie selbst in der Produktion tätig ist. Diese Aufgabenzuweisung erfolgt über die berufsständische Organisation sowie durch die HwO über die Inhalte der Meisterausbildung. Das "Meisterbild" wird dadurch geprägt und faktisch durch die Regulierung erst geschaffen. Fraglich ist, ob dieses ökonomisch effizient ist und nicht vielmehr eine Aufgabenteilung erforderlich wird. Im Ausbildungssystem könnten dafür Qualifikationen zwischen Meister und Geselle geschaffen werden.

Ökonomisch ist es erforderlich, Marktchancen zu erkennen und die damit verbundenen Informationsprobleme zu überwinden. Das hierfür aufgewendete Zeitbudget ist gerade gesamtwirtschaftlich von Bedeutung und widerspricht den Vorstellungen der Personalität.

Wenn die Personalität keine Besonderheit mehr ist und dies zeigen Veränderungen innerhalb und die Situation außerhalb des Handwerks, liegt keine notwendige und hinreichende Begründung für eine Regulierung vor. Gleichwohl kann unabhängig vom Handwerk ein qualifizierter Leiter den Leistungsstand und die Leistungsfähigkeit jedes Unternehmens erhöhen. Bei Umsetzung von Qualitätsvorgaben oder auch bei der Teamarbeit wird eine Führungskraft gebraucht. Selbst wenn mit Meisterprüfung Wissen vermittelt wird, sind aus heutiger Sicht im Vergleich zum übrigen Gewerbe keine Aufgaben erkennbar, außer denen die die Regulierung selbst geschaffen hat, die eine Aufrechterhaltung der Regulierung im bisherigen Umfang rechtfertigen. Deshalb kann bei einer Annäherung des Handwerks an das übrige Gewerbe, wie auch in sonstigen Bereichen, das wettbewerbliche Prinzip gelten.

---

73   Vgl. Kapitel III, 5.2.2

74   Vgl. Schumpeter, J. A. (1928) S. 476 ff.

75   Vgl. Kirzner, I. M. (1982), S. 207 ff.

2.4 Technische Ausstattung

2.4.1 Technische Ausstattung als Abgrenzungskriterium und angebotsseitige Besonderheit

Von besonderer Bedeutung für die Abgrenzung von Handwerks- und Industriebetrieben kann die Verwendung von Maschinen und technischen Hilfsmitteln sein. Als typisch für einen Handwerksbetrieb im Gegensatz zum typischen Industriebetrieb gilt die Handfertigkeit und die Nutzung von Kenntnissen handwerklich geschulter Fachleute, während in Industriebetrieben ein mechanisierter Herstellungsprozeß mit un- und angelernten Hilfskräften vorliegt.[76]

Nach einem Urteil des BVerwG spricht für eine industrielle Betriebsweise, "... wenn die Verwendung von Maschinen für die Entfaltung der Handfertigkeit keinen Raum mehr läßt, für einen handwerksmäßigen Betrieb, wenn der Handwerker sich ihrer nur zur Erleichterung seiner Tätigkeit und zur Unterstützung seiner Handfertigkeit bedient."[77]

Vorherrschend im handwerklichen Arbeitsprozeß muß der manuelle Kern, die Handfertigkeit, sein.[78] Dies erfordert handwerkliche Ausbildung und demzufolge eine Meisterprüfung. Für eine marktgerechte Erweiterung des Leistungsangebotes, die neue Produktionsverfahren und den Einsatz neuer Technologien fordert, gewinnt die Qualifikation einen höheren Stellenwert.[79] Technische Ausstattungen und neue Technologien führen zu höheren fachlich technischen Anforderungen, daraus läßt sich die These ableiten, zur Erhaltung des Leistungsstandes sei ein Großer Befähigungsnachweis erforderlich.

Kennzeichnend für das Handwerk ist die Kombination von Fertigkeiten und Kenntnissen.[80] Infolge der technischen Entwicklung führen jedoch Verschiebungen von Fertigkeiten zu Kenntnissen aus handwerklicher Sicht nicht zur Ablehnung der handwerklichen Betriebsweise, und damit zur Ablehnung der Meisterprüfung, wenn für den fachgerechten Einsatz der technischen Ausstattung besondere Kenntnisse erforderlich sind und der manuelle Kern nicht völlig verdrängt wird.[81]

---

[76] Vgl. Eyermann, E. u. a. (1973), § 1, Rn. 17, S. 72.

[77] Eyermann, E. u. a. (1973), § 1, Rn. S. 72.

[78] Vgl. Hagebölling, L. (1983), S. 212 ff.

[79] Vgl. Stratenwerth, W. (1989), S. 11.

[80] Vgl. Hagebölling, L. (1983), S. 222.

[81] Da der Gesetzgeber in § 7 "Kenntnisse und Fertigkeiten" formuliert hat, geht Fröhler davon aus, daß Kenntnisse den Fertigkeiten vorzuziehen sind. Damit ließe sich bei technischen Veränderungen leichter ein Befähigungsnachweis begründen. An anderen Stellen der HwO § 32 und § 46 erscheinen die Begriffe auch in umgekehrter Reihenfolge. Aufgrund von Verwaltungsgerichtsentscheidungen wird Fröhler an dieser Stelle in der Literatur nicht gefolgt. Vgl. Hagebölling, L. (1983), S. 221 f.

Des weiteren liefert die HwO keine Kriterien, wann die technische Ausstattung der Unterstützung der Handfertigkeit dient, was unter technischer Ausstattung zu verstehen ist und wo die
Grenzen hinsichtlich der technischen Ausstattung zum übrigen Gewerbe liegen.

Innerhalb des Handwerks verändert sich die technische Ausstattung der Betriebe infolge zunehmender Nachfragermacht, besonders im Bereich der handwerklichen Zulieferer, durch ein
Geflecht von Input-Output-Beziehungen sowie durch Verknüpfungen mit dem nicht-
handwerklichen Bereich. Untersuchungen ergaben, daß der Zwang zur Einführung neuer
Technologien im Handwerk häufig durch Außenstehende entsteht, beispielsweise bei Zulieferern durch die nachfragende Industrie und gewerbliche Unternehmen. Ferner verändern industrielle Unternehmen ihre Zulieferungen an das Handwerk, in dem keine Lieferung in Einzelteilen, sondern nur noch in Baugruppen erfolgt.[82]

Verwendung und Einbau vorgefertigter Materialien[83] verändern zwangsläufig im Handwerk
die manuelle Tätigkeit. In der Kfz-, Radio- und Fernseh-, Uhren- und Bürotechnik, wird teilweise eine herkömmliche Reparatur durch den Austausch von mehr oder minder großen industriell gefertigten Bauteilen ersetzt. Ferner kann eine Vielzahl von Handwerksbetrieben nicht
mehr auf qualifizierte technische Hilfsmittel verzichten. Durch die Gesetzgebung sind einigen
Handwerksberufen Prüf- und Meßaufgaben übertragen worden. Derartige Aufgaben erfordern
vom Handwerk entsprechende Diagnoseeinrichtungen. Beispiele hierfür sind Schornsteinfeger,
Kfz-Werkstätten, Hoch- und Tiefbau, Elektro-, Metall- und Nahrungsmittelhandwerke.[84]

Zunehmende Bedeutung erlangt innerhalb des Handwerks besonders im Zulieferbereich die
computerintegrierte Produktion. Bei Anwendung von CIM-Komponenten[85] erfolgt ein Rech-
nereinsatz vom Auftragseingang, über die Entwicklung, Konstruktion, Arbeitsplanung, Pro-
duktplanung und -steuerung, Fertigung, Montage, Qualitätskontrolle und Auslieferung,[86] also
eine computerintegrierte Produktion. Anwendungsbereiche für CNC-Technik[87] sind Mechaniker, Maschinenbauer, Werkzeugmacher, Schlosser, Dreher, Tischler und Modellbauer, für
CAD-Technik[88] das Bauhaupt- und -nebengewerbe, Metallbearbeitungsberufe, Maschinenbau-

---

[82]   Vgl. Schilling, G. u. a. (1989), S. 32.

[83]   Beispielsweise die Verwendung von Transportbeton, Gebäudefertigteilen, Montage-systemen für
       Rohrleitungen usw.

[84]   Vgl. Hagebölling, L. (1983), S. 215.

[85]   Mit CIM (Computer Integrated Manufacturing) wird eine informationstechnische Verknüpfung der mit
       der Fertigung befaßten Unternehmensbereiche verfolgt. Vgl. Stiller, W. (1992), S. 72.

[86]   Vgl. Stiller, W. (1992), S. 72 ff.

[87]   Unter CNC (computerized numerical control) versteht man eine computergestützte numerische Steue-
       rung von Werkzeugmaschinen. Vgl. Brockhaus, F. A. (1987), S. 612.

[88]   Mit der CAD-Technik (Computer Aided Design) ist rechnerunterstütztes Konstruieren einschließlich
       der Erstellung und Berechnung von Zeichnungen und Plänen möglich. Vgl. Stiller, W. (1992), S. 73.

er, Anlagenbauer und Tischler.[89] Die CAM-Technik[90] findet Anwendung in Metallbearbeitungsberufen, insbesondere bei Zulieferern und in holzbe- und -verarbeitenden Berufen. Elektroberufe, Mechaniker und Maschinenbauer bedienen sich auch der SPS-Technik.[91]

Zwar verändert sich der Stand der technologischen Ausstattung innerhalb des Handwerks in allen Handwerkszweigen, aufgrund der Heterogenität des Handwerks ist jedoch die technische Ausstattung in den einzelnen Zweigen sehr differenziert. Sie ist sowohl von der technischen Komplexität als auch vom quantitativen Umfang her in jedem Handwerkszweig, bei jeder Betriebsgröße anders.[92] Der Anpassungsdruck ist bei den handwerklichen Zulieferern größer als in Bereichen, in denen das Handwerk faktisch eine Monopolstellung hat. Die technische Ausstattung und der Einsatz neuer Technologien sind zudem eng verknüpft mit dem Innovations- und Diffusionsprozeß.

Auch außerhalb des Handwerks ist die technische Ausstattung der Betriebe sehr unterschiedlich und es gibt Bereiche, in denen manuelle Tätigkeiten überwiegen.[93] Insofern ist eine geringe technische Ausstattung, die keineswegs auf alle Handwerkszweige zutreffend ist, keine Besonderheit allein des Handwerks. Zudem haben wirtschaftliche und technologische Veränderungen außerhalb des Handwerks Einfluß auf die Situation des Handwerks.

2.4.2 Bedeutung der technischen Ausstattung

Das Bundesministerium für Wirtschaft fördert im Rahmen eines Modellversuchs den Technologietransfer in kleinen und mittleren Unternehmen.[94] Ziel einer technologischen Offensive im Handwerk ist eine Verbesserung der Leistungs- und Wettbewerbsfähigkeit, die Sicherung der

---

[89] Vgl. hierzu und zum folgenden Schmidt, K.-H. (1988), S. 20 ff. Stiller liefert ferner Beispiele aus den Bereichen Bauhauptgewerbe, Metall, Elektro, Sanitär, Heizung, Klima, Fensterbau sowie von Schreinern und Tischlern. Vgl. Stiller, W. (1992), S. 49 ff. Fülbier berichtet über Anwendungen im Werkzeugbau und in der Orthopädietechnik in Sanitätshäusern. Vgl. Fülbier, M. u. a. (1992), S. 57 ff.

[90] Die CAM-Technik (Computer Aided Manufacturing) umfaßt die rechnergestützte Fertigung und Montage. Vgl. Stiller, W. (1992), S. 73. Anwendung findet diese Technik im Handwerk beim Drehen, Fräsen, Schneiden, der Prüfung der Materialverfügbarkeit und Maschinenbelegung sowie der Durchführung der Materialbearbeitung. Vgl. Schmidt, K.-H. (1988), S. 20 ff.

[91] Die SPS-Technik als Meß- Steuerungs- und Regelungstechnik findet Anwendung in der Maschinen- und Anlagensteuerung, Heizungs- und Klimatechnik sowie in der Integration mit anderen Technologien. Vgl. Schmidt, K.-H. (1988), S. 21. Zur Beschreibung und Anwendung der Technologien und der Relevanz im Handwerk vgl. Schilling, G. u.a. (1989), S. 11 ff.

[92] Bei Maurern anders als bei Schuhmachern und in der Werkzeugmaschinenherstellung.

[93] Vgl. Kapitel IV, Abschnitt 2.2.

[94] Vgl. Stiller, W. (1992), o. S. (Vorwort). So fördert das Bundesministerium für Wirtschaft seit 1990 den Modellversuch "Technologie-Transfer als Mittel zur Verbesserung der Leistungs- und Wettbewerbsfähigkeit kleiner und mittlerer Unternehmen", vgl. Stiller, W. (1992), o. S. (Vorwort). Das Bundesministerium für Forschung und Technologie vergab den Forschungsauftrag "Neue Technologien für das Handwerk", vgl. Schilling, G. u. a. (1989), o. S. (Vorwort), um nur einige Beispiele zu nennen.

Arbeitsplätze und die Gewährleistung der Versorgung der Bevölkerung mit handwerklichen Produkten.[95] Durch Seminare soll Führungskräften die Bedeutung neuer Technologien verdeutlicht werden. Der Einsatz neuer Technologien löst im Handwerk nicht nur organisatorische Veränderungen aus, sondern hat auch rechtliche Folgen. Schließlich hat der Einsatz neuer Technologien in einem Wirtschaftsbereich, wie dem Handwerk, Konsequenzen für die Gesamtwirtschaft.

Der Einsatz von technischen Hilfsmitteln und Maschinen, insbesondere der Einsatz von CIM-Komponenten, erfordert in Handwerksbetrieben organisatorische Anpassungen, die sich teilweise schon vollzogen haben und zukünftig noch zunehmen werden. Manuelle Fertigkeiten treten mehr in den Hintergrund, Routinetätigkeiten werden automatisiert, Arbeitsinhalte und Vorgehensweisen ändern sich.[96] Investitionen und neue technische Ausstattungen verursachen darüber hinaus innerhalb des Handwerks mittel- und langfristig weitreichende Struktureffekte.[97] Alte Berufe und Tätigkeitsbereiche werden verdrängt und neue Tätigkeitsbereiche entstehen.[98] Neue Produktionsverfahren und -techniken "innovieren" einzelne Berufe, z. B. Werkzeugmacher, Schlosser, Installateure und Mechaniker.

Die Anforderungen an die Mitarbeiter steigen, denn der Einsatz neuer Technologien erfordert ein Verständnis der rechnerinternen Vorgänge und daher besser ausgebildete Mitarbeiter. Man geht davon aus, daß sich zukünftig in Routinebereichen die Zahl der Arbeitsplätze verringert, während im Planungs-, Steuerungs-, Instandhaltungs- und Entwicklungsbereich mehr Personal benötigt wird.[99] In den Unternehmen nimmt damit, wie in der Industrie, die Segmentierung und Bildung von Kern- und Randbelegschaften zu. Die veränderten Qualifikationsanforderungen infolge der Anwendung neuer Technologien führen dazu, daß auch kleine Unternehmen gezwungen sind, verstärkt qualifizierte Mitarbeiter wie Ingenieure einzustellen.[100]

Fraglich ist, welchen Beitrag der Befähigungsnachweis hierfür leisten kann. Obwohl das Handwerk über ein umfangreiches Ausbildungssystem verfügt und stets auf die Ausbildung des Nachwuchses für die gesamte Wirtschaft verweist, beklagt das Handwerk einen Mangel an qualifiziertem Personal für den Einsatz neuer Technologien. Fraglich ist, inwieweit die eigene Ausbildung dazu beiträgt.[101] Gleichwohl kann eine Ausbildung den Kenntnisstand erhöhen.

---

95   Vgl. Schilling, G. u. a. (1989), S. 7.

96   Vgl. Stiller, W. (1992), S. 11.

97   Die industrieökonomische Literatur befaßt sich intensiv mit der Frage, ob Marktstrukturen die Innovation eines Wirtschaftszweiges beeinflussen oder eher umgekehrt neue Technologien Strukturveränderungen verursachen. Neuere Arbeiten bevorzugen die letzte Variante, daß technischer Fortschritt die Marktstruktur prägt. Vgl. Schulenburg, J.-M. Graf v. d. (1988b), S. 150.

98   Vgl. hierzu und zum folgenden Schmidt, K.-H. (1988), S. 57.

99   Vgl. Stiller, W. (1992), S. 11.

100   Vgl. Schmidt, K.-H. (1988), S. 94.

101   Vgl. Schwarz, P. (1993), S. 355.

Dies ist, wie im übrigen Gewerbe, auch mit freiwilligen Maßnahmen möglich, einer Marktzutrittsregulierung bedarf es dafür nicht. Eine Meisterprüfung kann vielmehr suggerieren, die einmal erworbene Qualifikation reiche aus.[102] Notwendig sind vielmehr bedarfsgerechte Weiterbildungsmaßnahmen.

Sowohl die personellen Änderungen als auch der mit dem Einsatz neuer Technologien verbundene hohe Kapitalaufwand haben Auswirkungen auf die Betriebsgröße und die Rechtsform der Handwerksbetriebe. Um eine Auslastung der Technologien zu gewährleisten, wird die mindestoptimale Betriebsgröße ansteigen.

Neue Technologien, neue Produktionsmethoden und notwendige Innovationen in neue Produkte verändern sowohl die Arbeitsteilung und Spezialisierung zwischen den Handwerkszweigen als auch zwischen dem Handwerk und nicht-handwerklichen Bereichen.[103] Untersuchungen in der Handwerksgruppe Metall zeigten, daß die Produktionsmethoden denen in der Industrie ähnlich sind. Obwohl hinsichtlich der Organisationsstruktur die Präsidentenbetriebe[104] noch überwiegen, erfordert die technische Veränderung in zunehmendem Ausmaß eine Ausrichtung auf Teamarbeit. Gleichzeitig verändern sich damit die Qualifikations- und Organisationsanforderungen für Arbeitnehmer und Unternehmensleiter. Insofern weist Schwarz zu Recht darauf hin, daß sich durch den technischen Fortschritt die Betriebe von einer handwerksmäßigen Betriebsweise i. S. der HwO abwenden.[105]

Es stellt sich die Frage, welche Folgen die Marktzugangsregulierung hinsichtlich der technischen Ausstattung hat. Ein Teil der bisherigen handwerklichen Fertigung geht durch neue Technologien verloren.[106] Durch den Einsatz neuer Technologien überschneiden sich die Tätigkeitsgebiete innerhalb des Handwerks, also zwischen den formal abgegrenzten Handwerkszweigen,[107] aber auch zwischen dem handwerklichen und nicht-handwerklichen Bereich.

Ferner ermöglichen die Technologien flexiblere und individuellere Produktionsverfahren in der Industrie, so daß letztlich eine Annäherung zwischen Handwerk und Industrie stattfindet. Hinzuweisen ist ferner auf die Heterogenität des Handwerks, die zu einem sehr unterschiedlichen Bedarf an technischer Ausstattung führt.

Aus Sicht des Handwerks führt zwar die Verlagerung von manuellen Fertigkeiten zu Kenntnissen nicht zur Ablehnung der Handwerksmäßigkeit, wenn für den Einsatz der Technik besonde-

---

[102] Darauf weisen Probleme hin, Meister zu Weiterbildungsmaßnahmen zu bewegen.

[103] Vgl. hierzu und zum folgenden Schmidt, K.-H. (1988), S. 119.

[104] Kennzeichnend für Präsidentenbetriebe ist, daß der Eigentümerunternehmer (Präsident) in der Regel die relevanten Entscheidungen alleine trifft. Vgl. Schmidt, K.-H. (1988), S. 71.

[105] Vgl. Schwarz, P. (1993), S. 355.

[106] Vgl. Schilling, G. u. a. (1989), S. 27.

[107] Vgl. Schilling, G. u. a. (1989), S. 32.

re Kenntnisse erforderlich sind.[108] Das Handwerk ist insofern bemüht, trotz dynamischer Veränderungen in den Märkten, die dagegen sprechen, die technische Ausstattung als Abgrenzungskriterium zu verwenden, an der Marktzugangsregulierung festzuhalten. Unklare und mit Rechtsunsicherheit behaftete Abgrenzungskriterien führen zu Rechtsstreitigkeiten, die bei den betroffenen Betrieben die Kosten und letztlich die Preise erhöhen. Wenn infolge der technologischen Entwicklung ein Teil des handwerklichen Fertigungsprozesses und der handwerklichen Fertigkeiten nicht mehr vorhanden ist, spricht dies dafür, daß die technische Ausstattung als Abgrenzungskriterium und angebotsseitige Besonderheit an Bedeutung verliert und eine Sonderstellung des Handwerks durch eine Marktzugangsregulierung nicht mehr gerechtfertigt ist.

Obwohl in vielen Bereichen des Handwerks neue Technologien zum Einsatz kommen und dies durch das Bundesministerium für Wirtschaft und Bundesministerium für Forschung und Technologie unterstützt wird, ergaben Befragungen der Bundesfachverbände des Handwerks, die rund 80 % aller Handwerksbetriebe einbezogen,[109] daß Schwellenängste und Unsicherheiten bezüglich neuer Technologien im Handwerk bestehen, eine konservative traditionelle Einstellung zu finden ist und die Bereitschaft zu Veränderungen nicht ausgeprägt ist.[110]

Nicht unwichtig ist in diesem Zusammenhang, inwieweit durch die HwO psychologische Barrieren geschaffen werden.[111] Es ist durchaus anzunehmen, daß bestehende handwerksrechtliche Regelungen von vornherein reduzierend und hemmend auf unternehmerische Aktivitäten wirken.[112]

Empirische Untersuchungen im Handwerk ergaben, daß sich Handwerksbetriebe zwar den neuen Technologien stellen, aber gegenüber Mittel- und Großbetrieben der Industrie erfolgt die praktische Einführung neuer Technologien nur zögernd und mit einem erheblichen zeitlichen Rückstand.[113] Zu den Hemmnissen zählen, neben der erwähnten Motivation bei Auseinandersetzungen mit neuen Technologien, das Informations- und Beratungswesen. Obwohl das Handwerk über eine sehr umfangreiche Organisation verfügt, wird über mangelnde neutrale Informations- und Beratungsmöglichkeiten geklagt.[114]

---

108   Vgl. Hagebölling, L. (1983), S. 223.

109   Vgl. Schilling, G. u. a. (1989), S. 24.

110   Vgl. Schilling, G. u. a. (1989), S. 29.

111   Vgl. Bauer, J. M. u.a. (1988), S. 82.

112   Risikoaversion und Informationsmängel werden in der Bundesrepublik Deutschland im Vergleich zu Japan, Österreich und Großbritannien als vorrangige Innovationshemmnisse kleiner Unternehmen festgestellt. Vgl. Schmidt, K.-H. (1988), S. 63.

113   Vgl. Schilling, G. u. a. (1989), S. 27. Die Untersuchung wurde vom Fraunhofer-Institut für Produktionstechnik und Automatisierung, Stuttgart (IPA), dem Heinz-Piest-Institut für Handwerkstechnik, Hannover (HPI) und dem Institut für Technik der Betriebsführung, Karlsruhe (ITB) durchgeführt.

114   Vgl. Schilling, G. u. a. (1989), S. 30.

Hemmend auf die Einführung neuer Technologien wirkt der Befragung zufolge die erforderliche Aus- und Fortbildung der Mitarbeiter bzw. die Beschaffung qualifizierter Mitarbeiter. Als Hemmnis gewertet werden auch handwerksrechtliche Probleme. Befürchtet werden Überschneidungen und Aufweichungen von Abgrenzungen zu anderen Tätigkeitsgebieten, die zu Rechtsstreitigkeiten führen und Kosten verursachen können. Eine Weiterverwendung getätigter Investitionen kann dadurch fraglich werden. Risikoaversion und Unsicherheit bei den Betriebsinhabern, die Entscheidungen über die Investitionen zu treffen haben, nehmen insofern durch das vorhandene Handwerksrecht zu.

Derartige Hemmnisse bei der Einführung neuer Technologien verursachen darüber hinaus gesamtwirtschaftlich ökonomische Effekte. Fallstudien in Japan, Großbritannien und der Bundesrepublik Deutschland belegen, daß aggressive und innovative Unternehmer höhere Innovationen in neue Technologien durchführen als traditional handelnde Unternehmer, und innovative Unternehmer mehr Arbeitsplätze zur Verfügung stellen.[115] Fallstudien kleiner und mittlerer Unternehmen im Maschinen- und Werkzeugbau in Japan und vergleichbare Studien in Schweden, Großbritannien und der Bundesrepublik Deutschland zeigten, daß kleinere und mittlere Unternehmen "... die 'frühzeitig' neue Produktionsmethoden anwenden ..."[116] einen Beitrag zur schnelleren Verbreitung neuer Technologien leisten.

Mit der Einführung neuer Technologien und Innovationen in einer Branche sind Rückkopplungseffekte verbunden. Das Handwerk ist in ein Geflecht von Input-Output-Beziehungen mit vor- und nachgelagerten Branchen eingebunden. Der Einsatz neuer Technologien wirkt im Zeitablauf sowohl auf nachgelagerte Branchen und über diese auf vorgelagerte Branchen zurück.[117]

Aufgrund der Interdependenzen des Handwerks mit anderen Wirtschaftsbereichen haben Produktionsmethoden, der Einsatz von Technik und die technische Ausstattung Auswirkungen auf Produktion, Umsatz und Beschäftigung in anderen Wirtschaftsbereichen und somit auf gesamtwirtschaftliche Größen, wie Wachstum und Beschäftigung. Hemmnisse bei der Einführung neuer Technologien im Handwerk beeinträchtigen daher auch Innovationen und Diffusionen und somit Wachstum und Beschäftigung im Handwerk selbst sowie in anderen Branchen und der Gesamtwirtschaft.

---

[115]   Vgl. Schmidt, K.-H. (1988), S. 67 ff.

[116]   Schmidt, K.-H. (1988), S. 114.

[117]   Eine Quantifizierung deratiger Rückkopplungseffekte ist nicht möglich. Die Input-Output-Tabelle für die Bundesrepublik Deutschland weist zudem das Handwerk nicht gesondert aus.

2.4.3 Zusammenfassende Beurteilung

Der Stand der technischen Ausstattung innerhalb des Handwerks hat sich stark gewandelt. Insgesamt nahm die technische Ausstattung zu. Auch außerhalb des Handwerks verläuft die technologische Entwicklung unterschiedlich und es gibt Bereiche mit überwiegend manueller Tätigkeit. Hinsichtlich der technischen Ausstattung verwischen die Grenzen zwischen Industrie und Handwerk. Allerdings verläuft aufgrund der Heterogenität die technologische Entwicklung sehr unterschiedlich.

Der technische Fortschritt führt im Handwerk zu erheblichen organisatorischen Veränderungen und teilweise zur Verdrängung manueller Tätigkeiten. Veränderungen ergeben sich sowohl innerhalb der Handwerksbetriebe als auch im Hinblick auf die Marktstruktur des Handwerks. Durch eine veränderte technische Ausstattung überschneiden sich die Tätigkeiten zwischen den Handwerkszweigen sowie zwischen Handwerk und Industrie. Zwar ist in einigen Handwerksbetrieben der manuelle Kern noch vorherrschend, keineswegs gilt dies aber für alle Handwerksbetriebe. So weist Etzold darauf hin, daß einige Betriebe nicht handwerklich arbeiten und daher nicht mehr zum Handwerk zählen dürften.[118]

Somit kann festgehalten werden, daß bezüglich der technischen Ausstattung eine Angleichung zwischen Industrie und Handwerk stattfindet. Die organisatorischen Folgen der technologischen Entwicklung zeigen vielmehr, daß das Besonderheitskriterium nicht mehr im ganzen Handwerk erfüllt wird und anhand der technischen Ausstattung kaum noch eine Abgrenzung zwischen Handwerk und Industrie erfolgen kann.

Die rechtliche Interpretation läßt die Verwendung fast jeglicher technischer Ausstattung zu, ohne die Eigenschaft als Handwerksbetrieb zu verlieren. Nachteile entstehen aus Sicht der Handwerksbetriebe bei der Erlangung von Informationen über neue Technologien. Diese Informationsmängel rechtfertigen aber keine Marktzugangsregulierung. Aufgrund der Heterogenität bestehen hinsichtlich technischer Ausstattung heterogene Informationsanforderungen, die Informationsmängel und Informationsprobleme eher verstärken.

Ferner ließ sich zeigen, daß das Handwerk nicht durch die Besonderheit benachteiligt ist, sondern umgekehrt vielmehr die Handwerksgesetzgebung im Bereich dieses Kriteriums eine Benachteiligung beim Einsatz von Technologien schafft. Hemmnisse bei der Einführung neuer Technologien im Handwerk beeinträchtigen Innovation und Diffusion sowie Wachstum und Beschäftigung im Handwerk selbst und in anderen Branchen. Der Einsatz neuer Technologien beeinflußt die Marktstruktur und erfordert dynamische Anpassungsprozesse. Die rechtlich vorbestimmten Strukturen stellen dabei eher ein Hindernis dar. Die Technische Ausstattung führt zu weitreichenden Veränderungen im Handwerk. Zwar kann eine Meisterprüfung den Kennt-

---

118   Vgl. Etzold, H.-J. (1983), S. 181 ff.

nisstand erhöhen, aber dafür bedarf es keiner Marktzugangsregulierung. Da die Besonderheit nicht mehr im ganzen Handwerk vorliegt, ergeben sich Deregulierungspotentiale.

2.5 Art und Ausmaß der Arbeitsteilung

2.5.1 Arbeitsteilung als Abgrenzungskriterium und angebotsseitige Besonderheit

Die Arbeitsteilung ist eine der ältesten Formen der Spezialisierung der Arbeit und dann anzutreffen, wenn Wirtschaftssubjekte über den eigenen Bedarf hinaus Güter produzieren.[119] Unter Arbeitsteilung ist eine Aufsplitterung des Arbeitsprozesses in diverse Teilvorrichtungen zu verstehen. Spezialisierte Arbeiter führen dann die einzelnen Teilaufgaben aus. Die Arbeitsteilung bzw. Arbeitsverteilung umfaßt somit eine Zuteilung (Allokation), Aufteilung (Segmentierung) und Zerteilung (Fragmentierung).[120] Im Grunde besteht eine Arbeitsteilung in einer Zuteilung von Programmen (Aufgaben) zu Ressourcen (Aufgabenträgern).[121]

Arbeitsteilungen sind innerhalb eines Unternehmens, zwischen den Unternehmen, regional und international möglich.[122] Innerbetrieblich bestimmt die Effizienz der Arbeitsteilung den Grad der Aufgabenerfüllung,[123] die Ressourcennutzung (Auslastung), die Leistungsfähigkeit und Leistungsbereitschaft sowie die betriebliche Flexibilität.

Nach der HwO ist der Grad der innerbetrieblichen Arbeitsteilung Kriterium für die Abgrenzung von industriellen und handwerksmäßigen Betriebsweisen. Typisch für einen Handwerksbetrieb im Gegensatz zum Industriebetrieb ist, daß die im Betrieb Tätigen alle anfallenden Arbeiten erledigen können, während in der Industrie eine strenge Arbeitsteilung vorherrschend ist.[124]

Im Handwerk verwendete Arbeitsmittel und Maschinen sind vielseitig für verschiedene Arbeitsaufgaben einsetzbar, im Gegensatz dazu sind industrielle Produktionsmittel nur relativ einseitig zu verwenden.[125] Allerdings verändern sich auch die Arbeitsprozesse und Betriebsgrößen im Handwerk. Arbeitsteilung und technische Ausstattung des Betriebs stehen in enger Beziehung zueinander, denn die technische Ausstattung verändert die Arbeitsteilung. Insofern

---

119 Spezialisierung und Arbeitsteilung werden hier synonym verwendet.

120 Vgl. hierzu und zum folgenden Reiß, M. (1992), S. 167.

121 Nähere Einzelheiten dazu vgl. Reiß, M. (1992), S. 167 ff.

122 Vgl. Reiß, M. (1992), S. 171.

123 Die Aufgabenerfüllung entspricht dabei der Produktivität oder den Durchlaufzeiten.

124 Vgl. Eyermann, E. u. a. (1973), § 1, Rn. 16, S. 72.

125 Vgl. Hagebölling, L. (1983). S. 227.

sind auch im Handwerk Arbeitsteilungen aus betriebswirtschaftlichen und Rationalisierungs-gründen notwendig.

Für die Abgrenzung der handwerklichen von der industriellen Tätigkeit ist deshalb Art und Ausmaß der Arbeitsteilung entscheidend. "Wenn diese soweit fortgeschritten ist, daß die im Betrieb zu leistenden Arbeiten unter den dort Beschäftigten derart weitgehend aufgeteilt sind, daß jede einzelne Arbeitskraft stets nur bestimmte in der Regel immer wiederkehrende und eng begrenzte Teilarbeiten auszuführen hat, wird dies allerdings gegen eine handwerksmäßige Be-triebsweise sprechen."[126] Dennoch schließen nach Ansicht der Kommentare Art und Ausmaß der Arbeitsteilung Zusammenfassungen in sich selbständiger und qualifizierter Fertigungen nicht aus.[127]

Zurückzuführen ist aus handwerklicher Sicht die geringe, fehlende oder nur teilweise auftre-tende Arbeitsteilung auf die Personalität. Leistungsstand und Leistungsfähigkeit sind abhängig von der besonderen Fähigkeit des Meisters und der umfassenden Einsetzbarkeit der Mitarbei-ter.[128] Dennoch wird seitens der Kommentare darauf hingewiesen, daß auch im Handwerk un-gelernte und angelernte Arbeitnehmer tätig sind.[129]

2.5.2 Bedeutung der Arbeitsteilung

Innerhalb des Handwerks erfordern wirtschaftliche und technische Veränderungen, der ver-mehrte Einsatz neuer Technologien, neue Produkte und Produktionsmethoden effizienzorien-tierte zusammenhängende Bearbeitungen sowie integrierte ganzheitliche Arbeitsabläufe und den Einsatz von Spezialisten zur Beherrschung der Technik. Spezialisierte Maschinen sind un-ter Umständen nicht mehr für verschiedene Aufgaben einsetzbar. Die meist historisch gewach-sene Improvisation, der Meister, der alles im Kopf hat,[130] wird dadurch in Frage gestellt. Wie betriebswirtschaftliche Beratungen im Handwerk zeigen, erfordern neue Techniken organisa-torische Anpassungen und eine andere Arbeitsorganisation.[131]

Einerseits ist ökonomisch die Veränderung der Arbeitsorganisation erforderlich, andererseits ändert sich dadurch die Arbeitsteilung. Mängel in der Arbeits- und Ablaufplanung[132] verursa-

---

126   Eyermann, E. u. a. (1973), § 1, Rn. 16, S. 72.

127   Vgl. Siegert, A., Musielak, H.-J. (1984), § 1, Rn. 24, S. 83.

128   Vgl. Hagebölling, L. (1983), S. 262.

129   Vgl. Eyermann, E. u. a. (1973), § 1, Rn. 15, S. 71 f.

130   Vgl. o. V. (1992), S. 26.

131   Darauf verweisen betriebswirtschaftliche Beratungen im Handwerk. Vgl. dazu Stiller, W. (1992), S. 11, Landesgewerbeförderungsstelle des niedersächsischen Handwerks e. V. (1988), S. 23 ff., Zentral-verband des Deutschen Handwerks (1993), S. 137.

132   Hinweise auf derartige Mängel im Handwerk liefern u. a. Döring, U. (o. J. b), S. 307, o. V. (1992), S. 25 ff., o. V. (1989), S. 24 ff.

chen Ausfall- und Wartezeiten, die die Fertigungsgemeinkosten und letztlich die Stundenver-rechnungssätze, also den vom Verbraucher zu zahlenden Preis, erhöhen. Werden für spezielle technische Ausstattungen Spezialisten gebraucht, ändern sich zwangsläufig Arbeitsabläufe und Arbeitsteilung.

Die Arbeitsteilung im Handwerk ist ferner abhängig vom Handwerkszweig, von der Art der erstellten Güter und von der Betriebsgröße. Bei Maschinenbauern, Werkzeugmachern oder in Handwerkszweigen, in denen Kleinserienproduktionen möglich sind, z. B. Tischler, Drucker usw., bestehen andere Möglichkeiten der Arbeitsteilung als bei einem Friseur. Auch die im Handwerk im Zeitablauf zunehmende Betriebsgröße verändert die Arbeitsteilung. Aufgrund der sehr unterschiedlichen Betriebsgrößen, Handwerkszweige, Güter, also der sehr heteroge-nen Struktur des Handwerks, sind Art und Ausmaß der Arbeitsteilung sehr unterschiedlich ausgeprägt.

Die Dynamik der technischen und wirtschaftlichen Entwicklung verändert aber auch die Ar-beitsteilung außerhalb des Handwerks in der Industrie. In verschiedenen Bereichen ist eine Rückführung der Arbeitsteilung zu beobachten, in dem flexible und autonome Arbeitsgruppen eingerichtet werden. In kleinen nicht handwerklichen Betrieben ist eine strenge Arbeitsteilung teilweise ebensowenig vorherrschend wie in kleinen Handwerksbetrieben.

Zu beobachten ist, daß bezüglich der Arbeitsteilung nicht-handwerkliche Betriebe Elemente der Arbeitsteilung des Handwerks übernommen haben und das Handwerk Elemente der industriel-len Arbeitsteilung übernimmt. Auch wenn im Gesamthandwerk aufgrund der heterogenen Struktur des Handwerks Art und Ausmaß der Arbeitsteilung sehr unterschiedlich ausgeprägt sind, bestehen Tendenzen zur Angleichung an die Industrie, besonders in jenen Teilbereichen die als Zulieferer für die Industrie tätig sind. Aufgrund der Veränderungen innerhalb und au-ßerhalb des Handwerks läßt sich das Kriterium Arbeitsteilung kaum noch als Abgrenzungs-merkmal verwenden. Seitens der Handwerksverbände und Forschungsinstitute des Handwerks wird darauf verwiesen, daß die Arbeitsteilung derzeit im Handwerk ein "brisantes" Thema ist.[133] Dies deutet auf Umbrüche und Veränderungen hin.

Des weiteren stellt sich die Frage, ob das Handwerk durch eine unter Umständen geringere Arbeitsteilung benachteiligt ist und sich daraus eine Marktzugangsregulierung rechtfertigen lie-ße. Benötigt werden damit Aussagen, um zwischen guten und schlechten Formen der Arbeits-teilung differenzieren zu können. Differenzierte Urteile über spezifische Formen der Arbeitstei-lung liegen lediglich in einer Auflistung von Vor- und Nachteilen vor, Gesamturteile über kon-krete Strukturen sind kaum möglich.[134] Vorteile einer geringeren Arbeitsteilung sind u. a. hö-here Flexibilität und größere Arbeitsmotivation durch vielseitigere Tätigkeiten, dem stehen unter Umständen geringere Steigerungen der Arbeitsproduktivität gegenüber.

---

133   Dies ergaben eigene Befragungen zum Thema Arbeitsteilung.

134   Vgl. Reiß, M. (1992), S. 174.

Eine größere Arbeitsteilung im Handwerk kann infolge neuer Technologien zu einer besseren Ausnutzung von economies of scale führen. Bei konstanten Preisen ist eine höhere Ausbringungsmenge und eine Steigerung des Gewinns möglich. Höhere Arbeitsteilung kann selbst bei arbeitsintensiver Produktion, wie in einigen Bereichen des Handwerks, zu economies of scale führen, wenn Mitarbeiter entprechend ihren speziellen Fähigkeiten und komparativen Vorteilen eingesetzt werden. Insbesondere ist dies möglich durch eine Beschränkung auf eine bestimmte Anzahl von Tätigkeiten, aber auch aufgrund von Erfahrungen lassen sich economies of scale nutzen. Im Handwerk lassen sich Arbeitsteilung und Kostenreduktionen durch Lernvorgänge schwer trennen, sie wirken zusammen.[135]

Erfordern spezialisierte Maschinen eine Veränderung der Arbeitsteilung kann dies auch mit Nachteilen verbunden sein, wenn in Kleinbetrieben dadurch die Flexibilität sinkt. Aufgrund abgegrenzter Berufe liegt in einigen Handwerksbereichen kaum Substitutionskonkurrenz zur Industrie vor, so daß die Nachfrage relativ preisunelastisch ist. Geringe Arbeitsteilung und Marktzugangsregulierung können insofern zu Umverteilungen in diesen Sektor und Allokationsverzerrungen führen. Aus einer geringen Arbeitsteilung allein läßt sich insofern keine Notwendigkeit einer Marktzugangsregulierung ableiten. Voraussetzung ist, daß substitutive Produkte, die mit höherer Arbeitsteilung erstellt werden, keine Subventionen oder sonstige Begünstigungen erhalten.

Hinsichtlich der Regulierung ergeben sich folgende Schlußfolgerungen. Die angeführten Argumente zeigen, daß sich infolge der wirtschaftlichen und technischen Entwicklung die Arbeitsteilung im Handwerk verändert. Die Arbeitsteilung ist abhängig von verschiedenen Faktoren wie Betriebsgröße, der Art der erstellten Güter und Leistungen sowie der technischen Ausstattung. Die Arbeitsteilung hat als Abgrenzungskriterium an Bedeutung verloren, denn viele Handwerksbetriebe erfüllen dieses Kriterium nicht mehr.[136] Zudem ist fraglich, inwieweit eine Abgrenzung anhand dieses Merkmals ökonomisch zu sachgemäßen Ergebnissen führt, da konkrete Merkmale im Rahmen der Arbeitsteilung zur Abgrenzung nicht vorliegen und daher Rechtsunsicherheit besteht. Zudem sind Einzelprüfungen erforderlich. Rechtlich wird vielmehr versucht, auch bei Veränderungen an diesem Kriterium festzuhalten. Die in den letzten Abschnitten angeführten Hinweise auf organisatorische Veränderungen sprechen dafür, daß sich im Hinblick auf die Arbeitsteilung eine Annäherung an den nicht-handwerklichen Bereich ergeben hat. Auch wenn einige Handwerksbetriebe noch eine handwerkstypische Arbeitsteilung aufweisen, stellt die Arbeitsteilung für alle Handwerksbetriebe des gesamten Handwerks keine Branchenbesonderheit mehr dar. Insofern liefert auch dieses Kriterium Hinweise auf vorhandene Deregulierungspotentiale.

---

135   Zu Lernkurveneffekten und Erfahrungskurven vgl. Henderson, B. D. (1984), S. 21.

136   Vgl. Etzold, H.-J. (1983), S. 182.

2.6 Betriebliches Arbeitsprogramm

Die Besonderheiten der handwerklichen Produktionsweise kommen ferner im betrieblichen Arbeitsprogramm zum Ausdruck. Typisch für einen Handwerksbetrieb sind Einzelfertigung aufgrund individueller Bestellung für einen lokalen Markt sowie die Ausführung differenzierter Aufträge. Dies verlangt Anpassungsfähigkeit, Flexibilität und ein sich ständig wandelndes Leistungsangebot.[137] Um diese Aufgaben bewältigen zu können, ist berufliche Handlungskompetenz erforderlich.[138] Daraus könnte man die These ableiten, daß das besondere Arbeitsprogramm und die Handlungskompetenz einen Befähigungsnachweis erfordern. Das betriebliche Arbeitsprogramm ist gleichzeitig ein Kriterium zur Abgrenzung des Handwerks. Prägendes Merkmal des Handwerksbetriebes ist der Werkstattbetrieb.[139] Demgegenüber ist kennzeichnend für die industrielle Betriebsweise die Massenfertigung für den anonymen Markt.

2.6.1 Lokalität und Einzelfertigung

Sowohl der Kommentar als auch die handwerksnahe Literatur gehen davon aus, daß es sich um ein überkommenes Merkmal handelt, das nur noch mit Einschränkungen zutrifft.[140] Innerhalb des Handwerks fertigen zahlreiche Handwerksbetriebe in Serienfertigung, auf Vorrat, in größeren Mengen für einen unbekannten Abnehmerkreis. Als Beispiele zu nennen sind Bäcker, Konditoren, Fleischer, Tischler, Drechsler, Modisten, Polsterer, die kleinbetrieblich produzieren, Gold- und Silberschmiede, Schirmmacher, Kürschner, Werkzeugmacher u. a. Das gleiche gilt für die Herstellung von Musikinstrumenten, Chirurgieinstrumenten und Lederwaren.[141] Innerhalb eines Handwerksbetriebes kann sowohl Einzelfertigung als auch Serienfertigung erfolgen. Die technische und wirtschaftliche Entwicklung sowie Nachfrageverschiebungen haben hier zu Veränderungen geführt.

Auch die Lokalität des Absatzes ist vielfach überholt. Die Mobilität der Nachfrager macht es möglich, auch größere räumliche Distanzen zu überwinden. Auch wenn über die Exporttätigkeit von Handwerksbetrieben nur begrenzt empirisches Material vorliegt, wird aufgrund von Untersuchungen davon ausgegangen, daß rund 10 % der Handwerksbetriebe direkt exportieren.[142] Empirische Untersuchungen in Niedersachsen ergaben, daß insgesamt über 60 % der Betriebe an einer Exporttätigkeit interessiert sind. Von den Unternehmen, die mehr als 50 Beschäftigte haben, waren über 90 % an Exporten interessiert.[143]

137 Vgl. auch Stratenwerth, W. (1989), S. 8.
138 Vgl. Stratenwerth, W. (1989), S. 8 f.
139 Vgl. Wernet, W. (1965), S. 16.
140 Vgl. Eyermann, E. u. a. (1973), § 1, Rn. 18, S. 72 f., Hagebölling, L. (1983), S. 229.
141 Vgl. auch Schlaghecken, A. (1969), S. 66 ff.
142 Vgl. König, W. (1987), S. 4.
143 Vgl. König, W. u. a. (1988), S. 50.

Inwieweit Handwerksbetriebe überregional tätig sind, ist einerseits abhängig vom Standort, den Beschäftigtengrößenklassen und der Transportfähigkeit der Güter und Leistungen, aber andererseits bestimmt die Bevölkerungsdichte und die räumliche Verteilung der potentiellen Abnehmer das Absatzgebiet.[144] Untersuchungen für Niedersachsen ergaben, daß sowohl Exporte als auch überregionaler Absatz keinesfalls vernachlässigt werden können und für die Geschäftslage und für die Betriebsergebnisse von Bedeutung sind.[145]

Die Vorstellung, daß innerhalb des Handwerks kennzeichnend für die Handwerksbetriebe eine Tätigkeit nur auf lokalen Märkten oder auf individuelle Bestellung ist, hat sich damit überholt. Deutlich wird am Beispiel der Einzelfertigung und Lokalität ferner die heterogene Struktur des Handwerks. Für einige Betriebe sind Einzelfertigung und lokaler Absatz auch heute noch weiterhin zutreffend, aber keineswegs gilt dies für alle Betriebe. Die Veränderungen innerhalb und außerhalb des Handwerks weisen zudem auf Angleichungstendenzen zwischen Handwerk und Industrie hin.

Auch in der Industrie wird nicht nur für einen unbekannten Abnehmerkreis gefertigt. Gerade im Investitionsgüterbereich, im Kraftwerks- und Großanlagenbau und besonders im EDV-Bereich bevorzugen die Abnehmer maßgeschneiderte Konzepte und Lösungen. Die Bedeutung der Einzelfertigung und differenzierter Produkte hat in der Industrie im Zeitablauf zugenommen. Der Einsatz numerisch gesteuerter Maschinen und Roboter macht die Produktion in Industrieunternehmen flexibler.[146]

Sowohl die Entwicklung außerhalb des Handwerks im industriellen Bereich, die mehr Flexibilität und Einzelfertigung ermöglicht, als auch veränderte Produktions- und Absatzformen innerhalb des Handwerks sprechen dafür, daß das betriebliche Arbeitsprogramm keine eindeutige Abgrenzung zwischen Handwerk und Industrie mehr zuläßt. Vielmehr ist zu beobachten, daß zwischen handwerklichen und nicht-handwerklichen Arbeitsprogrammen eine Annäherung stattfindet und die Grenzen zunehmend verwischen.

Ökonomisch gesehen scheint ein Arbeitsprogramm mit Einzelfertigung mit Nachteilen verbunden zu sein, weil Kostenvorteile durch economies of scale kaum zu nutzen sind. Allerdings wiederholen sich auch bei extremer Einzelfertigung bestimmte Arbeitsgänge und die Erfahrungen bezüglich der Herangehensweise sowie die Problemlösungskapazitäten nehmen zu. Aus bisherigen Projekten können bestimmte Merkmale und Erfahrungen übernommen werden.

---

144 Während im Handwerkskammerbezirk Hannover die Betriebe knapp 2 % des Umsatzes in Entfernungszonen von über 100 km erzielten, entstehen im Kammerbezirk Ostfriesland knapp 6 % des Umsatzes in Entfernungszonen über 100 km. Kleine Betriebe mit ein bis vier Beschäftigten erwirtschafteten in Entfernungen bis 30 km 87 % des Umsatzes. Hingegen beträgt der Umsatzanteil bei Betrieben mit 50 und mehr Arbeitnehmern im Umkreis von 30 km lediglich 55 %. Vgl. König, W. u. a. (1988), S. 51.

145 Exportierende Betriebe schätzen generell die Geschäftslage und Betriebsergebnisse besser ein.

146 Vgl. Acs, Z. J., Audretsch, D. B. (1992), S. 119.

Skalenersparnisse und Kosteneinsparungseffekte sind auch bei Einzelfertigung durch Lernvorgänge gegeben. Ökonomisch läßt sich mit Einzelfertigungen und Lokalität daher keine Sonderstellung des Handwerks begründen.

Selbst wenn Produktionen für den lokalen Markt und individuelle Einzelfertigung vorliegen, begründet dies noch keine Sonderstellung, weil dies auch in anderen Bereichen der Fall ist.

2.6.2 Uno-actu-Prinzip

Ein weiteres häufig verwendetes Argument für Besonderheiten in einem Wirtschaftsbereich, die eine Regulierung rechtfertigen, stellt das uno-actu-Prinzip dar. Dieses Prinzip besagt, daß Entstehung und Verwendung von Waren und Dienstleistungen zusammenfallen, also uno-actu zu erfolgen haben, und Konsument und Produzent zusammenwirken müssen. Der Anbieter muß sich zum Zwecke der Leistungserstellung zum Nachfrager oder der Nachfrager zum Anbieter begeben.[147]

Die mit diesem Prinzip verbundenen Folgewirkungen sind es, die eine Regulierung begründen. So wird besonders auf hohe persönliche Präferenzen verwiesen und damit verbundener erschwerter Qualitätskontrolle und eingeschränkter Markttransparenz.[148] Das uno-actu-Prinzip betrifft im Handwerk nur einige Handwerkszweige. Zu nennen sind Friseure, Zahntechniker, Orthopädieschuhmacher, -mechaniker, insbesondere wenn Einzelfertigungen erfolgen. Mit Einschränkungen gilt das Prinzip für Schneider, Raumausstatter, Schornsteinfeger und Fotografen.

Festzuhalten ist, daß das uno-actu-Prinzip nicht für das ganze Handwerk zutreffend ist. Zudem ist das uno-actu-Prinzip kein besonderes Merkmal des Handwerks, sondern auch in anderen Wirtschaftsbereichen, wie z. B. im Gesundheits-, Transport- und Verkehrswesen vorhanden.

2.6.3 Individualität

Handwerksleistungen sind nach Wernet "... individuell gefärbte, individuell variierende und individuell begrenzte ..."[149] Leistungen. Diese individuelle Leistung ist an die Person und Eigenschaften des Handwerkers gebunden. Der Handwerker prägt in besonderer Weise das Produkt und gibt ihm eine persönliche Note. Die volle Berufsbeherrschung und individuelle Leistung ist an den beruflichen Werdegang gebunden. Dieser Werdegang über Lehrling, Geselle, Meister setzt menschliche Reifeprozesse voraus. Nur ein Meister kann "... die Prägekraft des Berufes weitergeben ..." an das handwerkliche Gut. Ebenso wie bei der Einzelfertigung ist berufliche

---

147   Vgl. Lamberts, W. (1986/87), S. 507.

148   Auf das Problem der Qualitätsunsicherheit wird im Abschnitt 3.2 eingegangen.

149   Wernet, W. (1965), S. 16.

Handlungskompetenz notwendig, die einen Großen Befähigungsnachweis erfordert.[150] Man geht davon aus, daß im Handwerk versucht wird, individuell zu fertigen.[151]

Allerdings ist innerhalb des Handwerks die Individualität nur noch für einen Teil der Handwerksleistungen und nicht mehr für alle 127 Handwerkszweige zutreffend. Auch bei einer scheinbar individuellen Produktion, wie der Verlegung von Elektroinstallationen oder Gas- und Wasserleitungen, handelt es sich um eine verschiedene Anordnung sich wiederholender normierter Tätigkeiten.[152] Aufgrund der technischen und wirtschaftlichen Entwicklung, die sich auch im Handwerk vollzog, entwickelten sich die in der Anlage A enthaltenen Handwerkszweige auseinander.[153] In diesem heterogenen Gebilde ist Individualität kein für alle zutreffendes Merkmal mehr.

Auch in anderen Bereichen außerhalb des Handwerks sind individuelle Produktion oder standardisiert individuelle Herstellungsverfahren (Automobilindustrie) zu finden, dennoch kann Individualität ein spezifisches Merkmal einer bestimmten Produktionsweise sein. Deshalb stellt sich auch hier die Frage, inwieweit unter dem Aspekt der Individualität eine Neudefinition des Handwerks erforderlich ist, in der dann eher homogene Merkmale eine Rolle spielen. Zu berücksichtigen ist allerdings, daß infolge der wirtschaftlichen und technischen Entwicklung ehemals homogene Merkmale an Bedeutung verlieren und im Zeitablauf zu heterogenen Merkmalen werden können.

2.6.4 Wirtschaftspolitischer Handlungsbedarf aufgrund des betrieblichen Arbeitsprogramms

Innerhalb des Handwerks sind die Merkmale Individualität, Lokalität und Einzelfertigung nur für einen Teil der Handwerksbetriebe und Handwerksleistungen zutreffend. Zahlreiche Handwerksbetriebe fertigen in Serienfertigung, auf Vorrat, für einen unbekannten Abnehmerkreis und es liegen normierte standardisierte Tätigkeiten vor. Diese Merkmale sind ferner auch außerhalb des Handwerks im nicht-handwerklichen Bereich zu finden. Kennzeichnend für das Handwerk ist vielmehr die Heterogenität der Leistungen. Die Veränderungen innerhalb und außerhalb des Handwerks deuten daher auf Angleichungstendenzen zwischen Handwerk und Industrie hin.

---

150 Vgl. Kapitel IV, Abschnitt 2.6.1.

151 Bei Einzelfertigung wird der Anbieter aufgrund eines speziellen Auftrags eines Nachfragers tätig, während Individualität bedeutet, daß das Handwerk versucht, individuell zu fertigen oder dem Produkt eine besondere Note zu verleihen. Alle Merkmale, Einzelfertigung, Individualität und Handfertigkeit können bei einer Leistung auch gemeinsam anfallen.

152 Siehe auch Finsinger, J. (1988), S. 63.

153 Die Heterogenität ist insofern Folge der HwO.

Gleichwohl weisen Einzelfertigung, Individualität, Flexibilität in Verbindung mit Handfertigkeit auf gewisse Besonderheiten des Handwerks hin. Jedoch ist die Frage berechtigt, ob dafür eine Marktzugangsregulierung gebraucht wird. Dahinter verbirgt sich auch die Frage, inwieweit die Meisterprüfung in der Lage ist, Leistungsstand und Leistungsfähigkeit zu gewährleisten. Bei dieser Frage stehen sich Befürworter und Gegner gegenüber.

Bei der Frage nach der Hebung und Gewährleistung des Leistungsstandes durch den Großen Befähigungsnachweis antworten die einen, der Befähigungsnachweis sei "... keine Garantie für einen gleichbleibend hohen Leistungsstand des Geprüften, nicht einmal für ein Qualitätsminimum, "[154] während andere hervorheben, der Große Befähigungsnachweis sei "... ein geeignetes wirtschaftspolitisches Instrument, um ein hohes Qualifikationsniveau auf volkswirtschaftlich äußerst effiziente Weise zu gewährleisten."[155]

So geht Stratenwerth davon aus, daß für ein individuelles differenziertes Leistungsangebot berufliche Handlungskompetenz erforderlich ist.[156] Dies verlangt neben reproduzierbaren Fertigkeiten Problemlösungs- und Lernfähigkeit. Der Nachweis der beruflichen Handlungskompetenz, um dies Leistungsangebot selbständig erstellen zu können, muß durch Gesellenprüfung, mehrjährige Gesellenzeit und Meisterprüfung erfolgen,[157] denn die leistungsfähige Ausbildung ist Voraussetzung für den handwerklichen Leistungsstand. Wird auf den Großen Befähigungsnachweis verzichtet, entstehen Qualifikationsdefizite und Einbußen hinsichtlich eines differenzierten, flexiblen und individuellen Leistungsangebotes.[158]

Wernet sieht den Befähigungsnachweis als erzieherische Maßnahme. Die berufliche Leistungsfähigkeit des selbständigen Handwerkers sei entscheidend für die Existenz des Handwerks.[159] Zwar räumt Watrin ein, daß die Leistungsfähigkeit durch Ausbildung verbessert werden kann, aber die leistungssteigernde Wirkung ist seiner Ansicht nach nicht so umfassend wie behauptet wird.[160] Dies ist Watrin zufolge auf den Zwangscharakter, die Mängel des Ausbildungssystems und die Schwierigkeiten bei der Anpassung an den technischen Fortschritt zurückzuführen.[161]

Der Befähigungsnachweis ist ausgerichtet auf eine Erhöhung der Sach- und Fachkenntnisse. Hingegen sind für die Selbständigkeit, insbesondere aber für Einzelfertigung, Individualität und

---

[154] Habermann, G. (1990), S. 181.

[155] Kucera, G. (1989), S. 99.

[156] Vgl. hierzu und zum folgenden Stratenwerth, W. (1989), S. 8 ff.

[157] Vgl. Stratenwerth, W. (1989), S. 10 ff.

[158] Vgl. Stratenwerth, W. (1989), S. 16.

[159] Vgl. Wernet, W. (1954), S. 72 f.

[160] Vgl. Watrin, C. (1957), S. 46 ff.

[161] Die Schwierigkeiten bei der Anpassung an den technischen Fortschritt gelten, wie der letzte Abschnitt zeigt, weiterhin. An dieser Stelle soll nicht auf die einzelnen Argumente vertieft eingegangen werden. Vgl. hierzu Watrin, C. (1957), S. 47 ff.

Flexibilität, unternehmerische Fähigkeiten wie Kreativität, Invention und Innovation notwendig, die teilweise weder erlernbar noch abprüfbar sind.[162] So weist Schmidt zu Recht darauf hin, daß der marktliche Erfolg bzw. Leistungsstand weniger von einem zeitpunktbezogenen Großen Befähigungsnachweis sondern vielmehr von der Fähigkeit abhängig ist, neue Verfahren und Produkte zu entdecken und weiter zu entwickeln, Marktnischen zu besetzen oder Mitarbeiter zu motivieren und zu koordinieren.[163] Dabei sind verstärkt auch kommunikative Fähigkeiten und Teamfähigkeit von Bedeutung. Der Wettbewerb auf offenen Märkten bedeutet eine ständige Qualifikationsprüfung.[164]

Gleichwohl kann eine Aus- und Weiterbildung den Wissensstand verbessern und Kreativität und Selbstbewußtsein fördern und somit einen Beitrag zur Individualität, Einzelfertigung und Flexibilität leisten. Dies gelingt aber auch mit einer freiwilligen Meisterprüfung oder einer Gesellenprüfung oder freiwilligen Weiterbildungsangeboten.

Selbst wenn die im betrieblichen Arbeitsprogramm[165] erwähnten Merkmale auf Branchenbesonderheiten hinweisen, die in Teilbereichen des Handwerks zutreffend sind, aber nicht mehr im ganzen Handwerk, läßt sich daraus keine Marktzugangsregulierung für das gesamte Handwerk ableiten. Eine Aufrechterhaltung der Regulierung im bisherigen Umfang erscheint damit nicht gerechtfertigt, vielmehr sprechen die vorliegenden Argumente auch dann, wenn die Besonderheiten vorliegen, für eine Deregulierung.

Neben dem betrieblichen Arbeitsprogramm wird auf die relativ geringe Betriebsgröße als handwerkstypisches Merkmal verwiesen.

2.7 Betriebsgröße

2.7.1 Betriebsgröße als Abgrenzungskriterium

Als bestimmende Merkmale der Betriebsgröße lassen sich die Zahl der Beschäftigten, die räumliche Ausdehnung des Betriebes, die Höhe des Umsatzes, der Umfang der technischen Ausstattung und der Kapitaleinsatz heranziehen.[166] Typisch für das Handwerk sind nach traditioneller Auffassung kleine bis mittlere Betriebsformen und Unternehmensgrößen.[167] Betrach-

---

162 Vgl. Watrin, C. (1957), S. 77 ff., Schmidt, M. (1988), S. 67. Zur industrieökonomischen Innovationsforschung vgl. Schulenburg, J.-M. Graf v. d. (1988b), S. 144 ff.

163 Vgl. Schmidt, M. (1988), S. 67 ff.

164 Vgl. Kapitel III, Abschnitt 5.2.

165 Auf die mit Individualität und Einzelfertigung zusammenhängenden Informationsprobleme wird im Abschnitt 3 dieses Kapitels eingegangen.

166 Vgl. Honig, G. (1993), § 1, Rn. 56, S. 96.

167 Vgl. Sertl, W. (1989), S. 201.

tet man Handwerk und Industrie als Gegenpole auf einer Skala, gilt als typisches Merkmal eines Industriebetriebes eine erhebliche Größenordnung.[168] Die marktlichen Gegebenheiten wi-
dersprechen allerdings der traditionellen Auffassung, denn Großbetriebe sind in zunehmender
Anzahl auch im Handwerk anzutreffen.

Fraglich ist, ob die im Handwerksbetrieb notwendige Überschaubarkeit die Betriebsgröße beschränkt. Typisch für das Handwerk sind nach traditioneller Auffassung kleine bis mittlere Betriebsgrößen. Fraglich ist, inwieweit ein Zusammenhang zur Regulierung besteht. Aus der Erhaltung der Funktionsfähigkeit des Handwerksstandes und der Erhaltung und Förderung des
Handwerks als Teil des Mittelstandes ließe sich die These ableiten, daß Klein- und Mittelbetriebe benachteiligt sind, eines besonderen Schutzes bedürfen und deshalb zur Erhaltung der
Funktionsfähigkeit eine Marktzugangsregulierung erforderlich ist.

Die Betriebsgröße steht in enger Beziehung zur Personalität und der damit verbundenen Überschaubarkeit und Einwirkungsmöglichkeit. Dahinter steht die Vermutung, in Großbetrieben
könnte eine Überschaubarkeit nicht gegeben sein.

Hinsichtlich der Betriebsgröße ging die Rechtsprechung zunächst von einer interdependenten
Beziehung zwischen Inhaberbefähigungsprinzip und Betriebsgröße aus, die dazu führte, daß
Gerichte im Einzelfall festlegen mußten, bei welcher Mitarbeiterzahl der Meister nicht mehr auf
den technischen Betriebsablauf Einfluß nehmen kann und eine Überschaubarkeit nicht mehr
gegeben ist.[169]

Jedoch wurde den vom BVerwG entwickelten Gedanken nicht gefolgt. So weisen Eyermann u.
a. im Kommentar darauf hin, daß die Höhe des Umsatzes und die Beschäftigung von Hunder-
ten von Arbeitnehmern den handwerklichen Charakter nicht ausschließen.[170]

Ebenso weist die einschlägige Literatur darauf hin, daß unter dem Aspekt der Betriebsgröße
Überschaubarkeit und Einwirkungsmöglichkeit des Meisters nicht an überkommen Maßstä-
ben gemessen werden können. Durch Telefon, Funkverbindung, Betriebsgestaltung, Fernseh-
überwachung und Videoanlagen ließen sich auch größere Betriebe überschauen. Deshalb ist
nach Hagebölling die Betriebsgröße nicht mehr quantitativ sondern qualitativ zu betrachten.[171]
Betriebe, die sich bezüglich der Betriebsgröße vom typischen Handwerksbetrieb entfernen,

---

168   Vgl. Hagebölling, L. (1983), S. 248.

169   So legte das BVerwG im graphischen Gewerbe für die Betriebsgröße 25 Mitarbeiter bei Verwendung
umfangreicher technischer Hilfsmittel fest. Für Bauunternehmen liegt aus Sicht des BVerwG die
Grenze der Überschaubarkeit bei 180 bis 200 Beschäftigten. Einen ausführlichen Überblick über die
Rechtsprechung zur Betriebsgrößenproblematik im Handwerk geben Kübler, Aberle und Schubert im
Kommentar zur HwO. Vgl. hierzu und zum folgenden Kübler, K.-J. u. a. (1986), § 1, Rn. 12, Kenn-
zahl 315, S. 13 ff.

170   Vgl. Eyermann, E. u. a. (1973), § 1, Rn. 13, S. 70.

171   Vgl. Hagebölling, L. (1983), S. 240 ff.

sollen demnach als handwerklich angesehen werden, wenn sie von ihrer Gesamtstruktur insgesamt eher einem Handwerksbetrieb als einem Industriebetrieb entsprechen.[172]

An dieser Stelle läßt sich festhalten, daß die HwO zwar faktisch durch die Überschaubarkeit und Einwirkungsmöglichkeit Grenzen für die Betriebsgröße liefert, aber eine sehr weite Auslegung erfolgt. Es liegen keine handhabbaren und eindeutig definierten Kriterien zur Abgrenzung vor. Vielmehr ist das handwerksnahe Schrifttum bemüht, nachträglich die Marktgegebenheiten zu legitimieren und zu begründen, warum auch größere Betriebe Handwerk sein können. Die Spitzen der Handwerksorganisation sind bemüht auch Großbetriebe im Handwerk zu belassen, weil dadurch die Finanzkraft der Organisation erhöht wird, denn die Betriebe zahlen entsprechend ihrer Größe Beiträge zur Handwerkskammer.[173]

2.7.2 Bedeutung der Betriebsgröße

In der ökonomischen Theorie sind Definitionen sowie die Effizienz verschiedener Betriebsgrößen uneinheitlich geblieben.[174] Allgemeingültige Definitionen einer mindestoptimalen Betriebsgröße sind nicht möglich, denn einerseits muß berücksichtigt werden, unter welchem Aspekt eine Betriebsgröße optimal sein soll, andererseits ist die mindestoptimale Betriebsgröße von der Zusammensetzung der Produktion usw. abhängig. Zudem beeinflussen exogene Faktoren, wie technische, wirtschaftliche und rechtliche Veränderungen und Entwicklungen die mindestoptimale Betriebsgröße.[175]

Innerhalb der Volkswirtschaft nehmen kleine und mittlere Unternehmen wichtige wirtschaftliche, gesellschaftliche, konjunktur- und wachstumspolitische Funktionen wahr.[176] Klein- und Mittelbetriebe sorgen für eine Nahversorgung der Bevölkerung, entdecken Marktnischen

---

172 Dahinter stehen idealtypische Vorstellungen, daß ein Industriebetrieb eine erhebliche Größenordnung aufweist, der Betriebsinhaber nicht im Produktionsbereich selbst mitarbeitet, eine genormte Serienfertigung auf Vorrat für unbekannte Abnehmer erfolgt, starke Arbeitsteilung vorliegt, die Produktionsvorgänge durch Verwendung von Maschinen beherrscht wird, in der kaum Handarbeit stattfindet. Vgl. mit weiteren Literaturhinweisen Hagebölling, L. (1983), S. 247 ff.

173 Sofern ein Gewerbesteuermeßbetrag größer 0 vorliegt, ist ein festgelegter Grundbeitrag zu zahlen und ein Beitrag auf Basis des Gewerbesteuermeßbetrages multipliziert mit dem Hebesatz. Bei Betrieben ohne Gewerbesteuermeßbetrag wird ein prozentualer Hebesatz des Gewinns erhoben. Juristische Personen zahlen einen zusätzlichen Grundbeitrag.

174 Vgl. dazu mit vielen weiteren Nachweisen Acs, Z. J., Audretsch, D. B. (1992), S. 19 ff. Die ökonomische Literatur versucht mit verschiedenen Ansätzen die Existenz unterschiedlicher Unternehmensgrößen in einer Branche zu erklären. Eine heterogene Unternehmensgrößenverteilung, in der große und kleine Unternehmen nebeneinander existieren, erklärt Lucas mit unterschiedlichen unternehmerischen Fähigkeiten. Seiner Ansicht nach sind die Individuen als Arbeitnehmer identisch, aber mit unterschiedlichen unternehmerischen Fähigkeiten ausgestattet. Lucas zufolge führen begabte Personen große Unternehmen, weniger begabte Personen kleine Unternehmen. Lucas, R. E. (1978), S. 508 ff.

175 Zum Einfluß neuer Technologien auf die Betriebsgröße vgl. Diwan, R. (1989), S. 101 ff.

176 Vgl. zur Bedeutung von Klein- und Mittelbetrieben Zeitel, G. (1990), S. 29 ff.

und zeichnen sich durch Flexibilität aus.[177] Sie leisten nicht nur einen Beitrag zum technischen Fortschritt, sondern reagieren auf technischen Fortschritt, was wiederum Auswirkungen auf Wachstum und Beschäftigung hat.[178]

Die empirische Bedeutung kleiner und mittlerer Unternehmen und das wissenschaftliche Interesse daran nahm in den letzten Jahren zu.[179] Anhand empirischer Untersuchungen wurde neuerdings festgestellt, daß sich der bis Mitte der siebziger Jahre vorherrschende Trend steigender Unternehmensgrößen umgekehrt hat. Während die durchschnittliche Betriebsgröße kleiner Unternehmen steigt, sinkt die durchschnittliche Betriebsgröße großer Unternehmen.[180] Hinweise hierfür liefert auch die Betriebsgrößenstruktur des Handwerks.[181]

Üblich ist im Handwerk eine Messung der Betriebsgröße am Faktor Arbeit.[182] Die Aussagefähigkeit der Betriebsgröße, gemessen an der Zahl der Beschäftigten, unterliegt allerdings im Zeitablauf Einschränkungen, weil auch im Handwerk eine Substitution zwischen den Faktoren Arbeit und Kapital stattfindet. Die durchschnittliche Zahl der Beschäftigten pro Handwerksbetrieb erhöhte sich von 5,0 (1960) auf 7,6 (1992), pro Handwerksunternehmen von 5,3 (1960) auf 8,3 (1992).[183] Berücksichtigt man zusätzlich die Substitution von Arbeit durch Kapital, ist von einem noch stärkeren Anstieg der Betriebsgröße auszugehen.[184]

Innerhalb des Handwerks ist die durchschnittliche Betriebsgröße in den einzelnen Handwerkszweigen relativ unterschiedlich, wie eine Auswahl aus den Handwerkszweigen in Anhang 8 zeigt. Während beispielsweise im Schuhmacherhandwerk im Durchschnitt 2,1 Beschäftigte pro Betrieb tätig sind, beträgt die durchschnittliche Anzahl der Beschäftigten im Gebäudereinigerhandwerk 157,5.[185]

---

[177]   Vgl. Molitor, B. (1988), S. 233.

[178]   Vgl. Acs, Z. J., Audretsch, D. B. (1992), S. 20.

[179]   Vgl. dazu Rothwell, R. (1989), S. 51 ff., Acs, Z. J., Audretsch, D. B. (1992), S 16 f., mit vielen weiteren Nachweisen.

[180]   Vgl. Acs, Z. J., Audretsch, D. B. (1992), S. 16. Zur Erklärung lassen sich unterschiedliche Gründe anführen, die aber teilweise noch hypothetischen Charakter haben. Zu nennen sind Einflüsse neuer Technologien, veränderte Zusammensetzungen der Arbeitnehmerschaft mit einem steigenden Anteil selbständiger Frauen, veränderte Präferenzen der Verbraucher. Zudem sind infolge der Globalisierung der Märkte Entwicklungen unbeständiger. Nicht zuletzt haben auch durchgeführte Deregulierungsmaßnahmen die Chancen kleiner Unternehmen verbessert. Vgl. Acs, Z: J., Audretsch, D. B. (1992), S. 17 ff.

[181]   Vgl. Kapitel II, Abschnitt 4.2.

[182]   Über andere Merkmale der Betriebsgröße liegen keine Statistiken vor.

[183]   Die Zahl der Handwerksunternehmen ist niedriger als die Zahl der Handwerksbetriebe, weil in den Betriebszahlen Nebenbetriebe enthalten sind und ein Unternehmen mehrere Betriebe umfassen kann, beispielsweise wenn der Meister mehrere Meisterprüfungen ablegte. Vgl. Kapitel II, Abschnitt 4.1.

[184]   Vgl. Schlaghecken, A. (1969), S. 58.

[185]   Vgl. Rheinisch-Westfälisches Institut für Wirtschaftsforschung (RWI), (1993), S. 119 und S. 149.

Die Betriebsgröße in den einzelnen Handwerkszweigen wird durch sehr unterschiedliche Determinanten bestimmt. Zu nennen sind u. a. die Art der erstellten Güter, die unterschiedlichen Funktionen des Handwerks,[186] die Kapital- und Arbeitsintensität, die Unteilbarkeit von Produktionsgütern und des Faktors Arbeit,[187] Marktgröße und Absatzradius, die Transportfähigkeit[188] der Güter oder Handwerksleistungen. Die Betriebsgröße richtet sich nicht nur nach der Größe des lokalen Marktes, weil auch ein überregionaler Absatz und Export betrieben wird.

Somit zeigt sich, daß die Betriebsgröße im Handwerk zwischen den Handwerkszweigen sehr unterschiedlich und von sehr unterschiedlichen Determinanten abhängig ist. Neben einer Vielzahl von Klein- und Mittelbetrieben sind auch große Unternehmen zu finden. Aufgrund der heterogenen Zusammensetzung der Anlage A weist auch die Verteilung der Betriebsgrößen eine heterogene Struktur auf.

Auch wenn zwischen den Branchen und Sektoren erhebliche Verschiebungen stattfinden und kleine und mittlere Unternehmen den Markt verlassen und neue hinzukommen, bestätigen neue empirische Untersuchungen eine relative Konstanz bezüglich der Anzahl kleiner und mittlerer Unternehmen.[189] Es liegen somit Hinweise vor, daß ein Regulierungsbedarf aufgrund der Betriebsgöße nicht gerechtfertigt erscheint. Dennoch können staatliche Eingriffe gerechtfertigt sein, um strukturelle Nachteile auszugleichen. Ökonomisch relevant für das Handwerk ist deshalb die Frage, ob mit der Vielzahl kleiner und mittlerer Betriebe Nachteile verbunden sind, inwieweit das Handwerk Betriebsgrößenvorteile nutzen kann und welche Folgen die Marktzugangsregulierung für die Betriebsgröße hat.

Benachteiligt sind kleine und mittlere Unternehmen bei der Kapitalbeschaffung, vornehmlich bei internen Finanzierungsmöglichkeiten, der Eigenkapitalfinanzierung, Finanzierungsmöglichkeiten über den Kapitalmarkt und der Kreditaufnahme. Große Unternehmen können sich in der Regel Kapital zu geringeren Kosten beschaffen, weil sie über andere Zugangsmöglichkeiten zu Kapital verfügen und die Kreditkosten geringer sind. Die Kreditkosten kleiner und mittlerer Unternehmen sind höher als bei großen Unternehmen, weil die Informationskosten der Kreditwürdigkeitsprüfung für kleine Unternehmen teilweise höher liegen. Große Unternehmen profitieren bspw. von aktienrechtlichen Bewertungs- und Publizitätsvorschriften sowie detailliert

---

[186] Vgl. Kapitel IV, Abschnitt 2.1.

[187] Beim Faktor Arbeit sind auch Flexibilisierungen über die Arbeitszeit möglich.

[188] Das Produkt "Mauer" läßt sich nicht transportieren, wohl aber die Handwerksleistung, indem sich der Maurer zu der entsprechenden ggf. auch entfernteren Baustelle begibt.

[189] Vgl. Audretsch, D. B. (1992), S. 14. In der Bundesrepublik Deutschland (alte Bundesländer) zählten 1988 88,5 % der Unternehmen zu Betrieben bis zu 9 Beschäftigten. Vgl. Molitor, B. (1988), S. 232.

vorliegenden Jahresabschlüssen. Sie wirken bei den Kreditinstituten informationskostensenkend und bonitätssteigernd.[190]

Nachteile entstehen kleinen und mittleren Unternehmen ferner durch Verwaltungsauflagen und Bürokratielasten. Sie stellen für den einzelnen Betrieb Fixkosten dar, erhöhen die Preise und senken die Gewinne. Längerfristig führen steigende Fixkosten infolge einer sinkenden Unternehmenszahl zu Konzentrationstendenzen. Verwaltungsauflagen haben eine wettbewerbsverzerrende Wirkung, weil große Unternehmen in der Regel über größere Informationsverarbeitungskapazitäten verfügen und Auflagen besser bewältigen können als kleine Unternehmen. Eine Marktzugangsregulierung kann zusätzliche Kosten aus den Verwaltungsauflagen nicht senken. Betrachtet man die durchschnittliche Betriebsgrößenentwicklung des Handwerks, hat sich im Zeitablauf die Betriebsgröße nicht so gravierend verändert, daß die Benachteiligung damit ausgeglichen werden könnte. Die Nachteile lassen sich auch durch andere wirtschaftspolitische Instrumente ausgleichen. Eine Deregulierung in anderen Bereichen kann deshalb Nachteile kleiner Unternehmen verringern. Den Nachteilen entgegen wirken ferner Maßnahmen des Bundes zur Förderung kleiner und mittlerer Unternehmen.[191]

Eine Kompensation größenspezifischer Kostennachteile ist durch eine Strategie der Flexibilität möglich. Es liegen unterschiedliche Definitionen von Flexibilität vor.[192] Stigler versteht darunter, wenn die Produktionstechnik Eigenschaften aufweist, die eine überdurchschnittliche Umstellung der Produktion erlaubt.[193] Flexibilität läßt danach eine Umstellung des Betriebes auf neue Produkte oder Herstellungsverfahren mit vergleichsweise geringeren Kosten zu.

Gerade die Flexibilität auf Marktänderungen leistet über das Handwerk hinaus (sektorübergreifend) einen entscheidenden Beitrag zur Wettbewerbsfähigkeit. Für den Strukturwandel sind unternehmensinterne Anpassungsprozesse und die Erhöhung der Flexibilität notwendig.

Es stellt sich damit die Frage, ob das Handwerk Strategien der Flexibilität nutzen kann? Eine Einschränkung der Flexibilität erfolgt durch die Berufsbilder, die eine relativ fest umrissene Anzahl von Tätigkeiten enthält. Ergeben sich marktliche oder technische Veränderungen, neue Produkte, die eine den einzelnen Handwerkszweig übergreifende Kombination von Tätigkeiten erfordern, ist eine "nachträgliche" Änderung des Berufsbildes durch den Bundesminister für Wirtschaft im Einvernehmen mit dem Bundesminister für Bildung und Wissenschaft durch

---

[190]   Vgl. Schmidt, M. (1988), S. 218. Zudem können bei den Kreditinstituten zunehmende Losgrößen, also größere Kredite, mit geringeren Transaktionskosten verbunden sein, dem steht allerdings eine geringere Risikostreuung bei Großkrediten gegenüber.

[191]   Vgl. Bundesministerium für Wirtschaft (1993), S. 8 ff.

[192]   Vgl. dazu auch Acs, Z. J., Audretsch, D. B. (1992), S. 86 f.

[193]   Vgl. Stigler, G. J. (1939), S. 305 ff.

Rechtsverordnung erforderlich. Aufgrund des gesetzgeberischen Verfahrens ist eine Anpassung der Berufsbilder mit erheblicher Zeitverzögerung verbunden.

Zwar sieht die HwO Arbeiten in anderen Handwerkszweigen nach § 5 HwO und eine Gewerbeausübung im Rahmen verwandter Handwerkszweige vor,[194] aber die Möglichkeiten zur Nutzung flexibler Strategien sind eng begrenzt. Infolge der Marktzugangsregulierung durch die HwO wird auch die Flexibilität anderer nicht-handwerklicher Gewerbebetriebe beschränkt, denn sie dürfen nicht im handwerklichen Bereich tätig werden. Versteht man unter strategischer Flexibilität die Möglichkeit eines Unternehmens, Strategien zu wechseln, Pläne zu verändern und bei auftretenden Marktänderungen den Schwerpunkt neu festzulegen,[195] ist erkennbar, daß sowohl das Handwerk als auch andere Gewerbebetriebe eine strategische Flexibilität im Bereich Handwerk kaum nutzen können. Untersuchungen bestätigen, daß gerade kleine Unternehmen mit Strategien der Flexibilität bessere Ergebnisse erzielen.

Der Vorteil kleiner Unternehmen wird im Handwerk gerade umgekehrt. Kleinen Handwerksunternehmen ist es kaum möglich, für verschiedene wesentliche Tätigkeiten aus anderen Handwerkszweigen mehrere Meister einzustellen.[196] Während eine effiziente Auslastung eines eingestellten Meisters in kleinen Betrieben fraglich erscheint, ist eine vollständige Auslastung der Meister in größeren und großen Handwerksbetrieben eher gewährleistet. Folglich sind flexible Strategien eher von großen Handwerksbetrieben zu nutzen als von kleinen Betrieben. Insofern löst die HwO Konzentrationstendenzen aus und begünstigt große Handwerksbetriebe.

Fraglich ist aber, ob große Unternehmen, die in der Regel eine höhere Kapitalintensität aufweisen und größere Anlagen auslasten müssen, in der Lage sind, so flexibel zu reagieren, wie Kleinunternehmen, deren Kapitalintensität in der Regel relativ gering ist. Hieraus entstehen nicht nur für das Handwerk, sondern ebenso für die Gesamtwirtschaft Folgen. Langfristig kann eine gewisse Schwerfälligkeit die wirtschaftliche Dynamik behindern und es ist mit Struktur- und Wachstumsschwächen sowie Beschäftigungsverlusten zu rechnen.

Nachteile können dem Handwerk ferner bei der Abwägung der Kosten von Eigenfertigung und Fremdbezug entstehen. In der Marktwirtschaft bestehen nebeneinander zwei Institutionen und Mechanismen der Faktorallokation und Koordination, nämlich auf den Märkten der Preis und in den Unternehmen die Anweisung.[197] Die Aufteilung der Faktorallokation einerseits über den Markt, andererseits über Unternehmen, wird bestimmt durch die Höhe der Transaktionskosten. Bei wiederholter Leistungserstellung in Unternehmen sinkt im Anweisungssystem die Zahl der

---

194   Vgl. Kapitel III, Abschnitt 3.2.2.

195   Vgl. Acs, Z. J., Audretsch, D. B. (1992), S. 87.

196   Gemeint sind hier Unternehmen in der Größenordnung bis zehn oder zwanzig Beschäftigte, wo die Grenzen liegen, läßt sich nur im Einzelfall beurteilen.

197   Vgl. Bössman, E. (1988b), S. 105.

Kontrakte und die Tansaktionskosten sinken.[198] Markt und Unternehmen fungieren insofern als Substitute, Unternehmen wachsen, wenn sie Aktivitäten vom Markt übernehmen und unternehmensintern koordinieren.

Allerdings wird bei einer zunehmenden Anzahl der vom Markt übernommenen Transaktionen und somit einer steigenden Unternehmensgröße eine unternehmensinterne Koordination schwieriger. Die Frage der Eigenfertigung oder des Fremdbezuges stellt sich dann nicht mehr, wenn die unternehmensinternen Organisationskosten den marktlichen Transaktionskosten gleichen.[199]

Im Handwerk allerdings kann eine transaktionskostengünstige Eigenfertigung an die Grenzen der HwO stoßen. Beispielsweise verlangen Industrieunternehmen von ihren handwerklichen und gewerblichen Zulieferern vermehrt komplexe Systeme und Baufertigteile, anstatt diverser Einzelteile.[200] Dem Handwerk entstehen Probleme dann, wenn für Bauteile auch wesentliche Tätigkeiten eines anderen Handwerkszweiges erforderlich sind. Selbst Kooperationen mit anderen Handwerkszweigen können gegenüber der Eigenfertigung infolge von Abstimmungsproblemen, Transportkosten und Kapazitätsproblemen in den anderen Zweigen und daraus resultierenden Wartezeiten höhere Kosten als eine Eigenfertigung verursachen.

2.7.3 Zusammenfassende Beurteilung

Obwohl aus der Intention der HwO die Betriebsgröße durch das Kriterium Überschaubarkeit und Einwirkungsmöglichkeit bestimmten Grenzen unterliegt, wird bei der Auslegung der HwO versucht zu begründen, warum auch große Betriebe Handwerk sein können.

Neben einer Vielzahl von Klein- und Mittelbetrieben sind im Handwerk auch große Unternehmen zu finden. Die allgemeine Betriebsgrößenstruktur in der Bundesrepublik Deutschland liefert Hinweise darauf, daß die Betriebsgrößenstruktur keine spezifische Besonderheit des Handwerks darstellt aus der sich ein Regulierungsbedarf ableiten läßt.

Berechtigt kann ein staatlicher Eingriff zum Ausgleich struktureller Nachteile sein. Tendenziell benachteiligt sind kleine Unternehmen u. a. bezüglich der Kapitalbeschaffung und Verwaltungsauflagen. Da Marktzugangsregulierungen tendenziell Konzentrationen fördern und die Betriebe größer werden, könnte dadurch das Ausmaß der Benachteiligung sinken. Jedoch hat

---

198 Vgl. Schmidt, M. (1988), S. 48.

199 Dies wird gleichzeitig als eine Begrenzung des Unternehmenswachstums gesehen. Weil der Wettbewerb dafür sorgt, daß sich effiziente Unternehmensgrößen durchsetzen, bestehen aus Sicht des Transaktionskostenansatzes keine Vor- und Nachteile bestimmter Unternehmensgrößen oder einer bestimmten Unternehmensgrößenverteilung.

200 Besonders intensiv ist diese Diskussion derzeit in der Autoindustrie. Es findet ein Übergang zum Modular Sourcing, zu den sogenannten Systemlieferanten statt. Vgl. ausführlich mit vielen weiteren Nachweisen dazu Steinmann, C. (1993), S. 10 ff.

sich trotz Marktzutrittsregulierung bei einer Durchschnittsbetrachtung die Betriebsgröße nicht so verändert, daß diese Benachteiligung damit ausgeglichen werden könnte.

Kompensationen der Kostennachteile sind aber einerseits durch finanzielle Förderung kleiner Unternehmen in vielfältigen Bereichen und andererseits durch Strategien der Flexibilität möglich. Die Nutzung dieser Vorteile stößt im Handwerk allerdings an die Grenzen der HwO. Insofern wird die Leistungsfähigkeit des Handwerks nicht unterstützt, sondern eher gehemmt.

Aus der Betriebsgrößenstruktur des Handwerks läßt sich insoweit kein Regulierungsbedarf in Form einer Marktzugangsregulierung ableiten. Da Flexibilität in den Unternehmen gesamtwirtschaftlich von besonderer Bedeutung ist, spricht die Umsetzung von Flexibilität im Gegenteil für eine konsequente Deregulierung des Handwerks.

Ein weiteres Motiv für die Regulierung ist die Ausbildungsfunktion des Handwerks, die gesamtwirtschaftliche externe Effekte verursacht. Darauf wird im nächsten Abschnitt eingegangen.

2.8 Externe Effekte

2.8.1 Begründung der Ausbildungsfunktion

Schon bei der Einführung der HwO 1953 hielt man eine HwO neben anderen Faktoren zur Sicherung der Ausbildung des gewerblichen Nachwuchses und zur Erhaltung des Leistungsstandes und der Leistungsfähigkeit für erforderlich.[201] Man geht davon aus, daß an der Sicherung der Nachwuchsausbildung für die gesamte gewerbliche Wirtschaft und die Erhaltung des Leistungsstandes und der Leistungsfähigkeit ein öffentliches Interesse besteht, und dieses nur mit einem Großen Befähigungsnachweis zu erreichen ist.[202] Stratenwerth begründet die Notwendigkeit eines Großen Befähigungsnachweises mit qualifikationsbezogenen und qualifizierungsbezogenen Argumenten.[203]

Die qualifikationsbezogene Argumentation geht davon aus, daß ausschlaggebend für den Leistungsstand und die Leistungsfähigkeit des Handwerks die besondere persönliche Qualifikation des selbständigen Meisters ist.[204] Eine hohe Qualifikation des ausgebildeten Handwerksmeisters wird für erforderlich gehalten, weil die Tätigkeit des Handwerkers dezentralisiert und hochdifferenziert ist, individuelle Kundenbedürfnisse zu berücksichtigen sind und sich das Leistungsangebot permanent wandelt.

---

201   Vgl. Kapitel II, Abschnitt 2.4.4.

202   Vgl. Deutscher Bundestag (1953), S. 12532.

203   Vgl. Strathenwerth, W. (1989), S. 6.

204   Vgl. hierzu und zum folgenden Stratenwerth, W. (1989), S. 8, S. 11.

Diese Aufgabenbewältigung erfordert eine berufliche Handlungskompetenz, Problemlösungs- und Lernstrategien, die auf veränderte Situationen anzuwenden sind, und nicht nur reproduzierbare Fertigkeiten auf der Ausführungsebene.[205] Deshalb wird für die handwerkliche Betriebsführung ein breites Qualifikationsprofil verlangt, das fachpraktisches Können in Verbindung mit fachtheoretischem Wissen, betriebswirtschaftlich-kaufmännischen und rechtlichen Kenntnissen sowie die zur Ausbildung von Lehrlingen notwendigen berufs- und arbeitspädagogischen Kenntnisse umfaßt.[206]

Nach der qualifizierungsbezogenen (nachwuchspolitischen) Argumentation besteht ein öffentliches Interesse an einem Großen Befähigungsnachweis, um den Ausbildungsbedarf und die Nachfrage nach qualifiziertem Personal in der gesamten gewerblichen Wirtschaft zu decken.[207] Gleichzeitig erfüllt das Handwerk mit dem Großen Befähigungsnachweis gesellschafts- und bildungspolitische Aufgaben.[208]

Ferner geht man davon aus, daß die Anreize zur Ausbildung von Lehrlingen ohne den Großen Befähigungsnachweis zu gering sind, weil die Kosten einer Nachwuchsausbildung den Nutzen eines Lehrlings bei weitem übersteigen. Selbständige ohne Meisterprüfung scheuen dann Mühen und Kosten, um für den Zweck der Lehrlingsausbildung eine Meisterprüfung abzulegen. Insofern sinkt der Anreiz Meister zu werden. Der Große Befähigungsnachweis verändert das Entscheidungskalkül, denn die Kosten der Meisterprüfung gehören nicht mehr zu den Kosten der Lehrlingsausbildung, sondern zum Recht der Gewerbeausübung (Berufsausübung). Durch den Großen Befähigungsnachweis sind Ausbildungskosten für Lehrlinge und das Berufsausübungsrecht (Gewerbeausübungsrecht) als Einheit zu betrachten. Stratenwerth spricht von der "... Identität von Berufsausübung und Berufsausbildung."[209] Kucera geht davon aus, daß der Große Befähigungsnachweis die schon seit dem Mittelalter bestehende berufsständische Tradition und die Einstellung der Handwerker über eine Zusammengehörigkeit von Berufsausbildung, also auch der Lehrlingsausbildung, und Berufsausübung fördert.[210] Weil der Große Befähigungsnachweis vor ruinöser Konkurrenz schützt, sind die Handwerker dann gewillt, sowohl Ausbildungskosten für Lehrlinge als auch eigene Kosten zur Meisterprüfung zu tragen.[211] Darüber hinaus soll die selbständige Gewerbeausübung für junge Leute ein Anreiz sein, eine qualifizierte Berufsausbildung zu absolvieren.[212]

---

[205] Vgl. Stratenwerth, W. (1989), S. 8 f.

[206] Vgl. Stratenwerth, W. (1989), S. 10.

[207] Vgl. Stratenwerth, W. (1989), S. 12 f.

[208] Vgl. Stratenwerth, W. (1989), S. 15

[209] Stratenwerth, W. (1989), S. 13.

[210] Vgl. Kucera, G. (1989), S. 44.

[211] Vgl. Kucera, G. (1989), S. 44.

[212] Vgl. Deregulierungskommission (1991), S. 175.

Außerdem profitiert ein Meister von Gesellen, die nach der Ausbildung im Betrieb verbleiben. Man geht davon aus, daß durch die Gesellentätigkeit eine Kompensation der Ausbildungskosten möglich ist, wenn der Geselle wertmäßig mehr an Leistung erbringt, als ihm an Lohn zu zahlen ist.

Kucera geht im Vergleich zur Industrie von geringeren volkswirtschaftlichen Kosten der Lehrlingsausbildung aus, weil die Lehrlinge im Handwerk im Produktionsprozeß, in der Industrie aber in besonderen Abteilungen und Lehrwerkstätten ausgebildet werden.[213] Hinzu kommt, daß ein Teil der im Handwerk ausgebildeten Gesellen und Meister nach der Ausbildung das Handwerk verläßt. Damit gibt das Handwerk einen Teil seines gebildeten Humankapitals als positiven externen Effekt an andere Wirtschaftsbereiche ab.[214] Die Bildung von Humankapital ist besonders in exportabhängigen Industrieländern, wie der Bundesrepublik Deutschland, von Bedeutung.[215] Sowohl durch die Abgabe von Ausbildungsleistungen als auch durch die hohe Leistungsfähigkeit der Zulieferprodukte unterstützt das Handwerk die internationale Wettbewerbsfähigkeit bei Exportgütern und gegenüber Importgütern im Inland.

Mit der HwO wird sozusagen die Abgabe positiver externer Effekte kompensiert. Gleichzeitig sichert das Fortbestehen der Marktzugangsregulierung die Abgabe von Ausbildungsleistungen. Großer Befähigungsnachweis, Leistungsstand des Handwerks, die Ausbildung qualifizierten Personals für die gesamte gewerbliche Wirtschaft einerseits, die Kostenbelastung der Ausbildung in Verbindung mit dem Anreiz zur Selbständigkeit und der Verhinderung ruinöser Konkurrenz durch die Marktzutrittsregulierung andererseits bilden ein gleichgewichtiges System.[216] Eine Störung dieses Gleichgewichts gefährdet das gesamte System. Ohne Meisterprüfung als Marktzugangsregulierung wird befürchtet, daß die Zahl der Ausbildungsbetriebe zurückgeht, die Ausbildungsbereitschaft sinkt, eine Schmalspurausbildung erfolgt, die Zahl der unqualifizierten Mitarbeiter und Betriebsinhaber zunimmt und sich Qualifikationsdefizite auf das Leistungsangebot auswirken.[217]

2.8.2 Regulierungsbedarf und Ausbildung

Aus der Begründung ergeben sich zentrale Fragestellungen. Es stellt sich zunächst die Frage, ob zur Sicherung der Ausbildung eine Marktzugangsregulierung erforderlich ist. Eng damit zusammen steht die Frage, ob die Kosten für die Ausbildung eines Lehrlings den Nutzen übersteigen und ohne Befähigungsnachweis keine Anreize zur Lehrlingsausbildung bestehen. Im folgenden sollen zunächst die Kosten der Lehrlingsausbildung betrachtet werden.

---

213   Vgl. Kucera, G. (1989), S. 40.

214   Vgl. Kucera, G. (1989), S. 11.

215   Vgl. hierzu und zum folgenden Kucera, G. (1989), S. 28.

216   Vgl. Deregulierungskommission (1991), S. 176.

217   Vgl. Stratenwerth, W. (1989), S. 16 ff.

Im Rahmen eines Forschungsprojekts führte das Bundesinstitut für Berufsbildung 1992 eine "Erhebung der betrieblichen Kosten der beruflichen Ausbildung unter Berücksichtigung von Aspekten des Kosten - Nutzen - Verhältnisses" durch.[218] Die Untersuchung auf repräsentativer Basis erfolgte in den alten und neuen Bundesländern in den Bereichen Industrie, Handel und Handwerk.[219]

Schwierigkeiten bei derartigen Untersuchungen bestehen hinsichtlich des anzuwendenden Kostenrechnungssystems. Wird eine Vollkostenbetrachtung durchgeführt, sind auch kalkulatorische Kosten zu berücksichtigen, die anfallen, wenn der Betrieb keine Ausbildung vornimmt. Entscheidungsrelevant für die einzelnen Betriebe sind jedoch vornehmlich jene Kosten, die unmittelbar durch die Ausbildung entstehen. Teilkostenrechnungen beziehen nur diese, im wesentlichen variablen Kosten ein.

Zum anderen bestehen Unsicherheiten bei den Schätzgrößen. Schwierigkeiten bereitet die Schätzung des zeitlichen Aufwandes nebenberuflicher Ausbilder für die Ausbildung.[220] Bei Befragungen besteht die Tendenz, den zeitlichen Aufwand zu überschätzen,[221] während die Erträge aus der produktiven Leistung des Auszubildenden eher unterschätzt werden. Die vorliegende Studie erhob darüber hinaus erstmals Daten zu den betrieblichen Nutzen und wirtschaftlichen Vorteilen, die ein ausbildender Betrieb erzielt.[222]

Die Untersuchung gelangt zu folgenden Ergebnissen: Bei einer Vollkostenbetrachtung liegen die Brutto- und Nettokosten in Industrie und Handel über denen des Handwerks.[223] Verursacht werden diese Unterschiede durch höhere Ausbildungsvergütungen in der Industrie und die Ausbildung in Lehrwerkstätten mit dem teilweisen Einsatz hauptberuflicher Ausbilder.[224] Wohl aufgrund der stärkeren Einbindung der Auszubildenden in den Arbeitsprozeß sind in Kleinbetrieben bis zu zehn Beschäftigten die Nettokosten niedriger und die Erträge der Auszubildenden höher. 1991 erzielten insgesamt 6,7 % der ausbildenden Betriebe Nettoerträge.[225]

---

[218]   Vgl. hierzu und zum folgenden Bardeleben, R. v. u. a. (1994), S. 3 ff.

[219]   Bislang wurden drei Gutachten zu den Kosten der beruflichen Bildung durchgeführt. Vgl. hierzu Bardeleben, R. v. u. a. (1994), S. 11. Aufgrund qualitativer und quantitativer Veränderungen konnte auf die Daten nicht mehr zurückgegriffen werden.

[220]   Gemeint ist damit, wenn der Meister während des Arbeitsprozesses dem Lehrling Tätigkeiten und Handfertigkeiten vermittelt sowie Erklärungen zu Arbeitsabläufen abgibt. Der zeitliche Arbeitsaufwand läßt sich dann schwer abschätzen.

[221]   Vgl. hierzu und zum folgenden Bardeleben, R.v. u. a. (1994), S. 4

[222]   Zu den weiteren Modalitäten der Untersuchung vgl. Bardeleben, R. v. u. a. (1994), S. 6.

[223]   Bei den Nettokosten sind die Abweichungen noch stärker als bei den Bruttokosten.

[224]   Vgl. Bardeleben, R. v. u. a. (1994), S. 6 f.

[225]   Ohne Berücksichtigung der Nutzen.

Bei Teilkostenbetrachtungen stiegen die Nettokosten 1991 mit zunehmender Betriebsgröße steil an.[226] Die entscheidungsrelevanten Nettokosten zwischen Industrie und Handel einerseits und Handwerk andererseits weisen deutliche Unterschiede auf. In Industrie und Handel lagen die Nettokosten pro Auszubildenden und Jahr bei DM 9.193,-- und im Handwerk bei DM 400,--. Schon an dieser Stelle sei vermerkt, daß sich die Vermutungen des Handwerks hinsichtlich der Kosten der Lehrlingsausbildung für das gesamte Handwerk damit nicht bestätigen, denn selbst ohne Einbeziehung der Nutzen weist die Kostenbetrachtung darauf hin, daß im Handwerk größere Anreize zur Ausbildung bestehen dürften, als in Industrie und Handel.

In die Betrachtung einzubeziehen sind ferner die Nutzen, die ein Betrieb durch die Ausbildung erzielt. Durch die Tätigkeit eines Lehrlings lassen sich im Handwerksbetrieb ungelernte Hilfskräfte einsparen, weil die Lehrlinge Handlangertätigkeiten übernehmen. Aufwendungen für ungelernte Hilfskräfte sind auch unter Berücksichtigung der Berufsschulzeiten und der Anwesenheit im Betrieb in der Regel höher als Ausbildungsvergütungen.[227]

Wird ein Lehrling später als Geselle beschäftigt, verfügt dieser über betriebsspezifische Kenntnisse, über die ein Geselle aus anderen Betrieben nicht verfügt. Ausbildende Betriebe ersparen sich daher die Kosten für eine Anpassungsqualifizierung an betriebsspezifische Erfordernisse, die bei hochqualifizierten Facharbeitern in einer halb- bis einjährigen Einarbeitungszeit besteht, in der im Durchschnitt nur 50 % der Normalleistung erbracht werden.

Fachkräfte von außen sind der Regel nur über höhere Löhne zu gewinnen.[228] Im Zeitablauf können damit zusätzliche Lohnanpassungen für die schon im Betrieb tätigen Mitarbeiter erforderlich werden. Ausbildende Betriebe können dadurch enorme Kosten einsparen. Des weiteren gehen ausbildende Betriebe ein geringeres Fehlbesetzungsrisiko ein, weil der ausbildende Handwerker bei mehreren Lehrlingen den "Produktivsten" behalten kann. Da ein Handwerker Produktivitätsunterschiede kaum durch ein Vorstellungsgespräch erkennen kann,[229] erzielen ausbildende Betriebe Auswahlrenten in Höhe der eingesparten Fehlbesetzungskosten.

Ferner lassen sich Fluktuationskosten einsparen, weil sich durch die Ausbildung betriebsverbundene Fachkräfte gewinnen lassen. Daneben trägt die Ausbildung zur Verbesserung des

---

226   Vgl. hierzu und zum folgendenBardeleben, R. v. u. a. (1994), S. 10 ff.

227   Vgl. hierzu auch Deregulierungskommission (1991), S. 182.

228   Annahmen gehen von ca. 15 % höheren Löhnen aus.

229   Leibenstein wies auf unternehmensinterne Ineffizienzen (X-Inefficiency) hin, die dadurch entstehen, daß der Vorgesetzte (Principal) die Arbeitsanstrengung der Untergebenen (Agent) nicht genau beurteilen kann. Vgl. hierzu Leibenstein, H. (1966), S. 392 ff.) Diese asymmetrische Informationsverteilung ist bei Neueinstellungen größer als bei Gesellen, die der Handwerker aus der Lehrzeit kennt.

214

Images des Betriebes und der Reputation nach außen bei.[230] Vorteile entstehen ausbildenden Betrieben durch geringere Personalbeschaffungskosten.[231]

Das Bundesinstitut für Berufsbildung führte zu den Kosten und Nutzen der Berufsausbildung eine Plausibilitätsprüfung durch, in der Handwerksmeister befragt wurde.[232] Die Handwerksmeister verweisen darauf, daß die durchschnittlichen Nettokosten nicht auf jeden Betrieb übertragbar sind, denn bei der Integration von Lehrlingen in die Produktion sind sehr große Unterschiede vorhanden.[233] Ferner sind Nettokosten und Nutzen abhängig von Art und Größe des Betriebes, dem Handwerkszweig und der Vorbildung der Lehrlinge. Die Argumente unterstützen damit die These der Heterogenität des Handwerks.

Ferner gaben Handwerksmeister an, daß nicht händeringend Lehrlinge gesucht würden, wenn die Nettokosten der Betriebe zu hoch wären. Sowohl Gesellen, die seit langen Jahren im Handwerksbetrieb tätig sind und sich gerne selbständig machen würden, als auch selbständige Meister äußern, daß die Aufrechterhaltung eines Betriebes unter betriebswirtschaftlichen Aspekten ohne Lehrlinge nicht möglich sei. Eine Selbständigkeit würde sich nur lohnen, wenn gleichzeitig Lehrlinge ausgebildet würden.[234]

Ohne Befähigungsnachweis sind die Kosten der Ausbildung zum Ausbilder zwar den Kosten der Lehrlingsausbildung zuzurechnen. Die Höhe der Kosten ist allerdings abhängig vom Handwerkszweig und den Modalitäten und Anforderungen, die an einen Ausbilder gestellt werden. Ferner sind die Kosten auf alle Lehrlinge zu verteilen.

Die vielfältigen Argumente und Ergebnisse der Kosten - Nutzen - Untersuchung des Berufsinstituts sprechen dafür, daß die Begründung der Befürworter der Handwerksregulierung nicht stichhaltig ist. Vielmehr sprechen die Argumente dafür, daß sich unter Kosten - Nutzen - Betrachtungen eine Ausbildung lohnt und demzufolge Anreize zur Ausbildung von Lehrlingen auch ohne Befähigungsnachweis als Marktzugangsregulierung vorhanden sind. Zudem ist nicht einsichtig, warum eine sehr geschlossene und mächtige Interessenvertretung, wie sie die Organisation des Handwerks darstellt, Nachteile für die Betriebe durch hohe Nettokosten der Lehrlingsausbildung hinnehmen würde. Obwohl der Zentralverband des Deutschen Handwerks zu fast allen wirtschafts- und gesellschaftspolitischen Fragen in seinen Jahresberichten Stellung bezieht, wird keine Forderung gegenüber den anderen Wirtschaftsbereichen erhoben, den

---

[230] Besonders wenn die Lehrlinge sehr erfolgreich sind.

[231] Schätzungen gehen von Kosten in Höhe von DM 1.000,-- bis DM. 2.000,-- pro einzustellenden Mitarbeiter aus. Kosten entstehen für Einstellungsgespräche, Zeitungsanzeigen und Reisekosten.

[232] Vgl. Kau, W. (1994), S. 12 ff.

[233] Während bei Tischlern eine volle Integration möglich ist, geben Kfz-Betriebe an, in den ersten beiden Jahren kaum Erträge zu erzielen, Optiker setzen aufgrund der hohen Materialwerte die Lehrlinge kaum in der Produktion ein.

[234] Dies bestätigen auch persönliche Gespräche im Handwerk.

Ausbildungsanteil zu erhöhen und das Handwerk zu entlasten. Hingegen werden die hohen Ausbildungszahlen als Erfolg des Handwerks präsentiert.[235]

Das Handwerk geht davon aus, daß bei einer Abschaffung der Meisterprüfung die Ausbildungsbereitschaft sinkt. Aus gesamtgesellschaftlichen und ökonomischen Gründen besteht jedoch ein Interesse in der Gesamtwirtschaft daran, einer hohen Zahl von Schulabgängern eine Ausbildung zu bieten, so daß aus Sicht des Gesetzgebers u. U. Zugeständnisse bei der HwO gemacht werden, um die Ausbildung sicherzustellen. Ferner erhält das Handwerk beträchtliche staatliche Zuschüsse für Ausbildungszwecke. So wurden 1991 für Informations- und Schulungsveranstaltungen 27,78 Mill. DM, für Begabtenförderung 0,79 Mill. DM, für Fortbildungsstätten 61,26 Mill. DM und für überbetriebliche Berufsbildungsmaßnahmen 50,62 Mill. DM gezahlt. Insgesamt erhielt das Handwerk 1991 177,28 Mill. DM. Zuwendungen für den Bildungsbereich.[236] Hinzu kommen ferner Zuschüsse der Länder.

Gegen ein Absinken der Ausbildungsbereitschaft ohne Großen Befähigungsnachweis sprechen aus Sicht der Deregulierungskommission ferner die Ausbildungszahlen des Handwerks zwischen 1908 und 1935, einer Phase mit Kleinem Befähigungsnachweis. 1926 registrierte man bei 4 Mill. Beschäftigten 767.000 Lehrlinge, 1980 bei der gleichen Zahl Beschäftigten 703.000 Lehrlinge.[237]

Aufgrund der Geschlossenheit der Handwerksorganisation spricht einiges dafür, daß die Organisation einerseits ohne eine Gegenleistung, deren Nutzen die Kosten überwiegen, zur hohen Ausbildungsintensität nicht gewillt wäre. Andererseits hätte die Organisation aufgrund ihrer Verbandsmacht die Möglichkeit, einen Ausgleich der Kosten zu fordern. Denn in anderen Bereichen, z. B. bei der angeblich zu hohen Belastung des Handwerks mit Personalnebenkosten, weist das Handwerk vehement auf Probleme hin. Insofern ist kaum einzusehen, daß dies bei zu "hohen Ausbildungskosten" nicht der Fall wäre.

Möglich zur Absenkung der Kostenbelastung durch die Ausbildung im Handwerk wären gegebenenfalls Transferzahlungen der IHK an das Handwerk. Ohne Befähigungsnachweis denkbar sind Ausbildungskooperationsverträge zwischen Industrie und Handwerk. Teile der Ausbildung könnten im Handwerk, andere Teile in der Industrie erfolgen.[238] Ferner sind verschiedene Maßnahmen zur Internalisierung der Kosten denkbar, z. B. Verlegung der Berufsschulzeit in auftragsarme Perioden, z. B. bei Maurern in die Schlechtwetterperiode.

---

235 Vgl. Zentralverband des Deutschen Handwerks (1993), S. 69 ff.

236 Vgl. Bundesministerium für Wirtschaft (1992), S. 175. 1988, vor der Vereinigung, waren es 96,38 Mill. DM.

237 Vgl. Deregulierungskommission (1991), S. 185.

238 Diesen Vorschlag unterbreitete die Deregulierunskommission (1991), S. 185.

Die vielfältigen Argumente sprechen dafür, daß auch ohne Befähigungsnachweis Anreize zur Lehrlingsausbildung bestehen und zur Sicherstellung der Ausbildung eine Marktzugangsregulierung nicht erforderlich ist. Festhalten läßt sich, daß ohne Befähigungsnachweis, sofern externe Effekte vorliegen, Möglichkeiten zur Internalisierung geschaffen werden könnten. Eine Marktzugangsregulierung erscheint aus diesem Grund insofern nicht gerechtfertigt.

2.9 Zwischenergebnis

Die eingangs gestellte Frage, ob die Regulierung hinsichtlich der angebotsseitigen Branchenbesonderheiten ökonomisch begründet und gerechtfertigt ist, kann damit beantwortet werden.

Die Untersuchung der angebotsseitigen Branchenbesonderheiten ergab, daß die Merkmale innerhalb des Handwerks nur noch teilweise vorliegen. Die analysierten Merkmale sind keine Branchenbesonderheit des Handwerks, denn sie sind sowohl in verschiedenen Betrieben außerhalb des Handwerks als auch bei einem Teil der Handwerksbetriebe anzutreffen. Wesentliche Besonderheit des Handwerks ist die Heterogenität. Aufgrund der Heterogenität sind die angebotsseitigen Besonderheiten nicht in allen Bereichen vorhanden. Da die angebotsseitigen Gründe nicht mehr oder nur noch in abgeschwächter Form vorliegen sind die Voraussetzungen für eine Deregulierung erfüllt. Selbst in jenen Bereichen, in denen Besonderheiten vorhanden sind, erscheint eine Aufrechterhaltung der Regulierung im bisherigen Umfang nicht gerechtfertigt.

Schließlich führte die Regulierung, wie sich in einigen Bereichen an Beispielen zeigen ließ, zu einem staatlich verursachten Wettbewerbsversagen sowie zu Hemmnissen bei der Einführung neuer Technologien. Die Regulierung schränkt zudem das Handwerk teilweise ein, besondere produktions- und betriebsgrößenspezifische Vorteile zu nutzen. Effizienzeinbußen im Handwerk setzten sich aufgrund der Interdependenz mit anderen Sektoren in der Gesamtwirtschaft fort und beeinträchtigen auch hier die Entwicklung und Erreichung gesamtwirtschaftlicher Zielgrößen. Daher legen auch die ökonomischen Folgewirkungen die Notwendigkeit einer Deregulierung nahe.

Der dynamische Handwerksbegriff impliziert, daß dem Handwerk die Möglichkeit gegeben wird, sich dynamisch zu entwickeln.[239] Entscheidend für eine Abgrenzung zwischen Handwerk und Industrie ist aus Sicht des Handwerks die Gesamtstruktur, das sogenannte technische und wirtschaftliche Gesamtbild. Vergleiche auf Basis von Einzelmaßnahmen sind nicht immer eindeutig. Im Handwerk aber bietet selbst die jetzige Kombination von Abgrenzungskriterien noch kein hinreichend klares Bild und keine ausreichende Unterscheidungsmöglichkeit. Die Gesamtstruktur kann auf Handwerk oder einen anderen kleinen oder mittleren Betrieb außerhalb des Handwerks hinweisen. An verschiedenen Beispielen ließ sich die expansive Auslegung der einzelnen Abgrenzungsmerkmale zeigen. Zu Recht weist Etzold darauf hin, daß Hand-

[239] Vgl. Kapitel II, Abschnitt 3.1, Kapitel III, Abschnitt 3.1.

werksbetriebe fast jede produktionstechnische und organisatorische Methode anwenden können, ohne die Handwerkseigenschaft zu verlieren.[240] Faktisch setzen die Abgrenzungskriterien dem Handwerk kaum Grenzen und die Abgrenzungsmöglichkeiten schwinden mehr und mehr.

Diverse Beispiele ließen erkennen, daß einige Handwerksbetriebe industrielle Methoden anwenden. Wenn die Besonderheiten nicht mehr vorliegen, wäre die Konsequenz, die Betriebe der Industrie zuzuordnen. Mit einer expansiven Auslegung und Hinweisen auf die Gesamtstruktur kann dies verhindert werden. Vielmehr schaffen die Kriterien Rechtsunsicherheit und behindern damit die wirtschaftliche Dynamik.

In einer regulierungstheoretischen Betrachtungsweise führt der dynamische Handwerksbegriff zu einer nahezu permanenten Ausweitung des regulierten Bereichs, denn sachgerechte Entscheidungen werden bei der Abgrenzung fast unmöglich und es verbleiben Betriebe im Handwerk, bei denen die Handwerksmäßigkeit fraglich ist. Eine Ausdehnung erfolgt ferner dadurch, in dem Handwerkszweige indirekt über die Berufsbilder um neue Tätigkeiten erweitert werden.[241] Über die expansive Auslegung werden faktisch die Regulierungsgründe ausgedehnt.[242]

Der dynamische Handwerksbegriff leistet damit einen Beitrag zur Bestandssicherung des Handwerks und der Regulierung. Dies widerspricht aber ökonomischen Zielsetzungen und dem Postulat, den regulierten Bereich so klein wie möglich zu halten, um Behinderungen der wirtschaftlichen und dynamischen Effizienz zu vermeiden.

Aus angebotsseitiger Sichtweise erscheint deshalb eine Deregulierung notwendig und gerechtfertigt. Insbesondere sind Überlegungen notwendig, wie Handwerk zu definieren und abzugrenzen ist. Ob unter nachfrageseitigen Aspekten eine Regulierung gerechtfertigt erscheint, wird in den folgenden Abschnitten untersucht.

---

[240]   Vgl. Etzold, H.-J. (1983), S. 182.

[241]   Vgl. Czybulka, D. (1994), S. 94.

[242]   Auch aus rechtlichen Gründen ist dies fragwürdig, denn die Ausweitung der Regulierung schränkt ebenso die freie Berufswahl ein und damit den Nachwuchs von Selbständigen. Vgl. auch Etzold, H.-J. (1983), S. 185.

3. Nachfrageseitige Besonderheiten

3.1 Nachfrager und Verwendungsrichtung der Handwerksleistungen

Die Heterogenität läßt sich an der Tätigkeit des Handwerks für verschiedene Nachfragergruppen verdeutlichen, ebenso an einer Gliederung der Handwerkszweige nach Verwendungsrichtung und Bedarfsorientierungen. Nach der Art der Nachfrager sind Endverbraucher, öffentliche Auftraggeber und Unternehmen in den Bereichen Industrie, Handel, Dienstleistungen und Landwirtschaft zu unterscheiden.

Zu den für den Endverbraucher tätigen, also dem kosumentenorientierten Bereich, zählen die Bedarfsgruppe der Konsumgüterhandwerke,[243] die Gruppe der Körper- und Gesundheitspflegehandwerke,[244] Kraftfahrzeughandwerke,[245] Bekleidungshandwerke und Schuhe,[246] Nahrungsmittelhandwerke,[247] Haushaltsführung und Wohnbedarf,[248] sowie Bau- und Ausbauhandwerke.[249]

Für andere Unternehmen in den Bereichen Industrie, Handel, Dienstleistungen und Landwirtschaft sind fast alle Handwerksgruppen tätig. Zu nennen sind die Bau- und Ausbauhandwerke, ein Großteil der Handwerkszweige der Gruppe der Metallgewerbe,[250] die Gruppe der Holzgewerbe,[251] die Gruppe der Gewerbe für Gesundheits- und Körperpflege[252] sowie die Gruppe der Glas-, Papier- keramischen und sonstigen Gewerbe.[253] Für öffentliche Auftraggeber sind das Bau- und Ausbaugewerbe, die Produktionsgüterhandwerke, Gebäudereiniger usw. tätig.

---

[243] Fotografen, Radio- Fernsehtechniker, Uhrmacher, Goldschmiede, Silberschmiede, Handwerkszweige, die Musikinstrumente erstellen, um nur einige Beispiele zu nennen.

[244] U. a. Augenoptiker, Zahntechniker, Friseure, Gebäudereiniger.

[245] Kraftfahrzeugmechaniker

[246] U. a. Damenschneider, Herrenschneider, Modisten, Hut- und Mützenmacher, Kürschner, Handschuhmacher, Schuhmacher, Orthopädieschuhmacher.

[247] Bäcker, Konditoren, Fleischer.

[248] Tischler, Raumausstatter, Textilreiniger, Elektroinstallateure als Beispiel.

[249] Maurer, Zimmerer, Dachdecker, Tischler mit Schwerpunkt Bau, Fliesenleger, Maler und Lackierer, Klempner, Gas- und Wasserinstallateure, Zentralheizungsbauer, Elektroinstallateure. Zur Einteilung der konsumentenorientierten Handwerkszweige vgl. Anlage A, im Anhang 2, ferner Kornhardt, U. (1986), S. 14.

[250] Z. B. Maschinenbauer, Werkzeugmacher, Dreher, Kälteanlagenbauer, Büromaschinenmechaniker, Landmaschinenmechaniker, Metallformer, Galvaniseure und Metallschleifer.

[251] Tischler, Parkettleger.

[252] Gebäudereiniger

[253] Schilder- und Lichtreklamehersteller, Buchdrucker, Schriftsetzer, Thermometermacher usw.

Eine Aufteilung nach der Art der Nachfrager unterstreicht in besonderer Weise die Heterogenität des Handwerks. Aufgrund der Vielfalt der Handwerkszweige und unterschiedlichen Leistungsarten erscheint es auch im Hinblick auf die weitere Untersuchung zweckmäßig, die Handwerkszweige nach der Verwendungsrichtung dem Produktionsgüterhandwerk, Konsumgüterhandwerk und Bau- und Ausbauhandwerk zuzuordnen.[254] Innerhalb der drei Teilbereiche lassen sich die Handwerkszweige im Sinne einer Bedarfsorientierung nach dem Verwendungszweck beim Abnehmer untergliedern. Diese Einteilung schließt Handwerke, deren Tätigkeitsschwerpunkt im Handels- und Dienstleistungsbereich liegt, mit ein.[255]

Produktionsgüterhandwerke und Handwerkszweige, die vorrangig Dienstleistungen anbieten, befriedigen vornehmlich den Investitionsgüter- und Zulieferbedarf der gewerblichen Wirtschaft. Im folgenden wird davon ausgegangen, daß Nachfrager der Leistungen des Produktionsgüterhandwerks in erster Linie Industrie, Gewerbe und Handel sind. Zu den Handwerkszweigen, die vornehmlich Dienstleistungen für die gewerbliche Wirtschaft oder für öffentliche Haushalte erbringen, gehören beispielsweise die Gebäudereiniger und Buchdrucker.[256]

Die Konsumgüterhandwerke umfassen überwiegend Leistungen des dauerhaften und nicht dauerhaften privaten Bedarfs. Obwohl bei den Zahntechnikern die gewerblichen Umsätze dominieren, zählen sie im folgenden zum Konsumgüterhandwerk, weil die Leistungen fast ausschließlich für den privaten Endverbraucher bestimmt sind. Für die Zahntechniker übernimmt der Zahnarzt die Funktion und Art eines Absatzmittlers, der die Leistungen dem Konsumenten anpaßt und auch eine gewisse Qualitätskontrolle durchführt.[257] Dem Konsumgüterhandwerk zugerechnet wird das Kfz-Handwerk, weil ein Großteil seines Umsatzes bei privaten Endverbrauchern entsteht.[258]

Die Bau- und Ausbauhandwerke bilden hier eine eigene Gruppe.[259] Sie erstellen Leistungen sowohl für gewerbliche Unternehmen und öffentliche Auftraggeber als auch für private End-

---

[254] In Anlehnung an Marahrens, N. (1978), S. 22. Bedarfsorientierte Einteilungen liefern ferner Beckermann, T. (1965), S. 10 ff., Schlaghecken, A. (1969), S. 27 ff., Kornhardt, U. (1986), S. 9 ff.

[255] Vgl. die Aufteilung in Produktionsgüterhandwerk, Konsumgüterhandwerk und Bau- und Ausbauhandwerk und die zugehörigen Handwerkszweige im Anhang 6.

[256] Vgl. Rheinisch-Westfälisches Institut für Wirtschaftsforschung (1993), S. 103 ff.

[257] Zur Einordnung der Zahntechniker vgl. auch Kornhardt, U. (1986), S. 10.

[258] Allgemein gehört das Kfz-Gewerbe zum Investitionsgüterhandwerk. Vgl. Kornhardt, U. (1986), S. 10.

[259] Sie sind unter dem Bedarfsaspekt schwer einzuordnen, da man davon ausgeht, daß gewerbliche Bauten und der Straßen- und Tiefbau einen Investitionsgüterbedarf, Wohnungs- und Eigenheimbau hingegen einen Konsumgüterbedarf decken. Vgl. Marahrens, N. (1978), S. 24. Deshalb sind in der Literatur unterschiedliche Aufteilungen zu finden. Kornhardt ordnet diesen Bereich dem konsumentenorientierten Handwerk zu. Vgl. Kornhardt, U. (1986), S. 10. Allgemein gehören sie zum Investitionsgüterhandwerk. Vgl. dazu bspw. Schlaghecken, A. (1969), S. 27.

verbraucher. Das Bau- und Ausbauhandwerk umfaßt neben der Herstellung auch die sachbe-zogenen Dienstleistungen, wie Montage, Installation und Reparatur.[260]

Allerdings ist aufgrund der Heterogenität des Handwerks bei der Gliederung nach Verwendung und Bedarf nicht in allen Bereichen eine eindeutige Zuordnung möglich, denn viele Hand-werkszweige erfüllen sowohl den Konsum- als auch den Investitionsbedarf. So sind beispiels-weise die Leistungen der Tischler im Konsumgüter- und im Ausbaubereich anzusiedeln. Die Metallbauer (Schlosser, Schmiede) bspw. zählen zum Produktionsgüter- und Konsumgüter-handwerk. Während der größte Anteil des Umsatzes in Großbetrieben (88 %) mit gewerbli-chen getätigt wird, besteht die Kundschaft der Kleinstbetriebe zu ca. 60 % aus Privatkun-den.[261]

Folglich sind nach der hier zugrunde gelegten Aufteilung die Konsumgüterhandwerke über-wiegend auf die private Endnachfrage sowie die Produktionsgüterhandwerke auf die Zuliefe-rung spezieller Produkte und Investitionsgüter für die gewerbliche Wirtschaft ausgerichtet. Die Bau- und Ausbauhandwerke erfüllen den Bedarf der privaten und öffentlichen Haushalte sowie der gewerblichen Wirtschaft. Diese Aufteilung verdeutlicht ferner die Heterogenität des Hand-werks. Wesentliche Begründung des Großen Befähigungsnachweises und nachfrageseitige Be-sonderheit des Handwerks sind die im folgenden zu untersuchenden Informationsprobleme des Handwerks.

Aufgrund der Heterogenität ist aber eine differenzierte Untersuchung der spezifischen nachfra-geseitigen Besonderheiten erforderlich. Zudem sind Informationsbedarf, Verbraucherschutz und Regulierungsbedarf abhängig von den Gegebenheiten der Nachfragergruppen. Die Auftei-lung in Konsumgüterhandwerke, Bau- und Ausbauhandwerke und Produktionsgüterhandwerke erleichtert aufgrund ihrer Ausrichtung auf die spezifischen Nachfragergruppen eine differen-zierte Analyse, weil in diesen Bereichen neben dem Großen Befähigungsnachweis teilweise ty-pische Informationsübertragungsinstrumente bestehen.

3.2 Asymmetrische Information und Qualitätsunsicherheit

3.2.1 Handwerkliche Begründungen

Im Handwerk ist wegen Informationsmängeln, asymmetrischer Informationsverteilung und ho-her Informationskosten eine Marktzugangsregulierung aus Sicht der Befürworter erforderlich. Als charakteristisch für handwerkliche Güter wird angesehen, daß die Nachfrager im Gegen-satz zu den Handwerkern die Qualität und Gutseigenschaften der Handwerksleistungen nur

---

260   Vgl. Marahrens, N. (1978), S. 24.

261   Vgl. Hantsch, G. u. a. (1991), S. 16 ff.

unzureichend beurteilen können.[262] Weil der Nachfrager unsicher darüber ist, ob mit einem hohen Preis auch hohe Qualität verbunden ist, minimiert er sein Risiko und greift deshalb zum billigsten Angebot. Können Handwerker für überdurchschnittliche Qualität nur einen Durchschnittspreis erzielen, besteht kein Anreiz gute Qualität anzubieten. Die Handwerker guter Qualität wandern deshalb vom Markt ab oder bieten schlechtere Qualität an. Um dem Risiko schlechter Qualität zu entgehen, verzichten die Nachfrager auf Handwerksleistungen. Obwohl die Nachfrager gute Qualität wünschen, pendelt sich der Markt aufgrund der adversen Selektionsprozesse auf eine untere Qualität ein und für gute qualifizierte Handwerksleistungen versagt der Markt.[263] Eine Verschlechterung der Qualität der Handwerksprodukte, die mit dem Marktversagen eintritt, kann Gefahren für die Verbraucher herbeiführen.

Mit dem Großen Befähigungsnachweis erfolgt eine präventive Selektion.[264] Berufsausbildung und Meisterprüfung gewährleisten einen hohen Leistungsstand und eine hohe Leistungsfähigkeit. Dies bedeutet für den Verbraucher einen Schutz vor Gefahren durch unfähige Handwerker. Gleichzeitig senkt der Große Befähigungsnachweis damit die Informationskosten, weil Berufsausbildung und Meisterprüfung das Vertrauen in die Qualität der Produkte stärken. Man erreicht somit durch den Großen Befähigungsnachweis ein "Markenartikelimage" für das gesamte Handwerk.

Im Handwerk wird somit These vertreten, daß ein Informationsmangel der Nachfrager über die Qualität besteht, also im ganzen Handwerk asymmetrische Qualitätsinformationen vorliegen.[265] Faktisch geht man davon aus, daß im Handwerk nur Erfahrungsgüter produziert werden, deren Qualitätsmerkmale die Verbraucher erst nach dem Erwerb des Gutes oder längerer Nutzung beurteilen können.[266] Der Befähigungsnachweis behebt allokationspolitisch die Funktionsstörungen des Wettbewerbs und bezweckt zugleich einen Verbraucherschutz.

Im folgenden ist zu untersuchen, ob Handwerksleistungen unterschiedliche Qualitätsmerkmale aufweisen und alle Merkmale auf Erfahrungsgüter und Vertrauensgüter hinweisen, ob also im gesamten Handwerk asymmetrische Informationen und Informationsmängel bezüglich der Qualität vorliegen. Liegt eine asymmetrische Information nicht im ganzen Handwerk vor, deutet dies darauf hin, daß sich ein mehr oder weniger großer Deregulierungsbedarf angestaut hat.

Ferner ist zu klären, welche Informationsmöglichkeiten über die Qualität der Handwerksprodukte heute neben dem Großen Befähigungsnachweis vorhanden sind und inwieweit das Informationsinstrument Befähigungsnachweis eindeutige und zuverlässige Informationen

---

262   Vgl. hierzu und zum folgenden Kucera, G. (1989), S. 53 ff.

263   Vgl. auch Deregulierungskommission (1991), S. 174.

264   Vgl. Kucera, G. (1989), S. 63 f.

265   Vgl. Kapitel III, Abschnitt 3.1. Vgl. Kucera, G. (1989), S. 63.

266   Vgl. hierzu und zum folgenden Kucera, G. (1989), S. 53 f. und 63 ff.

liefert. Unter dem Aspekt der Informationskosten stellt sich die Frage, welche anderweitigen marktergänzenden Instrumente zur Informationsübertragung und Informationsbeschaffung für Handwerksleistungen vorhanden sind,[267] und was letztlich diese Instrumente im Vergleich zur staatlichen Regulierung leisten. Vor einer differenzierten Betrachtung des Handwerks sollen einige ausgewählte allgemeingültige Regelungen betrachtet werden, die sich auf die Informationsverteilung und Qualität auswirken.

3.2.2 Allgemeingültige Regelungen

Bestimmte Regelungen betreffen alle Handwerkszweige gleichermaßen. Sie werden deshalb den Einzelanalysen vorangestellt. Die Sicherheit des Verbrauchers in allen Handwerksbereichen unterstützen vorhandene Rechtsvorschriften. Sie leisten einen Beitrag, Risiken aus einer ungleichen Informationsverteilung weitgehend auszuschließen. Im Rahmen der Gewährleistungshaftung steht dem Käufer ein Recht auf die Behebung von Mängeln am gelieferten Produkt zu, der Verkäufer haftet beim gelieferten Produkt für einen Minderwert,[268] denn der Käufer hat aufgrund des Kaufvertrages Anspruch auf eine fehlerfreie Ware als Gegenleistung für den vereinbarten Kaufpreis. Dieses "Gleichgewichtsverhältnis zwischen Kaufpreis und Kaufsache ..."[269] wird bei fehlerhaften und mit Mängeln behafteten Waren gestört.[270] Der Käufer kann bei einer Fehlerhaftigkeit der Kaufsache eine Wandelung (Rückgängigmachung des Kaufes) oder Minderung (Herabsetzung des Kaufpreises) verlangen (BGB § 463). Unter bestimmten Bedingungen kann der Käufer einen Schadenersatz wegen Nichterfüllung beanspruchen, wenn die zugesicherten Eigenschaften fehlen.[271] Vertraglich läßt sich zwischen Käufer und Verkäufer ein Anspruch auf Nachbesserung vereinbaren.[272]

Während das Gewährleistungsrecht sich auf die Fehlerhaftigkeit des Produkts bezieht, umfaßt die Produkthaftung eine Schadenersatzhaftung für Folgeschäden, die Dritten durch die Fehlerhaftigkeit eines Produkts entstanden sind. Anwendbar sind die verschuldensabhängige und verschuldensunabhängige Produkthaftung. Die verschuldensunabhängige Haftung gilt nicht für Dienstleistungen, z. B. Leistungen eines Friseurs. Eine Produkthaftung für Dienstleistungen wird derzeit erarbeitet. Regelungen zum Schutz des Verbrauchers trifft das BGB auch in Fällen der Verzugs- und Unmöglichkeitshaftung.[273]

---

267   Vgl. Kapitel III, Abschnitt 6.4, 7.1 und 7.2.

268   Vgl. Schmidt-Salzer, J. (1994), S. 745 ff.

269   Schmidt-Salzer, J. (1994), S. 746.

270   Vgl. Bundesgesetzblatt (1896): BGB § 459 ff., § 633 ff.

271   Vgl. Bundesgesetzblatt (1896): BGB § 463, § 480, § 635.

272   Vgl. Bundesgesetzblatt (1896): BGB § 476a, § 633.

273   Vgl. Bundesgesetzblatt (1896): BGB § 280 ff, § 323 ff.

Die Notwendigkeit qualitätssichernde Instrumente einzusetzen, wird unterstützt durch die Vereinheitlichung der Produkthaftung in der Europäischen Gemeinschaft.[274] Seit dem 1. 1. 1990 gilt neben der verschuldensabhängigen Produkthaftung das Produkthaftungsgesetz mit einer verschuldensunabhängigen Produkthaftung im Bereich der Personenschäden und der privaten Sachschäden. Verschuldensunabhängigkeit bedeutet, daß der Schaden nicht schuldhaft, fahrlässig oder vorsätzlich verursacht wurde. Ein Ersatz bei Sachschäden ist vorgesehen, wenn diese Sache, die nicht identisch ist mit dem fehlerhaften Produkt, für den privaten Ge- und Verbrauch bestimmt ist und verwendet wird. Bei Investitionsgütern fallen dementsprechend nur Personenschäden unter das neue Produkthaftungsgesetz, für Sachschäden gilt weiterhin die verschuldensabhängige Haftung.[275] Diese verschuldensabhängige Produkthaftung oder auch deliktsrechtliche Produkthaftung, sieht eine Verkehrssicherheitpflicht für alle Produkte vor.[276] Sie besteht nach § 823 BGB unabhängig vom Bestehen vertragsrechtlicher Beziehungen und beinhaltet eine Haftung des Herstellers, Händlers oder Produktbenutzers für Schäden, die einem Dritten durch ein fehlerhaftes Produkt entstanden sind.[277]

Auf spezifische qualitätssichernde Instrumente wird in den folgenden Abschnitten bei der Betrachtung nach der Verwendungsrichtung eingegangen.

3.2.3 Konsumgüterhandwerk

3.2.3.1 Nahrungs- und Genußmittel (Lebensmittel)

Mit der Herstellung[278] von Nahrungs- und Genußmitteln befassen sich Bäcker, Konditoren, Fleischer, Müller, Brauer und Mälzer sowie Weinküfer. Im Sinne des Lebensmittel- und Be-

---

274 Der Begriff Produkthaftung entstand Ende der 60er Jahre in Anlehnung an den amerikanischen Begriff "products liability". Vgl. dazu Schmidt-Salzer, J. (1994), S. 745. Die Bezeichnung Produkthaftung und Produzentenhaftung werden in Literatur und Praxis häufig synonym verwendet. Eine ausführliche Diskussion dieser Bezeichnungen ist zu finden bei Wischermann, B. (1991), S. 2 ff. Auf eine umfassende Darstellung der Produkthaftung wird hier verzichtet, vgl. dazu Kullmann, H. J. (1980) sowie Schmidt-Salzer, J. (1973), Schmidt-Salzer, J. (1981).

275 Vgl. Schmidt-Salzer, J. (1994), S. 753 ff, S. 763 ff. und Wischermann, B. (1991), S. 23 f.

276 Vgl. Wischermann, B. (1991), S. 17.

277 Vgl. Schmidt-Salzer, J. (1994), S 745.

278 Das Herstellen i. S. des Lebensmittel- und Bedarfsgegenständegesetzes beinhaltet Gewinnen, Herstellen, Zubereiten, Be- und Verarbeiten. Vgl. Deutsche Gesellschaft für Qualität (1992), S. 33.

darfsgegenständegesetzes (LMBG)[279] stellen diese Handwerkszweige Lebensmittel her, da es sich um Stoffe handelt, die vom Menschen in unverändertem, zubereitetem oder verarbeitetem Zustand verzehrt werden.[280]

Die Qualität von Lebensmitteln umfaßt sensorische, ernährungsphysiologische, hygienisch-toxikologische und technologische Merkmale.[281] Zu den sensorischen Merkmalen von Lebensmitteln zählen Farbe, Form, Geschmack, Geruch, Konsistenz, Temperatur und die Art der Präsentation der Lebensmittel. Sie bestimmen auch den Genußwert des Lebensmittels, der allerdings individuell äußerst verschieden und einer allgemeinen Beurteilung schwer zugänglich ist.

Die sensorischen Merkmale lassen sich den Suchgütern zuordnen, denn das Aussehen, die Farbe, die Form, der Geruch von Fleisch, Bäcker- und Konditoreiwaren geben Hinweise zur Beurteilung der Lebensmittel. Zudem kann der Konsument anhand von häufiger angebotenen Probehappen (Wurst, Back- und Konditoreiwaren, Wein) Geschmack und Konsistenz beurteilen. Auch Produktumfeldinformationen,[282] wie die Art der Präsentation, die Sauberkeit des Verkaufsraumes, die Geschäftsausstattung und das Verkaufspersonal geben Hinweise auf die Qualität des Produktes. Auch das Handelsklassenrecht, das u. a. Guteigenschaften festlegt,[283] verbessert eine Qualitätsbeurteilung der Verbraucher.

Hingegen kann der Verbraucher die ernährungsphysiologischen Merkmale, den Nähr- und Ernährungswert, den Gehalt an Brenn- und Aufbaustoffen, Vitaminen usw. nur bedingt direkt selbst beurteilen. Hinsichtlich dieses Merkmals sind die Lebensmittel als Vertrauensgut einzustufen. Unter hygienisch-toxikologischer Qualität versteht man die biologische Sicherheit von Lebensmitteln. Stoffe, die die Gesundheit der Verbraucher beeinträchtigen oder gefährden können, sollen nicht oder nur in begrenztem Ausmaß enthalten sein. Daher erfolgt eine Festlegung von Grenzwerten. Nach dem LMBG ist es verboten, Lebensmittel herzustellen und in den Verkehr zu bringen, die geeignet sind, die Gesundheit zu schädigen (§ 8 LMBG). Ferner verbietet das LMBG die Verwendung von Zusatzstoffen und die Behandlung von Lebensmitteln,

---

[279]   Das Lebensmittel- und Bedarfsgegenständegesetz (LMBG) grenzt Arzneimittel von Lebensmitteln ab, stellt aber Zusatzstoffe, Farben, Fremdstoffe, Konservierungsmittel, kosmetische Mittel und Bedarfsgegenstände, wie Lebensmittelverpackungen, Spielwaren, Bekleidungsgegenstände und Reinigungsmittel den Lebensmitteln gleich. Deshalb sind auch andere Handwerkszweige wie Holzspielzeughersteller, Friseure, Gebäude- und Textilreiniger sowie Bekleidungshandwerke von diesem Gesetz betroffen. Denn auch Bedarfsgegenstände sind so herzustellen und zu behandeln, daß ein bestimmungsgemäßer Gebrauch die Gesundheit nicht schädigt.

[280]   Zwischen Nahrungs- und Genußmitteln wird nach dem LMBG keine Unterscheidung getroffen, deshalb wird im folgenden der umfassende Begriff Lebensmittel verwendet.

[281]   Vgl. Deutsche Gesellschaft für Qualität (1992), S. 29.

[282]   Nähere Einzelheiten dazu vgl. Kroeber-Riel, W. (1990), S. 277 ff.

[283]   Vgl. Kuhlmann, F. (1990), S. 194. Das Handelsklassenrecht betrifft z. B. Rindfleisch, das vom Fleischerhandwerk angeboten wird.

sofern sie nicht durch Rechtsverordnung zugelassen sind. Ebenso ist festgelegt, daß pharma-
kologische Rückstände, z. B. in Fleisch, lediglich in den gesetzlich fixierten Höchstmengen
enthalten sein dürfen.[284] Um den Verbraucher vor gesundheitlichen Gefahren zu schützen, gibt
es neben dem LMBG eine Vielzahl von Vorschriften, u. a. die Lebensmittelkennzeichnungs-
verordnung, die Fleischverordnung, die Hackfleischverordnung, die Nährwertkennzeichnungs-
verordnung, das Weingesetz sowie Hygiene- und gewerberechtliche Vorschriften.[285]

Technologische Merkmale kennzeichnen die Eignung eines Lebensmittels für die weitere Bearbeitung und Verwendung.[286] Das Verhalten bei Verwendung kann der Verbraucher erst bei
Gebrauch oder Verbrauch feststellen, dieses Merkmal hat daher Erfahrungsgutcharakter. Die
ernährungsphysiologischen und technologischen Merkmale werden bestimmt durch die Beschaffenheit der Rohstoffe, die wiederum zahlreichen Einflußgrößen unterliegen, wie Auswahl
des Saatgutes, Anbau- und Kultivationsbedingungen, Erntezeitpunkt, Klima, Dünger- und Pe-
stizideinsatz.[287] Hierauf kann der Handwerker nur begrenzt über die Auswahl der Lieferanten,
teilweise aber gar keinen Einfluß ausüben.

Deutlich wird, daß die vom Handwerk erstellten und bearbeiteten Lebensmittel sehr unterschiedliche Qualitätsmerkmale aufweisen. Auf die ernährungsphysiologischen und technologischen Merkmale sowie die Beschaffenheit der Rohstoffe kann der Handwerker kaum Einfluß
ausüben. Um die in diesen Bereichen vorliegenden Informationsmängel der Verbraucher zu beheben, sind direkte gesetzliche Produktvorschriften, Mindestqualitäten und Grenzwerte erforderlich. Die Meisterprüfung kann bei Informationsmängeln dieser Art nicht weiterführen.

Damit der Verbraucher vor gesundheitlichen Gefahren geschützt wird, gibt es eine Vielzahl
von Vorschriften. Ob die vorhandenen Vorschriften und Verordnungen eingehalten werden, ist
im wesentlichen unabhängig von der Meisterprüfung. Inwieweit eine Meisterprüfung für Probleme sensibilisieren kann, läßt sich schwer beurteilen. Denn das Wissen über die Vorschriften
allein reicht i. d. R. nicht aus und erfolgt bezüglich sensibler Merkmale schon in der Ausbildung
zum Gesellen. Minderwertige Arbeit ist auch mit Befähigungsnachweis möglich. Vielmehr sind
Anreize notwendig, erworbenes Wissen anzuwenden.[288]

Über die sensorischen Merkmale muß sich der Verbraucher stets, unabhängig vom Befähigungsnachweis, informieren. Eine Meisterprüfung ist zur Senkung der Informationskosten

---

284   Problematisch bleibt in diesem Zusammenhang aber die Festlegung und Akzeptanz von Grenzwerten,
ebenso wie die toxische Wirkung einer Kombination von verschiedenen Stoffen auch unterhalb der
Grenzwerte.

285   Wer z. B. in einem Lebensmittelbetrieb gewerblich tätig ist, muß eine Bescheinigung des Gesund-
heitsamtes nach dem Bundesseuchengesetz § 18 Abs. 5 vorlegen. Vgl. Sattler, H. B. (1987), S. 248.

286   Z. B. das Wasserbindevermögen von Fleisch oder das Lagerverhalten von Lebensmitteln. Vgl. dazu
Deutsche Gesellschaft für Qualität (1992), S. 29 ff.

287   Vgl. Deutsche Gesellschaft für Qualität (1992), S. 27.

288   So auch Deregulierungskommission (1991), S. 179.

wenig hilfreich, denn der Konsument muß Informationskosten aufwenden, um einen Anbieter zu finden, der seinen persönlichen Präferenzen am ehesten entspricht. Vorhandene Vorschriften außerhalb der HwO leisten ferner einen Beitrag zur Senkung von Experimentier- und Informationskosten.[289] Da Lebensmittel zu den häufiger erworbenen Gütern zählen, können Anbieter versuchen, sofern kein Befähigungsnachweis erforderlich ist, mit Markenzeichen und Reputation aus der Anonymität herauszutreten. Nachfrager können Fehler korrigieren, indem sie beim nächsten Mal einen anderen Anbieter wählen.

Ferner ist erkennbar, daß die Handwerksleistungen im Bereich Lebensmittel heterogen gestreute Qualitätsmerkmale aufweisen, die nur bedingt durch den Befähigungsnachweis zu beeinflussen sind. Bei einigen Merkmalen ist hohe Qualität nicht von der Handwerksleistung, sondern von anderen Einflußfaktoren abhängig, bei anderen Merkmalen sind durch sorgfältige Inspektionen Informationen zu beschaffen.

Auch in anderen Bereichen außerhalb des Handwerks findet eine Lebensmittelherstellung statt, bei der einige Qualitätsmerkmale auf Erfahrungsgüter hindeuten. Beispiele sind Leistungen des Gastgewerbes und Restaurantessen, für die kein Befähigungs- oder Sachkundenachweis zu erbringen ist.[290]

3.2.3.2 Körper- und Gesundheitspflege

Zum Bereich der Körper- und Gesundheitspflege zählen Augenoptiker, Hörgeräteakustiker, Bandagisten, Orthopädiemechaniker, Chirurgiemechaniker, Zahntechniker, Friseure, Textilreiniger usw.

Der überwiegende Teil der Leistungen der Gesundheitshandwerke[291] erfolgt aufgrund einer ärztlichen Verordnung. Eine Besonderheit ist, daß der Nachfrager den gezahlten Preis teilweise oder ganz von der Krankenkasse oder anderen Einrichtungen, wie orthopädischen Versorgungsstellen, vergütet erhält. Zudem wird die sonst im Handwerk übliche Beziehung zwischen Handwerker und Verbraucher hier erweitert durch den Arzt.

Die Verordnung des Arztes muß den individuellen Bedürfnissen des Patienten (Verbrauchers) entsprechen. Der Patient wählt sowohl den Handwerker als auch den Arzt aus. Der Arzt hat die Ausführung der Verordnung durch den Handwerker zu überwachen, insbesondere soll der Arzt nach erfolgter Ausstattung eine Abnahmeprüfung, bspw. bei orthopädischen Hilfsmitteln, durchführen.[292] Des weiteren hat der Arzt zu prüfen, inwieweit die entsprechenden Hilfsmittel

---

289   So auch Deregulierungskommission (1991), S. 178.

290   Vgl. Sattler, H. B. (1987), S. 240 ff.

291   Insbesondere Augenoptiker, Hörgeräteakustiker, Bandagisten, Orthopädiemechaniker, Zahntechniker.

292   Vgl. hierzu und zum folgenden Sachverständigenrat für die Konzertierte Aktion im Gesundheitswesen (1988), S 139 f.

abgenutzt oder in ihrer Funktionstüchtigkeit eingeschränkt sind und ob eine Wiederverordnung notwendig ist.

Eine umfassende Produktdifferenzierung sowie unterschiedliche verwendete Materialien, technische Eigenschaften und Bezeichnungen erschweren den Ärzten teilweise eine Marktübersicht. Aus Sicht des Handwerks mangelt es den Ärzten an Informationen und von den Innungen angebotene Informationsveranstaltungen für Ärzte werden kaum angenommen. Bei einigen orthopädischen Leistungen wird daher eine konkrete Ausgestaltung der Leistung dem Handwerker überlassen. Diese Informationsmängel lassen sich kaum durch den Befähigungsnachweis beheben, vielmehr ist eine Kooperation zwischen Arzt und Handwerker notwendig.[293]

Zwar haben die Hilfsmittel aus Sicht des Nachfragers Erfahrungsgutcharakter dahingehend, daß der Verbraucher erst bei Gebrauch feststellen kann, ob dieses Hilfsmittel für ihn und seinen Verwendungszweck geeignet ist.[294] Aber der Nachfrager kann z. B. eine vom Arzt verordnete falsche Brillenstärke durch den Optiker überprüfen lassen. Hat der Optiker falsche Gläser eingebaut, ist eine Überprüfung durch den Arzt möglich. Neben dieser gegenseitigen Kontrolle wirken der asymmetrischen Information zwischen Patient, Arzt und Handwerk die Vor- und Nachbegutachtungen durch vertrauensärztliche Dienste, geeignete Sachverständige oder die Genehmigung des Hilfsmittels im Einzelfall entgegen.

Die Leistungen der Zahntechniker unterliegen einer direkten Qualitätskontrolle durch den Zahnarzt, der die Handwerksleistungen dem Patienten anpaßt. Diverse Qualitätsmerkmale, wie Paßgenauigkeit, Funktionstüchtigkeit, Gebrauchstauglichkeit, Form, Farbe und Design kann der Zahnarzt sofort bei Anpassung feststellen. Da der Zahnarzt in der Regel eine Auswahl der zu verarbeitenden Materialien trifft, sind ebenso Aussagen über Haltbarkeit und Lebensdauer bei normalem Gebrauch möglich.[295] Informationsunsicherheiten bestehen seitens des Zahnarztes eher bezüglich der verhaltensabhängigen Qualitätsmerkmale, wie Einhaltung von Zeitplänen, Hilfe in Notfällen usw. Eine zeitpunktbezogene Meisterprüfung liefert dem Zahnarzt aber keine verläßlichen und eindeutigen Informationen über die tatsächlichen praktischen Fähigkeiten und die verhaltensabhängigen Qualitätsmerkmale.

Da die Zahntechniker an einer langfristigen Bindung an bestimmte Zahnärzte interessiert sind und durch Wiederholungskäufe höhere Gewinne erzielen wollen, ist auch bei einem freien

---

293 Erforderlich sind hierfür u. U. auch Veränderungen im "regulierten" Gesundheitswesen. Darauf soll an dieser Stelle nicht eingegangen werden. So hat der Patient kaum Einfluß darauf, welche Behandlung medizinisch und ökonomisch sinnvoll ist. Das Sachleistungsprinzip bietet den Patienten kaum Anreize sich wirtschaftlich zu verhalten. Vgl. Schulenburg, J.-M. (1993), S. 75 ff. Die Kumulation von Regulierungen im Gesundheitswesen und im Handwerk führt dann dazu, daß z. B. eine Rollstuhlklingel erheblich teurer ist als eine baugleiche Fahrradklingel.

294 Beispielsweise verschiedene Formen des Zahnersatzes, Brillen oder Kontaktlinsen.

295 Zu berücksichtigen ist, daß die Auswahl der Rohstoffe, aber unter Umständen auch die Haltbarkeit, von der Genehmigungs- und Zuzahlungspraxis der Krankenkassen abhängt.

Marktzutritt mit hoher Qualität zu rechnen. Die Entscheidung für Qualität hat dann einen intertemporalen Charakter.[296]

Im Rahmen einer modelltheoretischen Betrachtung weist v. Ungern-Sternberg nach, daß der Goodwill-Mechanismus vornehmlich dann zu einer langfristig höheren Qualität führt, wenn der Barwert zukünftiger Gewinne, die der Anbieter durch hohe Qualität erzielt, höher ist, als ein sofortiger Gewinn durch Betrug.[297] v. Ungern-Sternberg zufolge sind dafür bei freiem Marktzutritt genügend hohe irreversible Fixkosten des Markteintritts erforderlich.[298]

Dieses Argument spricht auf den ersten Blick für eine Meisterprüfung und dafür aufzuwendende Ressourcen. Finanzielle Aufwendungen beim Marktzutritt entstehen aber unabhängig von der Meisterprüfung zum einen durch den Kapitalbedarf bei Ausstattung des Labors. Das durchschnittliche Investitionsvolumen bei Zahntechnikern liegt nach Zahlen der Deutschen Ausgleichsbank[299] bei über DM 200.000,--. Zum anderen entstehen höhere Kosten pro verkaufter Leistungseinheit am Anfang der Geschäftstätigkeit auch durch ein zunächst geringeres Verkaufsvolumen und den Aufbau einer Kundenbeziehung.

Die Besonderheiten in diesem Bereich zeigen, daß einerseits zur Qualitätssicherung informationskostensenkende Institutionen eingesetzt werden und andererseits mit Reputationsmaßnahmen, also über marktliche Instrumente eine Qualitätssicherung erfolgen kann. Informationsmängel bestehen zudem teilweise weniger hinsichtlich der Qualität der Handwerksarbeit sondern vielmehr hinsichtlich der ärztlichen Verordnung. Hohe Qualität wird dann geliefert, wenn der Informationsstand der Nachfrager hinreichend groß ist.[300] Im Bereich der Gesundheitshandwerke bestehen Möglichkeiten, über Informationen der Krankenkassen den Informationsstand der Nachfrager zu verbessern. Gleichzeitig kann damit das Preis-Leistungsbewußtsein gefördert und möglicherweise ein Beitrag zur Senkung der Kosten des Gesundheitswesens geleistet werden. Im Bereich des Gesundheitswesens kann gerade die Kumulation der Regulierungen des Handwerks und Gesundheitswesens preissteigernd wirken.

Der Informationsaustausch unter Konsumenten und ein hoher Informationsstand der Nachfrager können ebenfalls im Bereich der Friseurleistungen, die den Charakter eines Erfahrungsgutes aufweisen, einem Absinken der Qualität entgegen wirken.[301] Der Konsument kann sich vor einer Haarpflege beim Friseur beraten lassen. Ferner kann sich der Konsument bei anderen

[296] Vgl. Ungern-Sternberg, T. R. v. (1984), S. 58 ff.

[297] Vgl. Ungern-Sternberg, T. R. v. (1984), S. 68 ff.

[298] Vgl. Kapitel III, Abschnitt 6.3.

[299] Vgl. Zahlenmaterial der Deutschen Ausgleichsbank. Zu berücksichtigen ist, daß die Investitionssummen sich nicht auf eine Neugründung sondern auf einen Aufbau auf einen vorhandenen Bestand beziehen.

[300] Vgl. hierzu die modelltheoretische Analyse bei Finsinger, J. (1991), S. 212 ff.

[301] Vgl. Kapitel III, Abschnitt 6.4.

Verbrauchern erkundigen und Ratschläge aus dem Freundeskreis einbeziehen. Friseurleistungen sind zudem auch mit Befähigungsnachweis sehr abhängig von den Präferenzen des Nachfragers. Informationskosten müssen auch mit Befähigungsnachweis aufgewendet werden.

Eindeutige und verläßliche Indikatoren über die Qualität der Friseurleistungen lassen sich insofern auch mit Marktzugangsregulierung nicht übertragen. Dennoch ist u. U. eine freiwillige Meisterprüfung ein Reputationsinstrument. Möglich ist ferner ein differenziertes Leistungsangebot mit differenzierten Preisen, also ein Meisterschnitt oder ein Gesellenschnitt.

3.2.3.3 Dauerhafte und nicht dauerhafte Konsumgüter

Bei dauerhaften und nicht dauerhaften Konsumgütern ist eine eindeutige Trennung in Such- und Erfahrungsgüter kaum exakt durchzuführen. Von Bedeutung ist vielmehr, inwieweit es dem Konsumenten möglich ist, sich über unterschiedliche Qualitätsmerkmale zu informieren (Screening) bzw. welche Anreize seitens der Anbieter zur Informationsübertragung (Signaling) bestehen.[302].

Bei nicht dauerhaften Konsumgütern (Bekleidung, Textilwaren, Schuhe, Lederwaren) lassen sich Gebrauchstauglichkeit, Paßform, Güte, Design und Robustheit durch eine sorgfältige Inspektion, Prüfung und Besichtigung bestimmen. Lebensdauer und Haltbarkeit sind auch bei industriell hergestellten Waren teilweise nicht vorher bestimmbar. Hier können eigene Erfahrungen und das Erfahrungswissen anderer Verbraucher Informationen liefern.

Auch bei höherwertigen Konsumgütern lassen sich Gebrauchstauglichkeit, Funktionstüchtigkeit, Design und Robustheit durch sorgfältige Inspektion und Beschreibung der Herstellverfahren beurteilen. Bei Musikinstrumenten wird eine Beurteilung durch ein Probespiel erleichtert.

Auch wenn bei den hochwertigen dauerhaften Konsumgütern die Produkte unterschiedlich sind, fallen überwiegend normierte Tätigkeiten an, die in unterschiedlicher Anordnung zu erbringen sind. Für das Endprodukt werden letzlich gängige Vorprodukte und Rohstoffe verarbeitet, dabei wiederholen sich die Arbeitsgänge auch bei Handarbeit ähnlich wie bei anderen individuellen oder maßgeschneiderten Produkten.[303]

Eine Auswahl kann auch anhand von Musterexemplaren erfolgen. Durch Begutachtung und Besichtigung der bisher von dem spezifischen Handwerker erstellten Leistungen und einem eventuellen Vergleich mit Leistungen anderer Handwerker kann der Verbraucher einen Eindruck von der Handfertigkeit und Arbeitsweise des spezifischen Handwerkers erlangen und Gebrauchstauglichkeit, Zuverlässigkeit, Funktionstüchtigkeit und dergleichen beurteilen. Die hier anfallenden Informationskosten sind daher vergleichbar mit den Informationskosten, die

---

302   Vgl. Kapitel III, Abschnitt 6.4.

303   Vgl. ähnlich Finsinger, J. (1988), S. 63.

bei anderen nicht-handwerklichen Konsumgütern anfallen. Ferner können Erfahrungen anderer Verbraucher mit dem Handwerker zur Beurteilung der Qualität herangezogen werden.

Durch differenzierte Angebote und Beschreibungen des Herstellungsprozesses ist ein Vergleich ähnlich wie bei industriell hergestellten Gütern möglich. Dies gilt insbesondere auch für Reparaturleistungen. Allerdings ist es für den Nachfrager schwierig, bei Reparaturleistungen zu beurteilen, ob die Leistungen dem Preis entsprechen. Bei besonders teuren Gütern und Reparaturleistungen lassen sich deshalb auch sachkundige Berater heranziehen. In vielen Fällen rechtfertigt ein geringer Auftragswert für den Nachfrager aber keinen hohen Informationsaufwand.[304]

Güte, Zuverlässigkeit und Haltbarkeit sind in verschiedenen Bereichen Güteklassen und Normen zu entnehmen. Für Textilien bestehen bspw. Kennzeichnungspflichten nach dem Textilkennzeichnungsgesetz und Gütezeichen, z. B. Reine Schurwolle. Konkrete Sachinformationen in einheitlicher Darstellung liefern RAL-Testate des Deutschen Instituts für Gütesicherung und Kennzeichnung (RAL).[305] Da an die Produkte Mindestanforderungen gestellt werden, enthalten die RAL-Testate auch eine Beurteilung der Warenqualität.[306]

Auch im Bereich dauerhafter und nicht dauerhafter Konsumgüter wird die Qualitätssicherheit für Verbraucher durch vorhandene DIN-Normen verbessert. Gegenstände mit denen Kinder in Berührung kommen, werden auf Gebrauchstauglichkeit und Sicherheit getestet.[307]

Leistungen des Kfz-Bereiches weisen den Charakter eines Erfahrungsgutes auf und sind mit Gefahren verbunden. Allerdings ist auch hier eine Aufsplitterung notwendig. Zu differenzieren ist, ob ausgeführte Handwerksleistungen für die Sicherheit des Fahrzeuges und entsprechend für den Konsumenten von Bedeutung sind, wie bei Wartungsarbeiten an der Bremsanlage, oder ob die Tätigkeit selbst gewissen Gefährdungen unterliegt, für den Konsumenten aber nicht mit Gefahr verbunden ist.[308]

In den letzten Jahren zeigte sich, daß die Qualität von Werkstätten Überprüfungen der Stiftung Warentest zugänglich sind.[309] In verschiedenen Bereichen wurden Werkstätten überprüft. Zudem beauftragen Hersteller Ingenieurbüros mit der anonymen Überprüfung von Vertragswerkstätten.[310] Das Ergebnis wird nur den Werkstätten mitgeteilt. Im Gegensatz dazu werden die Testergebnisse der Stitung Warentest öffentlich publiziert. Bei der letzten Untersuchung der Stiftung Warentest lösten ein Drittel der Betriebe die Testaufgabe mangelhaft. Während

---

[304] Vgl. Deregulierungskommission (1991), S. 178.

[305] Zur RAL-Gütersicherung im Handwerk vgl. Zentralverband des Deutschen Handwerks (1993), S. 138.

[306] Vgl. Kuhlmann, E. (1990), S. 157.

[307] Im Handwerk relevant z. B. für Holzspielzeughersteller.

[308] Ein Beispiel sind Lackierungsarbeiten mit giftigen Lacken.

[309] Vgl. Stiftung Warentest (1993), Heft 4, S. 38 ff.

[310] Die Überprüfung erfolgt anhand von Testaufgaben, die Fahrzeuge werden mit Fehlern bestückt.

der Befähigungsnachweis insoweit allein keinen Anreiz zur Lieferung guter Qualität bietet, können veröffentlichte Testergebnisse ein verläßlicheres Informationsübertragungsinstrument für gute Qualität sein. Schlechte Testergebnisse können für eine Werkstatt, deren Firmennamen veröffentlicht wird, zu einem erheblichen Reputationsverlust führen. Regelmäßig in unterschiedlichen Gebieten durchgeführte Untersuchungen können einen Anreiz darstellen, gute Qualität zu liefern. Ohne Marktzugangsregulierung könnten Anbieter die bislang schon durchgeführten Testergebnisse sowie Ergebnisse der Stiftung Warentest für Reputationszwecke verwenden. Derartige Testuntersuchungen sind mit Kosten verbunden. Allerdings lassen sich diese Kosten im Vergleich zu den direkten und indirekten Kosten der Marktzugangsregulierung kaum beziffern.

Insgesamt liegen also im Bereich dauerhafter und nicht dauerhafter Konsumgüter für einen Großteil von Qualitätsmerkmalen Informationsmöglichkeiten vor. Neben der Marktzugangsregulierung bestehen Informationsübertragungsmöglichkeiten über den Marktmechanismus, die bei einem Verzicht auf eine Marktzugangsregulierung zudem ggf. noch ausbaufähig sind.

3.2.3.4 Zusammenfassung

Das Konsumgüterhandwerk produziert sehr unterschiedliche Leistungen, "vom Brötchen bis zum Klavier", also Lebensmittel, Körper- und Gesundheitspflegegüter sowie dauerhafte und nicht dauerhafte Konsumgüter. Die Handwerksleistungen weisen sehr unterschiedliche Qualitätsmerkmale auf. Die These, daß bei allen Handwerksleistungen oder allen Qualitätsmerkmalen asymmetrische Information vorliegt, ist für das Konsumgüterhandwerk nicht zutreffend.

Asymmetrisch verteilte Informationen sind bei Lebensmitteln neben den ernährungsphysiologischen und technologischen Merkmalen, die durch einen Befähigungsnachweis kaum zu beeinflussen sind, bei hygienisch-toxikologischen Merkmalen möglich. Um den Verbraucher in diesem Bereich vor gesundheitlichen Gefahren zu schützen, ist eine Vielzahl von Normen und Gesetzen erlassen worden. Im Bereich der sensorischen Merkmale, die stark von den persönlichen Präferenzen und emotionalen Wahrnehmungen abhängig sind, gibt es verschiedene Informationsmöglichkeiten. Informationskosten entstehen in diesem Bereich auch mit der HwO.

Bei Handwerksleistungen im Bereich der Körper- und Gesundheitspflege wird die Beziehung Handwerker - Verbraucher in einigen Segmenten um den Arzt erweitert. Übergeordnete und gegenseitige Kontrollen wirken hier einer asymmetrischen Information entgegen. Dauerhafte und nicht dauerhafte Konsumgüter weisen sehr unterschiedliche Qualitätsmerkmale vor. Entsprechend vielfältig sind die beispielhaft für einige Merkmale aufgezeigten Informationsmöglichkeiten.

Neben der Meisterprüfung kann sich der Nachfrager Informationen über die diversen Qualitätsmerkmale durch verschiedene Informationsübertragungsinstrumente einholen, die ohne

Marktzugangsregulierung teilweise noch ausbaufähig sind. Die Einflußmöglichkeiten des Be-fähigungsnachweises auf jene Qualitätsmerkmale, von denen für den Verbraucher gesundheitli-che Gefahren ausgehen, sind im Bereich des Konsumgüterhandwerks relativ eng begrenzt.

Mit der differenzierten Darstellung wurde bezweckt, die Heterogenität der Hand-werksleistungen und den damit verbundenen unterschiedlichen Regulierungsbedarf herauszuar-beiten. Die Untersuchung des Konsumgüterhandwerks lieferte Hinweise darauf, daß insgesamt bei dem vielfältigen Spektrum der angebotenen Güter und Leistungen eine hohe Qualität mit einem Instrument Marktzugangsregulierung wohl kaum zu erreichen ist. Es bleibt zu klären, welchen Stellenwert die Meisterprüfung als Marktzulassungskriterium bzw. als freiwilliges In-formationsinstrument im Kontext mit den anderen marktnäheren Instrumenten hat.

3.2.4 Produktionsgüterhandwerk

Das Produktionsgüterhandwerk erstellt vornehmlich Sachgüter und Dienstleistungen für ge-werbliche Abnehmer.[311] Hierzu zählen Fertigprodukte, Dienstleistungen, höchstpräzise Einzel-teile, Geräte und Baugruppen sowie Betriebsmittel. Zu den Produktionsgüterhandwerken zäh-len die Bereiche Steine und Erden, Metallguß, Stahlverformung und Oberflächenbearbeitung, Stahl- und Leichtmetall-, Maschinen-, Straßenfahrzeug- und Schiffbau, Elektrotechnik, Fein-mechanik, Optik, Eisen-, Blech-, Metallwarenherstellung[312] sowie Dienstleistungen für die gewerbliche Wirtschaft.[313] Aufgrund der Heterogenität des Handwerks lassen sich die Hand-werkszweige nicht so aufteilen, daß im Ergebnis eindeutige und klar abgegrenzte Bereiche entstehen. Das Produktionsgüterhandwerk ist durch einige Besonderheiten gekennzeichnet, die Auswirkung auf Fragen der asymmetrischen Information haben.

Ein Großteil der Handwerksunternehmen ist als Zulieferer[314] für Industrieunternehmen tätig. Die vom Handwerk produzierten Teile werden von den Abnehmern in eigene Produkte einge-baut. Ferner übernehmen Handwerksbetriebe die Fertigmontage (Endfertigstellung). Sie ver-wenden dabei selbst produzierte und industriell hergestellte Teile, z. B. beim Zusammenbau von Mikroskopen. Die Bedeutung des Produktionsgüterhandwerks ist nicht zu unterschätzen,

---

[311] Im folgenden wird davon ausgegangen, daß diese Leistungen vornehmlich in Gewerbe, Industrie und Handel den Investitionsgüter- und Zulieferbedarf decken. Eine eindeutige Abgrenzung zwischen Pro-duktionsgüter- und Konsumgüterhandwerk ist nicht immer möglich, weil einige Handwerkszweige so-wohl Produktionsgüter als auch Güter für den privaten individuellen Bedarf herstellen. Die von den Produktionsgüterhandwerken erstellten Güter für den privaten Bedarf lassen sich den dauerhaften Konsumgütern zurechnen, beispielsweise ein von Metallbauern geschmiedeter Kerzenständer.

[312] Vgl. Marahrens, N. (1978), S. 22.

[313] Vgl. Rheinisch-Westfälisches Institut für Wirtschaftsforschung (RWI) (1993), S. 103 ff.

[314] Mit Zulieferung ist hier sowohl die Lieferung von Gegenständen zur Weiterbearbeitung als auch von solchen Gütern gemeint, die zur Produktionsausstattung des Abnehmers gehören, also den Investiti-onsgüterbedarf befriedigen.

insbesondere das Metallhandwerk i. e. S. zählt zu den wachstumsstarken Bereichen.[315] Rund 80 bis 90 % dieser Betriebe sind als Zulieferer für die Industrie tätig.[316]

Zwischen den Handwerksbetrieben und der Industrie liegen häufig längerfristige und langfristige Zuliefervertragsbeziehungen vor. Damit die industriellen Unternehmen eine hohe Qualität der Einzelprodukte gewährleisten können, verlangen sie eine hohe Qualität der Zulieferteile und der beschafften Betriebsmittel. Seitens der Industrie erfogen spezielle Qualitätsvorgaben, entsprechend der weiteren Verwendung, um Funktionstüchtigkeit, Gebrauchstauglichkeit, Haltbarkeit, Sicherheit, Zuverlässigkeit und anderes mehr zu gewährleisten.

Die Besonderheiten dieses Bereichs erschweren eine Einordnung der Güter in Erfahrungs- und Suchgüter. Präzise Herstellungsvorschriften sprechen gegen Erfahrungsgüter. Mit derartigen Qualitätsvorgaben sollen Unsicherheiten und unterschiedliche Informationsstände bezüglich einiger Qualitätsmerkmale ausgeschaltet werden. Gleichzeitig senken die Herstellungsvorschriften die Informationskosten. Allerdings ist die langfristige Haltbarkeit neben dem Herstellungsverfahren abhängig von der Materialbeschaffenheit, den Rohstoffen, der Eignung des Materials für bestimmte Zwecke. Solange hierüber keine gesicherten Erkenntnisse vorliegen, bestehen hinsichtlich dieses Merkmals Informationsmängel, die aber nicht vom Handwerk zu vertreten sind.[317]

Präzise Herstellungsvorschriften der industriellen Abnehmer zeigen darüber hinaus, daß die Meisterprüfung hinsichtlich wesentlicher Qualitätsmerkmale und Eigenschaften nicht als eindeutiges und verläßliches Informationsübertragungsinstrument angesehen wird. Man geht scheinbar seitens der Industrie nicht davon aus, daß das regulierte Handwerk nur Teile hoher Qualität liefert. Vielmehr bestehen Unsicherheiten über die angeforderten Teile und deshalb erfolgen präzise Herstellungsvorschriften.

Allerdings stellt sich die Frage, ob nur ein Meister in der Lage ist, präzise Vorschriften umzusetzen. Dagegen spricht, daß die Meisterprüfung aber so speziell nicht sein kann, sondern auch Bedürfnisse und Erfahrungen eine Rolle spielen. Eine Meisterprüfung kann aber das Problemlösungsverhalten ggf. verbessern. Aber selbst mit Meisterprüfung sind diese Fähigkeiten unterschiedlich ausgeprägt. Vielmehr überschneiden sich die Fähigkeiten von Gesellen und Meistern in bestimmten Bereichen, oder die praktischen Fähigkeiten des Gesellen bei der präzisen Umsetzung von Vorschriften übertreffen die des Meisters sogar. Dies trifft dann zu, wenn sich der Meister vorrangig mit administrativen Aufgaben befaßt. Dies spricht letztendlich dagegen, den

---

[315] Zum Metallhandwerk i. e. S. rechnet man die Metallbauer, Maschinenbaumechaniker, Werkzeugmacher, Dreher, Feinmechaniker, Metallformer und Metallgießer. Vgl. Rheinisch-Westfälisches-Institut für Wirtschaftsforschung (RWI) (1993); S. 95.

[316] Vgl. Heinz-Piest-Institut für Handwerkstechnik (1993), S. 12.

[317] Unabhängig vom Handwerk sind diese Informationsmängel bei Herstellung durch einen Industriebetrieb ebenso vorhanden, z. B. für Brot vom Bäcker ebenso wie für Brot von der Industrie.

Marktzugang von der Meisterprüfung abhängig zu machen. Gleichwohl aber dafür, Personen mit freiwillig abgelegter Meisterprüfung in den Wettbewerb mit anderen treten zu lassen.

Über das geschilderte Maß hinaus unterliegen Produktqualität und Qualitätsbewußtsein jedoch derzeit einem beträchtlichen Wandel. Dies hat Auswirkungen auf das vornehmlich für die gewerbliche Wirtschaft tätige Produktionsgüterhandwerk. An die Qualität der Produkte werden höhere Anforderungen gestellt, denn bei einer steigenden technischen Komplexität der Produkte nimmt die Bedeutung von Abweichungen bei Einzelteilen zu.[318] Die Verschärfung des Wettbewerbs im europäischen Binnenmarkt erfordert unternehmensintern eine Erhöhung der Wirtschaftlichkeit bei gleichzeitiger permanenter Verbesserung der Qualität.[319]

Einem Wandel unterliegen ebenso die Beziehungen zwischen Handwerk und gewerblichen Abnehmern. Zunehmend verlangt wird das Just-in-Time-Prinzip, bei dem Vorprodukte seitens des Handwerks für den industriellen Vertragspartner in zeitlicher Abstimmung in bestimmter Qualität und Menge hergestellt werden müssen. Dies hat zur Folge, daß Wareneingangskontrollen beim Vertragspartner des Handwerks i. d. R. nicht möglich sind.[320] Ferner gewinnt das Modular Sourcing an Bedeutung, bei dem die liefernden Betriebe als Systemlieferant die Entwicklung und Herstellung kompletter Baugruppen übernehmen.[321]

Infolge der Straffung des Fertigungsprozesses beim industriellen Abnehmer, der Reduzierung von Durchlaufzeiten und Eliminierung von Lagern verursacht eine mangelhafte Qualität von Zulieferteilen hohe Folgekosten.[322] Hinzu kommt ein Bewußtseinswandel in der Bevölkerung, die Wahrnehmung unterschiedlicher Qualitäten steigt an. Gleichzeitig ist sowohl die Akzeptanz fehlerhafter Produkte gesunken, als auch die Scheu vor gerichtlichen Auseinandersetzungen auf Seiten der Abnehmer und Verbraucher.[323] Auf der betrieblichen Ebene erfordert dies bei den industriellen Abnehmern zusätzliche Aktivitäten, die Qualität der Produkte sicherzustellen, um langfristig die Überlebensfähigkeit des Unternehmens zu sichern. Denn Mängel an Zulieferteilen und Produktionsgütern können sowohl zu kostspieligen Rückrufaktionen beim Endpro-

---

[318] Vgl. Steinmann, C. (1993), S. 16.

[319] Vgl. Heinz-Piest-Institut für Handwerkstechnik (1993), S. 6.

[320] Vgl. hierzu und zum folgenden Steinmann, C. (1993), S. 10 ff.

[321] Beispiele sind Armaturenbretter und Sitzgruppen für die Automobilindustrie.

[322] Vgl. Steinmann, C. (1993), S. 17. Aus Qualitätsmängeln resultieren nicht nur Kosten sondern auch Marktanteilsverluste. In diesem Zusammenhang tritt die Frage permanenter oder nachträglicher Qualitätskontrollen auf. Diese Fragen finden hier keine Berücksichtigung, obgleich sie interessante Aspekte im Rahmen der derzeitigen Diskussion bilden, weil die Wettbewerbsfähigkeit deutscher Produkte im Vergleich zu ausländischen Produkten durch die Rezession stärker in den Vordergrund tritt. Zu den Folgekosten von Informationsmängeln vgl. Fröhling, O. (1993), S. 43 ff.

[323] Heinz-Piest-Institut für Handwerkstechnik (HPI) (1993), S. 6.

dukt und somit beim industriellen Hersteller führen, als auch zu kosten- und imageschädigenden Rechtsstreitigkeiten, wie das "Schubstreben-Urteil"[324] zeigte.

Das "Schubstreben-Urteil" von 1967 war Ausgangspunkt für die Erweiterung der Haftungskriterien in der Rechtsprechung. Seitens der Rechtsprechung wurden den Herstellern bestimmte Organisations- und Aufsichtspflichten, die auch Auswahl und Überwachung der Arbeitnehmer einschlossen, sowie Prüfverfahren zur rechtzeitigen Erkennung von Produktfehlern auferlegt.[325] Für das Handwerk von Bedeutung ist, daß man von den gewerblichen Abnehmern verlangte, die Qualität und Verläßlichkeit von Zulieferunternehmen zu prüfen.[326] Insbesondere wies die Rechtsprechung darauf hin, im Bereich Hersteller - Zulieferer qualitätssichernde Instrumente einzusetzen, um vor Produktfehlern zu schützen.[327]

Sowohl die erweiterten Haftungskriterien als auch das Produkthaftungsgesetz haben für das Produktionsgüterhandwerk zur Folge, daß seitens der Nachfrager, also der gewerblichen Abnehmer, eindeutige und verläßliche Informationsübertragungsinstrumente verlangt werden. Faktisch soll die Möglichkeit asymmetrischer Information ausgeschlossen werden. Die gewerblichen Abnehmer verlangen deshalb zur Qualitätssicherung zunehmend von den Handwerksbetrieben Zertifizierungen und den Nachweis eines im Handwerksbetrieb installierten Qualitätssicherungssystems.

Die seitens der gewerblichen Nachfrager geäußerten Forderungen nach einem Qualitätssicherungssystem deuten darauf hin, daß aus Sicht des weiterverarbeitenden Gewerbes der Befähigungsnachweis allein keine eindeutigen und verläßlichen Informationen über die Qualität der Handwerksprodukte liefert und keine gleichbleibend hohe Qualität sichern kann.

Nach dem Entwurf des Deutschen Instituts für Normung zur DIN ISO 8402 und DIN ISO 9000 bis 9004 umfaßt Qualitätsmanagement[328] "alle Tätigkeiten der Gesamtführungsaufgabe, welche die Qualitätspolitik, Ziele und Verantwortungen festlegen sowie diese durch Mittel wie Qualitätsplanung, Qualitätslenkung, Qualitätssicherung und Qualitätsverbesserung im Rahmen des Qualitätsmanagementsystems verwirklichen."[329] Die Verwirklichung des Qualitätsmanagementsystems betrifft alle Mitglieder der Organisation. Unter Qualitätssicherung zu verstehen sind "alle geplanten und systematischen Tätigkeiten, die innerhalb des Qualitäts-

---

324   Ursache eines schweren Autounfalls mit Personenschäden war eine zerbrochene Schubstrebe. Der Bruch der Schubstrebe wurde auf eine zu geringe Temperatur beim Schmieden des Werkstücks zurückgeführt. Vgl. Kassebohm, K., Malorny, C. (1993), S. 572, Schmidt-Salzer, J. (1994), S. 749 ff.

325   Vgl. Kassebohm, K., Malorny, C. (1993), S. 572 ff.

326   Vgl. Kassebohm, K., Malorny, C. (1993), S. 573, Schmidt-Salzer, J. (1994), S. 750.

327   Vgl. Kassebohm, K., Malorny, C. (1993), S. 573 mit weiteren Hinweisen auf verschiedene Urteile.

328   Bislang wurde der Begriff Qualitätssicherung als Oberbegriff für Qualitätssicherungssysteme verwendet. Nunmehr wird entsprechend der internationalen Entwicklung Qualitätsmanagement als Oberbegriff verwendet. Vgl. Deutsches Institut für Normung (1992), S. 24.

329   Deutsches Institut für Normung (1992), S. 22.

managementsystems verwirklicht sind, und die wie erforderlich dargelegt werden, um ange-
messenes Vertrauen zu schaffen, daß eine Einheit die Qualitätsforderung erfüllen wird."[330]

Qualitätssicherungssysteme bestehen aus vielen Elementen.[331] Sie sollen eine an-
forderungsgerechte und möglichst fehlerfreie Herstellung von Produkten gewährleisten. Die
Qualitätssicherungssysteme umfassen alle Stufen der Entstehung eines Produktes, also Planung, Entwicklung und Fertigungsverfahren.[332] In den Normenreihen wie DIN ISO 9000 ff.
sind Anforderungen und Grundsätze enthalten. In den Betrieben werden die Bestandteile des
Qualitätssicherungssystems, die Beschreibung der Bestandteile, Verfahrensschritte, Zuständigkeiten und Verantwortlichkeiten im Qualitätssicherungshandbuch festgehalten.

Betriebe, die ein Qualitätssicherungssystem umsetzen, können sich von autorisier-
ten/akkreditierten Instanzen (Zertifizierungsstellen) untersuchen lassen. Dafür ist auch festzulegen, welche Qualitätssicherungsnorm in Frage kommt. Mit derartigen als Audit bezeichneten,
systematischen und unabhängigen Untersuchungen wird festgestellt, "... ob die qualitätsbezo-
genen Tätigkeiten und die damit zusammenhängenden Ergebnisse den geplanten Anordnungen
entsprechen und ob diese Anordnungen wirkungsvoll und geeignet sind, die Ziele zu erreichen."[333] Erfüllen die Betriebe die Anforderungen, erhalten sie von der Zertifizierungsstelle eine Zertifizierung, also ein Prüfzertifikat. Diese Zertifizierungen stellen eine Art Gütesiegel mit
begrenzter, allgemein zwei- bis dreijähriger Dauer dar. Die Zertifizierungsstellen prüfen im
Abstand von sechs bis zwölf Monaten die Funktionsfähigkeit des Systems. Durch ein neues
Audit kann die Gültigkeit des Zertifikates verlängert werden.

Die Umsetzung derartiger Qualitätssicherungssysteme wird zunehmend zum Bindeglied zwischen dem Produktionsgüterhandwerk und den gewerblichen Abnehmern. Da die gewerblichen
Abnehmer von der Qualität der Betriebsmittel und Zulieferteile abhängig sind und inländische
und ausländische Auftraggeber zertifizierte Qualitätssicherungssysteme fordern, wird auch vom
Handwerk, insbesondere dem Produktionsgüterhandwerk, der Nachweis von Qualitätssicherungssystemen verlangt. Ursachen sind neben der Produkthaftung der Einsatz von Qualitätssicherungssystemen in Japan, USA, Großbritannien, Frankreich und die Diskussion auf europäischer Ebene.[334] Teilweise wird ein Auftrag ohne Nachweis eines Qualitätssicherungssystems nicht mehr erteilt. Deshalb können fehlende Zertifizierungen für das Handwerk zu einem
Verlust an Aufträgen, einer Verminderung der Wettbewerbsfähigkeit, einem erhöhten Aufwand
pro Auftrag und Akzeptanzproblemen bei den Abnehmern führen.[335] Das Heinz-Piest-Institut

---

[330]   Deutsches Institut für Normung (1992), S. 24.

[331]   Vgl. Heinz-Piest-Institut für Handwerkstechnik (1993), S. 9.

[332]   Vgl. Steinmann, C. (1993), S. 18 f.

[333]   Deutsches Institut für Normung (1992), S. 34.

[334]   Vgl. Schröder, B. (1992), S. 30.

[335]   Vgl. Heinz-Piest-Institut für Handwerkstechnik (1993), S. 12, Schröder, B. (1992), S. 43.

für Handwerkstechnik bemerkt hierzu, "... daß in absehbarer Zeit ein zertifiziertes Qualitätssicherungssystem für jedes Unternehmen zu einer zwingenden Notwendigkeit wird, wenn es nicht in die unterste, überhaupt nur noch über den Preis überlebensfähige Kategorie des Unternehmesspektrums hinabgestuft werden will."[336]

Es besteht also ein Wettbewerbsdruck zur Einführung von Qualitätssicherungssystemen im Handwerk. Betroffen davon sind im Produktionsgüterhandwerk vor allem die handwerklichen Zulieferer, das Metallhandwerk, die Feinwerktechnik, Waagenbau, Werkzeugbau, holz- und kunststoffverarbeitende Handwerke, Stahlbau, Schlossereien, Metallbau und Schweißtechnik sowie Maschinenbaumechaniker, Werkzeugmacher und Dreher. Allerdings werden zunehmend auch in anderen Handwerksbereichen wie Baugewerbe, Elektrohandwerke, Nahrungsmittelhandwerke und Gesundheitshandwerke Zertifizierungen verlangt.

Der geschilderte Wandel des Qualitätsbewußtseins, aber auch die Einführung von Qualitätssicherungssystemen hat Auswirkungen auf die Informationsverteilung im Produktionsgüterhandwerk zwischen den Handwerkern und gewerblichen Abnehmern. Die gewerblichen Abnehmer können dem Handwerk Informationspflichten auferlegen, der Abnehmer hat Kontrollrechte und kann Einsicht in die Unterlagen des Zulieferers, das Betreten des Betriebes und regelmäßige oder unregelmäßige Audits verlangen.[337]

Im Produktionsgüterhandwerk werden also alternative Informationsmöglichkeiten zum Befähigungsnachweis geschaffen.

3.2.5 Bau- und Ausbauhandwerk

Zum Bau- und Ausbauhandwerk zählt das Bauhauptgewerbe mit Hoch-, Tief- und Spezialbau sowie der Ausbaubereich mit den Installationshandwerken und den sonstigen Ausbauhandwerken.[338]

Produktbezogene Merkmale wie u. a. Gebrauchstauglichkeit, Haltbarkeit, Zuverlässigkeit, Funktionstüchtigkeit deuten zunächst im Bau- und Ausbauhandwerk auf Erfahrungsgüter hin. Denn Mängel bei der Ausführung von Arbeiten im Bau- und Ausbaubereich treten häufig erst bei Gebrauch oder Nutzung auf. Allerdings ist eine deutliche Trennung und Abgrenzung zwischen Erfahrungs-, Such- und Vertrauensgütern im Bau- und Ausbaubereich nicht möglich, weil die Grenzen fließend sind.

Vielfach wird als Problem die Einschätzung der Handfertigkeit gesehen, weil besonders die Leistungen des Bau- und Ausbauhandwerks individuellen Charakter haben. Dafür spricht, daß

---

336   Heinz-Piest-Institut für Handwerkstechnik (1993), S. 7.

337   Vgl. Steinmann, C. (1993), S 24 f.

338   Vgl. Marahrens, N. (1978), S. 22.

Gebäude unterschiedlich gestaltet sind und sich daraus gewisse Unterschiede ergeben. Allerdings ist zu berücksichtigen, daß sich die Arbeitsgänge bei der Verarbeitung von Vorprodukten und Rohstoffen zum Endprodukt bei jedem Bauwerk wiederholen. Normierte Tätigkeiten werden in unterschiedlicher Anordnung und Reihenfolge ausgeführt.[339] Eine absolute Einzelfertigung läßt sich daraus nicht ableiten. Durch die Besichtigung und Begutachtung der bisher von dem Handwerker erstellten Leistungen und Vergleiche mit Leistungen anderer Handwerker kann der Verbraucher einen Eindruck von der Handfertigkeit und Arbeitsweise des Handwerkers erlangen. Ein Vergleich spezifischer Angebote kann zur Verbesserung der Informationen beitragen. Ferner können Erfahrungen anderer Verbraucher mit dem Handwerker zur Beurteilung herangezogen werden.

Zudem sind einige Handwerksleistungen in diesem Bereich den sogenannten Gefahrenhandwerken zuzuordnen. Dahinter verbergen sich Handwerksleistungen, bei denen schlechte Qualität und mangelhafte Ausführung Sach- und Gesundheitsschäden verursachen können.[340]

Sowohl in den Gefahrenbereichen, als auch beim Erwerb von Anlagen mit hohem Wert, fühlt sich der Verbraucher teilweise überfordert ein Urteil über die Qualität der Handwerksarbeit zu fällen.[341] Eigenes Erfahrungswissen der Verbraucher reicht in diesen Fällen vielfach nicht aus, die Qualität des Gutes zu ermitteln.[342] Dies gilt auch, wenn der Verbraucher infolge von unsachgemäßen Leistungen hohe Folgekosten zu tragen hat. In diesen Fällen ist der Verbraucher trotz Befähigungsnachweis auf weitere Informationsmöglichkeiten angewiesen. Er wird deshalb externe Berater und Kontrolleure einschalten.

Abgesehen von kleineren Reparaturarbeiten findet in der Regel im Bau- und Ausbauhandwerk eine Bauaufsicht und fortlaufende Kontrolle durch Architekten oder Ingenieure statt. Im Vorfeld sind Baugenehmigungen und statische Berechnungen gesetzlich vorgeschrieben. Treten Unsicherheiten auf, können sowohl während als auch nach der Bauphase Bausachverständige mit herangezogen werden. So wird privaten Nachfragern heute trotz Befähigungsnachweis empfohlen, einen Hausbau von Sachverständigen begleiten zu lassen.[343] Dies weist darauf hin, daß der Befähigungsnachweis allein keine verläßlichen und eindeutigen Informationen liefert. Aber dies spricht noch nicht eindeutig gegen den Befähigungsnachweis. Zu klären ist, ob die Meisterprüfung als Marktzugangsbedingung eine notwendige und hinreichende Bedingung darstellt, und welchen Stellenwert eine freiwillige Meisterprüfung im Kontext mit anderen Instrumenten hat.

---

[339] Vgl. dazu auch Finsinger, J. (1988), S. 63.

[340] Vgl. Anhang 5.

[341] Vgl. Garbe, R. (1994), S. 39.

[342] So auch Deregulierungskommission (1991), S. 178.

[343] Vgl. Garbe, R. (1994), S. 39.

Ein Beitrag zur Qualitätssicherung und zum Abbau von Informationsmängeln im Bau- und Ausbauhandwerk erfolgt ferner durch eine Vielzahl technischer Regeln, wie Normen,[344] Vorschriften, allgemeinen Haftungsregeln, Ausführungsrichtlinien, Durchführungsanweisungen,[345] Richtlinien und Merkblätter.[346] Zu nennen sind u. a. Normen des Deutschen Instituts für Normung (DIN-Normen),[347] Normen des Deutschen Vereins des Gas- und Wasserfaches e. V. (DVGW-Normen), Normen des Vereins Deutscher Ingenieure/Elektroingenieure (VDI/VDE-Normen), Normen des Deutschen Vereins für Schweißtechnik (DVS) sowie die Verdingungsordnung für Bauleistungen (VOB/VOL).[348]

Obwohl HwO und Befähigungsnachweis seit 1951 in der Bundesrepublik Deutschland für einen hohen Leistungsstand und hohe Leistungsfähigkeit sorgen und Verbraucher vor gesundheitlichen Gefahren schützen sollen, entstanden zusätzlich eine Vielzahl technischer Regeln. Dies deutet darauf hin, daß zusätzlich ein Bedarf an eindeutigen und verläßlichen Informationen bestand. Ein Vorteil gegenüber der Meisterprüfung ist darin zu sehen, daß die technischen Regeln direkt produktbezogen sind.[349] Vorteilhaft ist, daß die Regeln teilweise eine Vereinheitlichung und Vereinfachung bieten und die Unsicherheit sowohl für den Handwerker als auch für den Verbraucher reduzieren.

Unsicherheiten und Informationsmängel beziehen sich jedoch im Bau- un Ausbauhandwerk vielfach nicht nur auf die eigentliche Tätigkeit des Handwerkers, sondern auf die Haltbarkeit, Lebensdauer, Gebrauchstauglichkeit, Sicherheit und Funktionsfähigkeit der eingesetzten Rohstoffe, Werkstoffe und Betriebsmittel.[350] Insbesondere der unbedenkliche Einsatz neuer Baustoffe, deren langfristige Wirkung nicht erprobt oder unbekannt ist, kann gravierende Schäden verursachen.[351] Unsicherheiten und Informationsmängel bezüglich der eingesetzten Rohstoffe

---

344   Zur Definition und den unterschiedlichen Arten und Funktionen technischer Normung vgl. Kuhlmann, E. (1990), S. 180 ff.

345   Hersteller geben teilweise Hinweise, für welchen Verwendungszweck das Material geeignet ist, z. B. Verarbeitungshinweise und Verwendungszweck von Vormauermörtel.

346   Zu allgemeinen technischen Regeln und Normen und der Vereinheitlichung auf europäischer Ebene vgl. Schröder, B. (1987), S. 8 ff. und Zentralverband des Deutschen Handwerks (1992), S. 157 ff.

347   Normen auf europäischer Ebene erstellt das Europäische Komitee für Normung CEN (= Comite Europeen de Normalisation) und das Komitee für elektrotechnische Normung CENELEC (= Comite Europeen de Normalisation Electrotechnique). Vgl. Schröder, B. (1987), S. 42.

348   Vgl. Schröder, B. (1987), S. 10. Zu den Normen und Fachregeln sowie deren Weiterentwicklung vgl. die einschlägigen Geschäftsberichte der jeweiligen Handwerksinnungen.

349   Problematisch ist aber die Festlegung der Regeln oder Grenzwerte.

350   Darauf wiesen in Gesprächen auch Bausachverständige hin.

351   Beispiele hierfür sind Trittschalldämmungen aus Styropor bei schwimmendem Estrich. Das Styropor löste sich im Zeitablauf auf, ein Schallschutz war dann nicht mehr gegeben. Ein anderes Beispiel sind Folien für Flachdächer, die im Zeitablauf durch UV-Strahlung porös und spröde wurden und Regen durchließen. Vgl. Garbe, R. (1994), S. 39.

sind allerdings nicht dem Handwerk zuzurechnen und lassen sich auch durch eine Meisterprüfung nicht beseitigen.

Zusammenfassend läßt sich festhalten, daß im Bau- und Ausbauhandwerk Informationsmängel der Verbraucher vorliegen. Neben dem Befähigungsnachweis entstanden aber weitere Informationsmöglichkeiten, die den Informationsmängeln entgegen wirken sollen.

3.2.6 Allgemeingültige Qualitätsmerkmale

Zu den Qualiätsmerkmalen, die alle Handwerkszweige betreffen, zählen Reklamationsbearbeitung, Kulanz und Garantie, Service und Kundenfreundlichkeit. Hinzu kommen Geschäftszeiten, Wartezeiten während der Auftragsbearbeitung, die Einhaltung von Vereinbarungen und Zeitplänen, die Durchführung kleinerer Aufträge und die Abstimmung mit anderen Handwerkszweigen. Im Bau- und Ausbauhandwerk sind zudem relevant die Sauberkeit des Arbeitsplatzes (Baustelle), die Mitführung von Ersatzteilen und Hilfe in Notfällen.

Zwar sind diese Merkmale in fast allen Handwerkszweigen zu finden, aufgrund der Heterogenität des Handwerks aber in unterschiedlicher Gewichtung. Diese eher verhaltensbezogenen Qualitätsmerkmale deuten auf eine asymmetrische Informationsverteilung hin, die dem Handwerker einen diskretionären Handlungsspielraum ermöglicht, den er zu Lasten des Nachfragers nutzen kann.

Bei den verhaltensbezogenen Qualitätsmerkmalen liegt offensichtlich ein aus der ökonomischen Theorie bekanntes typisches principal agent Problem vor.[352] Der Nachfrager als Auftraggeber (Principal) kann das Verhalten des von ihm beauftragten Handwerkers (Agent) nur in Grenzen kontrollieren. Entsprechen die Ergebnisse nicht den Erwartungen des Konsumenten, bestehen unter Umständen Schwierigkeiten zu ergründen, ob die Ursachen dem Fehlverhalten des Handwerkers oder nicht kontrollierbaren Dritteinflüssen zuzurechnen sind. Entgegenkommen, Kulanz und Fairness unterliegen in der Regel dem Willen des Handwerkers und sind variabel. Eine derartige Verhaltensunsicherheit bezieht sich bspw. auf das opportunistische Ausnutzen von Vertragslücken.[353] Zu berücksichtigen ist allerdings, daß die Verhaltensunsicherheit keine spezifische Besonderheit des Handwerks darstellt. Eine derartige Verhaltensunsicherheit ist bei fast allen Vertragsabschlüssen innerhalb und außerhalb des Handwerks möglich.[354]

Für den Nachfrager stellt sich das Problem, verläßliche Informationen über das Verhalten des Handwerkers zu beschaffen.[355] Eng damit verknüpft ist die Frage, ob der Befähigungsnach-

---

[352] Vgl. hierzu und zum folgenden Holzheu, F. (1987), S. 19.

[353] Goldberg bezeichnet diese Verhaltensunsicherheit als holdup. Vgl. Goldberg, V. P. (1976), S. 439 ff. Spremann spricht von hidden intention. Vgl. Spremann, K. (1990), S. 566.

[354] Vgl. dazu Beispiele aus verschiedenen Bereichen bei Spremann, K. (1990), S. 569.

[355] Vgl. Kapitel III, Abschnitt 6.4.

weis bei verhaltensbezogenen Qualitätsmerkmalen eindeutige und verläßliche Informationen liefert.

Eine vor der Selbständigkeit abgelegte Meisterprüfung bietet noch keine Gewähr für ein dem Nachfrager entgegenkommendes Verhalten. Zwar kann eine fundierte Ausbildung die Sensibilität für kulante Verhaltensweisen fördern, aber die Meisterprüfung liefert keine Nachweise über das Verhalten des Handwerkers. Auch Hinweise auf die mit der Meisterprüfung verbundene Berufsehre oder Standespflicht reichen in der Regel nicht aus, denn Sanktionsmaßnahmen bei schlechter Arbeit oder bei der Ausnutzung von Handlungsspielräumen sieht die HwO nicht vor.[356] Auch mit Befähigungsnachweis muß sich der Nachfrager Informationen über das Verhalten des Handwerkers beschaffen und Prozesse adverser Selektion bezüglich der Verhaltensunsicherheit lassen sich auch bei bestehender HwO nicht ausschließen.[357]

Die Verhaltensunsicherheit des Nachfragers kann durch Reputation gemindert werden.[358] Ein Handwerker, der dem Nachfrager gegenüber seine Schwächen nicht verheimlicht und seine Stärken deutlich zum Ausdruck bringt, kann an Akzeptanz und Profil gewinnen. Insofern kann eine Verhaltensunsicherheit gemildert werden, wenn der Handwerker für ein faires und entgegenkommendes Verhalten bekannt ist. Ruf und Profil stellen hierbei Qualitätssignale dar.[359]

3.2.7 Wirtschaftspolitischer Handlungsbedarf bei asymmetrischer Information

Ohne Anspruch auf Vollständigkeit seien hier einige typische Problemfelder aufgezeigt, die die Komplexität der Auseinandersetzung mit dem Befähigungsnachweis als Informationsinstrument andeuten sollen.

Nachdem in den letzten Abschnitten im Konsumgüter-, Produktionsgüter- sowie Bau- und Ausbauhandwerk die These untersucht wurde, ob im gesamten Handwerk asymmetrische Informationen und Erfahrungsgüter vorhanden sind und welche alternativen Informationsmöglichkeiten und besonderen Regelungen zum Abbau eventuell vorhandener asymmetrischer Information zur Verfügung stehen, drängt sich hinsichtlich der Regulierung des Handwerks die Frage auf, ob der Befähigungsnachweis als Marktzugangsregulierung überflüssig ist, oder ob sich staatliche Regulierung und die über den Marktmechanismus vorhandenen staatlichen Regelungen und Informationsinstrumente sinnvoll ergänzen. Ferner stellt sich die Frage, ob auf den Befähigungsnachweis als Marktzugangsregulierung zugunsten eines freiwilligen Befähigungsnachweises verzichtet werden kann.

---

356   Eine Veränderung erfolgte in Österreich durch die Gewerbenovelle. Vgl. Kapitel II, Abschnitt 7.1.

357   Vgl. Kapitel III, Abschnitt 6.3.

358   Vgl. hierzu und zum folgenden Spremann, K. (1990), S. 578.

359   Vgl. Kapitel III, Abschnitt 6.4.

Deregulierungspotentiale sind dann vorhanden, wenn eine asymmetrische Information nicht mehr im ganzen Handwerk vorliegt oder mit marktnäheren Instrumenten oder einem freiwilligen Befähigungsnachweis zu beheben ist.

Die Kernthese der Befürworter der Regulierung, daß alle Handwerksleistungen mit asymmetrischer Information behaftet und Erfahrungsgüter sind, ließ sich nicht bestätigen. Bei der Betrachtung des Konsumgüter-, Produktionsgüter- und Bau- und Ausbauhandwerks wurde deutlich, daß das Handwerk sehr unterschiedliche Güter und Leistungen erstellt, die Leistungen verschiedene Qualitätsmerkmale aufweisen und keineswegs bei allen Qualitätsmerkmalen asymmetrische Informationen vorhanden sind. Vielmehr ist das Handwerk ein heterogenes System. Entsprechend differenziert ist auch der Informationsbedarf auf den einzelnen Ebenen.

Informationsmängel der Verbraucher bestehen im Bau- und Ausbauhandwerk und bezüglich einzelner Qualitätsmerkmale im Konsumgüterhandwerk.[360] Eine Unsicherheit bezüglich der Verhaltensweise des Anbieters nach Vertragsabschluß stellt kein handwerksspezifisches Problem dar und ist auch außerhalb des Handwerks vorzufinden. Im folgenden stellt sich daher die Frage, welchen Beitrag hinsichtlich der asymmetrischen Information eine Marktzugangsregulierung durch den Großen Befähigungsnachweis leisten kann?

3.2.7.1 Großer Befähigungsnachweis als wirtschaftspolitische Maßnahme

Die Meisterprüfung ist kein produktbezogenes Qualitätssicherungsinstrument. Qualitätsstandards, Sicherheitsstandards und produktbezogene Normen haben gegenüber dem Befähigungsnachweis den Vorteil, daß sie direkte produktbezogene Informationen liefern. Gerade im Bereich von Gesundheitsgefährdungen sind präventive staatliche und private produktbezogene Normen von Vorteil, weil sie für eine persönliche Sicherheit sorgen.[361] Der Meisterbrief kann nur indirekte Hinweise auf die Qualität der Handwerksleistungen liefern, ein direkter Zusammenhang zwischen Befähigungsnachweis und Produkt ist nicht gegeben.

Ferner liefert die Meisterprüfung lediglich Informationen über vorhandenes Wissen zu einem bestimmten vergangenen Zeitpunkt. Aussagen über Weiterbildungsmaßnahmen oder die praktische Umsetzung werden nicht getroffen. Kritisch anzumerken ist ferner, daß die zu einem bestimmten Zeitpunkt abgelegte Meisterprüfung über Jahrzehnte hinaus als Qualifikationsnachweis und als Qualitätsstandard für die Leistungsfähigkeit des Handwerks gilt, ohne daß der Meister eine Teilnahme an Fortbildungsmaßnahmen nachweist. Dies hat sowohl Auswirkungen auf die Weiterbildung der Lehrlinge als auch auf die Weiterbildung der Gesellen zum Meister. Ob Lehrlinge Wissen aus der Berufsschule in die Betriebe tragen und somit ein umgekehrter

---

360   Vgl. Kapitel IV, Abschnitt 3.2.3.

361   Vgl. Bartling, H. (1988), S. 154.

Transfer von Wissen stattfindet, läßt sich schwer beurteilen.[362] Weil der Marktzutritt vom Befähigungsnachweis abhängt, weist die Meisterprüfung einen Zwangscharakter auf. Fraglich ist daher, ob die Ablegung der Prüfung im Einklang mit den Eigeninteressen des Bewerbers steht. Die motivationalen Aspekte haben aber Einfluß auf die Aufnahmefähigkeit und insgesamt auf den Erwerb von Wissen und damit auf den Leistungsstand. Zudem beziehen sich lediglich 50 % der Meisterprüfung auf den fachlichen Teil.[363]

Der Informationswert des Befähigungsnachweises wird ferner aufgrund der technischen Entwicklung eingeschränkt. Aufgrund der raschen technischen Entwicklung verändern sich die Konstruktionen jener industriellen Güter, die Handwerker einbauen, warten oder reparieren.[364] Materialien und Arbeitstechniken unterliegen insofern einem stetigen Wandel, so daß der Befähigungsnachweis nicht langfristig die Qualität sichern und somit keine eindeutigen und verläßlichen Informationen liefern kann.[365] Auch das Vorhandensein von Kenntnissen und Fähigkeiten bedeutet noch nicht, daß dieses Wissen auch angewendet wird. So sind gerade Mängel im Bau- und Ausbaubereich nach Ansicht von Sachverständigen in erster Linie auf Schlamperei und Nachlässigkeit zurückzuführen.[366]

Ferner sind im Handwerk der Informationsbedarf und die Art der Produkte im Konsumgüter-, Produktionsgüter- und Bau- und Ausbauhandwerk sehr heterogen. Es liegen sehr unterschiedliche Qualitätsmerkmale vor. Deshalb ist fraglich, worauf oder auf welche Qualitätsmerkmale sich die durch den Befähigungsnachweis angestrebte gleichbleibende hohe Qualität beziehen soll, denn Qualität ist im Handwerk sehr vielschichtig und bezieht sich, wie gezeigt, auf sehr unterschiedliche Merkmale. Aufgrund dieser Heterogenität ist auch ein Markenartikeleffekt nicht möglich, denn Markennamen sind in der Regel produktbezogen und eingegrenzt.

Ebenso kann der Befähigungsnachweis im Bereich der verhaltensabhängigen Qualitätsmerkmale keine eindeutigen und verlaßlichen Informationen übertragen. Kundenfreundlichkeit, Service, die Förderung der Motivation der Mitarbeiter gute Arbeit zu leisten sowie unternehmerische Fähigkeiten lassen sich kaum im Rahmen einer Meisterprüfung abfragen. Zudem stellt der Befähigungsnachweis auf die Qualifikation des Meisters ab, obwohl heute die Leistung des gesamten Teams, also auch der vor Ort arbeitenden Gesellen, entscheidend für die Qualität ist. Dennoch kann eine Meisterqualifikation sinnvoll sein. Der Meister kann die Arbeitsweise des Teams bestimmen und eine verantwortliche Führung des Teams übernehmen.

---

362 Zahlreiche Gespräche im Handwerk sprechen eher dagegen.

363 Vgl. Kapitel II, Abschnitt 5.3. Die anderen 50 %, die Teile III und IV beziehen sich auf wirtschaftliche, rechtliche sowie berufs- und arbeitspädagogische Kenntnisse.

364 Beispiele hierfür sind Heizungsanlagen und Werkzeugmaschinen.

365 Die Argumente Watrins hinsichtlich der langfristigen Hebung des Leistungsniveaus haben insofern noch weitgehend Gültigkeit. Vgl. Watrin, C. (1957), S. 59 ff.

366 Eigene Gespräche mit vereidigten Bausachverständigen. Vgl. auch Deregulierungskommission (1991), S. 179. Zu Qualitätsmängeln im Baubereich vgl. Garbe, R. (1994), S. 39.

Für eine fundierte Ausbildung und somit teilweise für eine Meisterprüfung spricht, daß damit die Sensibilität für Schwachstellen, an denen Mängel auftreten können, erhöht werden kann. Auch kann eine Meisterprüfung durchaus die Sach- und Fachkenntnisse sowie das Problemlösungsverhalten verbessern.[367] Indirekt kann eine fundierte Berufsausbildung und Weiterbildung Qualitätseffekte haben. Aber diese Aus- und Weiterbildung ist strikt von einer Ausbildung bzw. Prüfung als Berechtigung zum Markteintritt zu trennen. An einigen Beispielen ließ sich verdeutlichen, daß es trotz Marktzugangsregulierung schlechte Handwerker gibt.

Die Meisterprüfung als Marktzugangsregulierung kann ökonomisch gesehen keine eindeutigen und verläßlichen Informationen über die nicht direkt zu beobachtenden Qualitätsmerkmale und -eigenschaften zur Verfügung stellen.[368] Im Hinblick auf die asymmetrische Information zeigt sich, daß der Befähigungsnachweis eher ein grobes pauschalierendes Instrument ist.

Ein Aufbau von Vertrauenskapital gelingt einem Handwerker ökonomisch gesehen dann, wenn er sich gegenüber einer für den Nachfrager vorgetäuschten homogenen Produktkonkurrenz abgrenzen kann. Von den Befürwortern wird die Marktzugangsregulierung durch den Befähigungsnachweis als Maßnahme zur Herstellung eines Markenartikels für das gesamte Handwerk gesehen.[369] Da der Befähigungsnachweis im Rahmen einer Marktzugangsregulierung aber für alle Handwerker gilt, können schlechte Anbieter das Signal Befähigungsnachweis kopieren.[370] Mit einer Meisterprüfung als Marktzugangsregulierung gelingt es nicht, die Unseriösen, die Nachlässigen oder diejenigen, die sich nicht anstrengen, ihr Wissen in der Praxis einzusetzen, oder kurzfristig Renten abschöpfen wollen, auszulesen. Eine Aussonderung funktioniert nicht, auch Hinweise auf Berufsehre und Standespflichten reichen nicht aus, weil die HwO keine Sanktionsmaßnahmen, die Aberkennung des Titels oder eingreifende finanzielle Nachteile vorsieht.[371]

Da das Signal "Handwerksmeister" aufgrund der Regulierung alle Anbieter tragen, sind Prozesse verdeckter Qualitätsverschlechterung möglich. Nachfrager betrachten unter dem Signal Handwerksmeister die Leistungen als homogen, obwohl sie unterschiedlich sind. Bemerken die Nachfrager den Irrtum und stellen eine Diskrepanz zwischen der angeblichen Qualität verschiedener Handwerksleistungen fest, besteht auch mit Marktzugangsregulierung die Gefahr adverser Selektionsprozesse, oder die Nachfrager wandern in die Schattenwirtschaft oder den

---

[367] Da Prüfungen ein sozialer Wert beizumessen ist, kann eine Meisterprüfung auch den sozialen Status heben.

[368] Vgl. Kapitel III, Abschnitt 6.4.

[369] Vgl. Kucera, G. (1989), S. 63, vgl. Kapitel III, Abschnitt 3.2.2.

[370] In Anlehnung an Hauer, R. (1990), S. 105 f. der Reputationsprobleme aus theoretischer Sicht betrachtet.

[371] Kritiker des Befähigunsnachweises verweisen zudem auf Mängel und Fehler des Ausbildungswesens. Vgl. dazu Watrin, C. (1957), S. 50 ff., Habermann, G. (1990), S. 179, Heilmann, U. (1989).

245

Do-it-yourself-Bereich ab. Eine Zunahme in diesen Bereichen kann insofern teilweise auf die Regulierung zurückzuführen sein.

Die Befürworter der Regulierung gehen zudem von sinkenden Informationskosten aus.[372] Die Marktzugangsregulierung führt aber nur augenscheinlich zur Senkung der Informationskosten. Wenn die Konsumenten die Unterschiedlichkeit der Handwerksleistungen bemerken, werden verstärkt Informationen eingeholt und der Informationsaufwand steigt. Man könnte nun aber einwenden, daß ein Reputationswettbewerb mit marktnäheren Instrumenten auch neben der Regulierung durch den Befähigungsnachweis oder ergänzend möglich wäre. Dagegen spricht, daß asymmetrische Information und Qualitätsunsicherheit dann nicht über die Regulierung sondern über die marktnäheren Instrumente behoben werden. Nur wenn die Nachfrager hohe Qualität eindeutig identifizieren können, kann sich ein "seriöser" Handwerker von schlechter Qualität abgrenzen, dies gelingt ihm aber mit dem Meistertitel als Marktzugangsregulierung, wie beschrieben, nicht. Wenn die Ursachen der asymmetrischen Information sich nicht mit dem Befähigungsnachweis beheben lassen, erscheint eine Regulierung nicht notwendig und gerechtfertigt.

Dennoch kann ein freiwilliger Meistertitel im Wettbewerb mit anderen qualitätssichernden und informationserhöhenden Instrumenten Vorteile bringen. Dieses Signal bzw. der Meistertitel müßte so gestaltet sein, daß Anbieter schlechter Qualität dieses Signal nicht imitieren können.[373] Der Mißbrauch einer freiwilligen Meisterprüfung im Markt kann mit Sankionsmaßnahmen geahndet werden. Für den Handwerker mit Meistertitel lohnt es sich dann nicht schlechte Qualität anzubieten, wenn die Kosten oder Nachteile aus Sanktionsmaßnahmen die kurzfristigen Renten übersteigen oder die Reputation langfristig zerstören. Als Sanktionsmaßnahmen kommen ein Ausschluß der Kammerzugehörigkeit, die Aberkennung des Meistertitels oder Informationsnachteile in Frage. Ebenso wie Konkursverfahren könnte die Aberkennung eines Meistertitels veröffentlicht werden.

Des weiteren stellt sich die Frage, welche Vor- und Nachteile marktergänzende Instrumente bieten? Darauf wird im folgenden Abschnitt eingegangen.

3.2.7.2 Weitere Einzelmaßnahmen im Vergleich

Die diversen und entsprechend der Heterogenität des Handwerks vielfältigen marktergänzenden Instrumente wurden bei der Untersuchung des Konsumgüter-, Produktionsgüter- sowie Bau- und Ausbauhandwerks aufgeführt. Im Konsumgüterhandwerk stehen neben dem Befähigungsnachweis als mögliche marktergänzende Instrumente und Informationsquellen gesetzliche produktbezogene Vorschriften, produktbezogene Verordnungen vom LMBG bis hin zu den

---

372   So geht Albach davon aus, daß der Meisterbrief fachliche Qualifikationen signalisiert und damit Transaktionskosten senkt. Vgl. Albach, H. u. Mitarbeiter (1990), S. 57.

373   Vgl. Hauser, H. (1979), S. 742.

DIN-Normen, Kostproben, Qualitätskontrollen durch Dritte sowie Instrumente der Anbieter zur Verfügung. Im Produktionsgüterhandwerk geben die gewerblichen Abnehmer Herstellungsverfahren vor. Aufgrund marktlicher Veränderungen wird zunehmend der Einsatz von Qualitätssicherungssystemen verlangt. Im Bau- und Ausbauhandwerk treten teilweise Informationsmängel auf, dem entgegen wirken sollen verschiedene Richtlinien und produktbezogene Normen. Für alle Bereiche maßgebend sind diverse Rechtsnormen, wie u. a. Gewährleistungshaftung, verschuldensabhängige und verschuldensunabhängige Produkthaftung.

Richtlinien und Normen bieten neben der direkten Produktbezogenheit den Vorteil, daß fachkundige Kreise bei der Rechtssetzung mitwirken[374] und eine rasche Anpassung der Normen an die technologische Entwicklung erfolgen kann.[375] Vorteilhaft ist ferner, daß sie ex- ante festzulegen sind. Gegen Normen wird teilweise vorgebracht, daß sie nur Mindestanforderungen darstellen.[376] Dennoch ist in Bereichen, wo der Verbraucher vor Gefahren geschützt werden soll, eine direkte produktbezogene Vorschrift einer indirekten und mit Unsicherheit behafteten Maßnahme, wie sie der Befähigungsnachweis darstellt, vorzuziehen.

Vorteile des Qualitätssicherungssystems sind darin zu sehen, daß die Maßnahmen direkt produktbezogen und nicht wie beim Befähigungsnachweis allein auf die Leistungsfähigkeit des Meisters abstellen. Vorteilhaft ist des weiteren, daß gezielt Prüfmittel eingesetzt werden, und die Herkunft der Materialien sich zurückverfolgen läßt. Außerdem wird Qualität nicht nur als "Chefsache" betrachtet, sondern als gemeinsames Ziel verstanden, zu dem alle Mitarbeiter einen Beitrag in Form von Qualitätsarbeit leisten müssen.[377] Nach herkömmlichen Prinzipien werden Produktfehler, die zu Ausschuß, Nacharbeit oder Kundenreklamationen führen, erst am Ende des Produktionsprozesses wahrgenommen. Zielrichtung des Qualitätssicherungssystems ist "... Qualität nicht erprüfen, sondern zu produzieren,"[378] weil nicht rechtzeitig entdeckte Fehler zu Fehlerbeseitigungskosten führen, die sich auf den einzelnen Stufen teilweise verzehnfachen. Zur Qualitätssicherung ist deshalb eine Verzahnung von strategischen, personenbezogenen und technischen Maßnahmen erforderlich. Dazu zählen auch Weiterbildungsmaßnahmen und der Einsatz von Ingenieuren.[379] Weil durch die Zertifizierungen und Audits eine permanente Kontrolle erfolgt, werden hiermit produktbezogene Informationen über die Entstehung der Qualität gegeben. Die Einschaltung unabhängiger Stellen bei der Zertifizierung bietet

---

[374] Vgl. Finsinger, J. (1991), S. 265.

[375] Die Richtlinien werden häufig von privaten Normungsverbänden oder öffentlich-rechtlich bestellten Sachverständigenausschüssen aufgestellt.

[376] Ferner können die Risikoaversion der Normsetzer und Risikoeinschätzung der Verbraucher unterschiedlich sein. Vgl. Müller, J., Vogelsang, I. (1979), S. 98.

[377] Vgl. Schröder, B. (1992), S. 43.

[378] Schröder, B. (1992), S. 37.

[379] Zu nennen sind Weiterbildungsmaßnahmen im Bereich EDV, Informations- und Kommunikationstechnik (NC, CAD, CAM), Robotertechnik, Hydraulik, Pneumatik, speicherprogrammierbare Steuerungen (SPS) und Schweißtechnik.

eine gewisse Verläßlichkeit für die mit diesem System zu übertragenden Informationen über die Qualität.[380] Daher bietet ein installiertes Qualitätssicherungssystem auch in Gefahrenbereichen,[381] wie im Kfz-Gewerbe oder im Bau- und Ausbaugewerbe, gewisse Vorteile gegenüber dem Befähigungsnachweis.

Da die Umsetzung eines Qualitätssicherungssystems in den Unternehmen Kosten verursacht, sind in den Unternehmen Nutzen und Kosten der Bereitstellung abzuwägen. Aber das Handwerk rechnet ohne Qualitätssicherung mit höheren Aufwendungen pro Auftrag.[382] Für die Abnehmer von Handwerksleistungen können die Informationskosten mit Qualitätssicherung niedriger sein als ohne, denn sie müssen umfangreichere Informationen einholen und damit mehr Ressourcen einsetzen, wenn ausschließliche Informationsgrundlage der Befähigungsnachweis ist.

Ein weiterer Vorteil der ISO Normen und des Qualitätsmanagements ist darin zu sehen, daß sie den Wettbewerbsdruck erhöhen.[383] Bietet einer diese Norm an, können Nachahmungseffekte entstehen und weitere ziehen nach. Je mehr Betriebe diese Normen umsetzen, umso größer wird der Druck, Qualitätssicherungen einzusetzen. Zwar stellt ein Audit auch nur eine begrenzte Momentaufnahme dar, aber es wird ein Beitrag zum Qualitätswettbewerb geleistet.[384] Hat ein Unternehmen für eine begrenzte Zeit eine Zertifizierungsstufe erreicht, ziehen viele Unternehmen nach. Um im Wettbewerb bestehen zu können und nicht zurückzufallen, ist ein Anreiz gegeben, nach Ablauf der Zeit die nächsthöhere Zertifizierungsstufe zu erreichen. Die Qualitätssicherungssysteme stellen daher eine vertrauensbildende Maßnahme dar und fördern den Wettbewerb.[385]

Diese Anreize zu ständiger Qualitätsverbesserung sind durch den Befähigungsnachweis nicht gegeben, da die Meisterprüfung beispielsweise keinen ständigen Zwang zur Weiterbildung vorsieht. Sanktionsmaßnahmen könnten sein, daß ein Handwerker sich nur Meister nennen darf, wenn er regelmäßig an Weiterbildungsmaßnahmen teilnimmt. Zu berücksichtigen ist dabei, daß ein Zwang zur Weiterbildung zur Qualitätssicherung fragwürdig ist. Verläßliche Informationen würden damit auch nicht übertragen werden.

Neben Qualitätssicherungssystemen weist auch die Produkthaftung direkt produktbezogene Wirkungen auf. Als Nachteil bei der Produkthaftung wird angesehen, daß die Durchsetzung

---

380   Vgl. Kapitel III, Abschnitt 6.2, 6.3 und 6.4.

381   Zu den Gefahrenbereichen vgl. Angang 5.

382   Vgl. Schröder, B. (1992), S. 43. Eine Ursache könnten die für Produkthaftungsfälle gestiegenen Versicherungsprämien sein, die für kleine Unternehmen kaum noch tragbar sind. Vgl. Kassebohm, K., Malorny, C. (1993), S. 571.

383   Vgl. Kapitel III, Abschnitt 5.2.2.

384   Vgl. Kassebohm, K., Malorny, C. (1994), S. 708.

385   Vgl. Kapitel III, Abschnitt 6.4.

der Ansprüche bei mangelnden Kausalitätsbeweisen erschwert wird und die Produkthaftung dann versagt, wenn die Schadenersatzansprüche das Vermögen des Anbieters übersteigen.[386] Ferner setzt die Haftung erst ex- post ein.

Allerdings kann die Haftung für die Anbieter ein Anreiz sein, aus eigenem Interesse hohe Qualität anzubieten, um unter Kostenaspekten einen effizienten Ausgleich zwischen dem Aufwand der Qualitätssteigerung und einem hohen Haftungsrisiko, das hohe Versicherungsprämien verursacht, herzustellen.[387] Zu berücksichtigen ist ferner, daß Qualitätssteigerungen zu einem Reputationsgewinn führen können, während Rechtsstreitigkeiten einen Reputationsverlust bedeuten.[388]

Fraglich ist, inwieweit Produkthaftung einen Beitrag zu den Problemen der asymmetrischen Information leisten kann. Bei der Produkthaftung besteht die Gefahr der Risikoabwälzung auf die Hersteller.[389] Da die Hersteller den bestimmungsgemäßen Umgang der Verbraucher mit den Produkten nicht kontrollieren können, liegen seitens der Hersteller ebenso asymmetrische Informationen vor. Nicht auszuschließen ist auch ein moral hazard Verhalten der Verbraucher, wenn sie bei bestehender Produkthaftung unachtsamer mit den Produkten umgehen, sich weniger über Produktrisiken informieren oder Produkte nicht sorgfältig auswählen. Denkbar ist ebenso, daß im Schadenfall der wertmäßige Schaden mit Produkthaftung höher liegt als ohne Produkthaftung.[390]

Bei der Regulierung der Produktqualität über das Haftungsrecht ist die Ausgestaltung des Produkthaftungsrechts entscheidend. Unter Effizienzaspekten sollten jene haften, bei denen die Vermeidungskosten für Schäden am geringsten sind.[391] Dies bedeutet, daß Haftungsgrenzen, also Abgrenzungen und Beschränkungen, anzubieten sind. Ein optimales Produkthaftungsrecht sollte Finsinger zufolge zu einer Herstellerhaftung führen, "... wenn die Erwartungen der Konsumenten über die Produktsicherheit von der wahren Produktsicherheit abweichen."[392] Wenn der Hersteller auf Gefahren unmißverständlich hinweist, kann er eine Haftung ausschließen.[393] Hingegen ist irreführende und beschönigende Werbung ein Haftungsgrund. Bei Produktions-

---

[386] Vgl. Finsinger, J. (1991), S. 264.

[387] Inwieweit Kostensteigerungen Preissteigerungen auslösen, ist abhängig vom Wettbewerb und den Nachfrage- und Angebotselastizitäten. Vgl. Bartling, H. (1988), S. 155.

[388] Vgl. Kapitel III, Abschnitt 6.4.

[389] Vgl. Meyer, D. (1990), S. 116.

[390] Hier handelt es sich um typische aus dem Versicherungswesen bekannte asymmetrische Informationen. Vgl. Schulenburg, J.-M. Graf v. d. (1992c), S. 404.

[391] Vgl. Bartling, H. (1988), S 155.

[392] Finsinger, J. (1991), S. 260. Es wird davon ausgegangen, daß nach § 3 des Produkthaftungsgesetzes Produktfehler vorliegen, wenn "... das Produkt nicht die Sicherheit bietet, die unter Berücksichtigung aller relevanten Umstände berechtigterweise erwartet werden kann" und damit der Idee des optimalen Produkthaftungsrechts recht nahe kommt. Finsinger, J. (1991), S. 259. Allerdings wird in der Rechtsprechung davon ausgegangen, daß Produktfehler vorliegen, wenn Sorgfaltspflichten nicht eingehalten werden.

[393] Vgl. hierzu und zum folgenden Finsinger, J. (1991), S. 251.

und Instruktionsfehlern besteht nach dieser Definition eine Differenz zwischen den Erwartungen der Benutzer und den tatsächlichen Eigenschaften, so daß der Hersteller in diesem Fall haften muß. Aber die Verbraucher werden nicht eingeschränkt auch gefährliche Güter zu kaufen, wenn Informationen über die Gefahren bereitgestellt werden.

Entscheidend ist, daß deutliche und klare Abgrenzungen geschaffen werden, wer wofür haftet. Dies kann einen Anreiz auslösen, seitens der Anbieter von sich aus Produkte auf den Markt zu bringen, bei denen Schäden weitgehend auszuschließen sind und die mit besseren produktbezogenen Informationen versehen sind. Festzuhalten ist, daß mit der Produkthaftung je nach der Ausgestaltung der Anreiz besteht, verläßliche produktbezogene Informationen zu übertragen, während die Informationsübertragung durch den Befähigungsnachweis eher vage und mit Unsicherheit belastet ist. Die Anbieter werden versuchen, sich gegen Risiken aus der Produkthaftung zu versichern. Besonders sorgfältige Anbieter haben die Möglichkeit kostengünstige Prämien oder hohe Selbstbeteiligungen zu vereinbaren. Handwerker, die gute Qualität anbieten, können eine Kostensteigerung durch hohe Versicherungsprämien begrenzen und damit Wettbewerbsvorteile erlangen.[394]

Neben den vorgebrachten Argumenten zur Beurteilung marktergänzender Instrumente versuchen verschiedene in der Literatur präsentierte Ansätze, wirtschaftspolitische Handlungsempfehlungen für Märkte mit asymmetrischer Qualitätsinformation zu geben.[395] Hinweise für das Handwerk lassen sich hieraus nur bedingt ableiten. v. d. Schulenburg entwickelte einen Ansatz für das Gesundheitswesen,[396] aus dem sich Hinweise über die Funktionsfähigkeit des Markt- und Wettbewerbsmechanismus und die Bedeutung marktergänzender Instrumente im Handwerk ableiten lassen.

Im Gegensatz zu der von den Befürwortern der Handwerksregulierung vorgebrachten These, daß zur Qualitätssicherung eine Marktzutrittsregulierung erforderlich ist, läßt sich mit dem Modell zeigen, daß bei einem erleichterten Marktzutritt hohe Qualität und Preispolitik möglich sind. Für einen Anbieter lohnt es sich, v. d. Schulenburg zufolge, hohe Qualität zu produzieren, wenn Nachfrager Wiederholungskäufe tätigen und Qualitätsrenten möglich sind.[397] Des weiteren ist der Anreiz hohe Qualität herzustellen geringer, je mehr die im Markt befindlichen Anbieter schlechte Qualität produzieren. v. d. Schulenburg kommt ferner zu dem Ergebnis, daß bei einer Senkung der Marktzutrittsbeschränkungen " ... die Erfolgschancen einer auf hohe Quali-

---

394   Vgl. Bauer, J. M. u. a. (1988), S. 216.

395   Einen Überblick liefert Schulenburg, J.-M. Graf v. d. (1993a), S. 523 ff., vgl. ferner Klein, B., Leffler, K. B. (1981), S. 615 ff., Bauer, J. M. u. a. (1988) und Rapold, I. (1988), S. 109 ff.

396   Vgl. hierzu und zum folgenden Schulenburg, J.-M. Graf v. d. (1984a), S. 35 ff.

397   Die Qualitätsentscheidung wird ferner durch die Diskontrate beeinflußt. Ein Anbieter wird sich bei einer niedrigen Diskontrate eher für gute Qualität entscheiden. Vgl. Schulenburg, J.-M. (1984a), S. 37.

tät gerichteten Preispolitik ..."[398] möglich sind. Selbst irreversible Marktzutrittskosten sind für ein Angebot hoher Qualität nicht erforderlich.[399]

Ob qualitätssichernde irreversible Kosten ohne Befähigungsnachweis als Marktzugangsregulierung möglicherweise höher liegen als bei einer Meisterprüfung, läßt sich schwer beurteilen.[400] Auch bei höheren irreversiblen Kosten, ist durch Preiswettbewerb ohne Marktzugangsregulierung nicht mit höheren Preisen für die Nachfrager zu rechnen. Investitionen eines Anbieters in Gütesiegel oder Markenzeichen sind bei einer Liquidation kaum monetarisierbar. Der rasche technische und wirtschaftliche Fortschritt entwertet aber im Zeitablauf diese Investitionen und es müssen neue Investitionen getätigt werden. Allerdings ist zu bezweifeln, ob die von den Befürwortern der Marktzugangsregulierung vorgebrachten Argumente hinsichtlich der versunkenen Kosten der Meisterprüfung zutreffen.[401] Durch die Kosten der Meisterprüfung steigen die versunkenen Kosten, die eine qualitätssichernde Funktion haben. Zu berücksichtigen ist, daß auch eine Investition in den Befähigungsnachweis im Zeitablauf entwertet wird. Ferner können Meister in unselbständiger Position im Vergleich zu einem Gesellen ein höheres Einkommen erzielen.[402] Insofern sind die Kosten der Meisterprüfung nur eingeschränkt als versunken zu betrachten und die behauptete qualitätssichernde Funktion ist fraglich.

Der Markt- und Wettbewerbsmechanismus ist folglich selbst bei Erfahrungsgütern und bei handgefertigten Leistungen in der Lage, hohe Qualität hervorzubringen, wenn die Käufer im Gebrauch die Leistungen beurteilen können und bei unzureichender Qualität ein Anbieterwechsel möglich ist. Werden Wiederholungskäufe getätigt, besteht für die Anbieter ein Anreiz hohe Qualität zu liefern.[403] Unterstützt wird der Anreiz zur Lieferung hoher Qualität, wenn die Verbraucher Qualitätsinformationen und Erfahrungen austauschen. Selbst marktergänzende Institutionen erscheinen nur dann notwendig, wenn relativ selten Wiederholungskäufe stattfinden.[404]

Einen geringen Anteil von Wiederholungskäufen weisen nur wenige Handwerksleistungen, z. B. im Baubereich, auf. Aber selbst in diesen Bereichen kann ein Anbieter hoher Qualität Nachfolgekäufe durch Reparaturen, langfristige Wartungsverträge, Anlagenerneuerung, Erweiterungsinvestitionen erwarten. Hohe Qualität kann zudem über den Erfahrungsaustausch zwischen Verbrauchern den Anteil neuer Konsumenten erhöhen. Der Erfahrungsaustausch unter

---

398   Schulenburg, J.-M. Graf v. d. (1984a), S. 39.

399   Vgl. Schulenburg, J.-M. Graf v. d. (1984), S. 40.

400   Vgl. Kapitel III, Abschnitt 6.4.

401   Vgl. Kapitel III, Abschnitt 6.3.

402   Die Möglichkeiten sind in den einzelnen Handwerkszweigen unterschiedlich. Ein Elektromeister hat beispielsweise in Versorgungsunternehmen bessere Chancen als ein Friseurmeister.

403   Vgl. Kapitel III, Abschnitt 6.4.

404   Vgl. Schulenburg, J.-M. Graf v. d. (1984a), S. 41, ferner Kapitel III, Abschnitt 6.4.

Verbrauchern kann durch Verbraucheraufklärung, staatliche Verbraucherpolitik oder Informationsbörsen unterstützt werden.

Es ist möglich, daß aufgrund des Befähigungsnachweises die Bedeutung marktergänzender Instrumente unterschätzt wird, bzw. marktergänzende Instrumente dadurch unterdrückt werden. Unter Berufung auf die Qualitätssicherung durch den Großen Befähigungsnachweis können marktergänzende Instrumente, wie z. B. Gütesiegel für "handgefertigte Produkte", sogar verdrängt werden. Hinweise hierfür liefern Stellungnahmen des ZDH zur Dienstleistungshaftung, zu Hygienerichtlinien und zu Gesetzesänderungen bei mißbräuchlichen Klauseln im Verbraucherrecht.[405]

Deutlich ist geworden, daß das Handwerk ein heterogenes System mit sehr unterschiedlichen Gütern, Qualitätsmerkmalen usw. ist. Entsprechend differenziert und unterschiedlich sind nicht nur die Informationsmöglichkeiten, sondern auch der Informationsbedarf auf den einzelnen Ebenen. Heterogene Systeme erfordern insofern differenzierte Verfahren der Informationsübertragung, wenn eindeutige und verläßliche Informationen übertragen werden sollen.

Im Hinblick auf die asymmetrische Information zeigte sich, daß der Befähigungsnachweis eher ein grobes pauschalierendes Informationsinstrument ist. Unter Wettbewerbsbedingungen haben jedoch vor allem Informationssysteme mit hoher informatorischer Leistungsfähigkeit Bestand.[406] Im Wettbewerb der Informationssysteme streben diejenigen, die gute Qualität herstellen, verläßliche eindeutige Informationsformen an. Sie werden sich offenbaren und Zusatzinformationen anbieten oder Ressourcen aufwenden, um Qualitätssiegel von unabhängigen Dritten zu bekommen. Die schlechteren Anbieter hingegen wählen grobere Informationsformen. Den Verbrauchern wird alsbald deutlich, daß informierende signalisierende Anbieter bessere Qualität liefern, was letztlich auch zu einer Preisdifferenzierung führt.[407]

Dies spricht dafür, den Befähigungsnachweis als Marktzutrittsregulierung abzuschaffen, aber als freiwillige Maßnahme dem Wettbewerb der Informationssysteme auszusetzen. Die Rechtsprechung kann eine präzise Informationsbereitstellung durch auferlegte Sorgfaltspflichten unterstützen.[408] Es bleibt dann dem Markt überlassen, ob im Zeitablauf grobere Informationsinstrumente durch leistungsfähigere Systeme verdrängt werden.

---

405   Vgl. Zentralverband des Deutschen Handwerks (1994), S. 252 ff. und Zentralverband des Deutschen Handwerks (1993), S. 279 ff.

406   In Anlehnung an Spremann, K. (1990), S. 575.

407   Vgl. auch Spremann, K. (1990), S. 579.

408   Vgl. Hopf, M. (1983), S. 167.

3.3 Zwischenergebnis

Nunmehr kann die eingangs gestellte Frage, ob aufgrund der nachfrageseitigen Besonderheiten die Regulierung begründet ist, beantwortet werden.

Im Handwerk entstehen sehr heterogene unterschiedliche Leistungen. Die Kernthese der Befürworter der Regulierung, daß alle Handwerksleistungen Erfahrungsgüter sind, ließ sich nicht bestätigen. Vielmehr weisen die Handwerksleistungen unterschiedliche Qualitätsmerkmale auf. Bei einigen Qualitätsmerkmalen besteht kaum die Möglichkeit einer Einflußnahme. Informationsmängel bestehen teilweise im Bau- und Ausbauhandwerk und bezüglich einzelner Qualitätsmerkmale im Konsumgüterhandwerk. Auf die vorliegende asymmetrische Information kann die Meisterprüfung keinen oder kaum nennenswerten Einfluß ausüben.

Da der Befähigungsnachweis ein relativ grobes pauschalierendes Instrument ist, lassen sich mit dem Befähigungsnachweis keine eindeutigen und verläßlichen Informationen übertragen. Schlechte Handwerker können das Signal Befähigungsnachweis kopieren, deshalb gelingt es seriösen Handwerkern nicht, sich von den unseriösen abzugrenzen. Wenn die Ursachen der asymmetrischen Information sich durch den Befähigungsnachweis nicht beheben lassen, erscheint eine Regulierung nicht notwendig und nicht gerechtfertigt.

Die Entstehung marktergänzender Instrumente deutet einerseits darauf hin, daß der Befähigungsnachweis spezifischen Problemen nicht gerecht wird. Andererseits wird die Entstehung qualitätssichernder marktergänzender Instrumente durch den Befähigungsnachweis behindert oder verdrängt. Die Untersuchung der nachfrageseitigen Besonderheiten ergab, daß die Branchenbesonderheiten nur noch teilweise vorliegen und die Voraussetzungen für eine Deregulierung erfüllt sind. Die Aufrechterhaltung der Regulierung aufgrund der asymmetrischen Information im bisherigen Umfang erscheint nicht gerechtfertigt.

Die Ergebnisse hinsichtlich der nachfrageseitigen Besonderheiten sprechen somit für einen weitgehenden Deregulierungsbedarf.

4. Marktliche Besonderheiten

4.1 Beziehungen zwischen dem handwerklichen und nicht-handwerklichen Bereich

Die Heterogenität des Handwerks als marktliche Besonderheit kommt in den Beziehungen des Handwerks zum nicht-handwerklichen Bereich zum Ausdruck. Nach der Wettbewerbsbeziehung und der Position der Handwerkszweige im vertikalen Produktionsaufbau der Volkswirtschaft unterscheiden Kucera und Kornhardt

253

- Handwerkszweige, die einer unmittelbaren Konkurrenz der Industrie ausgesetzt sind (Substitutionsgüterhandwerke),[409]

- Handwerkszweige, die in einem komplementären bzw. partnerschaftlichen Konkurrenzverhältnis zur Industrie stehen (Komplementärgüterhandwerke),

- und Handwerkszweige, deren Wettbewerbsverhältnis zur Industrie weitgehend neutral ist.[410]

Zu den Substitutionsgüterhandwerken zählen Handwerkszweige, die ähnliche Güter wie die Industrie herstellen, beispielsweise Nahrungsmittel-, Bekleidungshandwerke, Konsumgüterhandwerke,[411] Bereiche des Baugewerbes, Maschinenbauer und Werkzeugmacher. Im Bereich des Vertriebs stehen diese Handwerkszweige in Konkurrenz zum Einzelhandel, der den Vertrieb industriell gefertigter Produkte vornimmt.[412]

Komplementärgüterhandwerke erbringen komplementäre Handwerksleistungen zu anderen gewerblichen Gütern oder Industrieprodukten, zu nennen sind Vertriebs- und Installationsleistungen sowie Vertriebs- und Reparaturleistungen. Daneben übernehmen die Handwerksbetriebe den Vertrieb industrieller bzw. gewerblicher Produkte. Dies betrifft das Kfz-Handwerk, Radio- und Fernsehtechniker, Elektroinstallateure, Gas- Wasserinstallateure, Uhrmacher sowie verschiedene Ausbauhandwerke.[413] In einem neutralen Konkurrenzverhältnis zur Industrie stehen beispielsweise die Dienstleistungen für private Haushalte, z. B. Friseure, Textilreiniger, Fotografen, Gesundheitshandwerke.[414]

Allerdings weisen etliche Handwerkszweige kein Äquivalent im Bereich der Industrie oder des Handels auf. In einem bestimmten handwerklichen Kernbereich verfügen die Handwerker über eine gewisse Monopolstellung, weil sie weitgehend einer innerhandwerklichen Konkurrenz gegenüberstehen.[415] Da die Gewerbe der Anlage A auch industriell betrieben werden können, bedeutet Monopolstellung hier, daß das Handwerk in diesen Bereichen nahezu konkurrenzlos ist bzw. der größte Teil der Umsätze auf das Handwerk entfällt.

---

409   Kucera und Kornhardt wählen die Bezeichnung Substitutionskonkurrenz, hier wird die Bezeichnung Substitutionsgüterhandwerk verwendet, weil die Handwerkszweige mit der Industrie substituierbare Güter und Leistungen anbieten.

410   Vgl. Kucera, G., Kornhardt, U. (o. J.), S. 45 ff.

411   z. B. Möbeltischler

412   Vgl. Kucera, G., Kornhardt, U. (o. J.), S. 45.

413   Vgl. Kucera, G., Kornhardt, U. (o. J.), S. 45 ff.

414   Vgl. hierzu und zum folgenden Kucera, G., Kornhardt, U. (o. J.), S. 46 ff.

415   Dennoch können hinsichtlich von Teiltätigkeiten oder einzelnen Tätigkeiten Abgrenzungsprobleme zur Industrie auftreten.

Dazu zählen u. a. Maurer,[416] Zimmerer, Dachdecker, Straßenbauer, Fliesenleger, Maler, Schornsteinfeger, Schmiede, Gas- Wasserinstallateure, Elektoinstallateure, Parkettleger, Friseure, Mechaniker, Zentralheizungs- und Lüftungsbauer,[417] Tischler im Bereich des Innenausbaus, Zahntechniker, Augenoptiker, Hörgeräteakustiker, Orthopädieschuhmacher, Orthopädiemechaniker, Stukkateure, Kürschner[418] und Kfz-Mechanik.[419]

Es stellt sich damit die Frage, ob mit dieser Branchenbesonderheit, der Heterogenität der Wettbewerbsbeziehungen, eine Marktzugangsregulierung als einheitliches Instrument für das gesamte Handwerk vereinbar ist. Die ökonomischen Effekte einer Marktzugangsregulierung sind bei derart heterogenen Wettbewerbsbeziehungen unterschiedlich zu beurteilen.[420] Liegt Substitutionskonkurrenz mit einem nicht regulierten Sektor vor, können die Nachfrager bei Veränderungen von Preisen, Qualität und Mengen oder Präferenzänderungen in den nicht regulierten Sektor abwandern. Besteht keine Substitutionskonkurrenz zu einem nicht regulierten Bereich und ist zudem die Nachfrage relativ unelastisch verfügen die Handwerker eines Handwerkszweiges über einen monopolistischen Spielraum bei der Festlegung von Preisen, Mengen und Qualitäten. Überhöhte Preise führen allerdings nicht zwangsläufig zu höheren Gewinnen, die einen Anreiz für neue Wettbewerber darstellen, in den Markt einzutreten. Vielmehr kann eine durch eine Marktzutrittsregulierung geschützte Position zu versteckten Ineffizienzen und damit höheren Kosten führen.[421]

Empirische Hinweise hierfür liefern spezielle Marktuntersuchungen. Auf dem Markt für Sehhilfen lag 1985 die durchschnittliche Handels- und Dienstleistungsspanne bei über 100 %.[422] Nach der Einführung von Festbeträgen für Hörgeräte, Brillengläser, Kontaktlinsen, Stomaartikel, Hilfsmittel und orthopädischen Einlagen[423] die eingehalten, unterschritten oder überschritten werden können, wurde nur ein eingeschränkter Preiswettbewerb festgestellt.[424] Dieser eingeschränkte Preiswettbewerb wird zum einen auf eine gezielte Produktdifferenzierung der Anbieter, zum anderen auf rechliche sowie vertragliche Marktzutrittsbeschränkungen (Meisterpräsenz, HwO) und insbesondere im Hörgeräteakustikerhandwerk auf einen hohen

---

416 Mit gewissen Einschränkungen wegen der Erstellung von Fertighäusern. Die Bauindustrie ist in anderen Marktsegmenten, vorwiegend in Baugroßprojekten, als das Bauhandwerk tätig. Vgl. Kornhardt, U. (1986), S. 159.

417 Vgl. Kornhardt, U. (1986), S. 164 ff.

418 Kürschner haben eine dominierende Marktposition.

419 In der Kfz-Mechanik liegt vornehmlich das Reparaturgeschäft ausschließlich beim Handwerk. Vgl. Kornhardt, U. (1986), S. 282.

420 Vgl. Kapitel III, Abschnitt 7.1.

421 Vgl. Bauer, J. M. (1988), S. 78. Vgl. Kapitel III, Abschnitt 3.2.1 und 7.1.

422 Vgl. Sachverständigenrat für die Konzertierte Aktion im Gesundheitswesen (1988), S. 132.

423 Dies betrifft die Augenoptiker, Hörgeräteakustiker, Orthopädiemechaniker und -schuhmacher.

424 Vgl. hierzu und zum folgenden Sachverständigenrat für die Konzertierte Aktion im Gesundheitswesen (1992), S. 74.

Gruppenzusammenhalt zurückgeführt. Empirische Untersuchungen lieferten Hinweise darauf, daß im Bereich der Optiker Preise nicht auf Basis der Kosten festgelegt werden.[425] So wird beispielsweise der Markterfolg des Newcomers Fielmann auf überhöhte Preise des Optiker- handwerks zurückgeführt. Die monopolartige Stellung des Augenoptikerhandwerks schlug sich eher in einem ineffizienten Kostenniveau und mangelhaftem Preissortiment nieder.[426] Beim Markteintritt von Fielmann wären den Augenoptikern radikale Preissenkungen möglich gewe- sen, wenn sie zuvor Renten durch überdurchschnittliche Gewinne erzielt hätten. Fielmann nutzte bei seiner Preissetzung die Ineffizienzen in den Beschaffungs- und Vertriebswegen. In anderen Fällen reagierten die Augenoptiker auf offensive Marketingstrategien neuer Mitbewer- ber mit rechtlichen Mitteln.[427]

Auch im Bau- und Ausbaubereich verläuft die Umsatzentwicklung besser, wenn die Hand- werksleistungen für eine Substitutionskonkurrenz weniger zugänglich sind.[428] Die Wettbe- werbsbeziehung der Handwerker untereinander wird häufig zudem durch vorgegebene Kalku- lationslisten eingeschränkt.[429] Verschiedene Innungen erstellen derartige Listen. Angestrebt wird damit ein möglichst einheitliches Preisniveau und eingeschränkter Preiswettbewerb.

Während die Zulieferer der Industrie, Komplementärgüterhandwerke und Handwerkszweige, die in einer neutralen Wettbewerbsbeziehung stehen zwischen 1970 und 1987 überdurch- schnittliche Umsatzsteigerungen verzeichneten, verlief die Entwicklung der Substitutionsgüter- handwerke unterdurchschnittlich.

Schwer zu beurteilen ist, ob eine potentielle Konkurrenz durch Konkurrenten, Marktneulinge oder seitens der Industrie wirksam werden kann.[430] Für Marktneulinge ist es schwierig zu be- urteilen, wie die Gewinn- und Wettbewerbssituation im entsprechenden Handwerkszweig ist und ob versteckte Ineffizienzen vorliegen. Liegt risikoaverses Verhalten vor, ist die Gefahr ei- nes Marktzutritts geringer. Auf risikoaverses Verhalten, selbst bei jungen Meistern, deuten Befragungen der Handwerkskammer Koblenz hin. Durchschnittlich 55 % der Befragten be- gründeten zwischen 1984 und 1992 bei fünf Befragungen einen Verzicht auf Selbständigkeit mit einem zu großen unternehmerischen Risiko.[431] Zwischen 1984 und 1991 wollten durch- schnittlich 40 % der Befragten auf eine Selbständigkeit verzichten. Die vorliegenden Argumen-

---

425 Vgl. Zdrowomyslaw, N. (1989), S. 121.

426 Vgl. Klodt, H. (1989), S. 287 f.

427 Man versuchte über die Rechtsprechung den Wettbewerb zu unterbinden. Vgl. dazu verschiedene Bei- spiele bei Klodt, H. (1989), S. 288.

428 Vgl. Kornhardt, U. (1986), S. 153 ff. Substitutionskonkurrenz im Bau- und Ausbauhandwerk entsteht in einigen Bereichen, z. B. im Maler- und Lackiererhandwerk, auch durch den Do - it - yourself - Be- reich und Schwarzarbeit.

429 Dies ist das Ergebnis diverser Gespräche mit Handwerkern und Innungsverbänden.

430 Vgl. Kapitel III, Abschnitt 7.2.

431 Vgl. Handwerkskammer Koblenz (1992), S. 22.

te sprechen daher gegen eine wirksame potentielle Konkurrenz. Darüber hinaus kann es selbst in perfekt angreifbaren Märkten zu strategischen Abwehrreaktionen der Altanbieter kommen.[432]

Aufgrund der Heterogenität der Wettbewerbsbeziehungen besteht in Bereichen mit geringer Substitutionskonkurrenz und einer monopolartigen Stellung des Handwerks verstärkt die Gefahr von Allokationsverzerrungen, überhöhten Preisen und Ineffizienzen. Können die Nachfrager auf Leistungen dieses Bereichs nicht verzichten, führen Preiserhöhungen ceteris paribus bei konstanten Einkommen und konstanten Konsumausgaben zu einer Einschränkung des Konsums in anderen Bereichen und negativen Multiplikator- und Akzeleratoreffekten und somit negativen Folgen und Konsequenzen für die Gesamtwirtschaft.

Besteht keine oder nur geringe Substitutionskonkurrenz in nicht regulierte Bereiche, besteht die Gefahr, daß die Nachfrager in den Do-it-yourself-Bereich und in die Schattenwirtschaft abwandern. Das gilt besonders, wenn das Angebot hinsichtlich Preisen, Qualität und Mengenvorstellungen nicht mehr den Präferenzen der Nachfrager entspricht.

Folglich ist eine Marktzugangsregulierung in Bereichen mit Substitutionskonkurrenz anders zu bewerten als mit einer monopolartigen Stellung. Zudem sind die Gefahren einer verdeckten Qualitätsverschlechterung in Bereichen mit Monopolstellung höher einzuschätzen. Das Beispiel der Wettbewerbsbeziehungen liefert Hinweise darauf, daß eine Marktzugangsregulierung als einheitliches Instrument für das gesamte Handwerk ökonomisch nicht zweckmäßig erscheint.

4.2 Ruinöse Konkurrenz

4.2.1 Handwerkliche Begründung

Hinter der ruinösen Konkurrenz verbergen sich die bei Einführung der HwO vorgebrachten Argumente der Erhaltung und Förderung eines gesunden und leistungsfähigen Handwerksstandes als Ganzes und die Erhaltung der Funktionsfähigkeit des Handwerksstandes.[433] Ein Regulierungsbedarf des Handwerks läßt sich ökonomisch mit der besonderen Konkurrenzsituation des Handwerks begründen, die zu ruinöser Konkurrenz führt. Wernet[434] unterscheidet industrielle und handwerkliche Anbietergruppen auf dem Markt, die unterschiedlichen Marktbedingungen unterliegen. Während vorherrschend in der Industrie die Rentabilität des Kapitaleinsatzes ist, dominiert im Handwerk das personalistische Element, die wirtschaftlich selbständige handwerkliche Berufsleistung.[435] Entläßt die Industrie Arbeitskräfte oder kann sie

---

432   Vgl. Bauer, J. M. u. a. (1988), S. 31.

433   Vgl. Kapitel II, Abschnitt 2.3.5

434   Vgl. Wernet, W. (1950), S. 296.

435   Vgl. Wernet, W. (1950), S. 296.

das Angebot an Arbeitskräften nicht aufnehmen, steigt die Zahl potentieller Anbieter im Handwerk.[436] Tuchtfeldt geht davon aus, daß eine Übersetzung bzw. ein Überangebot an Anbietern sowohl konjunkturelle als auch strukturelle Ursachen haben kann.[437]

Der Marktzutritt wird im Handwerk gegenüber der Industrie aufgrund eines geringeren Kapitalbedarfs und niedrigerer kaufmännischer Anforderungen als verhältnismäßig leicht angesehen.[438] Befürchtet wird deshalb ein Zustrom von Berufsfremden, Berufslosen, unselbständigen Meistern, Gesellen, Lehrlingen und industriellen Facharbeitern,[439] vornehmlich also eine Konkurrenz durch Minderqualifizierte. Ohne Marktzutrittsregulierung führt eine steigende Anbieterzahl deshalb zu einer Betriebsvermehrung im Handwerk, die Wernet als "Gesetz des wachsenden Anbieterkreises"[440] bezeichnet. Die größere Zahl potentieller Anbieter macht Kucera zufolge ein Pfuschertum leichter möglich als in der Industrie.[441] Insbesondere verschärft der freie Marktzutritt durch verstärkten Wettbewerb den Preiswettbewerb. Gerade Pfuscher und unerfahrene Neulinge können besonders in jenen Bereichen durch niedrige Preise Anfangserfolge erzielen, in denen der Nachfrager über unzureichende Informationen über die Gutseigenschaften verfügt.[442] Das Problem der ruinösen Konkurrenz hängt deshalb eng mit den Problemen der asymmetrischen Informationsverteilung zusammen. Der Preisunterbieter verläßt damit die Ebene der Qualitätskonkurrenz.

Aufgrund handwerksstruktureller Gründe führt der Zustrom von Anbietern nicht zu einer effizienzorientierten Selektion. Tuchtfeldt zufolge versuchen Handwerker bei einer steigenden Anbieterzahl aus traditionellen Gründen noch am Markt zu verbleiben.[443] Der Zustrom von Anbietern und die Übersetzung führen letztlich zu einer ruinösen Konkurrenz. Durch Unterauslastung der Produktionskapazitäten entstehen Klein- und Kleinstbetriebe, sogenannte Kümmerexistenzen. Um im Preiswettbewerb mitzuhalten, müssen auch die Meister die Ebene der Qualitätskonkurrenz verlassen und ebenfalls Güter minderer Qualität anbieten.

Die Marktzugangsbeschränkung ist aus Sicht der Befürworter ein geeignetes Mittel eine Übersetzung zu verhindern und eine Qualitätskonkurrenz auf gleicher Ebene zu erreichen.[444]

---

436 Vgl. Wernet, W. (1950), S. 297.

437 Bei sinkender Konjunktur steigt die Zahl der Anbieter, bei steigender Konkunktur sinkt die Zahl der Anbieter. Strukturelle Ursachen sind beispielsweise Nachfrageumschichtungen und Substitutionskonkurrenz. Vgl. Tuchtfeldt, E. (1955), S. 93 ff.

438 Vgl. Kucera, G. (1989), S. 67.

439 Vgl. Wernet, W. (1950), S. 298.

440 Wernet, W. (1950), S. 297.

441 Vgl. Kucera, G. (1989), S. 67.

442 Vgl. Deregulierungskommission (1991), S. 174. Preisdifferenzen auf Märkten gelten als Indiz für unzureichende Informationen der Nachfrager. Vgl. Schulenburg, J.-M. Graf v. d. (1993a), S. 518 f.

443 Vgl. Tuchtfeldt, E. (1955), S. 95.

444 Vgl. Kucera, G. (1989), S. 74.

Unmittelbare Ursache ruinöser Konkurrenz auf unkonzentrierten Märkten wie dem Markt für Handwerksleistungen sind aus theoretischer Sicht Überkapazitäten und Marktaustrittsschranken.[445] Im Handwerk sind Überkapazitäten vornehmlich zu erwarten, durch eine Vielzahl von Neugründungen[446] und Marktaustrittsschranken.[447] Zu prüfen ist, inwieweit diese Befürchtungen zutreffen. Zu untersuchen ist ferner, inwieweit mit Existenzgründungen durch Arbeitslose aus der Industrie und einem Zustrom von Berufsfremden, Berufslosen, Gesellen, Lehrlingen und gewerblichen Facharbeitern zu rechnen ist, ob also eine "ungehemmte" bzw. übermäßige Betriebsvermehrung zu erwarten ist.[448]

Ferner stellt sich die Frage, ob in einem Handwerk ohne Großen Befähigungsnachweis ökonomische Hindernisse beim Marktzutritt vorliegen, die der Entstehung von Überkapazitäten und damit der Ursache ruinöser Konkurrenz entgegenwirken. Deregulierungspotentiale bestehen ferner dann, wenn sich zeigen läßt, daß die Branchenbesonderheit ruinöse Konkurrenz durch die Marktzutrittsregulierung der HwO unterstützt wird oder die HwO Gründe für eine ruinöse Konkurrenz schafft.[449] Insgesamt sollen damit Erkenntnisse darüber gewonnen werden, ob aufgrund der Branchenbesonderheit ruinöse Konkurrenz eine Marktzugangsregulierung gerechtfertigt und notwendig erscheint.

4.2.2 Betriebsvermehrung

Um die These der ruinösen Konkurrenz im Handwerk untersuchen zu können, ist im Rahmen einer fiktiven Situation ohne Großen Befähigungsnachweis zu prüfen, welche Argumente für und gegen eine Entstehung von Überkapazitäten sprechen.

Eine Situation ohne Großen Befähigungsnachweis bedeutet allerdings nicht, daß jeder unabhängig von seiner Qualifikation und seinen Vorkenntnissen in den Markt eintreten kann. Vielmehr sind Marktzutrittsregulierungen als ein Kontinuum an Regulierungstiefe aufzufassen.[450] Auf der einen Seite der Skala steht der Große Befähigungsnachweis, auf der anderen Seite ein Marktzugang ohne jegliche Beschränkung. Dazwischen bestehen diverse Möglichkeiten und Formen eines Zugangs zur Selbständigkeit.[451] Möglich ist eine Selbständigkeit in Abhängigkeit von einer Gesellenprüfung, dem Nachweis von Sicherheitskenntnissen oder bestimmten Werk-

---

[445]   Vgl. Kapitel III, Abschnitt 6.5.

[446]   Kucera spricht von einer Übersetzung der Märkte durch Newcomer. Vgl. Kucera, G. (1989), S. 67.

[447]   Vgl. Kapitel III, Abschnitt 3.1.

[448]   In der Literatur wird ferner von der "Flucht in die Selbständigkeit" und Übersetzung berichtet. Vgl. dazu mit vielen weiteren Nachweisen Tuchtfeldt, E. (1955), S. 93 ff. und 150 ff.

[449]   Vgl. Kapitel III, Abschnitt 6.5 und 7.

[450]   Vgl. Schulenburg, J.-M. Graf v. d. (1992a), S. 1.

[451]   Vgl. Kapitel III, Abschnitt 3.2.1.

stattausrüstungen, wie Beispiele aus dem europäischen Ausland zeigen.[452] Insofern sind auch ohne Großen Befähigungsnachweis Abstufungen und differenzierte Verfahren denkbar. Hinsichtlich einer übermäßigen Betriebsvermehrung sind im folgenden verschiedene Aspekte zu betrachten.

Handwerksleistungen sind im Zeitablauf erheblich komplexer geworden, auch in jenen Bereichen, in denen eine Annäherung an die Industrie stattfand. In nahezu allen Handwerkszweigen entstand eine Vielzahl von fachlichen Normen und Regelungen, ferner haben Quantität und Qualität der behördlichen Auflagen aus Umweltgründen zugenommen. Sowohl die technische Ausstattung als auch Veränderungen des betrieblichen Arbeitsprogramms führten dazu, daß die Handwerksleistungen komplexer wurden und in einigen Bereichen mehr Kenntnisse und Informationen erforderlich sind. Auch die These, daß aufgrund niedriger kaufmännischer Kenntnisse ein Marktzutritt verhältnismäßig leicht sei, gilt nicht mehr für das gesamte Handwerk. Neue Steuergesetze, eine allgemeine Zunahme von Gesetzen und Verwaltungsvorschriften[453] erfordern einen höheren Informations- und Kenntnisstand. Hinzu kommt, daß die Qualitätsansprüche und Anforderungen der Nachfrager anstiegen. Diesen Anforderungen sind Berufslose, also Personen ohne jegliche Berufsausbildung, kaum gewachsen. Eine ungehemmte Betriebsvermehrung durch Berufslose oder Arbeitslose ohne gewerbliche oder technische Vorbildung ist im Bereich komplexer Handwerksleistungen nahezu auszuschließen. Unerfahrene ohne Qualifikation sind weder der technischen Komplexität noch den Anforderungen des Marktes gewachsen.

Bei komplexen Produkten im Bereich des Bau- und Ausbauhandwerks, der dauerhaften Konsumgüter und in Gefahrenbereichen, wie unter anderem dem Kfz-Handwerk, wird der Verbraucher zudem auf Goodwill, Reputation und Signale achten. Für eindeutige Qualitätsinformationen und freiwillige Garantien wird der Verbraucher bereit sein, höhere Preise zu akzeptieren.[454]

Möglich erscheint eine Selbständigkeit von Gesellen, gewerblichen Facharbeitern oder Industriemeistern. Personen aus diesem Bereich können über spezifische Kenntnisse und Fertigkeiten verfügen, die am Markt gefragt sind. Die Nachfrage nach Gütern und Dienstleistungen richtet sich nämlich nicht nach beruflichen Zuständigkeiten, wie sie in der Konzeption der HwO als Branchenordnung zum Ausdruck kommen.[455] Bieten die Newcomer spezielle Leistungen, wie z. B. den Einbau von Sonnenkollektoren an, wird mit einem derartigen Angebot eine Kooperation oder Koordination über mehrere Handwerkszweige hinweg überflüssig und aus öko-

---

452 Vgl. Kapitel II, Abschnitt 7.

453 Über die Betroffenheit des Handwerks berichtet der ZDH in seinem Jahresbericht. Vgl. Zentralverband des Deutschen Handwerks (1994), S. 175.

454 Ähnlich Deregulierungskommission (1991), S. 180.

455 Vgl. Sattler, H. B. (1987), S. 249.

nomischer Sicht die Allokation der Ressourcen verbessert.[456] Wohlfahrtsverluste, die mit Regulierung entstehen, können damit vermieden werden. Besteht die Möglichkeit eines Marktzutritts kann dadurch der potentielle Wettbewerb steigen.[457] Eine Intensivierung des Wettbewerbs[458] ist ohne Marktzugangsregulierung durch den Großen Befähigungsnachweis daher möglich.[459] Aber intensiverer Wettbewerb ist nicht mit ruinöser Konkurrenz gleichzusetzen.[460]

Eine Intensivierung des Wettbewerbs durch eine Selbständigkeit von Gesellen, Facharbeitern oder Industriemeistern haben jene Betriebe, besonders des Konsumgüterhandwerks, zu befürchten, deren Leistungen sich Industrieprodukten annäherten. Während beispielsweise einige Bäckereien ganze Körner als Rohmaterial verwenden, die Körner selber mahlen und nach eigenen Rezepturen ihre Erzeugnisse herstellen, sind andere dazu übergegangen, fertige Backmischungen zu verwenden und die Produktion auf das Aufbacken industriell gefertigter Teiglinge zu beschränken.[461] In diesen Bereichen kann der Verbraucher die Qualität durch Probieren und eigene Erfahrung selber feststellen. Zudem zeigt sich am Beispiel jener Bäcker, die sich mehr industrieller Herstellungsmethoden bedienen, daß die Meisterprüfung eine Überqualifikation darstellt, die preissteigernd wirkt. Ein Leistungsgefälle ist, wie das Beispiel der Bäcker - zeigt, auch mit Marktzugangsregulierung vorhanden. Einen Schutz vor ruinöser Konkurrenz durch "Pfuscher" kann die heutige Marktzugangsregulierung kaum leisten.[462]

Gegen überaus zahlreiche Neugründungen spricht, daß die Selbständigkeit nicht mehr so beliebt ist. Hinweise über die Attraktivität der Selbständigkeit liefern Befragungen eines Meisterjahrgangs, in der junge Meister einen Verzicht auf Selbständigkeit begründeten.[463] Von 1976/77 bis 1984/85 erhöhte sich die Bereitschaft zur Selbständigkeit von 42 % auf 65 %, durchschnittlich 40 % strebten keine Selbständigkeit an.[464] Seit 1984/85 ist eine Trendwende zu beobachten, der Anteil derjenigen, die keine Selbständigkeit anstreben, erhöhte sich von

---

[456] An diesem Beispiel wird deutlich, daß eine Zunahme der Regulierung über die optimale Qualitätsproduktion hinaus negative Qualitätsanreize setzt, weil mit Regulierung überhöhte Koordinationskosten anfallen. Vgl. Kapitel III, Abschnitt 4.3 und das Modell zur optimalen Regulierungsintensität.

[457] Vgl. Kapitel III, Abschnitt 7.2.

[458] Vgl. zu den Auswirkungen auch Kapitel III, Abschnitt 5.2.2.

[459] Vgl. im Kapitel III die Abschnitte 5.2.2, 6.4, 6.5.1 und 6.5.2.

[460] Vgl. Donges, J. B. (1992), S. 79.

[461] Vgl. Rheinisch Westfälisches Institut für Wirtschaftsforschung (Hrsg.) (1991), S. 23 f.

[462] Vgl. Kapitel IV, Abschnitt 3.2.7. In der Literatur wird in diesem Zusammenhang häufig auf Auswertungen des Gewerbezentralregisters verwiesen. Verstöße gegen lebensmittelrechtliche Bestimmungen ergaben im Lebensmittelhandwerk angeblich eine höhere Beanstandungsquote als im Gastgewerbe, für die kein Befähigungsnachweis erforderlich ist. Vgl. o. V. (1987), S. 225 f.

[463] Vgl. hierzu und zum folgenden Handwerkskammer Koblenz (1984), S. 23 und Handwerkskammer Koblenz (1992), S. 22.

[464] Vgl. hierzu und zum folgenen Handwerkskammer Koblenz (1984), S. 18 und Handwerkskammer Koblenz (1992), S. 14.

35 % auf 42 %.[465] Ein Verzicht auf Selbständigkeit wird aus Sicht der Jungmeister u. a. mit zu geringem Eigenkapital, einem zu großen unternehmerischen Risiko und störenden Anforderungen der Behörden begründet. Ferner wird eine geregelte Arbeitszeit angestrebt und trotz Meisterprüfung fühlen sich die Handwerker nicht ausreichend auf die Selbständigkeit vorbereitet.[466]

Gegen eine übermäßige Betriebsvermehrung spricht, daß Handwerksberufe nicht mehr in Mode sind. Dies zeigt sich auch an rückläufigen Ausbildungszahlen und einem bestehenden Fachkräftemangel.[467] Die Nahrungsmittelhandwerke, insbesondere das Fleischerhandwerk, beklagen einen Imageverlust.[468] Bau- und Ausbauberufe sind mit Staub und Dreck verbunden. In diesen wie auch anderen Handwerkszweigen sind die dort Tätigen allergenen Stoffen ausgesetzt.[469] Besonders im Bau- und Ausbaubereich ist die Erstellung von Handwerksleistungen mit schwerer körperlicher Arbeit verbunden. Zu nennen sind beispielsweise Berufe wie Estrichleger, Pflasterer, Fliesenleger und Maurer. Zudem sind viele Bauberufe nur im Freien möglich. Personen, die diese Berufe ausüben, sind der Witterung ungeschützt ausgesetzt. Hingegen werden Büroberufe immer beliebter.

Während die vorliegenden Argumente aus heutiger Sicht gegen eine zügellose Betriebsvermehrung sprechen, verweisen die Befürworter des Befähigungsnachweises im Zusammenhang mit der ruinösen Konkurrenz auf Übersetzungsprobleme des Handwerks nach Einführung der Gewerbefreiheit im 19. Jh.[470]

Diese Argumente sehen als Ursache der Übersetzungsprobleme die Gewerbefreiheit an. Die Deregulierungskommission weist zu Recht darauf hin, daß ursächlich für die Entwicklung im Handwerk eher das Vordringen der Industrie, also der technische und industrielle Strukturwandel waren.[471] Zur berücksichtigen ist ferner, aus welchen Gründen Personen eine Selbständigkeit bevorzugen. Aufgrund fehlender sozialer Absicherung bot die Selbständigkeit Anfang des 19. Jh. möglicherweise die einzige Form "zum Überleben". Die heute im Vergleich zu Anfang des 19. Jh. vorhandene Sozialversicherung und zeitlich begrenzte Transferzahlungen

---

465   Dabei ist zu berücksichtigen, daß die Zahl der Jungmeister stieg, in absoluten Zahlen kann die Bereitschaft zur Selbständigkeit konstant geblieben sein. Einfluß auf die Motivation zur Selbständigkeit haben ferner die konjunkturelle Situation, die Besetzung des Marktes mit Anbietern u. a. Gründe.

466   Obwohl im regulierten Handwerk die Verdienstmöglichkeiten als außerordentlich gut eingeschätzt werden. Nur durchschnittlich 3 % glauben, als unselbständig Tätiger mehr zu verdienen. Bei vorgegebenen Gründen waren Mehrfachnennungen möglich.

467   Vgl. Zentralverband des Deutschen Handwerks 1993), S. 35.

468   Die Klagen beziehen sich auf einen Zeitraum vor der aktuellen Diskussion dieses Jahres um Schweinepest und Rinderwahnsinn.

469   Dies gilt auch für Friseure, Reinigern, Gebäudereinigern usw.

470   Vgl. Kapitel II, Abschnitt 2.3 und 2.4.

471   Vgl. Deregulierungskommission (1991), S. 180.

sprechen eher gegen eine Flucht in die Selbständigkeit, z. B. ein Überwechseln von Arbeitslosen. Fraglich ist zudem, ob Arbeitslose eine Betriebsgründung oder Übernahme finanzieren können. Aufgrund eingeschränkter finanzieller Mittel und hoher Gründungs- und Übernahmekosten ist mit einem ungehemmten Zustrom von Arbeitslosen nicht zu rechnen. Die vorliegenden Argumente, aber auch der heutige sozial-, gesellschafts- und wirtschaftspolitische Hintergrund legen nahe, daß eine Flucht in die Selbständigkeit und damit die Entstehung von Überkapazitäten in einem Handwerk ohne Großen Befähigungsnachweis kaum zu erwarten ist.

4.2.3 Ökonomische Hindernisse beim Markteintritt

Versunkene Kosten werden als Markteintrittshindernis diskutiert. Inwieweit im Handwerk versunkene Kosten vorliegen, läßt sich nur schwer beurteilen. Gewisse versunkene Kosten sind bei nahezu jeder Produktion zu beobachten.[472] Zu den Aufwendungen mit irreversiblem Charakter zählen im Handwerk Gründungskosten,[473] Produktionskosten und Investitionen bei Gründung. Entstehung und Höhe der versunkenen Kosten werden von verschiedenen Faktoren bestimmt, wie die Art der investierten Güter und die konjunkturelle Lage.[474]

Bewegliche Kapitalgüter, wie Lastkraftwagen, Lieferwagen und Personenkraftwagen lassen sich auch in anderen Bereichen einsetzen, der Anteil der versunkenen Kosten ist entsprechend niedrig. Im Gegensatz dazu ist der Anteil der versunkenen Kosten bei speziellen Maschinen und Werkzeugen höher. Während sich Anlagen, Maschinen und Werkzeuge unter prosperierenden Bedingungen verhältnismäßig leicht für andere Verwendungszwecke einsetzen lassen, ist bei einer stagnierenden oder rezessiven Entwicklung eine anderweitige Verwendung nicht so leicht möglich. Der Anteil der versunkenen Kosten ist daher in der Rezession vergleichsweise höher.

Aufgrund der Heterogenität des Handwerks sind die versunkenen Kosten in allen Handwerkszweigen unterschiedlich hoch. Jedoch wird im Handwerk der Anteil der versunkenen Kosten an den Gesamtkosten nicht so hoch eingeschätzt, daß Preiskämpfe und ruinöse Konkurrenz entstehen können.[475] Bei hohen irreversiblen Kosten und stark schwankender Nachfrage besteht aus theoretischer Sicht die Gefahr von Überkapazitäten und ruinöser Konkurrenz. Im Handwerk allerdings entstehen Überkapazitäten vornehmlich durch einen Zustrom von Selbständigen. Irreversible Kosten wirken in diesem Fall der ruinösen Konkurrenz entgegen,

---

472   Vgl. Hauer, R. (1990), S. 82.

473   Gemeint sind alle mit dem Zutritt oder Austritt verbundenen Kosten, u. a. Gerichts- und Anwaltsgebühren bei Gründung oder Zulassung der Unternehmen, Werbekosten sowie Auflagen bei Öffnung und Schließung des Unternehmens.

474   Vgl. Fehl, U. (1985), S. 38 f.

475   Vgl. Donges, J. B. (1992), S. 79.

weil sie markteintrittshindernd wirken.[476] Sie wirken zudem ohne Marktzutrittsregulierung unterstützend bei der Produktion höherer Qualität.

Als ökonomische Eintrittshindernisse sind ebenfalls jene Faktoren zu bewerten, die zu Kostennachteilen bei neuen Handwerksbetrieben führen.[477] Absolute Kostenvorteile der Altanbieter können auf eine Beschränkung des Wettbewerbs von Newcomern hinweisen und damit ein gewisses Hindernis beim Markteintritt darstellen.[478] Auch im Handwerk können Altanbieter in bestimmten Grenzen über Kostenvorteile verfügen, durch Patente, Vorteile bei der Kapitalbeschaffung aufgrund langjähriger Beziehungen sowie Preisvorteilen beim Einkauf von Rohstoffen.

In der Industrieökonomie wird ferner auf Größenersparnisse als Markteintrittshindernis hingewiesen.[479] Sie liegen vor, wenn eine Steigerung der Produktionsmenge mit einem unterproportionalen Wachstum der Produktionsfaktoren möglich ist. Derartige economies of scale bewirken bei zunehmender Betriebsgröße sinkende Stückkosten.

Zwar gibt es in der handwerklichen Produktion kaum Größenvorteile, aber in jenen Handwerkszweigen, in denen Handfertigkeit eine große Rolle spielt oder in denen die Handwerker sich bewußt für eine Produktionsweise mit höherer Handarbeit und gegen eine Annäherung an industrielle Methoden entschieden, haben Etablierte Vorteile gegenüber Neuanbietern. Durch längere Erfahrung kann die Finger- und Handfertigkeit steigen und Arbeitsabläufe laufen schneller ab. Wenn bei unterschiedlichen Produkten normierte Tätigkeiten in unterschiedlicher Reihenfolge anzuordnen sind, steigt im Zeitablauf das Erfahrungswissen für zweckmäßige Anordnungen. Altanbieter können gegenüber Neuanbietern infolge der Lerneffekte mit sinkenden Durchschnittskosten produzieren.[480]

Bisherige Veränderungen der handwerklichen Produktionsweise beeinflussen auch den Kapitalbedarf. Um ebenso kosteneffizient wie die etablierten Handwerker produzieren zu können, ist eine Mindestkapazität erforderlich. Diese erforderlichen minimalen Kapazitäten sind im Vergleich zu Anfang des 19. Jh. gestiegen, als das Argument der ruinösen Konkurrenz und ungehemmten Betriebsvermehrung entstand. Infolge der Konzentrationsprozesse im Handwerk stiegen die Betriebsgrößen und die durchschnittliche Anzahl der Arbeitnehmer pro Handwerksbetrieb. In vielen Bereichen des Handwerks erhöhte sich die technische Ausstattung.

---

476   Vgl. Kapitel III, Abschnitt 6.5.1 und Kapitel IV, Abschnitt 3.2.7.2.

477   Schwalbach zufolge zählen absolute Kostenvorteile, Produktdifferenzung und Größenersparnisse zu den strukturellen Markteintrittsbarrieren. Vgl. Schwalbach, J. (1986), S. 4 f.

478   Vgl. Schultze, J.-M. (1988), S. 103 f. Preistheoretisch liegt die langfristige Stückkostenkurve der Altanbieter auf einem niedrigeren Niveau als für den Newcomer.

479   Vgl. hierzu und zum folgenden Schwalbach, J. (1986), S. 4 f.

480   Derartige Kosteneinsparungseffekte bringt man in Verbindung mit Lernkurveneffekten und der Erfahrungskurve. Die Erfahrungskurve umschreibt Kostenreduktionen durch Lernvorgänge. Vgl. Henderson, B. D. (1984), S. 21 ff.

Damit verbunden sind gewisse Unteilbarkeiten, die zu einer höheren Kapitalbindung und tendenziell größeren Betrieben führen. Gleichzeitig ist damit ein Anstieg des Kapitalbedarfs festzustellen. Je höher der Kapitalbedarf, umso größer kann entsprechend das Eintrittshindernis sein. Unterschreitet der Neuanbieter die Mindestkapazität ist der entstehende Kostennachteil abhängig von der Steigung der Stückkostenkurve.

Empirische Hinweise hierfür geben die Handwerkskammern. So wird beklagt, daß modern ausgestattete Betriebe[481] und Betriebe ab einer bestimmten Größe sich schlecht veräußern lassen und für Existenzgründer kaum finanzierbar sind. Eine Betriebsveräußerung aus Altersgründen wird dadurch erschwert. Nach Statistiken und Angaben der Deutschen Ausgleichsbank liegen die Investitionen bei den Existenzgründern in den alten Bundesländern im Durchschnitt bei DM 224.000,-- und in den neuen Ländern bei DM 308.000,--.[482]

Angesichts des Kapitalbedarfs ist es fraglich, ob beispielsweise Arbeitslose, von denen ein ungehemter Zustrom angenommen wird, über entsprechende Mittel verfügen oder Zugang zu Fremdkapital haben. Ob das Kriterium Kapitalbedarf eine wirksame Marktzutrittsschranke darstellt, ist in der Literatur umstritten. Marktzutrittsschranken erfordern per Definition Wettbewerbsnachteile.[483] Dennoch läßt sich an diesen Beispielen zeigen, daß "mit einem kleinen Werkzeugkasten" keine Betriebseröffnung oder Selbständigkeit möglich ist. Die höheren erforderlichen Mindestkapazitäten sprechen für ökonomische Hindernisse beim Marktzutritt und können der behaupteten ruinösen Konkurrenz infolge einer zügellosen Betriebsvermehrung entgegen wirken.

Hindernisse beim Marktzutritt können ebenso über Produktdifferenzierung entstehen, allerdings kann Produktdifferenzierung auch Chancen für den Markteintritt von Spezialisten schaffen.[484] Möglichkeiten der Produktdifferenzierung lassen sich in einem Handwerk ohne Marktzutrittsregulierung und ohne enge Abgrenzung der Handwerkszweige eher verwirklichen als mit Befähigungsnachweis. Etablierte Handwerker können sich Vorteile gegenüber Neuanbietern verschaffen durch Serviceleistungen oder über bestimmte Eigenschaften von Produkten.

---

[481] Als Beispiel werden Fleischereien genannt.

[482] Vgl. Deutsche Ausgleichsbank. In Westdeutschland kann auf einen höheren bestehenden Kapitalstock aufgebaut werden, daher liegt hier das Investitionsvolumen u. U. niedriger. Statistisch erfaßt werden Wäschereien, Färbereien, Chemische Reinigungen, Bäcker, Konditoren, Fleischer, Bekleidungshandwerke, Kfz-Handwerke, Klempner, Schlosser, Installateure, Tischler, Schreiner, Friseure, Maler, Lackierer, Baugewerbe, Drucker, Zahntechniker, Augenoptiker, orthopädische Schuhmacher.

[483] Vgl. hierzu die Diskussion bei Schultze, J.-M. (1988), S. 90 ff., ferner bei Schwalbach, J. (1986), S. 3 ff.

[484] Zu Produktdifferenzierung als Markteintrittsbarriere vgl. Schultze, J.-M. (1988), S. 98 mit vielen weiteren Nachweisen. Produktdiffrenzierung ist sowohl physisch über Produktvielfalt und den Leistungsprozeß als auch psychologisch über Werbung möglich. Werbung kann die Informationskosten der Nachfrager reduzieren und bei den Anbietern einen Anreiz für hohe Qualität schaffen. Vgl. zur Funktion der Werbung bei asymmetrischer Information Schulenburg, J.-M. Graf v. d. (1984a), S. 40 f.

Möglich sind ferner Strategien der Produktvariation, um den Eintritt neuer Unternehmen zu erschweren.[485]

An der Erläuterung der ökonomischen Hindernisse beim Markteintritt wird deutlich, daß im Vergleich zum 19. Jh. heute ökonomische Hindernisse gegen eine ungehemmte Betriebsvermehrung sprechen. Ein Marktzutritt ist nicht "aus dem Stand" sehr kurzfristig möglich sondern erfordert sorgfältige und gezielte Planung. Der Neuanbieter trifft letztlich eine Risikoentscheidung, die sich durch Abwägen von Handlungsalternativen charakterisieren läßt. Die ökonomischen Markteintrittshindernisse lassen sich auch als marktergänzende Instrumente interpretieren, die über den Marktmechanismus der ruinösen Konkurrenz entgegen wirken.[486]

4.2.4 Überkapazitäten als Folge der HwO

Regulierung bedeutet nicht in jedem Fall, daß weniger Wettbewerb vorhanden ist.[487] Die Ursachen ruinösen Wettbewerbs, wie Überkapazitäten und Marktaustrittsschranken, können als Folge der HwO auftreten. Ferner stellt sich die Frage, ob auch dem regulierten Handwerk neue Formen ruinöser Konkurrenz drohen.

Strukturelle Nachfrageänderungen, Präferenzänderungen der Nachfrager oder neue Substitutionsgüter sowie technischer Fortschritt und höhere Ausbringungsmengen können tendenziell die Relation zwischen Kapazitäten und nachgefragter Menge verändern. Derartige Veränderungen sind Ausdruck des normalen Wettbewerbsprozesses und noch kein Anzeichen ruinösen Wettbewerbs, auch wenn kurzfristige Überkapazitäten entstehen. Treffen Nachfrageänderungen auch mit Marktaustrittsschranken zusammen, können Überkapazitäten entstehen, die eine Begründung für Regulierung bieten.[488] Einflüsse auf die Kapazitäten sind ferner zu erwarten, wenn Marktaustrittsschranken vorliegen und aus rechtlichen oder technischen Gründen Umstrukturierungen und Diversifizierungen nicht möglich sind. Zu fragen ist, inwieweit die oben genannten Kriterien in einem regulierten Handwerk anzutreffen sind und ob die HwO sozusagen über Marktaustrittsschranken und Überkapazitäten eigene Regulierungsgründe schafft.

Ansprüche und Gewohnheiten der Verbraucher haben sich in den letzten Jahren verändert. Zunehmend wünschen die Verbraucher Leistungen aus einer Hand. Als Beispiele sind Feinkostwaren und Partyservice des Fleischermeisters und das kleine Lebensmittelgeschäft beim Bäcker und Konditor zu nennen.[489]

---

[485]   Z. B. der Bäcker bietet unterschiedliche Brötchensorten an oder für Produkte werden unterschiedliche Garantiezeiten abgegeben.

[486]   Die Eintrittshindernisse sind ebenso teilweise im regulierten Handwerk anzutreffen.

[487]   Vgl. Schulenburg, J.-M. Graf v. d. (1992a), S. 5.

[488]   Vgl. Kapitel III, Abschnitt 5.2.2 und 6.5.

[489]   Vgl. Döring, U. (o. J.b), S. 295.

Vornehmlich von der Nachfrage nach Leistungsbündeln ist neben dem Konsumgüterhandwerk das Bau- und Ausbaugewerbe betroffen. Die Koordination verschiedener Handwerker verursacht dem Nachfrager höhere Transaktionskosten.[490] Kosten entstehen durch Informationsaufwendungen, Verhandlungs- und Aushandlungskosten mit diversen Handwerkern. Neben technischen und zeitlichen Koordinationsproblemen sind Opportunitätskosten durch Einkommens- und Freizeitverlust zu berücksichtigen. Beispielsweise sind bei nassen Stellen in der Nähe des Heizkörpers, hervorgerufen durch einen Heizungsrohrbruch, fünf verschiedene Handwerker zu koordinieren, nämlich Heizungsbauer, Maurer, Estrichleger, Maler und, wenn Parkett vorhanden ist, ein Parkettleger.[491] An fünf verschiedenen Terminen verursachen Handwerker Schmutz, zudem fallen für den betroffenen Verbraucher fünffache Anfahrtkosten an,[492] die in der Regel nicht nach gefahrenen Kilometern, sondern nach Stunden gerechnet werden. Jede angefangene Stunde ist mit dem vollen oder einem Teil des Stundenverrechnungssatzes zu vergüten. Aufgrund von Schätzungen geht man davovon aus, daß ein Bauwerk wegen fehlender oder mangelhafter Absprachen bis zu 10 % mehr kostet.[493] Durch die überhöhten Kosten verzichten die Verbraucher ceteris paribus bei gleichbleibendem Konsum auf den Kauf anderer Güter. Ineffizienzen der Leistungserbringung im Handwerk führen insofern darüber hinaus zu volkswirtschaftlichen Verlusten.

Verständlich ist, wenn Nachfrager in dieser Situation mit "Abwanderung und Widerspruch"[494] reagieren und in die Schwarzarbeit[495] oder in die Do-it-yuorself-Bereich abwandern.[496] Infolge der Abwanderung der Nachfrager verändern sich die Kapazitäten in Relation zur Nachfrage. Überkapazitäten und ruinöser Wettbewerb können insofern als Folge von Ineffizienzen der HwO auftreten. Zu berücksichtigen ist ferner, daß schattenwirtschaftliche Aktivitäten zu gesamtwirtschaftlichen Nachteilen durch hinterzogene Steuern, Sozialversicherungsbeiträge und zu einem Verlust an Arbeitsplätzen führen. Schätzungen der Handwerksorganisation gehen davon aus, daß rund 10 % des Handwerksumsatzes und ca. 400.000 Arbeitsplätze durch Schwarzarbeit verloren gehen.[497] Dem entgegen steht zusätzliche Nachfrage durch den Verdienst der Schwarzarbeiter sowie durch den Bedarf der bei der Schwarzarbeit verwendeten

---

490   Vgl. Kapitel III, Abschnitt 5.2.1.

491   Ähnlich sieht die Koordination bei einer Runderneuerung eines Bades aus. Erforderlich sind u. a. Maurer, Putzer, Installateure, Elektriker, Fliesenleger, Maler.

492   Vgl. Döring, U. (o. J.b), S. 297.

493   Vgl. Garbe, R. (1994), S. 39.

494   Vgl. Hirschmann, A. (1974), S. 3, S. 17 ff. und S. 25 ff.

495   Einengende staatliche Vorschriften, die Zunahme des Regulierungsdrucks und eine verringerte Akzeptanz staatlicher Vorschriften können das Ausweichen in die Schattenwirtschaft fördern.

496   Einzuräumen ist, daß dies nicht die alleinige Ursache für die Zunahme der Schwarzarbeit und den Do-it-yuorself-Bereich ist. Als weitere Gründe zu nennen sind zu hohe Preise und die Umgehung von Steuern. Eine Erhöhung der Sozialabgaben kann ebenfalls tendenziell die Schwarzarbeit erhöhen.

497   Vgl. Döring, U. (o. J.a), S. 193 u. S. 226.

Materialien. Manche Leistung würde sonst gar nicht erbracht. Dennoch überwiegt gesamtwirtschaftlich der negative Effekt der Schattenwirtschaft.[498]

Infolge der Abgrenzung der Berufsbilder sind die in einer Handwerksausbildung erworbenen Fähigkeiten nur begrenzt in anderen Bereichen einzusetzen. Der Große Befähigungsnachweis legt die Verteilung der property rights zwischen der Industrie, anderen Wirtschaftsbereichen und anderen Handwerkszweigen fest.[499] Der Handwerker kann zwar unbegrenzt in den Industriebereich diversifizieren, aber ohne eine Meisterprüfung darf der Handwerker nur in seinem Handwerkszweig, im verwandten Handwerk und nach § 7 HwO tätig sein sowie nach § 5 die mit seinem Handwerksbetrieb technisch und fachlich zusammenhängenden Arbeiten in engen Grenzen ausführen.[500] Die Grenzen sind sehr eng gezogen, denn die Fachverbände wollen ein Eindringen in andere Bereiche verhindern und der Gesetzgeber wollte jede handwerkliche Tätigkeit in die HwO einbeziehen, die dem selbständigen Handwerk Konkurrenz machen könnte.[501] Um angrenzende Arbeiten miterledigen zu können, ist deshalb die Gründung eines Nebenbetriebes erforderlich. Hierfür sind wiederum bürokratische Hindernisse zu überwinden, die Kosten verursachen und letztlich volkswirtschaftliche Verluste hervorrufen.[502] In engmaschig abgegrenzten Bereichen tangieren neue Ideen mit größerer Wahrscheinlichkeit angestammte Handwerkszweige.[503]

Durch die fachliche Gliederung wird der Handwerker eng an seinen Beruf gebunden. Die innere Bereitschaft zur Umstellung und Anpassung an Nachfrageverschiebungen wird weitgehend eingeschränkt. Kreative Unternehmer, sowohl im Handwerk als auch in der Industrie, die den eigenen Ausschließlichkeitsbereich der Tätigkeiten verlassen, werden häufig durch eigene potentielle Konkurrenten mittels der Rechtsprechung an der Ausübung gehindert. Im Vordergrund einer Vielzahl von Urteilen der Rechtsprechung stehen Fragen, ob Tätigkeiten in den Ausschließlichkeitsbereich fallen oder ob Unternehmen des Nicht-Handwerks Tätigkeiten ausführen, die zum Handwerk gehören. Die enge Bindung an den Beruf kann daher Überkapazitäten fördern.

---

[498]   Vgl. Döring, U. (o. J.a), S. 212.

[499]   Vgl. Kapitel III, Abschnitt 5.2.1 und Kapitel II, 3.1.

[500]   Vgl. Kapitel III, Abschnitt 3.2.2. Vielfach wird angenommen, unterhalb der Unerheblichkeitsgrenze könnte jeder Handwerker in anderen Handwerkszweigen tätig sein. In diesem Zusammenhang ist darauf zu verweisen, daß die Unerheblichkeitsgrenze nur für Nebenbetriebe gilt. Wird eine handwerkliche Tätigkeit in geringem Umfang ausgeübt, findet § 1 HwO Anwendung, d. h. ein Großer Befähigungsnachweis oder entsprechende Qualifikationen sowie Ausnahmebewilligungen sind erforderlich. Vgl. Honig, G. (1989), S. 11.

[501]   Vgl. Döring, U. (o. J.b), S. 299. Vgl. Kapitel II, Abschnitt 3.1.

[502]   Vgl. Kapitel III, Abschnitt 2.3

[503]   Ähnlich Bauer, J. M. u. a. (1988), S. 81.

268

Zudem wird eine Verbesserung der Kombination von Produktionsfaktoren unterbunden, was sich nachteilig auf Wachstum und Beschäftigung auswirkt und zusätzlich Überkapazitäten hervorrufen kann.

Insbesondere bei strukturellen Veränderungen wird durch die HwO ein Überwechseln von einem Handwerkszweig in einen anderen Zweig durch das Erfordernis des Großen Befähigungsnachweises nahezu unterbunden. Die oben genannten Instrumente, die vertikale Berufsabgrenzung zu mildern, sind eng begrenzt. Ob Qualifikationen durch die Meisterprüfung anderweitig verwertbar sind, ist neben anderen Faktoren abhängig vom Handwerkszweig, vom Alter des Selbständigen, vom Zeitpunkt der Meisterprüfung und der Dauer der Selbständigkeit. Versuchen die Handwerksunternehmen durch Preisunterbietungen im Markt zu bleiben, kann ruinöser Wettbewerb als Folge der HwO entstehen. Hier liegt kein ökonomisch bedingter ruinöser Wettbewerb vor, sondern Ursache ist die Abgrenzung durch die HwO, die als Marktaustrittsschranke fungiert. Die Regulierung ruft sozusagen einen Regulierungsbedarf hervor.

Die berufliche Mobilität im Handwerk wird ferner eingeschränkt durch Präferenzen für die Selbständigkeit, sozialen Bindungen, durch die handwerkliche Ehre und den Berufsstolz. Dies wird vielfach unterstützt durch das Zusammengehörigkeitsgefühl innerhalb der Organisation des Handwerks, die als Standesorganisation fungiert, und eine starke Geschlossenheit aufweist.[504] Nicht auszuschließen ist, daß damit eine Verteidigung der Eigentumsrechte unterstützt wird.[505] Tendenzen zu kollusivem Verhalten in einzelnen Zweigen sind daher möglich.[506]

Im Handwerk befinden sich Unternehmen teilweise über mehrere Generationen hinweg im Besitz der Familie. In derartigen Fällen wird eine Betriebsaufgabe als menschliche Niederlage empfunden und soweit wie möglich hinausgezögert. Sofern noch Hoffnung auf eine Besserung der Lage besteht, verbleiben Grenzanbieter selbständig. So wird darauf verwiesen, daß ab einem bestimmten Alter kaum eine anderweitige Beschäftigung möglich ist, ein Ausscheiden aus dem Markt den Betriebsinhabern aber schwerfällt.[507] Innovative Anreize sind in dieser Situation kaum noch zu erwarten.

---

[504] Vgl. Kapitel II, Abschnitt 6.5.

[505] Dahinter verbirgt sich eine ständische Ideologie. Wirtschaftssubjekte können nur in einer Bindung der Gemeinschaft existieren. Stände als rechtliche und sozial abgeschlossene Gruppen entstanden durch Abstammung oder Zugehörigkeit zu einem Berufsstand. Angestrebt wurde standesgemäßes Einkommen. Ökonomisch erforderte dies eine Regulierung des Marktzutritts und der Berufsausübung. Wettbewerbliches Verhalten wird durch Standesethos und Sanktionsmöglichkeiten ersetzt. Vgl. hierzu Brockhaus, F. A. (1993), S. 79 ff. Ausführlich geht auf Stände und Handwerk ein Tuchtfeldt, E. (1955), S. 203 ff. Kritik an der ständischen Ideologie übt Habermann, G. (1990), S 175. Vgl. auch die Diskussion bei Götz, H. H. (1963).

[506] Vgl. Kapitel III, Abschnitt 6.5.2.

[507] Das Rheinisch-Westfälische Institut für Wirtschaftsforschung (RWI) erläutert dies am Beispiel des Bäckerhandwerks. Vgl. Rheinisch-Westfälisches Institut für Wirtschaftsforschung (RWI), (1991), S. 23.

Anhand veröffentlichter Einzelbeispiele läßt sich zeigen, daß der Befähigungsnachweis ruinö-sen Wettbewerb fördern kann. Betriebsvergleichen im Bäckerhandwerk zufolge erwirtschaften zahlreiche Kleinbetriebe keine ausreichenden Gewinne mehr. Ertragseinbußen können ausge-glichen werden durch Einkünfte aus Vermietung und Vermögen, eigengenutzte Räume werden nicht als kalkulatorische Kosten angesetzt und damit die eigene betriebswirtschaftliche Situati-on verkannt. Absatz- und Umsatzausweitungen sind durch eine Ausdehnung des Absatzgebie-tes und durch spezielle Produkte sowie mit einem besonderen Ruf zu erzielen. Ökonomisch bedeutet dies, daß demnach Reputationsmaßnahmen und Goodwill trotz Befähigungsnachweis gefragt und gefordert sind.[508]

Seitens der Handwerksbetriebe ist eher eine skeptische bis ablehnende Haltung spürbar. Viel-fach behindern "... traditionsbedingte, mentale Hemmnisse"[509] eine Erweiterung und Investiti-on in einen guten Ruf. Zudem wird das zusätzliche Risiko gescheut.[510] Die hier aufgeführten Einzelbeispiele lassen sich verallgemeinern und auf diverse Handwerkszweige übertragen.

Die Angebotspalette für die Konsumenten und eine breitere Marktversorgung werden hiermit eingeschränkt, denn die Konsumenten profitieren von einer stärkeren Produktdifferenzierung. Positive Wohlfahrtseffekte, kurz- und langfristig durch eine Marktvergrößerung, können so behindert werden.

Zusammenfassend läßt sich festhalten, daß Überkapazitäten und damit die Ursachen ruinöser Konkurrenz auch im regulierten Handwerk als Folge der HwO auftreten können.

Eine "neue" Konkurrenz droht dem Handwerk allerdings durch die technologische Entwick-lung. Infolge der Anwendung neuer Produktionsmethoden und veränderter Technologien ge-lingt es industriellen Unternehmen ihre Produktion flexibler und individueller zu gestalten und kleine Serien aufzulegen, wenn die unternehmensinternen Koordinationkosten niedriger sind als die marktlichen Transaktionskosten, auch wenn hierfür ein Meister einzustellen ist, oder ein Nebenbetrieb gegründet werden muß. Ein Handwerksmeister läßt sich nach Einarbeitung auch für industrielle Produktion einsetzen.[511] Da größere Unternehmen auch Industriemeister ein-setzen, wäre die Hürde einen Handwerksmeister einzustellen, zu überwinden. Zu fragen ist, welche Auswirkungen sich für das Handwerk ergeben.

Im Handwerk ist trotz rechtlicher Abgrenzung und HwO ein Verdrängungswettbewerb mög-lich, denn ein großes Unternehmen kann die Hürde Meisterbrief leichter überwinden als ein

---

508 Vgl. Kapitel IV, Abschnitt 3.2.7.

509 Rheinisch-Westfälisches Institut für Wirtschaftsforschung (RWI) (1991), S. 21.

510 Vgl. Rheinisch-Westfälisches Institut für Wirtschaftsforschung (RWI) (1991), S. 21.

511 In Gesprächen war zu erfahren, daß teilweise in den Industriebetrieben nur Gesellen eingesetzt wer-den, um einen handwerklichen Bereich abzudecken.

kleiner oder mittlerer Handwerksbetrieb.[512] Der Große Befähigungsnachweis als Schutz vor ruinöser Konkurrenz kehrt sich damit ins Gegenteil um. Im klassischen Handwerksbereich, insbesondere in kleinen und mittleren Betrieben, können Überkapazitäten entstehen, weil gerade kleine und mittlere Unternehmen nicht so flexibel einen Meister einstellen können und die Einstellung eines Gesellen nicht den Anforderungen der HwO genügt.[513]

Eine potentielle Konkurrenz der Industrie gegenüber dem Handwerk kann dann kaum wirksam werden, wenn die Reaktionsmöglichkeiten kleiner und mittlerer Betriebe hierauf rechtlich eingeschränkt werden. Obwohl die technologische Entwicklung die Möglichkeiten hierfür schafft. Der Große Befähigungsnachweis kann daher gegen die neuen Formen technologischer Konkurrenz kaum Barrieren errichten. Vielmehr wird die Anpassungsflexibilität als entscheidendes Merkmal der Wettbwerbsfähigkeit reduziert. Der Große Befähigungsnachweis kann daher die Funktionsfähigkeit des Handwerks bezüglich dieser Konkurrenz nicht verbessern.

Die Mobilität des Faktors Arbeit kann durch die vertikale Berufsabgrenzung sowie die Regulierungstradition und dadurch bedingte traditionelle Verhaltensweisen eingeschränkt werden. Abschließend sei erwähnt, daß ökonomisch gesehen die primären Ursachen ruinösen Wettbewerbs, Überkapazitäten und Marktaustrittsschranken möglicherweise durch die HwO und durch die historisch gewachsene langjährige Regulierungstradition unterstützt werden. Aufgrund traditioneller Verhaltensweisen wird davon ausgegangen, daß langfristig Überlebenschancen bestehen. Gesamtwirtschaftlich haben die regulierungsbedingten Marktaustrittsschranken zur Folge, daß Ressourcen in Branchen mit niedriger Produktivität und unterdurchschnittlichen Faktorentlohnungen eingesetzt werden, obwohl sie in anderen Bereichen gewinnbringend einzusetzen wären.[514] Regulierungsbedingte Überkapazitäten und Marktaustrittsschranken haben langfristig Wachstums- und Wohlfahrtsverluste zur Folge.

4.3   Zugehörigkeit zum Mittelstand

Weitere marktliche Besonderheit ist die Zugehörigkeit des Handwerks zum Mittelstand.[515] Eine umfassende und eindeutige Definition des Begriffes Mittelstand erweist sich als schwierig, denn Mittelstand wird qualitativ und quantitativ unterschiedlich interpretiert. In der ökonomischen Literatur finden sich zahlreiche Ansätze zur begrifflichen Abgrenzung des Mittelstandes, die darauf verweisen, daß der Begriff "Mittelstand" in der wirtschaftlichen und sozialen Entwicklung unklar blieb.[516] Unter Mittelstand wird allgemein eine Gesamtheit von sozialen

---

512   In kleinen Betrieben stellt sich das Problem der Kapazitätsauslastung und Kosten.

513   Vgl. Kapitel IV, Abschnitt 2.4, 2.5, 2.7.

514   Vgl. Tolksdorf, M. (1971b), S. 289.

515   Vgl. Kapitel II, Abschnitt 2.4.2.

516   Eine ausführliche Auseinandersetzung mit dem Mittelstandsbegriff findet man bei Beyenburg-Weidenfeld, U. (1992), S. 25 ff.

Gruppen verstanden, die aufgrund bestimmter Merkmale und Schichtungsfaktoren zwischen Ober- und Unterschicht stehen, also die sogenannte Mitte der Gesellschaft bilden.

Ungefähr seit Ende des 19. Jh. lassen sich alter und neuer Mittelstand unterscheiden, beide weisen aber in der Realität ein heterogenes Erscheinungsbild auf. Zum alten Mittelstand, der ursprünglich aus dem Handwerk hervorging, zählen selbständige Inhaber gewerblicher, kaufmännischer und landwirtschaftlicher Klein- und Mittelbetriebe, freie Berufe, höhere Beamte und Rentiers. Dem neuen Mittelstand zuzurechnen sind mittlere und untere Angestellte sowie qualifizierte Facharbeiter. Das Handwerk zählt insofern auf jeden Fall zum Mittelstand.[517]

Bei Einführung der gesetzlichen Regelungen im Handwerk 1953 hielt man eine HwO neben anderen Gründen zur "Erhaltung und Förderung des Handwerks als Teil des Mittelstandes" für erforderlich.[518] Allgemein und insbesondere von den Befürwortern der HwO wird die Ansicht vertreten, ein breiter und starker Mittelstand sei eine wesentliche Voraussetzung für eine gesellschaftliche und soziale Stabilität. Gerade dem selbständigen gewerblichen Mittelstand kommt eine soziale Pufferstellung zwischen den Klassen zu. Einen bedeutenden Teil des selbständigen Mittelstandes bildet das Handwerk.[519]

Verändert sich die wirtschaftliche Stellung des Handwerks, sind Auswirkungen auf den Mittelstand und die soziale Pufferfunktion zu befürchten. Insbesondere würden die sozialen Stabilisierungseffekte nach Ansicht der Befürworter entfallen, wenn das Handwerk "... seine Eigenschaft und sein Erscheinungsbild als einheitlicher Berufsstand einbüßte..."[520] Die berufsständische Verbundenheit und das traditionelle Zusammengehörigkeitsgefühl erfolgen durch die Marktzugangsregulierung und die Organisation des Handwerks. Der Große Befähigungsnachweis gibt dem Berufsstand sozusagen die Identität. Unterstützt wurde dies durch die Begründung des Bundesverfassungsgerichts.[521]

Die Einführung der HwO ist vor dem Hintergrund der Motive der Mittelstandspolitik Anfang der 50er Jahre zu betrachten.[522] Förderung und Erhaltung des selbständigen Mittelstandes wurden als Instrumente gegen Konzentration und Kartellierung angesehen.[523] Eine enge Be-

---

517   Teilweise zählen im Handwerk nur Betriebe bis zu 49 Beschäftigten zum Mittelstand. Großbetriebe des Handwerks würden nach dieser Definition nicht mehr zum Mittelstand zählen. Vgl. Beyenburg-Weidenfeld, U. (1992), S. 31.

518   Vgl. Kapitel II, Abschnitt 2.4.4 und Kapitel 3.1 Abschnitt 3.1.

519   Vgl. hierzu und zum folgenden Kucera, G. (1989); S. 83 ff.

520   Kucera, G. (1989), S. 85.

521   Das BVerfG brachte zum Ausdruck: "Vom Standpunkt einer auf den Schutz des Mittelstandes durch Erhaltung einer möglichst großen Zahl selbständiger Unternehmen bedachten Wirtschafts- und Gesellschaftspolitik erscheint die Förderung des Handwerks folgerichtig." BVerfG 13, 97 (1961), S. 111. Vgl. Kapitel III, Abschnitt 2.1 und 3.1.

522   Vgl. Götz, H. H. (1963), S. 137 ff.

523   Vgl. hierzu und zum folgenden Beyenburg-Weidenfeld, U. (1992), S. 173.

ziehung wurde zwischen den Überlebenschancen mittelständischer Betriebe und dem Erhalt der wettbewerblichen Ordnung gesehen.[524] Vornehmliches Ziel dieser Mittelstandspolitik war der Schutz des Mittelstandes, das sollte mit wettbewerbshemmenden und mittelstandsschützenden Instrumenten erreicht werden.[525] Im Vordergrund einer Berufsordnung für Handwerk und Handel stand der Aspekt einer erwünschten Erhaltungsintervention. Das Handwerk hat im Vergleich zu anderen Gruppen, die ebenfalls eine Berufsordnung wünschten, den am weitesten gehenden Schutz erreicht.[526]

Im Rahmen dieser Untersuchung stellt sich deshalb, wie bei den anderen Kriterien, die Frage, ob die Zugehörigkeit zum Mittelstand eine Marktzugangsregulierung rechtfertigt?

Die hier aufgeworfene Fragestellung ist nicht unproblematisch. Die Erhaltung des Handwerks wird neben weiteren Begründungen wegen seiner Zugehörigkeit zum Mittelstand gefordert. Deshalb schließt sich die Frage an, warum der Mittelstand förderungswürdig ist. Problematisch ist, daß die Entscheidung für die Förderung des Mittelstandes politischer Art und nur bedingt einer ökonomischen Beurteilung zugänglich ist.

Begründet wird die Schutzwürdigkeit des Mittelstandes mit politschen, kulturpolitischen, wirtschaftspolitischen und sozialpolitischen Argumenten. Die politischen Argumente heben die Bedeutung des selbständigen Mittelstandes hervor. Der Mittelstand wird als Garant für die Sicherung von Freiheit und Wettbewerb in der Wirtschaft angesehen.[527] Dagegen spricht, daß das Handwerk den berufsständischen Charakter hervorhebt.

Die kulturpolitische Begründung sieht in sozialen Erscheinungen wie Familienbetrieb, der die Einheit der Familie unterstützen soll, Privatinitiative und Zufriedenheit im Beruf kulturelle Werte, die schützenswert sind. Dem entgegen steht, daß in verschiedenen Bereichen des Handwerks hinsichtlich der Produktionsweise eine Annäherung an die Industrie stattgefunden hat. Ob ein Familienbetrieb zur Festigung der Institution Familie beiträgt, ist fraglich.[528] Klagen über eine sehr hohe Arbeitsbelastung als Selbständiger sprechen eher gegen eine Zufriedenheit im Beruf.[529]

---

[524] Nachhaltigen Einfluß auf die Mittelstandspolitik übte die von Marx und Engels vertretene These der Dezimierung des Mittelstandes aus.

[525] Ausführlich zu den Zielen und Instrumenten der Mittelstandspolitik Schmidt, M. (1988), S. 61 ff.

[526] Bei Einführung von Berufsordnungen fließen Tuchtfeldt zufolge auch ständische Argumente ein. Vgl. Tuchtfeldt, E. (1955), S. 202 ff. Vgl. Kapitel IV, Abschnitt 4.2.4.

[527] Vgl. Abel, W., Schlotter, H.-G. (1961), S. 396, Beyenburg-Weidenfeld, U. (1992), S. 65.

[528] Vgl. Friebe, G. (1970), S. 151.

[529] Vgl. Handwerkskammer Koblenz (1992), S. 23.

Unter wirtschaftspolitischen Gesichtspunkten werden zwei Argumente für einen Schutz des Mittelstandes angeführt.[530] Zum einen geht man davon aus, daß ein wirksamer Wettbewerb eine Vielzahl von kleinen Unternehmen erfordert. Nur mit großen Unternehmen kann Wettbewerb nicht funktionieren. Zum anderen wird auf die konjunkturstabilisierende Wirkung kleiner Unternehmen verwiesen. Demnach soll es kleinen Unternehmen möglich sein, ihre Investitionen antizyklisch auszurichten.[531]

Bei Argumenten, die sich auf eine Vielzahl kleiner Unternehmen stützen, ist zu berücksichtigen, daß die Anzahl mittelständischer Unternehmen abhängig ist von der Definition des mittelständischen Unternehmens, wo also die Grenze zwischen Mittelstand und Industrie gezogen wird.[532] Die konjunkturstabilisierende Wirkung konnte bislang empirisch nicht exakt bewiesen werden.[533] Gegen eine konjunkturstabilisierende Wirkung spricht die in der Regel relativ geringe Finanzkraft, die bei länger andauernder Rezession zu Entlassungen oder gar zur Aufgabe des Betriebs führen kann.

Gleichwohl haben kleine Unternehmen eine Bedeutung für industrielle Märkte. Wie Acs und Audretsch anhand von empirischen Untersuchungen zeigen, entstehen durch kleine Unternehmen Turbulenzen an den Märkten, die für zusätzlichen Wettbewerb sorgen.[534] Sie leisten einen Beitrag beim technischen Fortschritt, der Erhöhung der internationalen Wettbewerbsfähigkeit und der Schaffung von Arbeitsplätzen. Audretsch stellte ferner eine asymmetrische Unternehmensgrößenverteilung mit einer Dominanz kleiner Unternehmen fest. Diese Beobachtungen sind in fast jedem Industriezweig moderner Volkswirtschaften mit gewisser Stabilität zu beobachten.[535]

Die sozialpolitischen Argumente gehen davon aus, daß Teile des Mittelstandes, wie kleine Handwerker, Bauern und gewisse Einzelhändler sozial schwach sind und einer Unterstützung bedürfen, damit sie ihre Selbständigkeit erhalten können. Einerseits soll die Selbständigkeit gefördert werden, andererseits soll mit sozialpolitischen Maßnahmen die Lebenslage dieser

---

[530] Ausführlich mit der Mittelstandspolitik im Spannungsfeld zwischen wirt-schaftstheoretischem Anspruch und wirtschaftspolitischem Pragmatismus setzt sich Beyenburg-Weidenfeld auseinander. Vgl. Beyenburg-Weidenfeld, U. (1992).

[531] Vgl. Zeitel, G. (1990), S. 34 f., Abel, W., Schlotter, H.-G. (1961), S. 396 f., Friebe, G. (1970), S. 152 f.

[532] Beyenburg-Weidenfeld weist auf die unterschiedliche quantitative Abgrenzung seitens des Arbeitskreises Selbständiger Unternehmer (ASU), des Instituts für Mittelstandsforschung, der Bundesregierung und der amerikanischen Small-Business-Definition hin. Ferner wird Mittelstand in Industrie, Handwerk, Großhandel, Einzelhandel und Dienstleistung an unterschiedlichen Beschäftigtenzahlen festgemacht. Vgl. Beyenburg-Weidenfeld, U. (1992), S. 30 ff.

[533] Aufgrund der Heterogenität entwickeln sich die Handwerkszweige sehr unterschiedlich. Bei der Rezession 1993 stiegen die Insolvenzen im ersten Halbjahr 1993 um knapp 40 %, jedoch gehen Schätzungen davon aus, daß der Beschäftigungsstand 1993 gehalten werden konnte. Vgl. Zentralverband des Deutschen Handwerks (1994), S. 23 ff.

[534] Vgl. Acs, Z. J., Audretsch, D. B. (1992), S. 158 ff.

[535] Vgl. Audretsch, D. B. (1992), S. 14.

Gruppen verbessert werden. Daraus läßt sich das Gebot einer Erhaltung des Mittelstandes ableiten.[536] Zu bedenken ist allerdings, daß Marktzutrittsregulierungen den Zugang zur selbständigen Berufsausübung erschweren und beschränken und damit im Widerspruch zu einer Förderung der Selbständigkeit stehen.

Intention der sozialen Marktwirtschaft ist aber weder eine "Strukturerhaltung um jeden Preis" noch ein völliges "laissez faire" mit einem vollkommen freien Spiel der Marktkräfte, sondern vielmehr eine geordnete Anpassung.[537] In der praktischen Politik lassen sich allerdings Erhaltung und Anpassung häufig nicht exakt trennen. Bezweckt wird mit Anpassungs- und Erhaltungsmaßnahmen insbesondere ein Zeitgewinn, um soziale Härten abfedern zu können und die negativen Folgen des Strukturwandels abzuschwächen. Dies setzt aber befristete Hilfen voraus.

Begründet werden Anpassungs- und Erhaltungsmaßnahmen neben Arbeitsplatzsicherung und Versorgungssicherung durch inländische Produktion mit der Einkommenssicherung einer Branche. Daraus läßt sich ableiten, daß mit einer Erhaltung des Handwerks als Teil des Mittelstandes indirekt eine Einkommenssicherung angestrebt wird.[538]

Anhand der Gründe für den Mittelstandsschutz läßt sich zeigen, daß die Argumente keineswegs mehr alle zutreffend sind. Der Mittelstand ist heute vielmehr sehr differenziert und besteht nicht nur aus dem Handwerk. Ökonomische Gründe sprechen gegen eine Erhaltungsstrategie des Handwerks. Erhaltungsziele sind stationärer Art. Die Mittel verbleiben in Bereichen mit geringerer Produktivität und der Anreiz, Ressourcen in Bereichen mit höherer Produktivität einzusetzen, wird verringert. Infolge der Einschränkung der Wettbewerbsintensität ist mit einer Fehlallokation von Ressourcen, einem höheren Verlust an Arbeitsplätzen und Verringerung des Wachstums zu rechnen. Erhaltungsstrategien können zudem Überkapazitäten schaffen und damit Regulierungsgründe nach sich ziehen, der weitere Regelungen folgen.

Auch wenn sich mittelstandspolitische Argumente einer reinen ökonomischen Betrachtung entziehen, muß darauf hingewiesen werden, daß Maßnahmen zum Mittelstandsschutz, um auf jeden Fall eine Erhaltung zu gewährleisten, nicht gerechtfertigt erscheinen. Auch der Mittelstand muß sich bei Krisen durchsetzen. Dagegen sprechen die mit Erhaltung verbundenen negativen Wohlfahrtseffekte. Hinter der Erhaltung können sich auch berufsständische und gruppenegoistische Motive verstecken.[539] Die eingangs erwähnte Begründung, daß der Große Befähigungsnachweis dem Berufsstand Identität verleiht, deutet auf derartige Motive hin. Es ist

---

[536] Vgl. hierzu und zum folgenden Friebe, G. (1970), S. 153.

[537] Vgl. Hübl, L., Schepers, W. (1983), S. 83.

[538] Hier zeigt sich, daß die ständischen Argumente auch in der heutigen HwO noch eine Rolle spielen. Hinweise hierfür liefert auch die Stellungnahme des Zentralverbandes des Deutschen Handwerks für die Deregulierungskommission, in der hervorgehoben wird, daß primäres Ziel der HwO nicht Gefahrenabwehr und Verbraucherschutz sondern "... die Erhaltung und Förderung eines gesunden leistungsfähigen Handwerks als Ganzes" ist. Zentralverband des Deutschen Handwerks (1988), S. 9.

[539] Vgl. Kapitel III, Abschnitt 2.2, 5.2.1 und 5.2.2.

zwar zutreffend, daß im heterogenen Handwerk der Große Befähigungsnachweis ein homogenes Element schafft. Aufgrund der Folgen und Konsequenzen von Regulierungen erscheint eine Regulierung zur Identitätsbildung nicht gerechtfertigt.[540] Wie schon dargelegt wurde, lassen sich die unseriösen und nachlässigen Anbieter damit nicht ausgrenzen.

Die Diskussionen um die Mittelstandspolitik sind nicht neu und werden in der Literatur schon seit Jahrzehnten ausführlich problematisiert. Die HwO ist nur ein Teil eines Geflechts aus mittelstandspolitischen Maßnahmen. Probleme entstehen besonders dann, wenn allgemeine wirtschaftspolitische Strategien bestimmte Branchen benachteiligen. Gleichwohl ist eine Förderung kleiner und mittlerer Unternehmen mit positiven Wohlfahrtseffekten verbunden, wenn sie Benachteiligungen abbaut und Chancengleichheit herstellt. Vielmehr sind Rahmenbedingungen erforderlich, damit kleine und mittlere Unternehmen ihre spezifischen Vorteile nutzen können. Handlungsbedarf ist insbesondere bei wettbewerbsbeschränkenden Konzernstrategien erforderlich. Die Aufrechterhaltung der Regulierung im bisherigen Umfang allein aufgrund der Zugehörigkeit zum Mittelstand erscheint nicht gerechtfertigt.

4.4   Zwischenergebnis

Die Befürworter der Handwerksregulierung gehen von einer Flucht in die Selbständigkeit aus, die zu ruinöser Konkurrenz führt. Zahlreiche Argumente sprechen gegen eine ungehemmte Betriebsvermehrung. Ferner wurde am Beispiel der ruinösen Konkurrenz deutlich, daß bei der Beurteilung der Regulierung ein Geflecht sozial-, gesellschafts- und wirtschaftspolitischer Maßanhmen zu berücksichtigen ist. Vor diesem Hintergrund ist eine Flucht in die Selbständigkeit nicht zu erwarten.

In einem unregulierten Handwerk können irreversible Investitionen in Qualitäts- und Markenzeichen oder Signale sowohl qualitätserhöhende Funktion aufweisen, als auch gemeinsam mit anderen ökonomischen Faktoren ein gewisses Hindernis beim Markteintritt darstellen. "Mit einem kleinen Werkzeugkasten", dies zeigten die ökonomischen Faktoren, ist eine Betriebseröffnung im Handwerk heute im Vergleich zum 19. Jh. kaum möglich.

Infolge der technischen Entwicklung entsteht dem Handwerk neuer Wettbewerb. Allerdings kann der Befähigungsnachweis dagegen kaum Barrieren errichten. Vielmehr behindern die rechtlichen Anforderungen die Anpassungsflexibilität. Die möglichen Ursachen für die Entstehung von Überkapazitäten infolge der technischen Entwicklung lassen sich aber mit dem Großen Befähigungsnachweis als Marktzugangsregulierung nicht beheben. Vielmehr unterstützt die Regulierung die Entstehung von Überkapazitäten. Folglich erscheint eine Regulierung nicht notwendig und gerechtfertigt und es liegen Deregulierungspotentiale vor.

---

540   Vgl. Kapitel III, Abschnitt 2.3

Die Entstehung der Gründe der ruinösen Konkurrenz, Marktaustrittsschranken und Überkapazitäten, werden durch die HwO teilweise unterstützt. Institutionelle Regelungen schaffen
damit sozusagen Regulierungsgründe und können weitere institutionelle Regelungen nach sich
ziehen.[541] In einem offenen Markt mit intensivem Wettbewerb können möglicherweise durch
einen Abbau der Marktaustrittsschranken Überkapazitäten verhindert werden.

Die Analyse der ruinösen Konkurrenz lieferte Hinweise darauf, daß die Regulierungsgründe
weitgehend weggefallen sind. Nicht auszuschließen ist, daß historisch Gründe für eine Flucht in
die Selbständigkeit vorlagen, aber heute aufgrund der sozial- und wirtschaftspolitischen Veränderungen nicht mehr gegeben sind. Damit läßt sich die Forderung unterstreichen, Regulierungen als sunset-Regeln einzuführen, die nach einer gewissen Zeit außer Kraft treten oder die neu
überprüft werden müssen. Eine Marktzugangsregulierung aufgrund ruinöser Konkurrenz erscheint aufgrund der vorliegenden Argumente nicht mehr notwendig und gerechtfertigt. Die
Analyse der Wettbewerbsbeziehungen lieferte zudem Hinweise darauf, daß eine Marktzugangsregulierung als einheitliches Instrument für das gesamte Handwerk ökonomisch nicht
zweckmäßig ist. Auch wenn sich mittelstandspolitische Argumente einer rein ökonomischen
Betrachtung entziehen, erscheint eine Regulierung zur Identitätsbildung nicht gerechtfertigt.
Vielmehr liegen weitreichende Deregulierungspotentiale vor.

Eine durchgreifende Deregulierung ist auch dann angezeigt, wenn Umgehungen, Widersprüche
und Regulierungsmängel vorliegen.

5. Regulierungsmängel, Inkonsistenzen und Widersprüche

Eine Veränderung oder Aufhebung der Regulierung ist auch dann angezeigt, wenn die Regulierung des Handwerks selbst widersprüchliche Regelungen enthält, die Regelungen im Widerspruch zu den Begründungen oder im Widerspruch zu anderen Regulierungen stehen.[542]

Indizien für Regulierungsmängel liegen dann vor, wenn Konflikte und Auseinandersetzungen
innerhalb des regulierten Sektors auftreten, wenn Regulierungen umgangen werden oder regulierende Elemente im Widerspruch zu marktlichen Anforderungen stehen. Bestehen im Handwerk derartige Regulierungsmängel, deutet dies darauf hin, daß Deregulierungspotentiale vorliegen.

5.1 Regulierungsmängel und Ausweichreaktionen

Bei der bisherigen Analyse wurde bereits auf diverse Unstimmigkeiten der Regulierung des
Handwerks hingewiesen, so etwa auf die Abgrenzungsprobleme.[543] Kennzeichnend für diverse

---

[541] Darauf weist auch v. d. Schulenburg hin. Vgl. Schulenburg, J.-M. Graf v. d. (1984a), S. 43.

[542] Vgl. dazu auch Hedrich, C.-C. (1993), S. 243.

Regulierungsmängel, so auch für die Abgrenzung, ist die mangelnde Anpassungsflexibilität an veränderte Rahmenbedingungen.

Abgrenzungsprobleme treten bei der Neugründung von Betrieben auf hinsichtlich der Frage, ob es sich um einen Handwerksbetrieb oder regulierungsfreien Gewerbebetrieb handelt. Bei bestehenden Betrieben entstehen Abgrenzungsprobleme zwischen Handwerk und Industrie um spezielle Tätigkeiten. Innerhalb des Handwerks sind Abgrenzungsprobleme vorhanden hinsichtlich der Frage, welchem Handwerkszweig bestimmte Tätigkeiten zuzuordnen sind. Eine Auswahl dieser Streitpunkte ist im Anhang 9 aufgeführt. Um zu vermeiden, daß eine Tätigkeit dem Handwerk ganz verloren geht, soll sie in diesem Fall mehreren Bereichen zugeordnet werden.

Ferner sind Bestrebungen des Handwerks erkennbar, Handwerkszweige um zusätzliche Berufsinhalte auszuweiten. Weichtmann liefert dafür Beispiele aus dem Straßenbauer-, Drucker- und Fotografenhandwerk. Dies hätte zur Folge, daß Tiefbauunternehmen, Offsetschnelldrucker und Videofilmer für eine Selbständigkeit einen Meisterbrief vorweisen müßten.[544] Diese vorliegenden Regulierungsmängel zeigen, daß der dynamische Handwerksbegriff und die Handhabung tendenziell zu einer permanenten Ausweitung der Regulierung führen.

Die Bedürfnisse der Nachfrager haben sich aufgrund des ökonomischen und sozialen Wandels verändert, die rechtlichen Regelungen der HwO schränken die Möglichkeiten der Handwerker ein, auf den technischen und ökonomischen Wandel zu reagieren. Dies führt dazu, den Regulierungen auszuweichen, wie sich an den nachfolgenden Beispielen zeigen läßt.

Umgehungen erfolgen in der Praxis, in dem bei der Gewerbeanmeldung jene Tätigkeiten nicht aufgeführt werden, die auf einen Handwerksbetrieb hinweisen. Zuvor müssen Ressourcen eingesetzt werden, um herauszufinden, inwieweit eine Umgehung der HwO möglich ist. Allerdings verbleibt eine hohe Unsicherheit, wenn die Handwerkskammer durch eine Kopie der Gewerbeanmeldung oder durch den Hinweis eines Konkurrenten von der Existenz und einer möglichen handwerklichen Tätigkeit i. S. der HwO von dem Betrieb erfährt. Die Handwerkskammer kann eine Stellungnahme verlangen und durch ein Abgrenzungsverfahren, das sich über längere Zeiträume erstrecken kann, den Gegenstand des Unternehmens ergünden.[545] Diese Unsicherheit kann für junge Unternehmen existenzbedrohend sein.

Eine Umgehung des Inhaberbefähigungsprinzips ist durch die Eröffnung eines Handwerksbetriebes in der Rechtsform einer juristischen Person möglich.[546] Wird ein Handwerksbetrieb in der Rechtsform einer GmbH gegründet, ist die Einstellung eines Betriebsleiters möglich, der die Voraussetzungen der HwO erfüllen muß. Umgehungen erfolgen teilweise in

---

543   Vgl. Kapitel IV, Abschnitt 4.2.4.

544   Vgl. Weichtmann, K. (1986), S. 10.

545   Vgl. Mirbach, H. G. (1989), S. 7 ff.

546   Vgl. Kapitel III, Abschnitt 3.2.2.

der Praxis durch Scheinverträge mit Betriebsleitern, auch mit Handwerksmeistern im Ruhestand. Im langfristigen Vergleich stieg der Anteil der GmbH an den Handwerksrolleneintragungen sprunghaft. 1971 betrug der Anteil der Unternehmen in dieser Rechtsform 2,2 %, 1993 immerhin 23,3 %.[547] Der Anteil bei den Neueintragungen betrug im Handwerkskammerbezirk Düsseldorf 1993 34,7 %, insgesamt belief sich der Anteil der juristischen Personen auf 32 %.[548] Neben Haftungsbegrenzung und Besteuerung kann die Möglichkeit der Scheinverträge hier eine Rolle spielen. Weitere Hinweise liefert die Altersstruktur. Der Anteil der Inhaber und persönlich haftenden Gesellschafter über 60 Jahre betrug im Vollhandwerk 19,4 %, aber im handwerksähnlichen Gewerbe lediglich 8 %.[549] Seitens der Handwerkskammer wurden Betriebsleiterüberprüfungen durchgeführt mit dem Zweck, unzulässige Ausübungen des Handwerks zu unterbinden.[550] Infolge der Überprüfungsaktion erfolgten Betriebslöschungen. Nach Angaben der Handwerkskammer Düsseldorf erfolgten 3,9 % der gesamten Unternehmenslöschungen, weil ein Betriebsleiter nicht beschäftigt wurde.

Zu beobachten ist ferner, daß Gesellen Verträge mit Künstlern abschließen, um sich selbständig zu machen.[551] Dies ist besonders in jenen Handwerkszweigen möglich, die eine Nähe zu künstlerischen Tätigkeiten aufweisen. Kleine Betriebe können Gesellen nach dem Lehrabschluß vielfach nicht übernehmen. Gesellen sind dadurch doppelt benachteiligt. Sie finden einerseits keinen Meister, bei dem sie die Gesellenjahre ableisten können. Andererseits ist eine Selbständigkeit ohne Meisterbrief nicht möglich. In Handwerkszweigen, die eine Nähe zu künstlerischen Tätigkeiten aufweisen, können Gesellen durch eine Betriebsgründung mit Künstlern die HWO umgehen.

5.2 Widersprüche

Widersprüche entstehen vornehmlich zum EU-Recht. Da Handwerker sowohl für die Inanspruchnahme des Dienstleistungs- als auch des Niederlassungsrechts die Voraussetzungen der EWG-Handwerk-Verordnung erfüllen müssen, entspricht faktisch die Dienstleistungsfreiheit der Niederlassungsfreiheit. Die neuere europäische Rechtsprechung tendiert allerdings hinsichtlich der Dienstleistungsfreiheit zum Herkunftslandprinzip. Dies würde bedeuten, daß ein Handwerker grenzüberschreitend Dienstleistungen anbieten und vom Berufszulassungsrecht

---

[547] Vgl. Handwerkskammer Düsseldorf (1994), S. 18. Die Zahlen beziehen sich auf den Kammerbereich Düsseldorf, lassen sich aber auf andere Bereiche übertragen.

[548] Vgl. Handwerkskammer Düsseldorf (1994), S. 56.

[549] Vgl. Handwerkskammer Düsseldorf, (1994), S. 62.

[550] Vgl. Handwerkskammer Hannover (1986), S. 31

[551] Vgl. Kapitel II, Abschnitt 3.1. Künstlerische Tätigkeiten sind kein Gewerbe und unterliegen deshalb nicht der HwO.

279

seines Heimatlandes ausgehen könnte.[552] Damit entspricht die EWG-Handwerk-Verordnung nicht mehr der neueren Interpretation der Dienstleistungsfreiheit.[553]

Nicht absehbar ist derzeit, inwieweit eine Koordination möglich ist. Für eine Koordination ist nach Art. 57 Abs. 2 Satz 2 EWG-Vetrag eine Einstimmigkeit für Richtlinien erforderlich, " ... deren Durchführung in mindestens einem Mitgliedstaat eine Änderung bestehender gesetzlicher Grundsätze der Berufsordnung hinsichtlich der Ausbildung und der Bedingungen für den Zugang natürlicher Personen zum Beruf umfaßt."[554] Damit kann die europäische Gemeinschaft Marktzugangsregulierungen für juristische Personen in der Bundesrepublik Deutschland aufheben.

Weitere Probleme entstehen durch die Inländerdiskriminierung. Ein Ausländer kann nach der EWG-Handwerk-Verordnung ohne Meisterprüfung in der Bundesrepublik tätig werden, während einem Inländer dies nicht gestattet ist. Ein Verstoß gegen das Gleichbehandlungsgebot wird darin gesehen, daß die EWG-Handwerk-Verordnung Tätigkeiten eines Antragstellers nur anerkennt, wenn sie in einem anderen Mitgliedsstaat erworben wurden. Verrichten deutsche oder EU-Ausländer derartige Tätigkeiten im Bereich der deutschen HwO, wird ihnen die Anerkennung versagt.[555] Aufgrund der Widersprüche wird eine Angleichung und Deregulierung des deutschen Rechts als unverzichtbar angesehen.[556]

Des weiteren entstehen Widersprüche durch Einwirkungen des Gemeinschaftsrechts auf die Grundrechte, insbesondere auf das Grundrecht der Berufsfreiheit. Infolge der Einwirkung hat der bundesdeutsche Gesetzgeber "... die inhaltlichen Direktiven, die Art. 52 Abs. 1 EWGV und die Richtlinie 64/427 enthalten, bildlich gesprochen 'in seinen Willen aufgenommen' ...".[557] Dies hat nach Jeder zur Folge, daß für die Selbständigkeit nur noch die Voraussetzungen der EWG-Handwerk-Verordnung zulässig sind. Die Meisterprüfung als Marktzutrittsregulierung wäre demzufolge nicht mehr zulässig.[558]

5.3 Zwischenergebnis

Aufgrund der geschilderten Abgrenzungsprobleme, Ausweichreaktionen und Widersprüche erscheint die Regulierung des Handwerks bedenklich. Die internen und externen Abgrenzungs-

552 Vgl. hierzu Groeben, H. v. d. (1991), Art. 549, Rn. 3 ff., S. 1054 ff.
553 Vgl. auch Deregulierungskommission (1991), S. 194 ff.
554 Groeben, H. v. d. (1991), Art. 57.
555 Vgl. ausführlich mit weiteren Nachweisen Pohl, W. (1992), S. 10 ff.
556 Vgl. Czybulka, D. (1994), S. 94.
557 Jeder, P. (1992), S. 130.
558 Vgl. Jeder, P. (1992), S. 130 f.

probleme hemmen Spezialisierungen und Arbeitszusammenlegungen entsprechend den Präferenzen der Nachfrager.

Für den Nachfrager steigen infolge der Koordination verschiedener Gewerbe die Transaktionkosten.[559] Preiserhöhungen ergeben sich ferner, wenn in Nicht-Handwerken für bislang freie Tätigkeiten eine Meisterqualifikation erforderlich wird. Die durch die HwO hervorgerufenen Abgrenzungen behindern die Anpassungsflexibilität handwerklicher Betriebe und anderer Gewerbebetriebe. Der unternehmerische Handlungsspielraum handwerklicher und nicht-handwerklicher Betriebe wird eingeschränkt. Infolge der verminderten Angebotselastizität werden konjunkturelle Anpassungen behindert. Durch eine Verschärfung der strukturellen Probleme ergeben sich negative Auswirkungen auf Wachstum und Beschäftigung. Die aufgrund der Abgrenzung entstehende Rechtsunsicherheit verschärft die ökonomischen Probleme. Ressourcen, die für eine Umgehung der HwO eingesetzt werden, verstärken mögliche Ineffizienzen.

Sowohl die Regulierungsmängel und Ausweichreaktionen als auch die Widersprüche liefern Hinweise darauf, daß die Marktzugangsregulierung und die damit verbundenen Folgeprobleme die Anpassungsflexibilität und Wettbewerbsfähigkeit des Handwerks einschränken. Ferner konnte veranschaulicht werden, daß die Regulierung zunehmend an Eigendynamik gewinnt. Die vorliegenden Argumente weisen daher auf weitgehende Deregulierungspotentiale hin.

6. Zusammenfassung und weitere Vorgehensweise

Die eingangs gestellte Frage, ob aufgrund der Branchenbesonderheiten eine Marktzugangsregulierung aus ökonomischer Sicht grundsätzlich notwendig erforderlich und gerechtfertigt ist, läßt sich nunmehr beantworten. Die Analyse des Handwerks lieferte vielfältige Hinweise auf vorhandene Deregulierungspotentiale.

Die Ursachen der Regulierung liegen nur noch teilweise oder in abgeschwächter Form vor. Sie betreffen nicht alle Handwerkszweige. Deregulierungsnotwendigkeiten ergaben sich, weil die Regulierung sich vielfach als wettbewerbshemmend und widersprüchlich erwies.

Im nächsten Kapitel sollen die Möglichkeiten und Grenzen der Regulierung und Deregulierung des Handwerks aufgezeigt werden. Dabei ist zunächst ein zusammenfassender Überblick über die vorhandenen Dergulierungspotentiale und -notwendigkeiten erforderlich. Es stellt sich dann die Frage, inwieweit die zum 1. Januar 1994 erfolgte Novellierung der HwO diesen Anforderungen gerecht wird. Anschließend wird auf die Möglichkeiten und Grenzen einer Deregulierung eingegangen.

---

559 Durch die informelle Handhabung steigt die Regulierung. Damit ergeben sich negative Qualitäts-anreize. Dies bestätigt den Verlauf der Qualitätsproduktionsfunktion im Modell der optimalen Regulierungsintensität. Vgl. Kapitel III, Abschnitt 4.3.

KAPITEL V:
MÖGLICHKEITEN UND GRENZEN DER REGULIERUNG UND DEREGULIERUNG DES HANDWERKS

1.   Deregulierungspotentiale und -notwendigkeiten im Handwerk

Im letzten Kapitel wurden die zuvor theoretisch ermittelten ökonomischen Kriterien auf die Analyse des Handwerks angewendet. Die Kernfrage bei der Prüfung des Regulierungskomplexes lautete, ob und inwieweit aufgrund der Branchenbesonderheiten des Handwerks eine Marktzugangsregulierung aus ökonomischer Sicht grundsätzlich notwendig, erforderlich und gerechtfertigt ist.[1] Deregulierungspotentiale liegen regelmäßig dann vor, wenn die Regulierungsursachen nicht mehr oder nicht mehr in entsprechendem Umfang vorliegen.[2]

Im einzelnen stellte sich dann die Frage, ob die Besonderheiten vorliegen bzw. bei den Abgrenzungskriterien, ob es ökonomisch zweckmäßig ist, Handwerk an diesem Kriterium abzugrenzen. Veränderungen innerhalb und außerhalb des Handwerks können dazu führen, daß dieses Merkmal keine Besonderheit mehr darstellt. Ferner stellte sich die Frage, welchen Beitrag der Befähigungsnachweis im Rahmen dieser Besonderheit leistet und welche Folgen eine Marktzugangsregulierung hinsichtlich dieses Kriteriums hat und was marktergänzende Instrumente leisten können. Hieraus lassen sich Deregulierungsnotwendigkeiten ableiten.

Die Untersuchung der angebotsseitigen, nachfrageseitigen und marktlichen Branchenbesonderheiten zeigte, daß die ökonomischen Voraussetzungen für eine Deregulierung gegeben sind.

Die angebotsseitigen Besonderheiten liegen nur noch teilweise im Handwerk vor. Die betreffenden Merkmale unterliegen im Handwerk erheblichen Veränderungen und sind in der Regel keine typischen Besonderheiten des Handwerks mehr, weil sie teilweise ebenso kennzeichnend sind für Betriebe außerhalb des Handwerks. Gleichwohl weisen einzelne Kriterien wie Handfertigkeit, Flexibilität, Individualität und Einzelfertigung auf gewisse Besonderheiten des Handwerks hin.

Aber selbst bei diesen Besonderheiten läßt sich nicht schlüssig die Notwendigkeit einer Marktzugangsregulierung ableiten. Ebenso ist anhand der Merkmale eine ökonomisch zweckmäßige Abgrenzung des Handwerks kaum möglich. Vielmehr deuten die Folgen der Regulierung, die in einigen Bereichen abgeleitet werden konnten, darauf hin, daß eine Deregulierung notwendig ist. So besteht über den dynamischen Handwerksbegriff die Möglichkeit einer permanenten Ausweitung des regulierten Bereiches, dieses widerspricht der wirtschaftspolitischen Intention, den regulierten Bereich so klein wie möglich zu halten.

---

[1]   Vgl. Kapitel IV, Abschnitt 1.

[2]   Vgl. Kapitel III, Abschnitt 5.3, sowie Kapitel IV, Abschnitt 1.

Die eng mit der Personalität verknüpfte Organisation ist der Kritik ausgesetzt. In einigen Bereichen schafft die Regulierung die Voraussetzungen für Besonderheiten. Wie sich beim Einsatz neuer Technologien zeigte, entstehen indirekt durch die Marktzugangsregulierung Hemmnisse und Nachteile, die sich in anderen Bereichen fortsetzen. Die rechtlich vorbestimmte Marktstruktur stellt bei einer dynamischen Entwicklung ein Hindernis dar und kann Anpassungsprozesse verzögern. Die HwO kann flexible Unternehmensstrategien, und damit eine Ausnutzung von Betriebsgrößenvorteilen, behindern.

Auch mit ausbildungspolitischen Gründen läßt sich eine Regulierung des Handwerks nicht stichhaltig begründen. Unter Nutzen-Kosten-Aspekten sind Anreize für eine Ausbildung vorhanden, so daß auch bei einem Wegfall des Großen Befähigungsnachweises als Marktzugangsregulierung von einem Ausbildungswillen ausgegangen werden kann. Anreize zur Ausbildung lassen sich ferner durch marktergänzende Instrumente fördern. Bei den angebotsseitigen Besonderheiten wurden deshalb weitreichende Deregulierungspotentiale und Deregulierungsnotwendigkeiten sichtbar.

Im Rahmen der nachfrageseitigen Besonderheiten konnte die Kernthese der Befürworter der Handwerksregulierung, daß alle Handwerksgüter und -leistungen den Charakter von Erfahrungsgütern aufweisen, nicht bestätigt werden. Wie sich anhand verschiedener Aspekte zeigen ließ, kann der Befähigungsnachweis ökonomisch gesehen, keine eindeutigen und verläßlichen Informationen über die nicht direkt zu beobachtenden Verhaltensmerkmale zur Verfügung stellen. Da schlechte Anbieter das Signal Befähigungsnachweis kopieren können, gelingt es seriösen Handwerkern nicht, sich von unseriösen Anbietern abzugrenzen. Wenn die Ursachen der asymmetrischen Information sich kaum mit dem Befähigungsnachweis beheben lassen, erscheint eine Regulierung nicht notwendig und gerechtfertigt.

Die Bedeutung marktergänzender Institutionen ist nicht zu unterschätzen, sie werden aber teilweise durch den Befähigungsnachweis verdrängt und ihre Entstehung behindert. Wenn über den Marktmechanismus marktergänzende Instrumente entstehen, kann dies darauf hindeuten, daß staatliche Instrumente nicht ausreichend, in bestimmten Bereichen unwirksam oder überholt sind. Erforderlich sind qualitätssichernde ergänzende Maßnahmen in Gefahrenbereichen und teilweise im Bau- und Ausbauhandwerk. Die Aufrechterhaltung der Regulierung im bisherigen Umfang erscheint aber nicht gerechtfertigt und die Voraussetzungen für eine Deregulierung sind erfüllt.

Bei den marktlichen Besonderheiten lieferte die Analyse der Wettbewerbsbeziehungen Hinweise auf Deregulierungspotentiale. Eine Notwendigkeit der Deregulierung ergibt sich besonders in jenen Bereichen, in denen Handwerker über einen monopolistischen Spielraum verfügen, wie an empirischen Beispielen verdeutlicht werden konnte. Auch die ruinöse Konkurrenz stellt keine typische Branchenbesonderheit des Handwerks dar. Zahlreiche Argumente sprechen gegen eine übermäßige Betriebsvermehrung, ferner liegen marktergänzende Instrumente vor, die ohne Marktzutrittsregulierung wirksam werden können. Vielmehr können Überkapazitäten und

Marktaustrittsschranken als Folge der Regulierung auftreten und die Entstehung ruinöser Konkurrenz begünstigen.

Gegen "neue Formen" ruinöser Konkurrenz infolge der technischen Entwicklung kehrt sich der Befähigungsnachweis als Schutz vor ruinöser Konkurrenz eher ins Gegenteil um. Eine Deregulierung ist insofern erforderlich und notwendig. Aufgrund der geschilderten Abgrenzungsprobleme, Ausweichreaktionen und Widersprüche ist eine Deregulierung vordringlich.

Die Analyse ergab ferner, daß wesentliche Besonderheit des Handwerks, die das ganze Handwerk umfaßt, die Heterogenität ist. Mit dem Befähigungsnachweis wird faktisch bezweckt, aus der Heterogenität eine homogene Einheit zu bilden, indem er dem Handwerk Identität verleiht. Marktzugangsregulierungen zum zwecke der Identitätsbildung sind ökonomisch nicht zu rechtfertigen. In heterogenen Systemen laufen heterogene Informationsverarbeitungsprozesse ab. Einerseits sind die wirtschaftspolitischen Anforderungen in solchen Systemen heterogen, weil die Leistungen verschiedenen Sektoren zuzuordnen sind, die Nachfragerpräferenzen, Betriebsgrößen usw. unterschiedlich sind. Andererseits hat die allgemeine Wirtschaftspolitik in heterogenen Systemen unterschiedliche Auswirkungen.

Zentrales Ergebnis der bisherigen ökonomisch-institutionellen Analyse des Handwerks ist deshalb, daß weitreichende Deregulierungspotentiale und Deregulierungsnotwendigkeiten vorliegen. Es stellt sich im folgenden die Frage, ob die zum 1. Januar 1994 erfolgte Novelle den Anforderungen an die Deregulierung gerecht wird.

2. Analyse der Novelle zur HwO von 1993

2.1 Veränderungen und Wirkungserwartungen der Novelle

Der Deutsche Bundestag legte am 20. 10. 1993 einen Gesetzentwurf zur Novellierung der HwO vor, die Novelle ist zum 1. 1. 1994 in Kraft getreten.[3] Nach dem Gesetzentwurf ist eine Novelle erforderlich, um eine Anpassung des Handwerks an den wirtschaftlichen und technologischen Wandel und institutionelle und rechtliche Rahmenbedingungen zu ermöglichen. Bezweckt wird mit der Novelle, die Möglichkeiten der Handwerker zur "Leistung aus einer Hand" zu verbessern und den Zugang zur selbständigen Handwerksausübung zu erleichtern.[4]

Wesentliche Änderungen betreffen die Ausführung von Arbeiten in anderen Handwerken nach § 5, die Ausübungsberechtigung nach § 7, die Erweiterung des Betriebsleiterprivilegs, die Aus-

---

3   Vgl. hierzu und zum folgenden Bundesgesetzblatt (1993), I 2256 und Deutscher Bundestag (1993), Drucksache 12/5918, S. 3 ff.

4   Vgl. Deutscher Bundestag (1993), Drucksache 12/5918, S. 1 f.

nahmebewilligung und den Zugang zur Meisterprüfung. Hinzu kommen Veränderungen im Bereich des Datenschutzes und der Organisation.[5]

Nach der Neufassung des § 5 kann ein Handwerker, der ein Handwerk nach § 1 betreibt, "... auch Arbeiten in anderen Handwerken ausführen, wenn sie mit dem Leistungsangebot seines Handwerks technisch oder fachlich zusammenhängen oder es wirtschaftlich ergänzen" (§ 5 HwO).[6] Damit wurde die bisherige Fassung um die wirtschaftliche Ergänzung erweitert. Die jetzige Formulierung erlaubt es, daß quantitativ untergeordnete andere handwerkliche Tätigkeiten mit ausgeführt werden dürfen, sofern sie im Rahmen eines konkreten Auftrags anfallen, also eine auftragsspezifische Akzessorität vorliegt. Dieser Hauptauftrag muß im Rahmen des eigenen Handwerkszweiges liegen.[7]

Das Interesse des Kunden an Leistungen aus einer Hand oder ein zeitlicher sowie örtlicher Zusammenhang reichen nicht aus.[8] Eine uferlose Ausweitung soll mit der Reformierung keinesfalls erfolgen. Bezweckt wird, Verrichtungen zu erlauben, deren Verbot zu lebensfremden Ergebnissen führen würde. Sie entstehen, wenn nicht unwesentliche Verteuerungen bzw. zusätzlicher Zeit- und Organisationsaufwand entsteht.[9] Der Handwerker darf keine Werbung bezüglich der Annex-Leistungen betreiben und sie nicht losgelöst vom konkreten Auftrag anbieten.[10]

Während einige annehmen, daß aufgrund der Veränderung z. B. eine vollständige Renovierung eines Bades aus einer Hand möglich sei,[11] zeigt die Begründung die sehr eng begrenzte Auslegung. Schließt beispielsweise ein Installateur einen Warmwasserboiler an und beschädigt zwei Fliesen, fällt die Anbringung dieser beiden Fliesen unter die wirtschaftliche Ergänzung.[12] Eine Konkretisierung soll in der Folgezeit über die Rechtsprechung erfolgen. Abweichend von dieser Auffassung vertritt der Bund-Länder-Ausschuß Handwerksrecht die Meinung, daß "wirtschaftlich ergänzen" i. S. der Verkehrsauffassung und nach objektiver Betrachtung auszulegen ist.[13]

---

5   Eine Darstellung der wichtigsten Änderungen des Gesetzes zur Änderung der HwO findet sich auch bei Schwappach, J. (1993), S. 441 ff.

6   Vgl. auch Kapitel III, Abschnitt 3.2.2.

7   Vgl. Deutscher Bundestag (1993), Drucksache 12/5918, S. 16.

8   Vgl. Deutscher Bundestag (1993), Drucksache 12/5918, S. 16.

9   Vgl. Schwappach, J. (1993), S. 442.

10   Vgl. Deutscher Bundestag (1993), Drucksache 12/5918, S. 16.

11   Vgl. Lampe, T. (1994), S. 5.

12   Vgl. Imroth, D. (1994), S. 8. Andere Beispiele weisen darauf hin, daß es einem Elektroinstallateur möglich ist, beim Austausch eines schadhaften Kabelstücks Putzarbeiten mitzuerledigen.

13   Vgl. Bundesministerium für Wirtschaft (1994), S. 4.

Eine Veränderung von § 7 Abs. 1 Satz 2 soll die Möglichkeit erweitern, verwandte Handwerke zu schaffen.[14] Eine Erweiterung der Liste der verwandten Handwerke steht noch aus. Neu in die HwO aufgenommen wurde § 7a: "Wer ein Handwerk nach § 1 betreibt, erhält eine Ausübungsberechtigung für ein anderes Gewerbe der Anlage A oder für wesentliche Tätigkeiten dieses Gewerbes, wenn die hierfür erforderlichen Kenntnisse und Fertigkeiten nachgewiesen sind." Bezweckt wird damit, daß eingetragene Handwerker ohne Ausnahmebewilligung Tätigkeiten aus anderen Handwerken ausüben können, "... wenn die erforderlichen Fertigkeiten und Kenntnisse nachgewiesen sind."[15] Die Zulassung muß durch eine staatliche Behörde erfolgen.[16] Wie der Nachweis der Kenntnisse und Fertigkeiten zu erbringen ist, regelt der Gesetzgeber nicht. Verfahren der Zulassung und des Nachweises ähneln den Bestimmungen über die Ausnahmebewilligung und orientieren sich damit am bisherigen § 8.

Klarstellungen und Präzisierungen erfolgen hinsichtlich der Definition eines Ausnahmefalles und der Erteilung einer Ausnahmebewilligung (§ 8 Ausnahmebewilligung).[17] Die Novelle sieht eine Berücksichtigung der bisherigen beruflichen Erfahrungen und Tätigkeiten vor. Eine Eignungsprüfung darf nur verlangt werden, wenn ein Nachweis nicht auf einfachere Weise erfolgen kann. Unterschiedliche Auffassungen bestehen derzeit darüber, wann der Antragsteller schuldhaft die Ablegung der Meisterprüfung vermied.[18]

Möglich sind Begutachtungen durch Sachverständige, Fachgespräche, der Besuch von Kursen mit erfolgreich bestandener neu einzuführender Abschlußprüfung.[19] Eignungsprüfungen sind nach dem Willen des Gesetzgebers nur dann zu verlangen, wenn die Erbringung von Nachweisen nicht einfacher gelingt.[20]

Neu geregelt wird ferner die Einstellung von Betriebsleitern durch § 7 Abs. 6: "Wer ein Handwerk nach § 1 betreibt, wird mit einem anderen, damit wirtschaftlich im Zusammenhang stehenden Gewerbe der Anlage A in die Handwerksrolle eingetragen, wenn der Betriebsleiter für dieses Gewerbe die Voraussetzungen für die Eintragung in die Handwerksrolle erfüllt." Die Möglichkeit zur Einstellung eines Betriebsleiters, die bislang Juristischen Personen vorbehalten war, gilt neuerdings auch für Einzelhandwerker und Personengesellschaften. Für artfremde Handwerkszweige gilt diese Regelung nicht, da ein wirtschaftlicher Zusammenhang bestehen muß. Der Betriebsleiter muß die Eintragungsvoraussetzungen in die Handwerksrolle erfüllen, also Meister sein oder eine Ausnahmebewilligung vorweisen.

---

14 Zu verwandten Handwerken vgl. Kapitel III, Abschnitt 3.2.2 und Anhang 4.

15 Deutscher Bundestag (1993), Drucksache 12/5918, S. 18.

16 Vgl. Deutscher Bundestag (1993), Drucksache 12/5918, S. 17.

17 Vgl. Kapitel III, Abschnitt 3.2.2.

18 Vgl. Bundesministerium für Wirtschaft (1994), S. 10 ff.

19 Vgl. Schwappach, J. (1993), S. 443.

20 Vgl. Deutscher Bundestag (1993), Drucksache 12/5918, S. 18.

Andere Änderungen betreffen die Meisterprüfung. Für die Ablegung der Meisterprüfung reicht zukünftig eine dreijährige Gesellentätigkeit (§ 49 Abs. 1).[21] Die bisherige Anrechnung von Fachschulzeiten bis zu drei Jahren auf die Gesellentätigkeit wird auf ein Jahr begrenzt, damit die praktische Berufserfahrung überwiegt. Ein Meister, der eine weitere Meisterprüfung ablegen will, braucht hierfür keine Gesellentätigkeit in dem anderen Handwerkszweig nachzuweisen. Die Teile der Meisterprüfung brauchen zukünftig nicht mehr in einem geschlossenen Verfahren abgelegt zu werden, eine Verteilung über einen Zeitraum von bis zu fünf Jahren ist möglich.[22] Legt ein Kandidat mehrere Meisterprüfungen ab, wird er von einer erneuten Ablegung der Teile III und IV befreit.[23]

Mit der Novelle folgte eine Erweiterung der Sanktionsmaßnahmen der Handwerkskammern.[24] Durch einen neu in die HwO eingefügten Abs. 4 in § 17 HwO können die Handwerkskammern von der Deutschen Bundespost Telekom die Angabe von Namen und Anschrift eines Gewerbebetriebes verlangen, der "... ohne Angabe von Namen und Anschrift unter einem Fernmeldeanschluß Handwerksleistungen anbietet und Anhaltspunkte dafür bestehen, daß er den selbständigen Betrieb eines Handwerks als stehendes Gewerbe entgegen den Vorschriften der Handwerksordnung anbietet ...". Dies gilt auch für die Verfolgung von Schwarzarbeit. Im Postverfassungsgesetz und Fernmeldeanlagengesetz sind entsprechende Gesetze zu schaffen.

Der neue Gesetzentwurf enthält noch keine Änderung der Anlage A. Der Zentralverband des Deutschen Handwerks möchte vier neue Berufe, die in der ehemaligen DDR als Vollhandwerk galten, in die Anlage A aufnehmen, beispielsweise Bestatter und Gerüstbauer.[25] Anlage B wurde um zehn Berufe erweitert.[26]

Weitere Reformvorschläge des Zentralverbandes sehen eine Überführung von Gewerben aus Anlage A in Anlage B und aus Anlage B in Anlage A sowie eine Zusammenfassung oder Trennung und Neubezeichnung von Gewerben vor.[27]

---

[21] Vgl. Kapitel III, Abschnitt 3.2.2 und Kapitel II, Abschnitt 5.3.

[22] Vgl. Deutscher Bundestag (1993), Drucksache 12/5918, S. 20 f.

[23] Daneben erfolgen Veränderungen bezüglich der Rechtspositionen der Arbeitnehmer im Handwerk. Zukünftig wird ferner die deutsche Staatsangehörigkeit für die Wählbarkeit in Gremien der Handwerksorganisation nicht mehr vorausgesetzt. Eine neue Anlage D listet die Daten auf, die für die entsprechenden Rollenverzeichnisse erhoben werden können.

[24] Zu den weiteren Bestimmungen, die in dem Änderungsgesetz enthalten sind, und die entsprechende Begründung vgl. Deutscher Bundestag (1993), Drucksache 12/5918, S. 15 ff.

[25] Vgl. Lampe, T. (1994), S. 5.

[26] Vgl. die Erweiterung in Anhang 3. Vgl. hierzu Zentralverband des Deutschen Handwerks (1994), S. 265.

[27] Vgl. Zentralverband des Deutschen Handwerks (1994), S. 265.

Im nächsten Abschnitt ist zu prüfen, welche Folgen mit der Novellierung verbunden sind und inwieweit sie ökonomisch zweckmäßig ist. Es stellt sich ferner die Frage, ob die Novellierung den in der Analyse ermittelten Deregulierungsanforderungen gerecht wird.

2.2 Diskussion der Novellierung

Die Begründung der Novelle macht deutlich, daß hinsichtlich der Änderungen zu § 5 nur eine eng begrenzte Auslegung möglich ist. Bei der Erteilung der Ausübungsberechtigung nach § 7 a HwO hat der Gesetzgeber nicht geregelt, wie der Nachweis von Kenntnissen und Fertigkeiten zu erfolgen hat. Die Formulierung "Nachweis notwendiger Kenntnisse und Fertigkeiten" entspricht der bestehenden Regelung über die Ausnahmebewilligung.[28] Eine Flexibilisierung oder Liberalisierung des Handwerksrechts ist insoweit nicht zu erkennen. Die Rechtsunsicherheiten darüber, wie der Nachweis zu erbringen ist, verlagern die Entscheidung in die Handwerkskammern und werden damit zu Ermessensentscheidungen. Dies kann zu uneinheitlichen Regelungen im Bundesgebiet führen.

Einzelhandwerker und Personengesellschaften können nach der Novelle einen Betriebsleiter einstellen, der die Eintragungsvoraussetzungen der HwO erfüllt. Fraglich ist, inwieweit unter Kostengesichtspunkten in kleinen und mittleren Betrieben die Einstellung eines Meisters möglich ist. Benachteiligt sind besonders kleine Betriebe, insgesamt kann die Regelung konzentrationsfördernd wirken. Befürchtet wird aufgrund dieser Neuregelung ein Betriebssterben.[29] Damit würde die Regelung im Widerspruch zum Ziel der Mittelstandsförderung stehen, die einen Erhalt und die Förderung von kleinen und mittleren Betrieben vorsieht. Diese Regelung vermindert tendenziell die Chancengleichheit und reduziert damit die Möglichkeit kleiner Unternehmen ihre spezifischen Vorteile am Markt einzusetzen.

Von Vorteil sind jene Maßnahmen, die eine Verkürzung der Gesellenjahre für die Meisterprüfung vorsehen. Die Durchführung ist aber vom Verhalten der Handwerksorganisation, dem zeitlichen Angebot und der Kontinuität des Lehrangebots abhängig.[30]

Ferner wurde selbständigen Meistern die Ablegung einer zweiten und dritten Meisterprüfung erleichtert. Sowohl die im Rahmen der Ausübungsberechtigung und Ausnahmebewilligung diskutierte Möglichkeit einer neuen Eignungsprüfung als auch eine zweite oder dritte Meisterprüfung sind mit Kosten für den Handwerker verbunden. Mit Eignungsprüfungen und weiteren Meisterprüfungen schafft man neue bürokratische Hürden und Regulierungen. Fraglich ist zudem, wie sich Eignungsprüfung und Meisterprüfung unterscheiden sollen. Unter Kostenaspekten muß der Handwerker die Kosten für die Prüfung mit den entsprechen Kosten für einen

---

28   Vgl. Kapitel III, Abschnitt 3.2.2.

29   Vgl. Lampe, T. (1994), S. 5.

30   In welchem zeitlichen Rhythmus z. B. Meisterkurse angeboten werden.

Rechtsstreit gegeneinander abwägen. Risikoaverse Handwerker werden tendenziell versuchen, beide Wege zu umgehen, so daß der Status quo erhalten bleibt und kaum eine Ausübung in anderen Handwerken erfolgt. Eine neue Eignungsprüfung oder weitere Meisterprüfungen sichern den Kammern über die Prüfungsgebühr Einnahmequellen zur Finanzierung der Organisation. Zudem führen neue Aufgaben tendenziell zu einer Vergrößerung des Verwaltungsapparates. Aus Sicht der Verbraucher gelingt weder mit der Meisterprüfung noch mit der Eignungsprüfung eine Abgrenzung von "guten" und "schlechten" Handwerkern.

Dem einzelnen Handwerker entstehen neben erhöhten Beiträgen und Prüfungsgebühren Nebenkosten der Prüfung, die ebenfalls preissteigernd wirken können.[31] Gerade in Bereichen, in denen das Handwerk eine Monopolstellung hat und der Verbraucher kaum oder keine Substitutionsmöglichkeiten in den nicht-handwerklichen Bereich besitzt, sind Preissteigerungen durchzusetzen.

Hinsichtlich der Auslegung der Novelle der HwO besteht Rechtsunsicherheit. Die Neuregelungen weisen Widersprüche und Unstimmigkeiten auf, die durch die Rechtsprechung zu klären sind.[32] Welche Ausführung von Arbeiten in anderen Handwerken im Rahmen einer "wirtschaftlichen Ergänzung" möglich ist, wie der Nachweis von Kenntnissen und Fertigkeiten erfolgen soll, ist in der Folgezeit durch die Rechtsprechung zu klären. Neben Widersprüchen und Unstimmigkeiten wird der Gesetzestext für wenig ausgereift gehalten. Man geht davon aus, daß die Rechtsprechung eine Konkretisierung vornehmen muß und es Jahre dauern wird, bis aufgrund von durchgeführten Rechtsstreitigkeiten eine gefestigte Rechtslage vorliegt.[33] Der Bund-Länder-Ausschuß Handwerksrecht vertritt eine abweichende Auffassung bei der Auslegung der Novelle, insbesondere hinsichtlich der Frage, ob eine Handwerksausübung vorliegt, die gegen § 1 verstößt.[34]

Eine unsichere Rechtslage schränkt die Möglichkeiten einer flexiblen Nutzung der HwO ein. Die Unsicherheit spricht vielmehr dafür, daß in der Praxis nach dem Motto "wir machen weiter so wie bisher" verfahren wird. Für den einzelnen Handwerker entstehen durch einen Rechtsstreit Kosten, die ceteris paribus preissteigernd wirken. Weitere Transaktionskosten entstehen durch die mit dem Rechtsstreit verbundenen Zeitaufwendungen. Diese Zeitaufwendungen binden Ressourcen und werden im Sinne von Opportunitätskosten nicht einer produktiven Verwendung zugeführt. Sowohl die Zeitaufwendungen als auch die mit dem Rechtsstreit verbundene Unsicherheit wirken innovativem Verhalten entgegen. Die Allokation kann verzerrt und die Wettbewerbsfähigkeit handwerklicher Produkte eingeschränkt werden. Treffen Verwal-

---

[31] So z. B. für Bücher, Fahrtkosten, Vorbereitung.

[32] Vgl. Honig, G. (1994), S. 227.

[33] Vgl. Imroth, D. (1994), S. 7, Schwappach, J. (1993), S. 442.

[34] Vgl. Bundesministerium für Wirtschaft (1994), S. 17.

tungsgerichte regional unterschiedliche Entscheidungen, bestehen ungleiche Wettbewerbschancen.

Ferner sind Fehlallokationen im Bereich der Rechtsprechung denkbar. Die Rechtsunsicherheit bindet Ressourcen zur Auslegung und zur Durchführung von Prozessen im Bereich der Justiz. Diese Ressourcen werden aufgrund der Be- und Überlastung der Rechtsprechung teilweise dringend in anderen Bereichen gebraucht.

Ob eine Liberalisierung stattfindet, ist letztlich von der rechtlichen Konkretisierung und praktischen Handhabung abhängig. Wenn ein Installateur nunmehr eine beschädigte Fliese ersetzen darf, kann kaum von Leistungen aus einer Hand gesprochen werden. Bei einer engen Auslegung, und dafür sprechen die bisherigen Erfahrungen bei der Auslegung nach Novellierungen der HwO, erscheinen die Maßnahmen unter ökonomischen Aspekten fragwürdig und nahezu wirkungslos. Fraglich ist, ob mit den Maßnahmen das angestrebte Ziel von Leistungen aus einer Hand, eine Flexibilisierung und ein erleichterter Zugang zur selbständigen Ausübung von Handwerksberufen erreicht wird, denn der Zugang zur selbständigen Ausübung eines Handwerkszweiges bleibt wie bisher neben der Meisterprüfung, wie auch bei der bisherigen Ausnahmebewilligung, vom Nachweis von Kenntnissen und Fertigkeiten abhängig. Auch Spezialisierungen und Arbeitszusammenlegungen werden kaum gefördert. Selbst bei einer weiten Auslegung erfolgt faktisch keine durchgreifende Veränderung der HwO.

Die Erweiterung der Anlage B vergrößert den Kompetenzbereich der Handwerksorganisation, denn die Berufe verlassen damit den Bereich der IHK. Eine Erweiterung der Anlage B kann als als Einführung des Großen Befähigungsnachweises "durch die Hintertür" interpretiert werden, wenn durch den Gesetzgeber oder die geplante Rechtsverordnung später Tätigkeiten oder Handwerkszweige von Anlage B der Anlage A zugeführt werden.

Mit der vom ZDH geplanten Neuaufnahme von Handwerken aus Anlage B in die Anlage A wird teilweise angestrebt, den regulierten Bereich zu vergrößern. Damit besteht aus Sicht der Handwerksorganisation die Möglichkeit, den Anteil des Wirtschaftsbereichs Handwerk in der Gesamtwirtschaft nach einer rückläufigen Tendenz[35] zu stabilisieren.

Befürchtet wird, daß durch den technischen Fortschritt zukunftsorientierte Betriebe "... bei strikter Anwendung des § 1 Abs. 2 HwO[36] hinfort nicht mehr durch die Handwerkskammern vertreten werden."[37] Dies wird aus standespolitischer Sicht als höchst bedenklich angesehen, denn geht die Zahl der in Handwerkskammern organisierten Betriebe zurück, schrumpfen die finanziellen Mittel der Kammer und der Organisation.[38] Diese Argumente deuten darauf hin,

---

35 Vgl. Kapitel II, Abschnitt 4 und Kapitel III, Abschnitt 2.2.

36 Dies betrifft die Handwerksmäßigkeit.

37 Schwarz, P. (1993), S. 355.

38 Vgl. Schwarz, P. (1993), S. 355.

daß von der Organisation des Handwerks her eine Verringerung der Anzahl der Gewerbe in Anlage A und damit Reduzierung des regulierten Bereichs kaum zu erwarten ist.

Wie bereits geschildert wurde, bestehen Bedenken hinsichtlich der Eignung der Maßnahmen für den angestrebten Zweck. Ferner wird die Novelle dem in dieser Untersuchung ermittelten Deregulierungsbedarf nicht gerecht.[39]

3. Ansätze zur Deregulierung des Handwerks

Deregulierungsansätze bestehen hinsichtlich der rechtlichen Normen der HwO, aber auch bezüglich des Verfahrens und der Handhabung.[40] Aufgrund des weitgehenden Wegfalls der Regulierungsgründe und der im Zeitablauf durch den Marktmechanismus entstandenen Instrumente läßt sich eine rein staatliche Regulierung nicht mehr hinreichend begründen. Vielmehr ist eine "Beweislastumkehr" erforderlich. Wie sich anhand der Analyse des Handwerks zeigt, läßt sich weder mit den in der bisherigen Deregulierungsdiskussion vorgebrachten Argumenten asymmetrische Information, ruinöse Konkurrenz und externe Effekte[41] noch mit dem in dieser Analyse verwendeten breit angelegten Konzept der Branchenbesonderheiten schlüssig eine Regulierung begründen. Im Falle einer Regulierung muß nachgewiesen werden, daß ein Großer Befähigungsnachweis oder andere Formen der Regulierung zwingend notwendig sind.

Es lassen sich aber nicht immer eindeutige und optimale Deregulierungsvorschläge i. S. eines first-best-optimums ableiten.[42] Es besteht vielmehr eine Bandbreite zwischen gemäßigten und strengen Deregulierungsvorhaben, die unterschiedliche Vor- und Nachteile aufweisen. Die Wahl einer Option ist auch davon abhängig, inwieweit politisch noch ein gewisser staatlicher Handlungsbedarf gesehen wird.

Die Wahl einer Deregulierungsform ist ferner davon abhängig, ob die Politiker bereit sind, ökonomischen Notwendigkeiten folgend, im Rahmen der Mittelstandspolitik die HwO zu ändern.[43] Durch verschiedene Optionen der Deregulierung wird aber die Deregulierungsnotwendigkeit nicht abgeschwächt oder gar fraglich.

---

[39] Vgl. Kapitel V, Abschnitt 1.

[40] Eine Überprüfung des Regulierungsverfahrens, insbesondere der Transparenz und des Ermessensspielraums schlägt Bauer vor. Vgl. Bauer, J. M. u. a. (1988), S. 212. Gemeint ist, ob gesetzliche Normen vage formuliert werden und damit die Auslegung sowie die Handhabung der Rechtsprechung oder den Verbänden überlassen bleibt.

[41] Vgl. dazu Deregulierungskommission (1991), S. 173 ff., Habermann, G. (1990), S. 173 ff., Roehl, R. (1902), S. 80 ff.

[42] Bauer weist darauf hin, daß vielfach bei Deregulierungsfragen die Illusion genährt wird, daß eine optimale Gestaltung der Deregulierung und institutionellen Rahmenbedingungen möglich sei. Vgl. Bauer, J. M. (1988), S. 212.

[43] Vgl. Kapitel III, Abschnitt 2.2.

Ebenso wie sich die Wirkungen einer Regulierung nur schwer von anderen Maßnahmen und Faktoren isolieren lassen, können die Wirkungen und Folgen einer Deregulierung nicht exakt berechnet, quantifiziert und vorhergesehen werden. Hinzu kommt, daß Veränderungen der Regulierung auf der Anbieterseite auch Folgewirkungen auf der Nachfrageseite haben.[44]

3.1 Bisherige Deregulierungsvorschläge zur HwO

Keine Einigkeit besteht bezüglich der HwO darüber, in welchem Umfang eine Deregulierung des Handwerks erfolgen soll. Die Spanne der Vorschläge reicht von einer Totalrevision der HwO, die nicht in einem Schritt erfolgen muß,[45] bis zu einem Verzicht auf eine staatlich durchgeführte Deregulierung,[46] weil funktionsfähiger Wettbewerb die Regulierung aushöhlt und damit eine kostengünstigere Deregulierung herbeigeführt wird als über den Staat.

Während sich nach den Vorstellungen von Habermann Gesellen mit einer abgelegten Gesellenprüfung selbständig machen können, schlägt die Deregulierungskommission eine Mischform vor, mit einer Gesellenprüfung und dem Nachweis einer praktischen Tätigkeit im erlernten Beruf von fünf Jahren.[47] Erfahrenen Gesellen soll damit ein Marktzugang möglich sein. In Gefahrenbereichen sind zusätzlich Sachkundenachweise möglich.[48]

Zur Qualitätssicherung ohne Großen Befähigungsnachweis werden flankierende Maßnahmen durch erweiterte Haftungsregeln, insbesondere verlängerte Verjährungsfristen im Baubereich und eine Veränderung der Verschuldenshaftung vorgeschlagen. Die Förderung des Qualitätsbewußtseins allein über die Standesorganisation wird teilweise von den Verbrauchern als nicht ausreichend empfunden. Deshalb hält die Deregulierungskommission flankierende Maßnahmen für erforderlich.[49] Wer Lehrlinge ausbilden möchte, braucht weiterhin die Meisterprüfung (Kleiner Befähigungsnachweis).

Eine andere Möglichkeit wird darin gesehen, Tätigkeiten mit geringer Ausbildungsdauer vom Großen Befähigungsnachweis zu befreien oder den Nachweis auf Gefahrenhandwerke zu beschränken.[50]

---

44   So geht v. d. Schulenburg davon aus, daß Regulierungen das quantitative Nachfragerverhalten, die Nachfragerstruktur und das qualitative Käuferverhalten, insbesondere den Informationsstand, beeinflussen. Vgl. Schulenburg, J.-M. Graf v. d. (1992a), S. 9. Ähnliche Einflüsse sind dann auch im Falle einer Deregulierung zu erwarten.

45   Vgl. Habermann, G. (1990), S. 189.

46   Vgl. Albach, H. u. Mitarbeiter (1990), S. 143 f.

47   Vgl. Habermann, G. (1990), S. 189 und Deregulierungskommission (1991), S. 203.

48   Vgl. Deregulierungskommission (1991), S. 201.

49   Vgl. Deregulierungskommission (1991),S. 201 f.

50   Vgl. Habermann, G. (1990), S. 189.

Weitgehend Einigkeit herrscht darüber, die strenge Abgrenzung der Berufsbilder einzuschränken, um dem Handwerk eine zusammenhängende Auftragsabwicklung und das Angebot von Leistungspaketen zu ermöglichen. Hierfür kann eine Aufhebung der strengen Berufsabgrenzung[51] und eine Erweiterung der Liste der verwandten Handwerke in Betracht kommen.[52] Nach Ansicht der Deregulierungskommission kann ein Handwerker, sofern er Gesellen anderer Handwerkszweige mit fünfjähriger praktischer Erfahrung beschäftigt, Tätigkeiten ebenso in diesen Handwerkszweigen ausführen.[53] Des weiteren wird in Erwägung gezogen, die Meisterprüfung duch einen Sachkundenachweis zu ersetzen. Dies bedeutet, auf die nicht fachbezogenen Teile III und IV der Meisterprüfung zu verzichten und Ausbildungskenntnisse durch fakultative Weiterbildungen zu erwerben.[54]

Erwartet wird von diesen Maßnahmen ein intensiverer Wettbewerb, der dem Verbraucher durch niedrigere Preise und besseren Service zugute kommt. Ein größerer Spielraum bei verwandten Handwerken soll eine größere Flexibilität bei sich wandelnden Kundenbedürfnissen ermöglichen. Eine Einschränkung von Verbraucherschutz und Qualität wird nicht befürchtet. Weiterhin liegen Anreize vor, eine Meisterprüfung abzulegen.

Gemeinsam ist diesen Deregulierungsbestrebungen, eine Veränderung des Handwerksrechts durch eine Reform der HwO über den Gesetzgeber herbeizuführen. Demgegenüber geht Albach in seinem Gutachten davon aus, daß der Markt die HwO von selbst reguliert und eine staatliche Deregulierung nicht notwendig erscheint.[55] Albach geht davon aus, daß Industriebetriebe in den Handwerksbereich vordringen und konkurrenzfähige Leistungen erbringen. Ebenso kann der Befähigungsnachweis durch die Freizügigkeit in Europa ausgehöhlt werden. Er geht davon aus, " ... daß das deutsche Handwerk vernünftig genug ist und die Tore öffnet."[56] Daher bedarf es seiner Ansicht nach keiner staatlichen Deregulierung.

Dem ist entgegen zu halten, daß bei bestehenden rechtlichen Vorschriften jederzeit eine Durchsetzung und Anwendung möglich ist. In der vorangegangenen Analyse zeigte sich, daß vorhandenes Recht auch angewendet wird.[57] Die Eigeninteressen und die Verquickung von verbandspolitischen und politischen Interessen sprechen eher gegen eine Deregulierung über den

---

51   Vgl. Habermann, G. (1990), S. 189.

52   Vgl. Deregulierungskommission (1991), S. 203.

53   Vgl. Deregulierungskommission (1991), S. 203.

54   Vgl. Habermann, G. (1990), S. 189 f.

55   Zu diesem Ergebnis kommt Albach in seinem Gutachten für die Deregulierungskommission. Vgl. Albach, H. u. Mitarbeiter (1990), S. 142.

56   Albach, H. u. Mitarbeiter (1990), S. 144.

57   Beispiele sind die Vorgehensweise der Handwerkskammer bei Umgehungen der HwO, vgl. Kapitel IV, Abschnitt 5. Durch die Novelle wurden die Sanktionsmaßnahmen bei Umgehungsversuchen und dem Verdacht auf Schwarzarbeit verschärft. Vgl. Kapitel V, Abschnitt 2.1.

Markt.[58] Vielmehr entstehen Novellierungen, die, wie gezeigt wurde, ökonomischen Anforderungen nicht gerecht werden. Rechtliche Grundlagen, die umgangen werden, schaffen Rechtsunsicherheit und benachteiligen Existenzgründer sowie kleine Unternehmen, die nicht über ausreichende Finanzmittel verfügen, um einen längeren Rechtsstreit durchzustehen. Außerdem wird die unternehmerische Tätigkeit durch Prozesse behindert und es entstehen volkswirtschaftliche Kosten.[59] Der Vorschlag ist auch deshalb abzulehnen, weil die Beibehaltung einer nicht notwendigen Regulierung dem ordnungspolitischen Postulat widerspricht, den regulierten Bereich so klein wie möglich zu halten und verläßliche Rahmenbedingungen zu setzen.[60]

Die differenzierte Ausgestaltung der Deregulierung hängt davon ab, inwieweit die jetzige HwO und der Umfang der Anlage A beibehalten werden sollen. Habermann schlägt eine drastische Reduzierung der Anlage A vor.[61] Eine umfangreiche Anlage A wäre nicht problematisch, wenn es eindeutige Kriterien zur Abgrenzung des Handwerks vom übrigen Gewerbe gäbe. Je umfangreicher die Anlage A ist, umso eher tangieren Betriebe durch periphere Tätigkeiten die HwO und die Frage tritt auf, ob für diese Tätigkeiten ein Meisterbrief erforderlich ist. Bliebe bei einer Deregulierung, wie sie die Deregulierungskommission vorsieht, die Anlage A unangetastet, verlagern sich die Streitigkeiten unter Umständen vom Meisterbrief auf den Gesellenbrief.

Wenn, wie bei der Novelle zur HwO, der Rechtsprechung letztlich die Frage überlassen bleibt, wann Handwerk vorliegt und wann nicht, bestehen Tendenzen, wie in dieser Analyse immer wieder deutlich wurde, daß das Handwerksrecht immer komplexer wird. Aufgrund der Vielzahl von Urteilen sind wie bisher nur noch Einzelfallentscheidungen möglich, die zudem innerhalb der Bundesrepublik unterschiedlich sein können. Ökonomischen Zielsetzungen der Verläßlichkeit der Rahmenbedingungen, den regulierten Bereich so klein wie möglich zu halten, selbst unter Einbeziehung von Abwägungsproblemen von Industrie- und Wettbewerbspolitik, werden Regulierungen und Deregulierungen der bisherigen Form nicht gerecht, die den Umfang unverändert lassen. Mit dem dynamischen Handwerksbegriff bleibt auch die Tendenz bestehen, den wie auch immer regulierten Bereich dynamisch auszuweiten.

Diese Probleme legen eine grundlegende Veränderung nahe. Das Problem ist dabei, die "... Tyrannei des Status quo ..."[62] zu überwinden. Es gilt daher, einen Mittelweg zu finden. Wie die Untersuchung der Branchenbesonderheiten ergab, sprechen zahlreiche Gründe für eine konsequente Deregulierung und Neudefinition des Handwerks, die enger gefaßt ist. Im weiteren

---

58   Vgl. Kapitel III, Abschnitt 2.2.

59   Donges, J. B, (1992), S. 77.

60   Vgl. Kapitel III, 1.1 und 5.2.2.

61   Vgl. Habermann, G. (1990), S. 189.

62   Donges, J. B. (1992), S. 84.

Verlauf sind dann Überlegungen notwendig, wie Marktzugang, Ausbildung und Meisterprüfung zu handhaben sind.

3.2 Modell einer Deregulierung mit Neudefinition

3.2.1 Definition Handwerk

Die Vielfalt der in der Volkswirtschaft erstellten Güter und Leistungen einerseits sowie die Komplexität und Heterogenität des heutigen Handwerks und der vom Handwerk ausgeführten Funktionen[63] erschweren es, Definitionen und Abgrenzungen aufzustellen. Deshalb ist es kaum möglich, ein einfaches Kriterium zu finden, das allgemein akzeptiert und widerspruchsfrei ist, allen Anforderungen gerecht wird sowie eindeutige Zuordnungen erlaubt. Quantitative Kriterien, wie Betriebsgröße gemessen an der Zahl der Beschäftigten, ermöglichen zwar eine eindeutige Zuordnung, sie würden aber dem Wesen des Handwerks nicht gerecht werden.

Deshalb wird hier vorgeschlagen, Handarbeit oder Handfertigkeit als Ansatzpunkt einer Neudefinition zu wählen. Handarbeit steht in Verbindung mit Individualität, künstlerisch oder kunstgewerblichen Tätigkeiten.

In Anlehnung an die belgische Regelung kann die hauptberufliche Erbringung manueller Arbeitsleistungen eine Zugehörigkeit zum Handwerk auslösen.[64] Zwischen reiner Handarbeit und industrieller Herstellung liegt eine Bandbreite, die zwar zu Abgrenzungsschwierigkeiten führen kann, aber hier ist eine Konzentration auf reine oder überwiegende Handarbeit durch den Produktionsfaktor Arbeit denkbar. Kriterien für eine Zuordnung zum Handwerk können Art der Tätigkeit und Gegenstand des Gewerbes sein. Ähnlich wie in Frankreich[65] beziehen sich handwerkliche Tätigkeiten auf Produktions-, Verarbeitungs-, Reparatur- und Dienstleistungsfunktionen. Handelsfunktionen und sonstige zum Teil berufsständische Funktionen oder die Zugehörigkeit zum Mittelstand begründen keine Zugehörigkeit zum Handwerk.[66]

Welche Betriebe als Handwerk betrieben werden können, kann eine Liste wie Anlage A festlegen. Ziel einer Überarbeitung der Anlage A sollte eine Reduzierung und Zusammenfassung von Gewerben sein. Dies hätte den Vorteil, daß einzelne Handwerker ein größeres Angebot zur Verfügung stellen können und interne Streitpunkte verringert werden.[67]

---

[63] Kapitel IV, Abschnitt 1.

[64] Vgl. Kapitel II, Abschnitt 7.1.

[65] Vgl. Kapitel II, Abschnitt 7.1.

[66] Vgl. Kapitel IV, Abschnitt 2.1.

[67] Die Deregulierungskommission will die Liste der verwandten Handwerke erweitern, um breitere Angebotsmöglichkeiten zu schaffen. Eine Definition von verwandten Handwerken stellt aber eine Regulierung in der Regulierung dar, die durch breit ausgelegte Berufe vermieden werden kann.

Sieht man die Produktion von Gütern, die Übertragung von Kunstfertigkeit und Können, das Vormachen bestimmter eigenwilliger Produktionsverfahren als Aufgaben des Handwerks an,[68] erscheint eine Eingrenzung auf diese Bereiche zweckmäßig und gerechtfertigt. Dies hat zur Folge, daß ein Betrieb sowohl einen Handwerksbetrieb als auch einen allgemeinen Gewerbebetrieb umfassen kann.

Die Bezeichnung Handwerker oder Handwerksmeister wird gesetzlich geschützt. Nur wer individuelle Handarbeit betreibt oder kunstgewerblich tätig ist, darf diese Bezeichnung führen. Die Bezeichnung ist eng verknüpft mit der Weitergabe von Können und dem Vormachen von Handgriffen. Neben dem Handwerk gäbe es handwerksähnliche Gewerbe. Wesentliche Teile des heutigen Handwerks, insbesondere Bereiche mit Informationsproblemen, wie das Bau- und Ausbauhandwerk sowie das Kfz-Gewerbe wären dem Handwerk oder dem handwerksähnlichen Gewerbe zuzuordnen. Bereiche des Produktionsgüterhandwerks und Konsumgüterhandwerks würden bei einer Neudefinition zum Bereich Industrie und Gewerbe zählen. Teilweise werden in diesen Bereichen nur noch peripher handwerkliche Tätigkeiten ausgeführt, aber auch die Informationsstrukturen lassen dies zu.[69] Die Aufteilung verdeutlicht Abbildung 23.

Abbildung 23:   Neue Abgrenzung des Handwerks

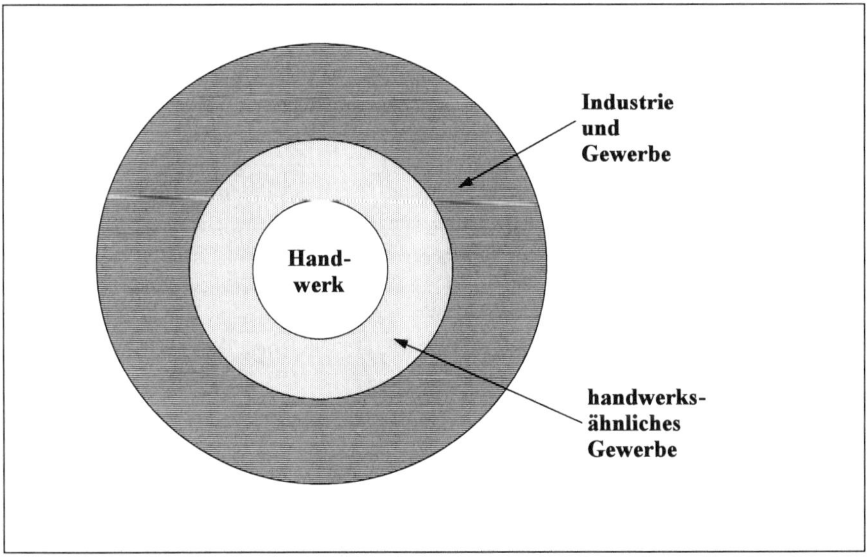

Industrie
und
Gewerbe

Hand-
werk

handwerks-
ähnliches
Gewerbe

---

[68]   Vgl. Roellecke, G. (1992), S. 324.

[69]   Vgl. Kapitel IV, Abschnitt 3.2.4.

Eine Neudefinition des Handwerks kann Handwerksmäßigkeit an der Produktion oder Leistung durch den Einsatz von Handfertigkeiten oder Erstellung von Produkten in Handarbeit festmachen.[70] Einzelfertigung, Individualität und uno-actu-Prinzip gewinnen dann eine andere Bedeutung.[71] Das Handwerk betreibt keine individuelle Produktion, um sich damit vom übrigen Gewerbe abzugrenzen. Individualität ist vielmehr Folge der Handfertigkeit und Handarbeit. Einzelfertigung ergibt sich ebenso aus der Handarbeit. Anbieter und Nachfrager müssen enger zusammenwirken, da der Nachfrager die Entstehung der Leistung beeinflußt.

Zwar lassen sich auch bei einer Beschränkung des Handwerks auf Handfertigkeit Abgrenzungsprobleme nicht ganz vermeiden. Das Ausmaß entstehender Abgrenzungsprobleme ist aber eng verknüpft mit der Intensität der Marktzugangsbedingungen. Darauf wird im folgenden Abschnitt eingegangen.

3.2.2 Marktzugangsbedingungen

Im Handwerk und handwerksähnlichen Gewerbe kann für die Selbständigkeit eine Gesellenprüfung vorgeschrieben werden. Zusätzlich können Gefahrenbereiche definiert werden, in denen zusätzlich Sachkundenachweise erforderlich sind.

Freiwillig kann im Handwerk und handwerksähnlichen Gewerbe eine Meisterprüfung abgelegt werden. Die Gruppe der Gewerbe, in der eine Gesellenprüfung Voraussetzung der Selbständigkeit ist, würde jene Bereiche umfassen, in denen der Verbraucher oder Dritte besonders gefährdet sind und in denen relativ selten Wiederholungskäufe stattfinden. Zur Abgrenzung dieses Bereichs lassen sich Erfahrungen aus anderen europäischen Ländern, die eine ähnliche Abgrenzung praktizieren, heranziehen.[72]

Im heutigen handwerksähnlichen Gewerbe und jenen Teilen des Produktionsgüter - und Konsumgüterhandwerks, die bei einer Neudefinition zum Bereich Industrie und Gewerbe zählen, ist ein Marktzutritt von keinem Nachweis abhängig. Freiwillig möglich ist auch in diesen Bereichen eine Meisterprüfung. Derart weitreichende Deregulierungsmaßnahmen lassen sich durch flankierende Maßnahmen ergänzen. Ansatzpunkte hierfür sind Signaling und Screening.[73] Im Handwerk und handwerksähnlichen Gewerbe ist eine Flexibilisierung der Ausbildung in Erwägung zu ziehen.

---

[70]   Dieser Ansatz ähnelt der Idee von Hamer, der vorschlägt, Handwerksmäßigkeit in der HwO um Handfertigkeit zu ergänzen. Vgl. Kapitel IV, Abschnitt 2.2. Vgl. Hamer, E. (1979), S. 26.

[71]   Hamer zeigt dies am Beispiel der Individualität auf. Vgl. Hamer, E. (1979), S. 24.

[72]   Vgl. Kapitel II, Abschnitt 7.1.

[73]   Vgl. Kapitel III, Abschnitt 6.4.

3.2.3 Ausbildung

Eine Ausbildung von Lehrlingen im Handwerk und handwerksähnlichen Gewerbe ist durch Meister und durch jene qualifizierten Gesellen möglich, die praktisch und fachtheoretisch nachwiesen, daß sie bestimmte Produktionsverfahren beherrschen und "vormachen" können. Eine Ausbildungseignerprüfung kann vorgeschrieben werden. Wie bereits erläutert wurde, geht eine Trennung der Voraussetzung von Ausbildung und Marktzugang nicht zwangsläufig mit einer drastischen Verringerung der Lehrlingsausbildung einher, wie derzeit von Seiten des Handwerks befürchtet wird, weil aufgrund der Nutzen-Kosten-Situation Anreize für eine Ausbildung vorliegen.

Da die bisherige Analyse Hinweise darauf lieferte, daß die Bedeutung von "Zwischenqualifikationen" zunimmt, könnte die Meisterprüfung in verschiedene Elemente aufgeteilt werden.[74]

Entsprechend dem jetzigen Inhalt der Meisterprüfung bietet sich eine Aufteilung in fachtheoretische Elemente, praktische Elemente, betriebswirtschaftliche und rechtliche Elemente und die Ausbildungseignungsprüfung an, für die auch jeweils Einzelzeugnisse erstellt werden.

So läßt sich an die Lehrzeit eine fachtheoretische Ausbildung[75] von drei bis sechs Monaten anschließen, die einen qualifizierten Gesellenabschluß bietet. Von Vorteil ist, daß die Personen sich noch im Lernprozeß befinden und die Aufnahme fachtheoretischen Wissens einfacher ist.

Gesellen kann die Möglichkeit eingeräumt werden, die Ausbildereignungsprüfung zu machen, denn in der Regel erfolgt die Ausbildung der Lehrlinge vor Ort durch die Gesellen. Wer eine bestimmte Anzahl von Elementen erfolgreich bestanden hat, darf sich Meister nennen. Der Vorteil der Aufteilung in Elemente liegt darin, daß dies den Anforderungen des Marktes eher gerecht wird. Für bestimmte Tätigkeiten gelten teilweise Meister als über- und Gesellen als unterqualifiziert.

Eine Flexibilisierung der Ausbildung wird zum einen der schulischen Vorbildung der Lehrlinge besser gerecht, die relativ heterogen ist und auf differenzierten Schulabschlüssen basiert.[76] Zum anderen kann durch ein breit gefächertes Angebot von Ausbildungsmöglichkeiten die Ausbildung im handwerksähnlichen Gewerbe und Handwerk an Attraktivität gewinnen und einen Beitrag zur Reduzierung der Nachwuchsprobleme leisten.

---

[74] Durch die Novelle trat eine Flexibilisierung dahingehend ein, daß die Teile der Meisterprüfung vor unterschiedlichen Prüfungsausschüssen abgelegt werden können und auf einen längeren Zeitraum (bis zu fünf Jahre) verteilt werden können. Vgl. Deutscher Bundestag (1993), Drucksache 12/5918, S. 21.

[75] Eine fachtheoretische Ausbildung kann Inhalte vermitteln, die jetzt Gegenstand des fachtheoretischen Teils der Meisterprüfung sind.

[76] Vgl. Zentralverband des Deutschen Handwerks (1993), S. 317. Zu nennen sind Hauptschulabschluß, Realschulabschluß, Abitur, Fachhochschulreife, schulisches Berufsgrundbildungsjahr, Berufsfachschule und Berufsvorbereitungsjahr.

Außerdem könnten Möglichkeiten geschaffen werden, die Effizienz der Ausbildung für die ausbildenden Betriebe zu erhöhen.[77] Insgesamt dürfte das Qualifikationsniveau durch die Flexibilisierung eher steigen. Dies zieht Veränderungen des Tarifrechts nach sich, die unterschiedlichen Qualifikationen gerecht werden muß.

4. Wirkungserwartungen, Folgeprobleme und Hindernisse

Der Vorteil dieser Maßnahmen ist darin zu sehen, daß eine Eingrenzung des regulierten Bereichs erfolgt. Diese Eingrenzung in Verbindung mit weit gefaßten Handwerkszweigen kann die Abgrenzungsproblematik entschärfen. Mit der Einschränkung auf Handfertigkeit wird der dynamische Handwerksbegriff eingegrenzt und permanente Ausweitungen verhindert. Gleichzeitig bietet sie dem Handwerker die Möglichkeit einer größeren Vielfalt und Flexibilität. Im Produktionsgüterbereich entfallen wesentliche Behinderungen. Die Marktstruktur kann sich flexibel dem technischen Fortschritt anpassen und wird nicht durch die HwO behindert.[78]

Eine Überschneidung von Tätigkeitsbereichen zwischen verschiedenen Handwerkszweigen kann den Wettbewerb in jenen Bereichen fördern, in denen keine Substitutionsmöglichkeiten bestehen. Ein weiterer Vorteil umfangreich gefaßter Tätigkeitsbereiche ist darin zu sehen, daß damit einseitige körperliche Belastungen verhindert werden können und mit einer Reduzierung typischer Berufskrankheiten zu rechnen ist, was sich ferner volkswirtschaftlich positiv auf die Gesundheitskosten auswirkt. Außerdem kann damit den Nachwuchsproblemen begegnet werden, weil Berufe attraktiver werden.

Auch bei einer Einschränkung auf reine Handarbeit können Betriebe infolge der breiter definierten Handwerkszweige überlebensfähig sein. Ein Gewerbebetrieb kann Handwerksleistungen anbieten, wenn er entsprechend im Handwerk ausgebildete Gesellen einstellt. Damit wird nicht nur ein Qualitätswettbewerb sondern auch ein Preiswettbewerb gefördert. Es kann verhindert werden, daß Handwerksleistungen, also "handgefertigte" Produkte, zu übermäßigen Preisen angeboten werden.

Handwerker oder Inhaber handwerksähnlicher Gewerbe, die eine Meisterprüfung ablegten, können mit dem Signal "Meister" werben. Ferner besteht die Möglichkeit, daß Handwerker, die ausschließlich oder überwiegend handwerklich, also über Handfertigkeiten oder in Form von Handarbeit tätig sind, ein Zertifikat oder Gütesiegel "Handwerksbetrieb" erhalten. Dieses Gütesiegel kann für eine begrenzte Zeit, z. B. maximal zwei Jahre gelten und muß dann erneuert werden. Ähnlich wie bei Qualitätssicherungssystemen kann es Zertifizierungsstellen geben, die solche Gütesiegel vergeben. Ein solches Gütesiegel können Gewerbebetriebe, die peripher Handwerksarbeit ausführen, nicht erhalten. Dem Nachfrager kann ein solches Gütesiegel prak-

---

[77] Vgl. Kapitel IV, Abschnitt 2.8.

[78] Vgl. zu den Wirkungserwartungen insbesondere Kapitel IV, Abschnitt 3.2.7.

tische Erfahrung bei Ausführungen von Handarbeit signalisieren. Bislang werden solche markt-ergänzenden Instrumente und ein Reputationswettbewerb durch den Großen Befähigungs-nachweis verhindert. Gerade der Reputationswettbewerb liefert Anreize hohe Qualität zu lie-fern.

Das Gütesiegel Handwerksbetrieb oder eine freiwillig abgelegte Meisterprüfung können mit ei-nem Ehrenkodex verbunden werden. Der Ehrenkodex kann staatlich geschützt werden. Als Sanktionsmaßnahme ist ein Entzug der Gewerbeberechtigung oder die öffentliche Aberken-nung des Meistertitels möglich. Sanktionsmaßnahmen sind möglich, bei einem Verstoß gegen bestimmte Schutzinteressen, wie der Schutz vor einer Gefährdung der Gesundheit und kör-perlichen Sicherheit, Schutz vor sittlicher Gefährdung, Interessen des Umweltschutzes sowie ökologische Anforderungen.[79] Sanktionsmaßnahmen sind auch möglich bei Mißachtung ar-beitsrechtlicher Bestimmungen, z. B. der illegalen Beschäftigung von Arbeitnehmern.[80]

Für eine solche Abgrenzung des Handwerks spricht ferner der auf Seiten der Verbraucher ein-getretene Wertewandel. Infolge dieses Wertewandels nahm die Präferenz für handgefertigte Produkte zu. Hinter der derzeitigen Handwerksdefinition verbergen sich sowohl Betriebe die fast industriell als auch solche die tatsächlich handwerklich produzieren.

Ein Bäcker bspw. der nur Backmischungen verwendet, würde nicht mehr zum Handwerk ge-hören. Die Markttransparenz für handwerklich erstellt Güter kann damit steigen. Bei einem Reputationswettbewerb auf der Anbieterseite bieten gute Anbieter Zusatzinformationen über die Herkunft von Rohstoffen und verschiedene Produktionsmethoden oder über die Haltbarkeit an, sie geben Hinweise zum Umgang mit Produkten.[81] Vergleichende Qualitätswerbung kann hier dem Konsumenten Qualitätsinformationen liefern.

Auf der Anbieterseite ist ferner eine Verlängerung von Verjährungsfristen, Erweiterung von Haftungsbestimmungen bis hin zur verschuldensunabhängigen Haftung möglich.[82] Weitere flankierende Maßnahmen sind auf der Nachfragerseite eine Verbraucheraufklärung, eine Beur-teilung von Handwerksleistungen durch die Stiftung Warentest[83] und eine stärkere Einbindung von Beratern und Sachverständigen. Eine gezielte Verbraucheraufklärung kann zudem den durch Regulierung geschwächten Informationsstand der Nachfrager verbessern und die Sensi-

---

[79] Hinweise hierfür liefert die Gewerbeordnungsnovelle in Österreich von 1992. Vgl. hierzu und zum fol-genden Novacek, E. (1993), S. 233.

[80] Als Ursache für Qualitätsmängel und Pfusch am Bau wird u. a. auf mangelnden Nachwuchs verwiesen, der zur Folge hat, daß ausländische Arbeitskräfte teilweise über Werkverträge beschäftigt werden, die fast überhaupt nicht der deutschen Sprache mächtig sind. Die Gefahren illegaler Beschäftigung sind dann besonders groß, wenn konkurrierende Baugesellschaften die Preise drücken. Vgl. Garbe, R. (1994), S. 39. Durch Deregulierung könnten Handwerker verstärkt in eigener Regie tätig werden.

[81] Vgl. Kapitel IV, Abschnitt 3.2.7.2.

[82] Vgl. Kapitel IV, Abschnitt 3.2.7.2.

[83] Anfänge wurden hier im Bereich der Kfz-Werkstätten gemacht.

bilität für Schwachstellen erhöhen.[84] Möglich ist ferner die verstärkte Einbeziehung des Verbrauchers in den Entstehungsprozeß.

Hindernisse und Hemmnisse können sich bei der praktischen Umsetzung ergeben. Probleme können in der Übergangsphase bestehen, wenn bestehende Betriebe Handwerk oder Gewerbe zugeordnet werden müssen. Obwohl Handfertigkeit und manuelle Arbeit ein ökonomisches Kriterium liefern, besteht die Gefahr, daß es bei der Umsetzung zur Verwässerung kommt. Die Umsetzung sollte nicht einer Koalition von Interessenverbänden des Handwerks und den an einer Wiederwahl interessierten Politikern überlassen werden.[85]

Um derartigen Widerständen zu begegnen, bieten sich Modellversuche mit wissenschaftlicher Begleitung an. So besteht die Möglichkeit zunächst die Produktionsgüterhandwerke einem "freien Markt " zu überlassen oder in einem Modellversuch in bestimmten Bau- oder Ausbauhandwerken Gesellen eine Selbständigkeit zu ermöglichen.

Die Eingrenzung des Handwerks auf "Handfertigkeit" hat einschneidende Folgen für die Organisation des Handwerks. Die Handwerkskammer kann sich bei einem Wegfall von Handwerksbetrieben öffnen und andere Gruppen inkorperieren, die bislang der Industrie- und Handelskammer angehörten.[86] Die Handwerkskammer könnte sich zu einer Handwerks- und Gewerbekammer verändern. Einer grundlegenden Reform des Handwerksrechts müßten sich Reformen der Handwerksorganisation anschließen.

Nur angedeutet werden können hier die Auswirkungen auf die Organisation. Zu erwarten sind Veränderungen der Innungsstruktur, infolge eines engeren finanziellen Handlungsspielraumes sind effizientere Organisationsstrukturen erforderlich. Heute schon werden Überschneidungen in der Aufgabenkompetenz zwischen Innungen und Kammern beklagt. Bei einer Erweiterung zur Handwerks- und Gewerbekammer entsteht eventuell in bestimmten Bereichen ein Wettbewerb mit der Industrie- und Handelskammer.[87] Hemmnisse auf Seiten der Politiker können entstehen, weil die Notwendigkeit grundlegender Reformierungen unterschätzt und das Ausmaß zukünftiger Probleme im Vergleich zu Gegenwartsproblemen übersehen wird.

Mit den Deregulierungsmaßnahmen wird sowohl dem Handwerk und handwerksähnlichen Betrieben als auch dem dann nicht mehr zum Handwerk gehörenden Bereich ein größerer unternehmerischer Handlungsspielraum eingeräumt. Damit werden die Voraussetzungen für marktorientiertes Verhalten verbessert.

---

[84]   Vgl. Schulenburg, J.-M. Graf v. d. (1992a), S. 12.

[85]   Grundlegende Veränderungen erfordern eine Beteiligung von Ökonomen oder Mitgliedern der Deregulierungskommission sowie des Sachverständigenrates.

[86]   Ähnliche Vorschläge unterbreitet Schwarz, P. (1993). S. 356.

[87]   Der Wettbewerb zwischen Kammern stößt an Grenzen, wenn die IHK finanzstarke große Unternehmen als Mitglieder hat und dem Handwerks- und Gewerbebereich solche beitragsstarken Unternehmen nicht angehören.

Wettbewerb auf Qualitäts- und Preisebene führen eher zu Qualitätsverbesserungen, denn informierende Werbung spricht dafür, daß der Informationsstand der Nachfrager steigt. Ein freier Marktzutritt kann mit steigender Preis -und Produktdifferenzierung verbunden sein. Eine sinkende Markttransparenz ist dadurch nicht zu erwarten, infolge der Begrenzung des Handwerks auf handgefertigte Produkte kann die Markttransparenz in diesen Bereichen steigen. Das Angebotsspektrum der Nachfrager zwischen verschiedenen Preis- und Qualitätsvarianten wird größer.

KAPITEL VI:
RESÜMEE UND AUSBLICK

Sinn und Zweck der vorliegenden Untersuchung war eine ökonomisch-institutionelle Analyse des Handwerks aus dem Blickwinkel der Regulierungs- und Deregulierungsdiskussion. Über die allgemein im Handwerk diskutierten Regulierungsgründe asymmetrische Information, ruinöse Konkurrenz und externe Effekte hinaus, wurde hier der Frage nachgegangen, welche Branchenbesonderheiten im Handwerk vorliegen, die eine Regulierung begründen könnten.

Im einzelnen stellte sich die Frage, welche Branchenbesonderheiten im Handwerk vorliegen, ob sie das Handwerk als ganzes betreffen, inwieweit aufgrund der Besonderheiten eine Marktzugangsregulierung aus ökonomischer Sicht grundsätzlich notwendig, erforderlich und gerechtfertigt ist und welche Konsequenzen sich daraus für eine Regulierung oder Deregulierung des Handwerks ergeben.

Zunächst wurde das Handwerk aus unterschiedlichen Perspektiven betrachtet. Es zeigte sich, daß Handwerk und HwO für verschiedene Phänomene und Sichtweisen in Anspruch genommen werden und die Dimensionen sich gegenseitig stark beeinflussen und in einer engen Beziehung zur Regulierung stehen. Die Betrachtungsweisen lieferten hinsichtlich der Branchenbesonderheiten erste Anhaltspunkte dafür, daß Vielseitigkeit und Heterogenität wesentliche Merkmale des Handwerks sind.

Anschließend wurden die Motive der Regulierung und Deregulierung herausgearbeitet und Effekte und Konsequenzen des Regulierungsprozesses dargestellt. Regulierungen werden mit einer Vielzahl ökonomischer, rechtlicher und politischer Argumente begründet. Deutlich wurde, daß Regulierungen Kosten verursachen, Beharrungstendenzen aufweisen und eine Eigendynamik entfalten können. Bei lange bestehenden Regulierungen sind teilweise rigide Deregulierungen erforderlich, die zu Anpassungsschocks führen können. Ein Übermaß an Regulierung und insbesondere das Geflecht entstandener Regulierungen, die untereinander Interdependenzen haben, beeinflussen gesamtwirtschaftliche Faktoren und haben negative Auswirkungen auf die Zielgrößen. Aufgrund dieser Ergebnisse ist nicht nur die Überprüfung bestehender Regulierungen berechtigt, sondern Deregulierung eine permanente Aufgabe. Auch wenn Spannungsverhältnisse zwischen Regulierung und Wettbewerb bestehen, weisen ökonomische Folgen und Dergulierungsgründe darauf hin, und dies ist zentrales Ergebnis, den regulierten Bereich so klein wie möglich zu halten.

Im Verlauf der Untersuchung wurden die eingangs gestellten Fragen präzisiert und Voraussetzungen einer Deregulierung abgeleitet. Im Handwerk ist eine pragmatische Vorgehensweise erforderlich, Anhaltspunkte und Kriterien der Untersuchung sind aus verschiedenen Ansätzen herzuleiten. Deregulierung ist dann angezeigt, wenn die Branchenbesonderheiten nicht mehr oder nicht im ganzen Handwerk vorliegen. Deregulierungspotentiale entstehen, wenn ein Regulierungssystem Inkonsi-stenzen und Widersprüche aufweist, und verstärkt Umgehungen zu beobachten sind. Damit stellt sich auch die Frage, ob mit den Branchenbesonderheiten eine

Marktzugangsregulierung als einheitliches Instrument für das gesamte Handwerk vereinbar ist. Eine Veränderung der Regulierung ist möglich, wenn zwar Branchenbesonderheiten vorliegen, aber mit marktergänzenden Instrumenten zu beheben sind.

Branchenbesonderheiten des Handwerks wurden anhand der vorliegenden Rechtsprechung und der in der Literatur vorhandenen diversen Umschreibungen und Begriffserklärungen ermittelt. Hinweise liefern ferner die Kriterien der Handwerksmäßigkeit. Sie stellen im regulierungstheoretischen Sinn rechtlich vorgegebene Branchenbesonderheiten dar. Festzustellen war eine besondere Häufung angebotsseitiger, nachfrageseitiger und marktlicher Besonderheiten. Das entstandene Instrumentarium zur Regulierung ist äußerst komplex.

Die Analyse der Besonderheiten führte zu dem Ergebnis, daß weitreichende Deregulierungspotentiale vorliegen. Die angebotsseitigen Besonderheiten liegen nur noch teilweise im Handwerk vor, die betreffenden Merkmale unterliegen im Handwerk erheblichen Veränderungen und sind in der Regel keine typischen Besonderheiten mehr, weil sie teilweise ebenso kennzeichnend sind für Betriebe außerhalb des Handwerks. Gleichwohl weisen einzelne Kriterien wie Handfertigkeit, Flexibilität, Individualität und Einzelfertigung auf gewisse Besonderheiten des Handwerks hin.

Aber selbst bei diesen Besonderheiten läßt sich nicht schlüssig die Notwendigkeit einer Marktzugangsregulierung ableiten. Ebenso ist anhand der Merkmale eine ökonomisch zweckmäßige Abgrenzung des Handwerks kaum möglich. Vielmehr deuten die Folgen der Regulierung auf die Notwendigkeit einer Deregulierung hin. Aufgrund des dynamischen Handwerksbegriffs besteht die Möglichkeit einer permanenten Ausweitung des regulierten Bereichs, dieses widerspricht der wirtschaftspolitischen Intention, den regulierten Bereich so klein wie möglich zu halten.

Im Rahmen der nachfrageseitigen Besonderheiten konnte die Kernthese der Befürworter der Handwerksregulierung, daß alle Handwerksgüter und -leistungen den Charakter von Erfahrungsgütern aufweisen, nicht bestätigt werden. Wie sich anhand verschiedener Aspekte zeigen ließ, kann der Befähigungsnachweis ökonomisch gesehen, keine eindeutigen und verläßlichen Informationen über die nicht zu beobachtenden Verhaltensmerkmale zur Verfügung stellen. Da schlechte Anbieter das Signal Befähigungsnachweis kopieren können, gelingt es seriösen Handwerkern nicht, sich von unseriösen Anbietern abzugrenzen. Wenn die Ursachen der asymmetrischen Information sich kaum mit dem Befähigungsnachweis beheben lassen, erscheint eine Regulierung nicht notwendig und nicht gerechtfertigt.

Die Bedeutung marktergänzender Institutionen ist nicht zu unterschätzen, sie werden aber teilweise durch den Befähigungsnachweis verdrängt und ihre Entstehung behindert. Erforderlich sind qualitätssichernde ergänzende Maßnahmen in Gefahrenbereichen und teilweise im Bau- und Ausbaubereich. Dies kann über marktergänzende Instrumente erfolgen. Selbst in diesen Bereichen und bei Handarbeit kann der Reputationswettbewerb qualitätssichernde Funktion haben. Die Aufrechterhaltung der Regulierung im bisherigen Umfang erscheint nicht gerechtfertigt und die Voraussetzungen für eine Deregulierung sind erfüllt. Auch die marktlichen Besonderheiten lieferten weitere Hinweise auf vorhandene Deregulierungspotentiale. Überkapazitäten und Marktaustrittsschranken infolge der HwO können im Handwerk sogar die Entstehung ruinöser Konkurrenz begünstigen.

Im Ergebnis läßt sich festhalten, daß die Besonderheit des Handwerks schlechthin die Heterogenität ist. Ansatzpunkt der Kritik ist einerseits der dynamische Handwerksbegriff, andererseits die informelle Handhabung. Der Befähigungsnachweis bezweckt faktisch aus der Heterogenität eine homogene Einheit zu bilden. Die Heterogenität ist deshalb auch Ansatzpunkt der Deregulierung.

Die Untersuchung führte zu dem Ergebnis, daß im Rahmen einer Deregulierung eine Neudefinition des Handwerks und eine Liberalisierung des Marktzugangs, verbunden mit einer Flexibilisierung der Ausbildung, erforderlich ist.

Die Analyse des Handwerks ergab eine Vielzahl von Anknüpfungspunkten für weitere wissenschaftliche Untersuchungen. Zu nennen sind weitere Überlegungen zur Neudefinition und die im Zuge einer Neudefinition entstehenden Veränderungen der Berufsbildung. Ansatzpunkt für weitere Regulierungsanalysen liefert das Schornsteinfegerwesen, in dem der Marktzugang zusätzlich von einer Bedürfnisprüfung abhängig ist und Preisregulierungen vorliegen.

Andere Fragen mußten in dieser Arbeit ausgeklammert werden. Dies gilt zum einen für regulierungstheoretische Untersuchungen der Handwerksorganisation. Zum anderen stellen sich weitere Fragen zum Spannungsverhältnis zwischen staatlicher Regulierung und einer Selbstregulierung im Handwerk, da zumindest die politische Diskussion um den Großen Befähigungsnachweis noch nicht abgeschlossen ist, und sich aufgrund einer weitergehenden Deregulierung organisatorische Veränderungen ergeben müßten. Das in dieser Analyse verwendete Konzept einer auf Branchenbesonderheiten angelegten Untersuchung kann Anregung zu einer mehr praxisnäheren Regulierungs- und Deregulierungsdiskussion geben, die nicht nur vorgegebene Markt- und Wettbewerbsversagenstatbestände überprüft.

LITERATURVERZEICHNIS

Abbott, L. (1955):
Quality und Competition, an essay in economic theory, New York 1955

Abel, W., Schlotter, H.-G. (1961):
Mittelstandspolitik, in: Beckerath, E: v. u. a. (Hrsg.): Handwörterbuch der Sozialwissenschaften, 7. Bd., Göttingen 1961

Acs, Z. J., Audretsch, D. B. (1992):
Innovation durch kleine Unternehmen, Berlin 1992

Akerlof, G. A. (1970):
The Market for Lemons: Qualitiy Uncertainty and the Market Mechanism, in: Quarterly Journal of Economics, Vol. 84, S. 488 - 500

Albach, H. u. Mitarbeiter (1990):
Deregulierung des Handwerks, Manuskript des Gutachtens im Auftrag des Bundesministers für Wirtschaft, Bonn 1990

Albers, W. u. a. (Hrsg.) (1988):
Handwörterbuch der Wirtschaftswissenschaften, ungekürzte Sudienausgabe, Stuttgart u. a. 1988

Alemann, U. v., Heinze, R. G. (1981):
Kooperativer Staat und Korporatismus, Dimensionen der Neo-Korporatismusdiskusion in: Alemann, U. v. (Hrsg): Neokorporatismus, Frankfurt am Main u.a. 1981, S. 43-61

Alemann, U. v. (Hrsg) (1981):
Neokorporatismus, Frankfurt am Main u.a. 1981

Andersen, H. H., Henke, K.-D., Schulenburg, J.-M. Graf v. d. (Hrsg) (1992):
Basiswissen Gesundheitsökonomie, Bd. 1: Einführende Texte, Berlin 1992

Arbeitsgemeinschaft Deutscher Wirtschaftswissenschaftlicher Forschungsinstitute (1986):
Deregulierung als ordnungs- und prozeßpolitische Aufgabe, Beihefte der Konjunkturpolitik, Heft 32, Berlin 1986,

Arbeitsgemeinschaft Niedersächsischer Kreishandwerkerschaften (o. J.):
Handwerk 2000, Die Bedeutung der Personalzusatzkosten innerhalb der Kostenstruktur des Handwerks, Rotenburg (Wümme), o. J.

Audretsch, D. B. (1992):
Größe von Unternehmen, in: WZB-Mitteilungen, 58, Heft 12, 1992, S. 12 - 15

Audretsch, D. B., Schulenburg, J.-M. Graf v. d. (1990):
Union Participation, Innovation and Concentration: Results from a Simutaneous Model, Journal of Institutional and Theoretical Economics, Zeitschrift für die gesamte Staatswissenschaft, 146. Bd., S. 298 - 313

Bacmeister, G. (1990):
Demokratische Selbstverwaltung, Aufbau und Arbeit der Handwerksorganisation in einer Marktwirtschaft, Alfeld 1990

Bain, J. S. (1956):
Barriers to New Competition, Cambridge 1956

Bardeleben, R. v. u. a. (1994):
Kosten und Nutzen der betrieblichen Berufsausbildung, in: BWP, Berufsbildung in Wissenschaft und Praxis, 23, Heft 3, 1994, S. 3 - 11

Bartling, H. (1983):
Wettbewerbliche Ausnahmebereiche - Rechtfertigungen und Identifizierung, in: Feldsieper, M., Gross, R. (Hrsg): Wirtschaftspolitik in weltoffener Volkswirtschaft, Berlin 1983, S. 325 - 346

Bartling, H. (1988):
National unterschiedliche Produktstandards und Produkthaftungen unter außenwirtschaftlichem Aspekt, in: Jürgensen, H. u. a. (Hrsg.): Jahrbuch für Sozialwissenschaft, Bd. 39, Göttingen 1988, S. 145 - 157

Bauer, J. M. (1989):
Regulierung, Deregulierung und Unternehmensverhalten in Infrastruktursektoren, Wien 1989

Bauer, J. M. u. a. (1988):
Möglichkeiten des Einsatzes von Deregulierungsmaßnahmen als wirschaftspolitisches Instrument im Bereich des Gewerbes und der freien Berufe in Österreich, Studie im Auftrag des Bundesministeriums für Finanzen, Wien 1988

Baumol, W. J. (1982):
Contestable Markets: An Uprising in the Theory of Industry Structure, American Economic Review, Bd. 72, 1982, S. 1 - 15

Beckerath, E. v. u. a. (Hrsg.) (1956):
Handwörterbuch der Sozialwissenschaften, Bd. 5, Göttingen 1956

Beckermann, T. (1965):
Die Handwerkswirtschaft, Eine volkswirtschaftliche Analyse, Essen 1965

Beckermann, T. (1974):
Das Handwerk im Wachstum der Wirtschaft, Berlin 1974

Beckermann, T. (1980):
Das Handwerk in der Bundesrepublik Deutschland, Berlin 1980

Beckmann, L. nach Grundgedanken von Rössle, K. F. (1964):
Wirtschaftslehre des Handwerks, München 1964

Below, G. v. (1926):
Probleme der Wirtschaftsgeschichte, Tübingen 1926

Bender, D. (Hrsg.) (1988):
Vahlens Kompendium der Wirtschaftstheorie und Wirtschaftspolitik, Bd. 2, München 1988

Benkenstein, M. (1993):
Dienstleistungsqualität, in: ZfB, Zeitschrift für Betriebswirtschaft, 63. Jg., 1993, Heft 11, 1095 - 1116

Berg, H. (1988):
Wettbewerbspolitik, in: Bender, D. (Hrsg.): Vahlens Kompendium der Wirtschaftstheorie und Wirtschaftspolitik, Bd. 2, München 1988, S. 231 - 291

Bergmann, J. (1973):
Das Berliner Handwerk in den Frühphasen der Industrialisierung, Berlin 1973

Beyenburg-Weidenfeld, U. (1992):
Wettbewerbstheorie, Wirtschaftspolitik und Mittelstandsförderung 1948 - 1963, Stuttgart 1992

Blankart, C. B., Pommerehne, W. W. (1985):
Zwei Wege zur Privatisierung öffentlicher Leistungen: Wettbewerb auf einem Markt und Wettbewerb um einen Markt - eine kritische Beurteilung, in: Milde, H., Monissen, H. G., (Hrsg.): Rationale Wirtschaftspolitik in komplexen Gesellschaften, Stuttgart 1985, S. 431 - 442

Böbel, I. (1988):
Eigentum, Eigentumsrechte und institutioneller Wandel, Berlin u. a. 1988

Bögelein, M. (1990):
Ordnungspolitische Ausnahmebereiche, Wiesbaden 1990

Bössmann, E. (1988a):
Information, in: Albers, W. u. a. (Hrsg.) (1988):
Handwörterbuch der Wirtschaftswissenschaften, ungekürzte Sudienausgabe, Stuttgart u. a. 1988, S. 184 - 201

Bössmann, E. (1988b):
Unternehmungen, Märkte, Transaktionskosten: Die Koordination ökonomischer Aktivitäten, in: WiSt, Wirtschaftswissenschaftliches Studium, 12. Jg., Heft 3, 1983, S. 105 - 111

Bombach G. u. a. (Hrsg.) (1985):
Industrieökonomik: Theorie und Empirie, Tübingen 1985,

310

Bouveret, E. (1925):
Das deutsche Großhandwerk und seine Beitragspflicht zur Industrie- und Handelskammer, Hannover 1925

Braubach, U. (1992):
Deregulierung der Postdienste, Köln 1992

Britze, H.-H. (1962):
Die Rechtskriterien des Handwerksbetriebes nach neuerer Lehre und Rechtsprechung in gewerberechtlicher Hinsicht, Münster 1962

Brockhaus, F. A. (1987):
Brockhaus-Enzyklopädie, 19., völlig neubearbeitete Aufl., Mannheim 1987

Brockhaus, F. A. (1988):
Brockhaus-Enzyklopädie, 19., völlig neubearbeitete Aufl., Mannheim 1988

Brockhaus, F.A. (1989):
Brockhaus-Enzyklopädie, 19., völlig neubearbeitete Aufl., Mannheim 1989

Brockhaus, F. A. (1993):
Brockhaus-Enzyklopädie, 19., völlig neubearbeitete Aufl., Mannheim 1993

Bücher, K. (1898):
Handwerk, in: Elster, L. (Hrsg.): Wörterbuch der Volkswirtschaft, 1. Bd. Jena 1898, S. 1042 - 1044

Bücher, K. (1910):
Entstehung der Volkswirtschaft, Tübingen 1910

Bullinger, M. (1962):
Zur Handwerksentscheidung des Bundesverfassungsgerichts, in: Der Betriebsberater, 18. Jg., Heft 10, 1962, S. 381 - 383

Bundesgesetzblatt (1896):
Bürgerliches Gesetzbuch vom 18.8.1896, RGBl. vom 24.8.1896, S. 195 ff., zuletzt geändert durch das Gesetz zur Änderung des Bürgerlichen Gesetzbuchs vom 29.10.1993, BGBl Teil I, vom 10.11.1993, Nr. 59, S. 1838

Bundesgesetzblatt I (1953):
Gesetz zur Ordnung des Handwerks, Teil I, S. 1411 ff.

Bundesgesetzblatt (1966):
EWG-Handwerk-Verordnung, Bundesgesetzblatt I, S. 469 vom 4. August 1966 zuletzt geändert durch Art. 58, Bundesgesetzblatt Teil I, vom 27.4.1993, S. 539

Bundesgesetzblatt (1968):
Verordnung über Verwandte Handwerke, vom 18.12.1968, (BGBl I, S. 851)

311

Bundesgesetzblatt Teil I (1982):
Verordnung über die Anerkennung von Prüfungen bei der Eintragung in die Handwerksrolle und bei Ablegung der Meisterprüfung im Handwerk, vom 2. November 1982, S. 1475

Bundesgesetzblatt (1993):
Gesetz zur Ordnung des Handwerks (Handwerksordnung) in der Fassung der Bekanntmachung vom 28. Dezember 1965 (BGBl. 1966, Teil I, S. 1), zuletzt geändert durch Art. 43 des Gesetzes vom 28. Juni 1990 (BGBl. Teil I, S. 1245), und durch die sechste Verordnung zur Änderung der Anlage A zur Handwerksordnung vom 9. Dezember 1991 (BGBl. Teil I, S. 2169), novelliert durch das Gesetz zur Änderung der Handwerksordnung vom 28. Dezember 1993 (BGBl. Teil I, S. 2256).

Bundesministerium für Wirtschaft (1992):
Wirtschaft in Zahlen, Bonn 1992

Bundesministerium für Wirtschaft (1993):
Wirtschaftliche Förderung in den alten Bundesländern, Bonn 1993

Bundesministerium für Wirtschaft (1994):
Manuskript der Bekanntmachung über Beschlüsse des Bund-Länder-Ausschusses "Handwerksrecht" zur Anwendung der Handwerksordnung vom 30.6.1994, S. 1 - 14

Bundesverfassungsgericht (1958) (BVerfG 7, 377):
Entscheidungen des Bundesverfassungsgerichtes, 7. Bd., 1958, S. 377 - 444

Bundesverfassungsgericht (1961) (BVerfG 13, 97):
Entscheidungen des Bundesverfassungsgerichtes, 13. Bd., 1961, S. 97 - 123

Bundesverfassungsgericht (1965) (BVerfG 19, 330):
Entscheidungen des Bundesverfassungsgerichts, 19. Bd., 1965, S. 330 - 342

Cassel, D. (1989):
Schattenwirtschaft und Deregulierung, in: Seidenfus, H.: S. (Hrsg.): Deregulierung - eine Herausforderung an die Wirtschafts- und Sozialpolitik in der Marktwirtschaft, Schriften den Vereins für Sozialpolitik, Neue Folge, Band 184, Berlin 1989, S. 37 - 90

Chesi, V. (1966):
Struktur und Funktionen der Handwerksorganisation in Deutschland seit 1933, Berlin 1966

Czybulka, D. (1994):
Das deutsche Handwerksrecht unter dem Einfluß des Europäischen Gemeinschaftsrechts, in: Gewerbearchiv, 40. Jg., Heft 3, 1994, S. 89 - 95, Berichtigung: Heft 6, 1994, S. 227.

Coase, R. H. (1960):
The Problem of Social Cost, in: The Journal of Law and Economics, Vol III, S. 1 - 44

Demsetz, H. (1969):
Information and Efficiency: Another Viewpoint, in: Journal and Law and Economics, Vol 12, 1969, S. 1 - 22

Deregulierungskommission (1990):
Marktöffnung und Wettbewerb, Erster Bericht: Deregulierung als Programm?, Das Versicherungswesen, Das Verkehrswesen, Bonn 1990

Deregulierungskommission (1991):
Marktöffnung und Wettbewerb, Zweiter Bericht, Die Stromwirtschaft, Das technische Prüfungs- und Sachverständigenwesen, Die Märkte für Rechtsberatung und Wirtschaftsberatung, Das Handwerk, Der Arbeitsmarkt, Bonn 1991

Deutsche Ausgleichsbank (1994):
Bewilligungen 1993, Ausschnitt aus der Statistik der Deutschen Ausgleichsbank

Deutscher Bundestag (1950):
Verhandlungen des Deutschen Bundestag, 95. Sitzung, S. 3498 -3506

Deutscher Bundestag (1953):
Verhandlungen des Deutschen Bundestages, I. Wahlperiode 1949, Stenographische Berichte, Bd. 15, 258. Sitzung vom 26.03.1953, S. 12507 - 12572

Deutscher Bundestag (1955):
Verhandlungen des Deutschen Bundestages, II. Wahlperiode 1953, Stenographische Berichte, Bd 27, 121. Sitzung vom 16.12.1955, S. 6449 - 6483.

Deutscher Bundestag (1993):
Gesetzentwurf der Fraktionen CDU/CSU, SPD und F.D.P, Entwurf eines Gesetzes zur Änderung der Handwerksordnung, anderer handwerksrechtlicher Vorschriften und des Berufsbildungsgesetzes, 12. Wahlperiode, Drucksache 12/5918, vom 20.10.1993, S. 1 - 28

Deutsche Gesellschaft für Qualität e.V. (1992):
Qualitätssicherung von Lebensmitteln, Frankfurt 1992

Deutsches Institut für Normung (1992):
Qualitätsmangement und Qualitätssicherung, Begriffe, DIN ISO 8402

Dick, G. (1993):
Rationale Regulierung, Hamburg 1993

Dieling, F. (1932):
Zunftrecht, Heidelberg 1932

Diwan, R. (1989) :
Small Business and the Economics of Flexible Manufactoring, in: Small Business Economics, Vol. 1, S. 101 - 110

Dixit, A. K., Stiglitz, J. E. (1977):
Monopolistic Competition and Optimum Product Diversity, American Economic Review Vol. 67, S. 297 - 308

Döring, U. (o. J.a):
Die wirtschaftliche Stellung des Handwerks im Vergleich zur Schattenwirtschaft, in: Arbeitsgemeinschaft Niedersächsischer Kreishandwerkerschaften (Hrsg): Handwerk 2000, Die Bedeutung der Personalzusatzkosten innerhalb der Kostenstruktur des Handwerks, Rotenburg (Wümme), o. J., S. 191 - 231

Döring, U. (o. J.b):
Beseitigung betriebswirtschaftlicher Defizite zur Steigerung der Wettbewerbsfähigkeit des Handwerks, in: Arbeitsgemeinschaft Niedersächsischer Kreishandwerkerschaften (Hrsg): Handwerk 2000, Die Bedeutung der Personalzusatzkosten innerhalb der Kostenstruktur des Handwerks, Rotenburg (Wümme), o. J., S. 279 - 317

Donges, J. B. (1992):
Ist die Meisterprüfung im Handwerk überflüssig? - Zu den Vorstellungen der Deregulierungskommission -, in: Zeitschrift für Wirtschaftspolitik, 41. Jg., 1992, S. 71 - 85

Ebert, G. (1980):
Handwerkspolitik, in: Glastetter, W. u. a. (Hrsg.): Handwörterbuch der Volkswirtschaft, Wiesbaden 1978, S. 511 - 516

Eickhof, N. (1982):
Strukturkrisenbekämpfung durch Innovation und Kooperation, Tübingen 1982

Eickhof, N. (1985):
Wettbewerbspolitische Ausnahmebereiche und staatliche Regulierung, in: Jürgensen, H. u. a. (Hrsg.): Jahrbuch für Sozialwissenschaft, Bd. 36, 1985, S. 63 - 79

Eickhof, N. (1986):
Theorien des Markt- und Wettbewerbsversagens, in: Wirtschaftsdienst, 66. Jg., Heft 9, 1986, S. 468 - 476

Eickhof, N. (1992):
Ordnungspolitische Ausnahmeregelungen, Zur normativen Theorie staatlicher Regulierung und wettbewerbspolitischer Bereichsausnahmen, Diskussionsbeitrag Nr. 20 der Ruhr-Universität Bochum, Seminar für Wirtschafts- und Finanzpolitik, 1992

Elster, L. (Hrsg.) (1898):
Wörterbuch der Volkswirtschaft, 1. Bd., Jena 1898

Elster, L. u.a. (1928):
Handwörterbuch der Staatswissenschaften, Bd. 8, gänzlich umgearbeitete 4. Aufl., Jena 1928,

Engelhardt, U. (1984):
Handwerker in der Industrialisierung, 1. Aufl., Stuttgart 1984

Ennen, R. (1971):
Zünfte und Wettbewerb, Köln u. a. 1971

Etzold, H.-J. (1983):
Handwerk und Industrie, in: Gewerbearchiv, 29. Jg., Heft 6, S. 181 - 185

314

Ewers, H.-J. u. a. (1990):
Theorie des Marktversagens, Skriptum, Berlin/Münster 1990

Ewers, H.-J., Wein, T. (1989):
Gründe und Richtlinien für eine Deregulierungspolitik, Wirtschaftswissenschaftliche Dokumentation (Hrsg.), Diskussionspapier Nr. 139, Berlin 1989

Ewers, H.-J., Wein, T. (1990):
Grundsätze für eine Deregulierungspolitik, in: Wirtschaftsdienst, 70. Jg., Heft 6, 1990, S. 320 - 328

Eyermann, E. u. a. (1973):
Handwerksordnung, Kommentar, 3. neubearbeitete Aufl., München 1973

Fehl, U. (1985):
Das Konzept der Contestable Markets, in: Bombach G. u. a. (Hrsg.): Industrieökonomik: Theorie und Empirie, Tübingen 1985, S. 29 - 49

Feldsieper, M., Gross, R. (Hrsg) (1983):
Wirtschaftspolitik in weltoffener Volkswirtschaft, Berlin 1983,

Finsinger, J. (1983):
Versicherungsmärkte, Frankfurt u. a. 1983

Finsinger, J. (1988):
Unzutreffende Argumente gegen eine Liberalisierung der Baumärkte, in: Schwarz, G. (Hrsg.): Wo Regeln bremsen ... Deregulierung und Privatisierung im Vormarsch, Zürich 1988, S. 62 - 68

Finsinger, J. (1991):
Wettbewerb und Regulierung, München 1991

Fischer, W. (1955):
Handwerksrecht und Handwerkswirtschaft um 1800, Berlin 1955

Fischer, W. (1972).:
Wirtschaft und Gesellschaft im Zeitalter der Industrialisierung, Göttingen 1972

Frese, E. (Hrsg.) (1992):
Organisation, 3. völlig neu gestaltete Auflage, Stuttgart 1992

Friebe, G. (1970):
Das Gesetz zur Bekämpfung der Schwarzarbeit - Ansätze für eine Neugestaltung, Köln 1970

Fröhler, L., Mörtel, G. (1979):
Die Berufsbildfixierung im Handwerksrecht und die Frage ihrer verfassungsrechtlichen Problematik, Teil II, Das System der Berufsbilder nach der Handwerksordnung, München 1979

Fröhlich, P. (1975):
Die Marktabgrenzung in der Wettbewerbspolitik, Göttingen 1975

Fröhling, O. (1993):
Zur Ermittlung von Folgekosten aufgrund von Qualitätsmängeln, in: ZfB, Zeitschrift für Betriebswirtschaft, 63. Jg., Heft 6, 1993, S. 543 - 567

Fülbier, M. u. a. (1992):
Förderung des Technologie-Transfers für das Handwerk, Modellversuch, Hannover 1992

Fuhrmann, W. (1939):
Die Gewerbepolitik der patrizisch und der zünftlerisch regierten Stadt, München 1939

Garbe, R. (1994):
Die Qualität sinkt mit dem Konkurrenzdruck, in: Hannoversche Allgemeine Zeitung, Nr. 42, vom 19. Feb. 1994, S. 39

Geisendörfer, U. (1992):
Deregulierung und Reform des Handwerksrechts, in: Gewerbearchiv, 38. Jg., Heft 10, 1992, S. 361 - 374

Glastetter, W. u. a. (Hrsg.) (1978):
Handwörterbuch der Volkswirtschaft, Wiesbaden 1978

Göhler, G. (Hrsg.) (1987):
Grundlagen der Theorie politischer Institutionen, Opladen 1987

Görres-Gesellschaft, v. d. (Hrsg.) (1986):
Staatslexikon, 7. völlig neu bearbeitete Aufl., Freiburg 1986

Götz, H. H. (1963):
Weil alle besser leben wollen ..., 1. Aufl., Düsseldorf u. a. 1963

Goldberg, V. P. (1976):
Regulation and Administered Contracts, in: Bell Journal of Economics and Management Science, Vol. 7, S. 439 - 441

Groeben, H. v. d. u. a. (1991):
Kommentar zum EWG-Vertrag, Bd. 4., neubearb Aufl., Baden-Baden 1991

Gröner, H., Smeets, H.-D. (1988):
Regulierung der leitungsgebundenen Energiewirtschaft, in: Krakowski, M. u. a. (Hrsg.) (1988a): Regulierung in der Bundesrepublik Deutschland, Hamburg 1988, S. 117 - 193

Grossekettler, H. (1988):
Stand und Entwicklung des Koordinationsmängelkonzepts, Volkswirtschaftliche Diskussionsbeiträge der Westfälischen Wilhelms-Universität Münster, Beitrag Nr. 102, Münster 1988

Grossman, S. J. (1977):
Existence of Futures Markets, Noisy Rational Expectations and Informationally Externalities, in: Review of Economic Studies, Vol 44, 1977, S. 431 - 449

Grossman, S. J., Stiglitz, J. E. (1976):
Information and Competive Price Systems, in: American Economic Review, Vol. 66, S. 246 - 253

Habermann, G. (1990):
Die deutsche Handwerksordnung als Relikt der Gewerbebindung, in: ORDO, Bd. 41, 1990, S. 173 - 193

Hagebölling, L. (1983):
Die rechtliche Sonderstellung des Handwerks in Abgrenzung zur Industrie, Braunschweig (Coesfeld) 1983

Hailbronner, K., Nachbaur, A. (1992):
Niederlassungs- und Dienstleistungsfreiheit im Binnenmarkt 1992, in: Wirtschaft und Verwaltung, Vierteljahresbeilage zum Gewerbearchiv, Heft 2, 1992, S. 57 - 130

Halbach, G. u. a. (1991):
Übersicht über das Recht der Arbeit, 4., neubearbeitete und erweiterte Aufl., Bonn 1991

Hamer, E. (1979):
Das Handwerk und sein Markt: Probleme mit Industrie, Heimwerk, Schwarzarbeit, Hannover 1979

Hamm, W. (1978):
Staatsaufsicht über wettbewerbspolitische Ausnahmebereiche als Ursache ökonomischer Fehlentwicklungen, in: ORDO, Bd. 29, 1978, S. 157 - 172

Handwerkskammer Düsseldorf (1994):
Handwerk in Zahlen 1994, Düsseldorf 1994

Handwerkskammer Hannover (1986):
Geschäftsbericht 1985, Hannover 1986

Handwerkskammer Koblenz (1984):
Entwicklungen im Handwerk: Warum wird die Meisterprüfung abgelegt?, Koblenz 1984

Handwerkskammer Koblenz (1992):
Entwicklungen im Handwerk: Warum wird die Meisterprüfung abgelegt?, Koblenz 1992

Hantsch, G. u. a. (1991):
Das Metallbauerhandwerk in Baden-Württemberg, Karlsruhe 1991

Hartmann, J. (1985):
Verbände in der westlichen Industriegesellschaft, Frankfurt 1985

Hauer, R. (1990):
Versunkene Kosten, Freiburg i. Br. 1990

Hauser, H. (1979):
Qualitätsinformationen und Marktstrukturen, in: KYKLOS, Vol. 32, 1979, S. 739 - 763

Hayek, F. A. (1968):
Der Wettbewerb als Entdeckungsverfahren, Kiel 1968

Hedrich, C.-C. (1993):
Die Privatisierung der Sparkassen, 1. Aufl., Baden-Baden 1993

Heilmann, U. (1989):
Kritische Bestandsaufnahme der Handwerksordnung in der Bundesrepublik Deutschland, unveröffentlichtes Manuskript, Ruhruniversität Bochum 1989

Henderson, B. D. (1984):
Die Erfahrungskurve in der Unternehmensstrategie, 2. überarbeitete Aufl., Frankfurt, u.a., 1984

Henke, W. (1965):
Gewerberecht, in: Beckerath, E. v. u. a. (Hrsg.): Handwörterbuch der Sozialwissenschaften, 4. Bd., Göttingen 1965, S. 523 - 532

Herder-Dorneich, P. (1980):
Konkurrenzdemokratie - Verhandlungsdemokratie: politische Strategien der Gegenwart, 2. Aufl., Stuttgart 1980

Herhaus, W. (1983):
Die Handwerkskammer in der Bundesrepublik Deutschland - Darstellung der Institution und ihrer Funktion -, Hannover 1983

Hirsch, W., Zeppernick, R. (1988):
Deregulierung, Argumente für eine Politik der Deregulierung, in: WiSt, Wirtschaftswissenschaftliches Studium, 17. Jg., Heft 4, 1988, S. 157 - 163

Hirschmann, A. O. (1974):
Abwanderung und Widerspruch, Tübingen 1974

Hirshleifer, J. (1971):
The Privat and Social Value of Information and the Reward to Incentive Activity, in: The American Economic Review, Vol. 61, 1971, S. 561 - 574

Hirshleifer, J. (1973):
Where are we in the Theory of Information, in: American Economic Review, Vol .63, 1973, S. 31 - 39.

Hof, H. (1983):
Wettbewerb im Zunftrecht, Köln u. a. 1983

Hoffmann-Riem, W. (1980):
Interessenzuordnung im Handwerk, 1. Aufl., Baden-Baden 1980

Holzheu, F. (1987):
Die Bewältigung von Unsicherheit als ökonomisches Grundproblem, in: Holzheu, F., Kaufmann, F.-X. u. a.: Gesellschaft und Unsicherheit, Karlsruhe 1987, S. 12 - 36

Holzheu, F., Kaufmann, F.-X. u. a. (1987):
Gesellschaft und Unsicherheit, Karlsruhe 1987

Honig, G. (1993):
Handwerksordnung mit Lehrlingsvertragsrecht des Berufsbildungsgesetzes (BBiG), München 1993

Honig, G. (1994):
Die neue Handwerksordnung - Unstimmigkeiten, in Gewerbearchiv, 40. Jg., Heft 6, 1994, S. 227

Hopf, M. (1983):
Informationen für Märkte und Märkte für Informationen, Frankfurt (Main) 1983

Hoppmann, E. (1980):
Wettbewerb und Wachstum in marktwirtschaftlichen Ordnungen, Koreferat, in: Streißler, E., Watrin, C. (Hrsg.), Tübingen 1980, S. 240 - 248

Horn, M. (1988):
Energie, in: Horn, M. u. a. (1988), Deregulierungsmaßnahmen in den USA: Schlußfolgerungen für die Bundesrepublik Deutschland, 1. Aufl., Baden-Baden 1988, S. 83 - 169

Horn, M. u. a. (1988):
Deregulierungsmaßnahmen in den USA: Schlußfolgerungen für die Bundesrepublik Deutschland, 1. Aufl., Baden-Baden 1988

Horváth, P., Urban, G. (1990):
Qualitätscontrolling, Stuttgart 1990

Hübl, L., Schepers, W. (1983):
Strukturwandel und Strukturpolitik, Darmstadt 1983

Imroth, D. (1994):
Umfrage zum Thema "Neue Handwerksordnung", Manuskript, Obernkirchen 1994

Isensee, J. (1988):
Gemeinwohl und Staatsaufgaben im Verfassungsstaat, in: Isensee, J., Kirchhoff, P. (Hrsg.): Handbuch des Staatsrechts, Bd. 3, Heidelberg 1988, S. 3 - 82

Isensee, J., Kirchhoff, P. (Hrsg.) (1988):
Handbuch des Staatsrechts, Bd. 3, Heidelberg 1988

Issing, O. (1987):
Staatliche Regulierung: Marktversagen versus Staatsversagen, in: Volkswirtschaftliche Korrespondenz der Adolf-Weber-Stiftung, 26. Jg., Nr. 1, 1987, o. S.

319

Jeder, P. (1992):
Die Meisterprüfung auf dem Prüfstand, Pfaffenweiler 1992

John, P. (1983):
Handwerkskammern im Zwielicht, 2., überarbeitete und erweiterte Aufl., Köln 1983

John, P. (1987):
Handwerk im Spannungsfeld zwischen Zunftordnung und Gewerbefreiheit, Köln 1987

Joskow, P. L., Rose, N. L. (1989):
The Effects of Economic Regulation, in: Schmalensee, R., Willig, R. D. (Hrsg.): Handbook of Industrial Organization, Vol 2, Amsterdam 1989, S. 1449 - 1506

Jürgensen, H. u. a. (Hrsg.) (1985):
Jahrbuch für Sozialwissenschaft, Bd. 36, Göttingen 1985

Jürgensen, H. u. a. (Hrsg.) (1988):
Jahrbuch für Sozialwissenschaft, Bd. 39, Göttingen 1988

Kantzenbach, E. (1967):
Die Funktionsfähigkeit des Wettbewerbs, 2. Aufl., Göttingen 1967

Kassebohm, K., Malorny, C. (1993):
Die Anforderungen der Rechtsprechung an Qualitätsmanagementsysteme steigen, in: ZfB, Zeitschrift für Betriebswirtschaft, 63. Jg., Heft 6, 1993, S. 569 - 586

Kau, W. (1994):
Kosten und Nutzen der betrieblichen Berufsausbildung - Ergebnisse der Sachverständigenanhörungen, in: BWP, Berufsbildung in Wissenschaft und Praxis, 23, Heft 3, 1994, S. 12 - 17

Kaufer, E. (1981):
Theorie der öffentlichen Regulierung, München 1981

Kaufhold, K. H. (1979):
Das Handwerk zwischen Anpassung und Verdrängung, in: Pohl, H. (Hrsg.): Sozialgeschichtliche Probleme in der Zeit der Hochindustrialisierung (1870 - 1914), Neue Folge, Hrsg. im Auftrag der Görres-Gesellschaft, Heft 1, Paderborn 1979, S. 103 - 141

Keller, B. (1979):
Das Handwerk im faschistischen Deutschland, Köln 1979

Kirzner, I. M. (1983):
Die zentrale Bedeutung unternehmerischen Entdeckens, in: Zeitschrift für Wirtschaftspolitik, 32. Jg., 1983, S. 207 - 224

Klein, B., Leffler, K. B. (1981):
The Role of Market Forces in Assuring Contractual Performance, Journal of Political Economy, 89, S. 615 - 641

320

Kleps, K. (1988):
Verbände als Träger von Wirtschaftspolitik, in: Albers, W u. a. (Hrsg.): Handwörterbuch der Wirtschaftswissenschaften, 8. Bd., ungekürzte Studienausgabe, 1988, S. 176 - 188

Klinge, G. (1990):
Niederlassungs- und Dienstleistungsrecht für Handwerker und andere Gewerbetreibende in der EG, 1. Aufl., Baden-Baden 1990,

Klinge, G. (1992):
Das Berufszulassungs- und Berufsausübungsrecht des selbständigen Handwerkers im Europäischen Binnenmarkt, in: Wirtschaft und Verwaltung, Vierteljahresbeilage zum Gewerbearchiv, Heft 1, 1992, S. 1- 55

Klodt, H. (1989):
Feinmechanik und Optik, in: Oberender, P. (Hrsg.): Marktökonomie, München 1989, S. 267 - 296

Knieps, G. (1985):
Entstaatlichung im Telekommunikationsbereich, Tübingen 1985

Knieps, G. (1988):
Theorie der Regulierung und Entregulierung, S. 39 - 83, Regulierung und Entregulierung im Intercity-Bus-Verkehr, S. 216 - 252, in: Horn, M. u. a. (1988): Deregulierungsmaßnahmen in den USA: Schlußfolgerungen für die Bundesrepublik Deutschland, 1. Aufl., Baden-Baden 1988

Knoblich, P. (1976):
Die Ordnung des Handwerks in beiden deutschen Staaten, Würzburg 1976

König, W. (1987):
Handwerk und Außenwirtschaft - Stärkung der Wettbewerbsfähigkeit des deutschen Handwerks in der offenen Wirtschaft - , Göttingen 1987

König, W. u. a. (1988):
Exportfähigkeit von Handwerksbetrieben - Eine empirische Untersuchung in Niedersachsen -, Göttingen 1988

Kollner,W. (1962):
Zur Kritik an der Karlsruher Handwerkentscheidung, in: Gewerbearchiv, 8. Jg., Heft 4/5, 1962, S. 73 - 76

Kornhardt, U. (1986):
Entwicklungstendenzen im Konsumgüterhandwerk, Göttingen 1986

Krakowski, M. u. a. (Hrsg.) (1988a):
Regulierung in der Bundesrepublik Deutschland, Hamburg 1988

Krakowski, M. (1988b):
Einführung, in: Krakowski, M. u. a. (Hrsg.): Regulierung in der Bundesrepublik Deutschland, Hamburg 1988, S. 9 - 17

Krakowski, M. (1988c):
Theoretische Grundlagen der Regulierung, in: Krakowski, M. (Hrsg.): Regulierung in der Bundesrepublik Deutschland, Hamburg 1988, S. 19 - 116

Krause, J. (1988):
Die Deregulierungsdiskussion - theoretische Grundlagen und Bedeutung für die Versicherungswirtschaft (I), in: Versicherungswirtschaft, 43. Jg., Heft 5, 1988, S. 348 - 355

Kroeber-Riel, W. (1990):
Konsumentenverhalten, 4., verbesserte und erneuerte Auflage, München 1990

Kroeker, K. (1927):
Fabrik- oder Handwerksbetrieb, Berlin 1927

Kroker, R. (1985):
Deregulierung und Entbürokratisierung, Köln 1985

Kruse, J. (1985):
Ökonomie der Monopolregulierung, Göttingen 1985

Kucera, G. (1989):
Die Regulierung des Handwerks aus volkswirtschaftlicher Sicht, Teil B, in: Kucera, G., Stratenwerth, W. (1989): Deregulierung des Handwerks, Gutachten erstellt im Auftrag der Deregulierungkommission beim Bundesminister für Wirtschaft, Manuskript, Göttingen 1989, S. 22 - 128

Kucera, G., Kornhardt, U. (o. J.):
Die Markt- und Wettbewerbsstellung des Handwerks, in: Arbeitsgemeinschaft Niedersächsischer Kreishandwerkerschaften (Hrsg.): Handwerk 2000, Die Bedeutung der Personalzusatzkosten innerhalb der Kostenstruktur des Handwerks, Rotenburg (Wümme), o. J., S. 11 - 69

Kucera, G., Stratenwerth, W. (1989):
Deregulierung des Handwerks, Gutachten erstellt im Auftrag der Deregulierungkommission beim Bundesminister für Wirtschaft, Manuskript, Göttingen 1989

Kübler, K.-J. u. a. (1986):
Die Deutsche Handwerksordnung, Kommentar, Mustersatzungen und Materialien, begründet von Kolbenschlag, H. u. a., Berlin 1967, 21. Lieferung, 1986

Kübler, K.-J., Patzig, H. G. (1983):
Handwerk, in: Management-Enzyklopädie, Bd. 4, 2. Aufl., Landsberg 1983, S. 519 - 536

Küffner, G. (1977):
Das Gewerbezulassungsrecht der Handwerksordnung, Erlangen - Nürnberg 1977

Kuhlmann, E. (1990):
Verbraucherpolitik, München 1990

Kullmann, H. J., Pfister, B. (1980):
Produzentenhaftung, Berlin 1980

Kupitz, R. (1983):
Die Kreditwirtschaft als wettbewerbspolitischer Ausnahmebereich, Frankfurt a. M. 1983

Kurz, R. (1986):
Entwicklung und gegenwärtiger Stand der Deregulierungsdiskussion, in: Arbeitsgemeinschaft Deutscher Wirtschaftswissenschaftlicher Forschungsinstitute: Deregulierung als ordnungs- und prozeßpolitische Aufgabe, Beihefte der Konjunkturpolitik, Heft 32, Berlin 1986, S. 41 - 58

Lamberts, W. (1986/87):
Dienstleistungsproduzenten und Warenproduzenten in der Marktwirtschaft, in: RWI-Mitteilungen, Jg. 37/38, Heft 4, 1986/87, S. 503 - 525

Lampe, T. (1994):
Nicht alle alten Zunft-Zöpfe sind abgeschnitten worden, Hannoversche Allgemeine Zeitung, Nr. 30, 5./6. Februar 1994, S. 5

Landesgewerbeförderungsstelle des niedersächsischen Handwerks e. V. (1988):
Dokumentation - Betriebsvergleichende Untersuchung - über die organisationseigene Betriebsberatung des Handwerks, Landesgewerbeförderstelle des Niedersächsischen Handwerks e. V., Hannover 1988

Leibenstein, H. 1966):
Allocative Efficiency vs. "X-Efficiency", in: The American Economic Review, Vol. LVI, S. 392 - 415

Leipold, H. (1985):
Ordnungspolitische Implikationen der Transaktionskostenökonomie, ORDO, Bd. 36, 1985, S. 31 - 50

Lenger, F. (1988):
Sozialgeschichte der deutschen Handwerker seit 1800, 1. Aufl., Frankfurt 1988

Lisowsky, A. (1938):
Qualität und Betrieb, Stuttgart 1938

Lucas, R. E. (1978):
On the Size Distribution on Business Firms, in: Bell Journal of Economics, 9, 1978, S. 508 - 523

Lütge, F. (1966):
Deutsche Sozial- und Wirtschaftsgeschichte, 3., wesentlich vermehrte und verbesserte Aufl., Berlin u. a. 1966

Luther, R. (1968):
Gab es eine Zunftdemokratie ?, Berlin 1968

Männer, L., Sieben, G. (1987):
Der Arbeitsmarkt im Gesundheitswesen, Beiträge zur Gesundheitsökonomie II, Gerlingen 1987

Management-Enzyklopädie (1983):
Bd. 4, 2. Aufl., Landsberg 1983

Marahrens, N. (1978):
Strukturwandel und Wachstumsdifferenzierungen im Produzierenden Handwerk, Göttingen 1978

Masing, W. (Hrsg.) (1994):
Handbuch Qualitätsmanagement, 3. gründlich überarbeitete und erweiterte Auflage, München u. a. 1994

Menger, C. (1923):
Grundsätze der Volkswirtschaftslehre, 2. Aufl., Wien 1923

Meyer, D. (1990):
Asymmetrische Information, Institutional Choice und die Funktion von Wertorientierungen, in: Jahrbuch für Sozialwissenschaft, Bd. 41, Heft 1, 1990, S. 104 - 121

Mickwitz, G. (1968):
Die Kartellfunktionen der Zünfte und ihre Bedeutung bei der Entstehung des Zunftwesens, Nachdruck der Ausgabe Societas Scientiarum Fennica, in: Commentationes Humanarum Litterarum, Tomus VIII. 3., Helsingfors 1936, Amsterdam 1968

Mirbach, H. G. (1989):
Das Recht auf selbständige Arbeit: Unternehmensgründung und Handwerksrecht, 2. Aufl., Bonn 1989

Milde, H., Monissen, H. G. (Hrsg.) (1985):
Rationale Wirtschaftspolitik in komplexen Gesellschaften, Stuttgart 1985

Möschel, W. (1988):
Privatisierung, Deregulierung und Wettbewerbsordnung, in: Juristen Zeitung, 43. Jg., Heft 19, 1988, S. 885 -893

Molitor, B. (1988):
Wirtschaftspolitik, München 1988

Mottek, H. (1974):
Wirtschaftsgeschichte Deutschlands, Bd. 1, Berlin 1974

Müller, H. (1939):
Der handwerkliche Große Befähigungsnachweis und seine volkswirtschaftliche Bedeutung, Berlin 1939

Müller, J. (1988a):
Einleitung, in: Horn, M. u. a.: Deregulierungsmaßnahmen in den USA: Schlußfolgerungen für die Bunderepublik Deutschland, 1. Aufl., Baden-Baden 1988

Müller, J. (1988b):
Fernmeldewesen und Medien, in: Horn, M. u. a.: Deregulierungsmaßnahmen in den USA, Schlußfolgerungen für die Bundesrepublik Deutschland, 1. Aufl., Baden-Baden 1988, S. 287 - 383

Müller, J. (unter Mitarbeit von Boyer, K.) (1988):
Verkehr, in: Horn, M. u. a.: Deregulierungsmaßnahmen in den USA, Schlußfolgerungen für die Bundesrepublik Deutschland, 1. Aufl., Baden-Baden 1988, S. 171 - 215

Müller, J., Vogelsang, I. (1979):
Staatliche Regulierung, 1. Aufl., Baden-Baden 1979

Müller-Armack, A. (1956):
Soziale Marktwirschaft, in: Beckerath, E. v. u. a. (Hrsg.): Handwörterbuch der Sozialwissenschaften, S. 390 - 392

Nelson, P. (1970):
Information und Consumer Behavior, in: Journal of Political of Economy 78, S. 311 - 329

Neumann, M. (Hrsg):
Ansprüche, Eigentums- und Verfügungsrechte, Schriften des Vereins für Socialpoltik, Neue Folge Bd. 140, Berlin 1984

Niskanen, W. A. (1975):
Bureaucrats and Politicians, in: Journal of Law and Economics, Vol 18, 1975, S. 617 - 643

Noll, A. (1975):
Sozio-ökonomischer Strukturwandel des Handwerks in der zweiten Phase der Industrialisierung, Göttingen 1975

Novacek, E. (1993):
Österreichische Gewerbeordnungsnovelle 1992, in: Gewerbearchiv, 39. Jg., Heft 6, 1993, S. 232 - 237

Oberender, P. (Hrsg.) (1989):
Marktökonomie, München 1989

Oess, A. (1989):
Total Quality Management, Wiesbaden 1989

Olson, M. (1968):
Die Logik kollektiven Handelns, Tübingen 1968

Oppermann, T. (1991):
Europarecht, München 1991

o. V. (1981):
Darf eine Standesorganisation Geschäfte machen? Angeklagt ist die Handwerkskammer, in: impulse, Nr. 2, 1981, S. 57

o. V. (1987):
Zur Frage des Sachkundenachweises im Gaststättengewerbe, Gewerbearchiv, 33. Jg., Heft 7, S. 225 - 226

o. V. (1989):
Die 36 Managementfehler, in: Handwerk Magazin, Heft 12, 1989, S. 24 - 34

o. V. (1992a):
Zufriedene Kunden, weniger Kosten, Handwerk Magazin, Heft 9, 1992, S. 25 - 27

o. V. (1992b):
HwO § 5, 16 Abs. 3, Berufsbild VO Kälteanlagenbauer-Handwerk, Berufsbild VO Tischler, Urteil von 11.9.1991, in: Gewerbearchiv, 38. Jg., Heft 5, 1992, S. 188 - 190

o. V. (1994):
Neues Handwerksstatistikgesetz sieht Handwerkszählung für 1995 vor, Wirtschaft und Statistik, Heft 3, 1994, S. 156 -157

o. V. (Hrsg), (1983):
Management-Enzyklopädie, Bd. 4, 2. Aufl., Landsberg/Lech 1983

Pascher, H. (1987):
Die US-amerikanische deregulation policy im Luftverkehrs- und Bankenbereich, Frankfurt a. M. u. a. 1987

Peltzman, S. (1976):
Toward a More General Theory of Regulation, in: Journal of Law and Economics, Vol. 19, S. 211 - 248

Perner, D. (1983):
Mitbestimmung im Handwerk?, Köln 1983

Pfähler, W. (1986):
Markt und Staat - Ökonomische Begründungen der Staatstätigkeit, in: Vaubel, R., Barbier, H. D. (Hrsg.): Handbuch Marktwirtschaft, Pfullingen 1986, S. 52 - 66

Pfohl, H.-C. (Hrsg) (1990):
Betriebswirtschaftslehre der Mittel- und Kleinbetriebe, 2., neubearbeitete Auflage 1990

Heinz-Piest-Institut für Handwerkstechnik (1993):
Gesamtrahmenplan und Arbeitsplan für das BMFT-Verbundprojekt, Hannover 1993

Pohl, H. (Hrsg.) (1979):
Sozialgeschichtliche Probleme in der Zeit der Hochindustrialisierung (1870 - 1914), Neue Folge, Hrsg. im Auftrag der Görres-Gesellschaft, Heft 1, Paderborn 1979

Pohl, W. (1992):
EG'92: Erwartungen und Realität aus der Sicht des Handwerks, Diskussionspapier Nr. 7 des Instituts für Versicherungsbetriebslehre, Universität Hannover, Hannover 1992

Prohaska, M. (1986):
Effizienz der Energiewirtschaft, Bamberg 1986

Pütz, T. (1979):
Grundlagen der theoretischen Wirtschaftspolitik, 4., neubearbeitete und erweiterte Aufl.,
Stuttgart u. a. 1979

Raiser, G. H. (1978):
Die Zünfte in Württemberg, Tübingen 1978

Rapold, I. (1988):
Qualitätsunsicherheit als Ursache von Marktversagen: Anpassungsmechanismen und Regulierungsbedarf, München 1988.

Reuß, W. (1961):
Das Bundesverfassungsgericht zur Handwerksordnung, in: Deutsches Verwaltungsblatt,
76. Jg, Heft 23, 1961, S. 865 - 871

Reininghaus, W. (1985):
Zur Methodik der Handwerksgeschichte des 14. - 17. Jahrhunderts, in: Vierteljahrsschrift
für Sozial- und Wirtschaftsgeschichte, 72. Bd., 1985, S. 366 - 378

Reiß, M. (1992):
Arbeitsteilung, in: Frese, E. (Hrsg.): Organisation, 3. völlig neu gestaltete Auflage,
Stuttgart 1992, S. 167 - 178

Reith, R. (Hrsg.) (1990):
Lexikon des alten Handwerks: vom Spätmittelalter bis ins 20. Jahrhundert, München
1990

Rheinisch-Westfälisches Institut für Wirtschaftsforschung (RWI) (1990):
RWI-Handwerksberichte, Die wirtschaftliche Entwicklung im Jahre 1989/90, Jg. 37, Essen 1990

Rheinisch-Westfälisches Institut für Wirtschaftsforschung (RWI) (1991):
RWI-Handwerksberichte, Die wirtschaftliche Entwicklung im Jahre 1990/91, Jg. 38, Essen 1991

Rheinisch-Westfälisches Institut für Wirtschaftsforschung (RWI) (1992):
RWI-Handwerksberichte, Die wirtschaftliche Entwicklung im Jahre 1991/92, Jg. 39, Essen 1992

Rheinisch-Westfälisches Institut für Wirtschaftsforschung (RWI) (1993):
RWI-Handwerksberichte, Die wirtschaftliche Entwicklung im Jahre 1992/93, Jg. 40, Essen 1993

Rieger, H. (1962):
Der Güterbegriff in der Theorie des Qualitätswettbewerbs, Berlin 1962

Roehl, H. (1902):
Der Befähigungsnachweis, Leipzig 1902

Roellecke, G. (1992):
Die Aufgaben des Handwerks im Wandel der Gesellschaft, in: Gewerbearchiv, 38. Jg., Heft 9, 1992, S. 321 - 324

Rosenberg, D. (1991a):
Deutschland zwischen Gewerbefreiheit und Gewerbeordnung (von 1810 bis 1897), in: Deutsches Handwerksblatt, Nr. 14-15, 1991, S. 26 - 27

Rosenberg, D. (1991b):
Das Handwerk im Nationalsozialismus und in den ersten Nachkriegsjahren (1933 - 1949) - 3. Teil, in: Deutsches Handwerksblatt, Nr. 19, 1991, S. 22 - 23

Rothschild, K. W. (1980):
Kritik marktwirtschaftlicher Ordnungen als Realtypus, in: Streißler, E., Watrin, C. (Hrsg.): Zur Theorie marktwirtschaftlicher Ordnungen, Tübingen 1980, S. 13 - 37

Rothwell, R. (1989):
Small Firms, Innovation and Industrial Change, In: Small Business Economics, 1, S. 51 - 64

Rühl, G. u. a. (1979):
Strukturuntersuchung in den Elektrohandwerken, Bd. II, Chancen für morgen - Entwicklungen im Absatz und Personalbereich, Karlsruhe 1979

Sachverständigenrat (1985):
Sachverständigenrat zur Begutachtung der gesamtwirtschaftlichen Entwicklung, Auf dem Weg zu mehr Beschäftigung, Jahresgutachten 1985/86, Bonn 1985

Sachverständigenrat (1991):
Sachverständigenrat zur Begutachtung der gesamtwirtschaftlichen Entwicklung, Die wirtschaftliche Integration in Deutschland, Perspektiven - Wege - Risiken, Jahresgutachten 1991/92, Bonn 1991

Sachverständigenrat für die Konzertierte Aktion im Gesundheitswesen (1988):
Jahresgutachten 1988, Medizinische und ökonomische Orientierung, 1. Aufl., Baden-Baden 1988

Sachverständigenrat für die Konzertierte Aktion im Gesundheitswesen (1992):
Jahresgutachten 1992, Ausbau in Deutschland und Aufbruch nach Europa, 1. Aufl., Baden-Baden 1992

Sattler, H. B. (1987):
Der Sachkundenachweis im Gastgewerbe, in: Wirtschaft und Verwaltung, Heft 4, 1987, S. 240 - 250

Sax, E. (1878):
Die Verkehrsmittel in Volks- und Staatswirtschaft, Leipzig, Bd. 1, 1878

Scheib, H. H. (1967):
Branchenbesonderheiten, Heidelberg 1967

Schilling G. (1989):
Neue Technologien für das Handwerk, Bonn u. a. 1989

Schilling, G. (1992):
Marketing für Berufsbildungsmaßnahmen und Umweltschutz, Hannover 1992

Schlaghecken, A. (1969):
Der ökonomische Differenzierungsprozeß im heutigen Handwerk, Berlin 1969

Schlesinger, F. (1907):
Fabrik und Handwerk als Begriffe der deutschen Rechtsprechung und Verwaltung, analytisch dargestellt und nationalökonomisch betrachtet, Leipzig 1907

Schlesinger, H., Schulenburg, J.-M. Graf v. d. (1991):
Search Costs, Switching Costs and Product Heterogenity in an Insurance Market, in: The Journal of Risk and Insurance, 58. Jg., 1991, S. 109 - 119

Schmidt, I. (1993):
Wettbewerbspolitik und Kartellrecht, 4., neu bearbeitete Aufl., Stuttgart u. a. 1993

Schmidt, K. H. (1988):
Neue Technologien in kleinen und mittleren Unternehmungen, Göttingen 1988

Schmidt, M. (1988):
Ziele und Instrumente der Mittelstandspolitik in der Bundesrepublik Deutschland, Köln 1988

Schmidt-Salzer, J. (1973):
Produkthaftung, 1. Aufl., Heidelberg 1973

Schmidt-Salzer, J. (1981):
Entscheidungssammlung Produkthaftung, 2. Aufl., Bd. I, München 1981

Schmidt-Salzer, J. (1994):
Zivil- und strafrechtliche Produktverantwortung, in: Masing, W. (Hrsg.): Handbuch Qualitätsmanagement, 3. gründlich überarbeitete und erweiterte Auflage, München u. a. 1994, S. 745 - 764

Schröder, B. (1987):
Europäische Normung im Handwerk, Hannover 1987

Schröder, B. (1992):
Qualitätssicherung - eine neue Aufgabe für Berufsbildungsstätten des Handwerks, in: Schilling, G. (1992): Marketing für Berufsbildungsmaßnahmen und Umweltschutz, Hannover 1992, S. 29 - 64

Schüller, A. (1983a):
Property Rights und ökonomische Theorie, München 1983

329

Schüller, A. (1983b):
Property Rights, Theorie der Firma und wettbewerbliches Marktsystem, in: Schüller, A. (Hrsg.): Property Rights und ökonomische Theorie, München 1983, S. 145 - 183

Schütze, F., Wienbeck, E. (1911):
Fabrik oder Handwerk?, Hannover 1911

Schulenburg, J.-M. Graf v. d. (1984a):
Selbstregulierung durch Berufsverbände - eine Studie am Beispiel des Gesundheitswesens, Diskussionspapier Nr. IIM/IP 84-30 des Wissenschaftszentrums Berlin, Berlin 1984

Schulenburg, J.-M. Graf v. d. (1984b):
Wettbewerb und Regulierung im Gesundheitswesen, Property-Rights als Ziel und Restriktion ärztlicher Honorarpolitik, in: Neumann, M. (Hrsg): Ansprüche, Eigentums- und Verfügungsrechte, Schriften des Vereins für Socialpolitik, Neue Folge Bd. 140, Berlin 1984, S. 435 - 456.

Schulenburg, J.-M. Graf v. d. (1987a):
Marktgeschehen bei unvollständigen Nachfragerinformationen, in: ZfB, Zeitschrift für Betriebswirtschaft, 57. Jg., Heft 7, 1987, S. 699 - 719

Schulenburg, J.-M. Graf v. d. (1987b):
Verbände als Interessenwahrer von Berufsgruppen im Gesundheitswesen, in: Männer, L., Sieben, G. (1987): Der Arbeitsmarkt im Gesundheitswesen, Beiträge zur Gesundheitsökonomie II, Gerlingen 1987, S. 373 - 418

Schulenburg, J.-M. Graf v. d. (1988a):
Deregulierung des Handwerks, unveröffentlichtes Manuskript, S. 1 - 9

Schulenburg, J.-M. Graf v. d. (1988b):
Innovation, Marktstruktur und Werbung, in: Sonderdruck aus Hamburger Jahrbuch für Wirtschafts- und Gesellschaftspolitik, 33. Jahr, 1988, S. 141 153

Schulenburg, J.-M. Graf v. d. (1992a):
Wie souverän darf der Konsument auf Versicherungsmärkten sein? Nachfragerverhalten und Regulierung auf Versicherungsmärkten, Diskussionspapier Nr. 4, des Instituts für Versicherungsbetriebslehre, Universität Hannover, Hannover 1992

Schulenburg, J.-M. Graf v. d. (1992b):
Evaluation von Gesundheitsleistungen, in: Andersen, H. H., Henke, K.-D., Schulenburg, J.-M. Graf v. d. (Hrsg): Basiswissen Gesundheitsökonomie, Bd. 1: Einführende Texte, Berlin 1992, S. 173 - 200

Schulenburg, J.-M. Graf v. d. (1992c):
Versicherungsökonomik, in: WiSt, Wirtschaftswissenschaftliches Studium, 21. Jg., Heft 8, 1992, S. 399 - 406

Schulenburg, J.-M. Graf v. d. (1993a):
Marktprozeß und Marktstruktur bei unvollständigen Informationen, in: Zeitschrift für Wirtschafts- und Sozialwissenschaften (ZWS), 113. Jg., Heft 4, 1993, S. 509 - 555

Schulenburg, J.-M. Graf v. d. (1993b):
Theorie der Gesundheitsökonomik, in: Zeitschrift für die gesamte Versicherungswissenschaft, Bd. 83, Heft 1/2, 1993, S. 71 - 96

Schulenburg, J.-M. Graf v. d., Wagner, J. (1990):
Protektionismus, Marktstruktur und Importkonkurrenz, IFO-Studien, Zeitschrift für empirische Wirtschaftsforschung, 36, 1990, S. 267 - 291

Schultze, J.-M. (1988):
Marktzutrittsschranken in der Fusionskontrolle, Köln u. a. 1988

Schumpeter, J. A. (1928):
Unternehmer, in: Elster, L. u.a.: Handwörterbuch der Staatswissenschaften, Bd. 8, gänzlich umgearbeitete 4. Aufl., Jena 1928, S. 476 - 487.

Schwalbach, J (1986):
Markteintrittsverhalten industrieller Unternehmen, discussion papers, IIM/IP 86 - 2, des Wissenschaftszentrums Berlin, Berlin 1986

Schwappach, J. (1993):
Die Novelle zur Handwerksordnung, in: Gewerbearchiv, 39. Jg., Heft 11 - 12, 1993, S. 441 - 445

Schwappach, J., Klinge, G. (1987):
Handwerksrechtliche Voraussetzungen zur Annahme eines Nebenbetriebes i. S. von §§ 2 und 3 HwO, in: Gewerbearchiv, 33. Jg., Heft 3, 1987, S. 73 - 80

Schwarz, G. (Hrsg) (1988):
Wo Regeln bremsen ... Deregulierung und Privatisierung im Vormarsch, Zürich 1988

Schwarz, P. (1988):
Der Handwerksbegriff heute, in: Gewerbearchiv, 34. Jg., Heft 1, 1988, S. 1 - 7

Schwarz, P. (1989):
Die "handwerksmäßige" Betriebsform unter der gewandelten Struktur des Handwerks, in: Wirtschaft und Verwaltung, Heft 4, 1989, S. 207 - 229

Schwarz, P. (1993):
Der Strukturwandel im Handwerk als Strukturproblem der Handwerkskammern, in: Gewerbearchiv, 39. Jg., Heft 9, 1993, S. 353 - 357

Schwedes, R. (1991):
Schutz besonderer Personengruppen, Kapitel 3, in: Halbach, G. u. a.: Übersicht über das Recht der Arbeit, 4., neubearbeitete und erweiterte Aufl., Bonn 1991, S. 203 - 271

Seidenfus, H. S. (Hrsg.) (1989):
Deregulierung - eine Herausforderug an die Wirtschafts- und Sozialpolitik in der Marktwirtschaft, Schriften des Vereins für Socialpolitik, Neue Folge Band. 184, Berlin 1989

Seraphim, P.-H. (1966):
Deutsche Wirtschafts- und Sozialgeschichte, 2. erw. Aufl., Wiesbaden 1966

Sertl, W. (1989):
Kriterien für die Abgrenzung von Handwerksbetrieben und Industrieunternehmen aus
betriebswirtschaftlicher Sicht, in: Wirtschaft und Verwaltung, Heft 4, 1989, S. 185 - 206

Sieg, H., Leifermann, W. (1978):
Gewerbeordnung, 4. Aufl., München 1978

Siegert, A., Musielak, H.-J. (1984):
Das Recht des Handwerks, Kommentar zur Handwerksordnung nebst anderen für das
Handwerksrecht bedeutsamen Rechtsvorschriften und Bestimmungen, 2. Aufl., München
1984

Simon, M. (1983):
Handwerk in Krise und Umbruch, Köln u. a. 1983

Soltwedel, R. et al. (1986):
Deregulierungspotentiale in der Bundesrepublik, Tübingen 1986

Sombart, W. (1902):
Der moderne Kapitalismus, 1. Aufl., Berlin 1902

Spence, A. M. (1973):
Job Market Signaling, in: Quarterly Journal of Economics, Vol. 87, S 355 - 374

Spreman, K. (1990):
Asymmetrische Information, in: ZfB, Zeitschrift für Betriebswirtschaft, 60. Jg., Heft 5/6,
1990, S. 561 - 586

Statistisches Bundesamt (Hrsg.) (1977):
Statistisches Jahrbuch für die Bundesrepublik Deutschland, Wiesbaden 1977

Statistisches Bundesamt (Hrsg.) (1980):
Statistisches Jahrbuch für die Bundesrepublik Deutschland, Wiesbaden 1980

Statistisches Bundesamt (Hrsg.) (1991):
Unternehmen und Arbeitsstätten, Arbeitsstättenzählung vom 25. Mai 1987, Fachserie 2,
Sonderheft 1, Handwerksunternehmen, Beschäftigte, Löhne und Gehälter sowie
Rechtsformen, Stuttgart 1991

Statistisches Bundesamt (Hrsg.) (1993):
Statistisches Jahrbuch für die Bundesrepublik Deutschland, Wiesbaden 1993

Steinmann, C. (1993):
Qualitätssicherungsvereinbarungen zwischen Endproduktherstellern und Zulieferern,
Heidelberg 1993

Stieda, W. (1895):
Der Befähigungsnachweis, Leipzig 1895

Stiftung Warentest (1993), Heft 4:
Inspektion oft mangelhaft, in: test, 28. Jg., Heft 4 , 1993, S. 38 - 43

Stigler, G. J. (1939):
Production and Distribution in the Short Run, in: Journal of Political Economy, 47, 1939, S. 305 - 327

Stigler, G. J. (1971):
The Theory of Economic Regulation, in: The Bell Journal of Economics and Management Science, Vol. 2, 1971, S. 3 - 21

Stiller, W. (1992):
Entscheidungshilfen für den Einsatz von CAD-Systemen, Hannover 1992

Strathenwerth, W. (1989):
Der Große Befähigungsnachweis aus wirtschafts- und berufspädagogischer Sicht, Teil A, in: Kucera, G., Stratenwerth, W.: Deregulierung des Handwerks, Gutachten erstellt im Auftrag der Deregulierungskommission beim Bundesminister für Wirtschaft, Manuskript, Göttingen 1989, S. 5 - 21

Streißler, E. (1980):
Kritik des neoklassischen Gleichgewichtsansatzes als Rechtfertigung marktwirtschaftlicher Ordnungen, in: Streißler, E., Watrin, C. (Hrsg.): Zur Theorie marktwirtschaftlicher Ordnungen, Tübingen 1980, S. 38 - 69

Streißler, E., Watrin, C. (Hrsg.) (1980):
Zur Theorie marktwirtschaftlicher Ordnungen, Tübingen 1980,

Streit, M. E. (1983):
Theorie der Wirtschaftspolitik, 3. unveränderte Aufl., Düsseldorf 1983

Teichmann, U. (1993):
Wirtschaftspolitik, 4., aktualisierte und erweiterte Aufl., München 1993

Tietzel, M. (1981):
Die Ökonomie der Property Rights: Ein Überblick, in: Zeitschrift für Wirtschaftspolitik, 30. Jg., Heft 3, 1981, S. 207 - 241

Tolksdorf, M. (1971a):
Ruinöser Wettbewerb, Berlin 1971

Tolksdorf, M. (1971b):
Ruinöse Wettbewerbsprozesse, in: Wirtschaft und Wettbewerb, 21. Jg., 1971, S. 285 - 294

Tuchtfeldt, E. (1955):
Gewerbefreiheit als wirtschaftspolitisches Problem, Berlin 1955

Tuchtfeldt, E. (1988):
Gewerbefreiheit, in: Albers, W. u. a. (Hrsg.): Handwörterbuch der Wirtschaftswissenschaft (HdWW), ungekürzte Studienausgabe, 3. Bd., S. 611 - 617

333

Tuchtfeldt, E., Aßmus, D. F. (1992):
Über den Marktaustritt: Gründe und Hemmungen, in: ORDO, Bd. 43, 1992, S. 237 -
253

Tuchtfeldt, E., Stober, R. (1986):
Handwerk, in: Görres-Gesellschaft. v. d. (Hrsg.): Staatslexikon, 7. völlig neu bearbeitete
Aufl., Freiburg 1986, S. 1201 - 1213

Ungern-Sternberg, T. R. v. (1984):
Zur Analyse von Märkten mit unvollständiger Nachfragerinformation, Berlin 1984

Vaubel, R., Barbier, H. D. (Hrsg.) (1986):
Handbuch Marktwirtschaft, Pfullingen 1986

Vogel, B. (1984):
Staatliche Gewerbereform und Handwerk in Preußen 1810 1820, in: Engelhardt, U.
(Hrsg.): Handwerker in der Industrialisierung, 1. Aufl., Stuttgart 1984, S. 184 - 208.

Voigt, F. (1956):
Handwerk, in: Beckerath, E. v. u. a. (Hrsg.): Handwörterbuch der Sozialwissenschaften,
Bd. 5, Göttingen 1956, S. 24 - 35

Watrin, C. (1957):
Der Befähigungsnachweis in Handwerk und Einzelhandel unter besonderer Berücksichtigung der Entwicklung in der Bundesrepublik, Köln 1957

Weber R. H. (1986):
Wirtschaftsregulierung in wettbewerbspolitischen Ausnahmebereichen, 1. Aufl., Baden-
Baden 1986

Weber, W. (1959):
Körperschaften des öffentlichen Rechts, in: Beckerath, E. v. u. a. (Hrsg.): Handwörterbuch der Sozialwissenschaften, 6. Bd., S. 38 - 41

Wegehenkel, L. (1981):
Gleichgewicht, Transaktionskosten und Evolution: eine Analyse der Koordinierungs-
effizienz unterschiedlicher Wirtschaftssysteme, Tübingen, 1981

Weichtmann, K. (1986):
Die Grenzen werden fließender in: Niedersächsische Wirtschaft, Heft 7, 1986, S. 9 - 10

Weizsäcker, C. C. v. (1980):
Barriers to Entry, a theoretical Treatment, Berlin 1980

Weizsäcker, C. C. v. (1982):
Staatliche Regulierung - positive und normative Theorie, in: Schweizerische Zeitschrift
für Volkswirtschaft und Statistik, 118. Jg., 1982, S. 325 - 343

Wernet, W. (1950):
Konkurrenzproblem und Befähigungsnachweis im Handwerk, in: Jahrbuch für Sozialwissenschaft, Bd. 1, 1950, S. 293 - 308

Wernet, W. (1953):
Kurzgefaßte Geschichte des Handwerks in Deutschland, Dortmund 1953

Wernet, W. (1954):
Dekartellierung, Gewerbefreiheit und Handwerksordnung, in: Wirtschaft und Wettbewerb, 4. Jg., 1954, S. 65 - 78

Wernet, W. (1965):
Handwerk in moderner Sicht, Münster 1965

Wieandt, A., Wiese, H. (1993):
Die Theorie der "contestable markets" - ein Leitbildfür die Wettbewerbspolitik?, in: ORDO, Bd. 44, 1993, S. 185 - 201

Wieland, B. (1988):
Regulierung der Telekommunikation, in: Krakowski, M. u. a. (Hrsg.): Regulierung in der Bundesrepublik Deutschland, Hamburg 1988a, S. 195 - 285

Willeke, R. (1977):
Ruinöse Konkurrenz als verkehrspolitisches Argument, ORDO, Bd. 28, 1977, S. 155 - 170

Windisch, R. (1980):
Staatseingriffe in marktwirtschaftliche Ordnungen, in: Streißler, E., Watrin, C. (Hrsg.): Zur Theorie marktwirtschaftlicher Ordnungen, Tübingen 1980, S. 297 - 339

Winterberger G. (1948):
Der partielle Fähigkeitsausweis als Gewerbeschutzmaßnahme, Bern 1948

Wirz, W. (1915):
Zur Logik des Qualitätsbegriffes, in: Jahrbücher für Nationalökonomie und Statistik, Bd. 104, 1915, S. 1 - 13

Wischermann, B. (1991):
Produzentenhaftung und Risikobewältigung, München 1991

Wissel, R. (1971):
Des alten Handwerks Recht und Gewohnheit, Bd. 1, 2. erweiterte und bearbeitete Aufl. von Schraepler, E. (Hrsg.), Berlin 1971

Wittmann,W. (1959):
Unternehmung und unvollkommene Information: unternehmerische Voraussicht, Ungewißheit und Planung, Köln-Opladen 1959

Wolf, M. (1980):
Ansätze einer ökonomischen Regulierungstheorie, Basel 1980

Woll, A. (1988):
Preise III: Preisregulierung, staatliche, in: Albers, W. u. a. (Hrsg.): Handwörterbuch der Wirtschaftswissenschaft (HdWW), ungekürzte Studienausgabe, 1988, 6. Bd., S. 203 - 207

Woll, A. (1993):
Allgemeine Volkswirtschaftslehre, 11. überarbeitete und ergänzte Auflage, 1993

Zdrowomyslaw, N. (1989):
Der bundesdeutsche Augenoptikmarkt im Wandel, Spardorf 1989

Zeitel, G. (1990):
Volkswirtschaftliche Bedeutung von Klein- und Mittelbetrieben, in: Pfohl, H.-C. (Hrsg): Betriebswirtschaftslehre der Mittel- und Kleinbetriebe, 2., neubearbeitete Auflage 1990, S. 24 - 42

Zentralverband des Deutschen Baugewerbes (1985):
Handwerksrechtliche Abgrenzungen, Bonn 1985

Zentralverband des Deutschen Dachdeckerhandwerks (1988/89):
Geschäftsbericht, Stuttgart 1989

Zentralverband des Deutschen Handwerks (1988):
Stellungnahme zum Großen Befähigungsnachweis vom 29.8.1988

Zentralverband des Deutschen Handwerks (1988):
Unveröffentlichtes Manuskript zu Abgrenzungsvereinbarungen, Bonn 1988

Zentralverband des Deutschen Handwerks (1991):
Stellungnahme zum Gutachten der Deregulierungskommission v. 3.6.1991

Zentralverband des Deutschen Handwerks (Hrsg.) (1992):
Die Handwerksordnung und ergänzende gesetzliche Vorschriften, Bergisch Gladbach 1992

Zentralverband des Deutschen Handwerks (1993):
Handwerk '92, Bonn 1993

Zentralverband des Deutschen Handwerks (1994):
Handwerk '93, Bonn 1994

Zimmermann, H., Henke, K.-D. (1990):
Finanzwissenschaft, Eine Einführung in die Lehre von der öffentlichen Finanzwirtschaft, 6. überarbeitete Aufl., München 1990

Zorn, W. (1965):
Zünfte, in: Beckerath, E. u. a. (Hrsg.): Handwörterbuch der Sozialwissenschaften, Göttingen 1965, S. 484 - 489.

Zorn, W. (1988):
Wirtschaftsgeschichte, in: Albers, W. u. a. (Hrsg.): Handwörterbuch der Wirtschaftswissenschaften, ungekürzte Studienausgabe, 1988, S. 55 -82.

* * *

ANHANG

Anhang 1: Anlage A zur Handwerksordnung von 1953

Anlage A

zu dem Gesetz zur Ordnung des Handwerks
(Handwerksordnung)

Verzeichnis der Gewerbe, die als Handwerk betrieben werden können
(§1 Abs. 2)

(Die zu einem Handwerk gehörenden Handwerkszweige sind eingeklammert; die mundartlichen Bezeichnungen sind kursiv gedruckt)

I   Gruppe der Bau- und Ausbaugewerbe

1   Maurer; Beton- und Stahlbetonbauer; Feuerungs- und Schornsteinbauer; Backofenbauer
2   Zimmerer
3   Dachdecker (Schiefer-, Schindel-, Stroh- (Rohr-) und Zeigeldecker)
4   Straßenbauer (Pflasterer)
5   Wärme-, Kälte- und Schallschutzisolierer-
6   Mosaik-, Platten- und Fliesenleger
7   Betonstein- und Terrazzohersteller; Steinholzleger
8   Brunnenbauer
9   Steinmetzen und Steinbildhauer
10 Stukkateure
11 Maler, *Anstreicher* (Tüncher, *Weißbinder*)
12 Ofensetzer
13 Schornsteinfeger, *Kaminkehrer*

II   Gruppe der Elektro- und Metallgewerbe

14 Schmiede
15 Schlosser (Blitzableiterbauer)
16 Maschinenbauer; Werkzeugmacher; Dreher
17 Mühlenbauer
18 Mechaniker (Näh-, Sprechmaschinen- und Fahrradmechaniker); Büromaschinenmechaniker
19 Kraftfahrzeugmechaniker; Kraftfahrzeugelektriker
20 Landmaschinenmechaniker
21 Feinmechaniker und Feinoptiker
22 Büchsenmacher
23 Klempner, *Spengler, Flaschner,* (Kühlerhersteller, Kühlerreparateure); Gas- und Wasserinstallateure
24 Zentralheizungs- und Lüftungsbauer
25 Kupferschmiede
26 Elektroinstallateure (Blitzableiterbauer); Elektro- und Fernmeldemechaniker
27 Elektromaschinenbauer
28 Radio- und Fernsehtechniker
29 Uhrmacher
30 Graveure (Damaszierer, Formstecher); Ziseleure
31 Galvaniseure und Metallschleifer
32 Gürtler und Metalldrücker
33 Metallformer und Metallgießer
34 Glockengießer
35 Schweißer
36 Messerschmiede
37 Gold- und Silberschmiede
38 Gold-, Silber- und Aluminiumschläger

338

III Gruppe der Holzgewerbe

39 Tischler, *Schreiner* (Segelflug-
zeugbauer, Kegelbahnbauer)
40 Rolladen- und Jalousiebauer
41 Bootsbauer; Schiffbauer
42 Modellbauer
43 Stellmacher, *Wagner;* Karrosserie-
bauer
44 Drechsler; Schirmmacher
45 Holzbildhauer
46 Böttcher, *Kübler, Schäffler;* Weinküfer
47 Bürsten- und Pinselmacher (Draht-
bürstenmacher)
48 Korbmacher

**IV Gruppe der Bekleidungs-, Textil-
und Ledergewerbe**

49 Herrenschneider
50 Damenschneider
51 Wäscheschneider
52 Sticker; Stricker
53 Putzmacher
54 Weber
55 Seiler (Netzmacher); Segelmacher
56 Kürschner; Mützenmacher
57 Handschuhmacher
58 Schuhmacher (Schäftemacher); Orthopädieschuhmacher
59 Holzschuhmacher
60 Gerber
61 Sattler; Feintäschner
62 Polsterer und Dekorateure, *Tapezie-
rer*

**V Gruppe der Nahrungsmittel-
gewerbe**

63 Bäcker (Brezel-, Schwarzbrot- und
Lebkuchenbäcker, Feinbackwaren-
hersteller)
64 Konditoren
65 Fleischer, *Metzger, Schlachter*
66 Roßschlachter
67 Müller
68 Brauer und Mälzer

**VI Gruppe der Gewerbe für Ge-
sundheits- und Körperpflege sowie
der chemischen und Reinigungsgewerbe**

69 Augenoptiker
70 Bandagisten
71 Orthopädiemechaniker
72 Chirurgie-Instrumentenmacher und
Chirurgiemechaniker
73 Zahntechniker
74 Friseure (Perückenmacher)
75 Färber und Chemischreiniger
76 Seifensieder (Kerzenzieher)
77 Wäschereibetriebe; Plätterreibetriebe
78 Gebäudereiniger

**VII Gruppe der Glas-, Papier-, kera-
mischen und sonstigen Gewerbe**

79 Glaser
80 Glasschleifer und Glasätzer
81 Glasbläser und Glas-
instrumentenmacher
82 Glas- und Porzellanmaler
83 Edelsteinschleifer
84 Photographen (Phototechniker)
85 Buchbinder
86 Buchdrucker; Schriftsetzer; Drucker
87 Steindrucker; Lithographen; Xylo-
graphen
88 Chemigraphen; Stereotypeure und
Galvanoplastiker
89 Töpfer, *Hafner, Häfner*
90 Orgelbauer; Klavier- und Harmoni-
umbauer; Geigenbauer; Metallblasin-
strumenten- und Schlagzeugmacher;
Holzblasinstrumentenmacher; Zupfinstrumentenmacher
91 Vergolder
92 Schilder- und Lichtreklamehersteller
93 Vulkaniseure

Anhang 2: Anlage A zur Handwerksordnung von 1991

Anlage A

zu dem Gesetz zur Ordnung des Handwerks
(Handwerksordnung)

Verzeichnis der Gewerbe, die als Handwerk betrieben werden können
(§1 Abs. 2)

I	**Gruppe der Bau- und Ausbau-gewerbe**	28	Landmaschinenmechaniker
		29	Feinmechaniker
1	Maurer	30	Büchsenmacher
2	Beton- und Stahlbetonbauer	31	Klempner
3	Feuerungs- und Schornsteinbauer	32	Gas- und Wasserinstallateure
4	Backofenbauer	33	Zentralheizungs- und Lüftungsbauer
5	Zimmerer	34	Kupferschmiede
6	Dachdecker	35	Elekroinstallateure
7	Straßenbauer	36	Elektromechaniker
8	Wärme-, Kälte- und Schallschutz-isolierer	37	Fernmeldeanlagenelektroniker
		38	Elektromaschinenbauer
9	Fliesen-, Platten- und Mosaikleger	39	Radio- und Fernsehtechniker
10	Betonstein- und Terrazzohersteller	40	Uhrmacher
11	Estrichleger	41	Graveure
12	Brunnenbauer	42	Ziseleure
13	Steinmetzen und Steinbildhauer	43	Galvaniseure und Metallschleifer
14	Stukkateure		
15	Maler und Lackierei	44	Gürtler und Metalldrücker
16	Kachelofen- und Luftheizungsbauer	45	Zinngießer
17	Schornsteinfeger	46	Metallformer und Metallgießer
		47	Glockengießer
II	**Gruppe der Elektro- und Metall-gewerbe**	48	Schneidwerkzeugmechaniker
		49	Goldschmiede
18	Metallbauer	50	Silberschmiede
19	Chirurgiemechaniker	51	Gold-, Silber,- und Aluminium-schläger
20	Karrosserie- und Fahrzeugbauer		
21	Maschinenbaumechaniker	**III**	**Gruppe der Holzgewerbe**
22	Werkzeugmacher		
23	Dreher	52	Tischler
24	Zweiradmechaniker	53	Parkettleger
24a	Kälteanlagenbauer	54	Rolladen- und Jalousiebauer
25	Büroinformationselektroniker	55	Bootsbauer
26	Kraftfahrzeugmechaniker	56	Schiffbauer
27	Kraftfahrzeugelektriker	57	Modellbauer

58	Wagner	95	Friseure
59	Drechsler (Elfenbeinschnitzer)	96	Textilreiniger
59a	Holzspielzeugmacher	97	Wachszieher
60	Schirmmacher	99	Gebäudereiniger
61	Holzbildhauer		
62	Böttcher	**VII**	**Gruppe der Glas-, Papier-, kera-**
63	Bürsten- und Pinselmacher		**mischen und sonstigen Gewerbe**
64	Korbmacher	100	Glaser

**IV   Gruppe der Bekleidungs-, Textil-
und Ledergewerbe**

65	Herrenschneider
66	Damenschneider
67	Wäscheschneider
68	Sticker
69	Stricker
70	Modisten
71	Weber
72	Seiler
73	Segelmacher
74	Kürschner
75	Hut- und Mützenmacher
76	Handschuhmacher
77	Schuhmacher
79	Gerber
80	Sattler
81	Feintäschner
82	Raumausstatter

**V   Gruppe der Nahrungsmittel-
gewerbe**

83	Bäcker
84	Konditoren
85	Fleischer
86	Müller
87	Brauer und Mälzer
88	Weinküfer

**VI   Gruppe der Gewerbe für Ge-
sundheits- und Körperpflege sowie
der chemischen und Reinigungsgewerbe**

89	Augenoptiker
90	Hörgeräteakustiker
91	Orthopädiemechaniker und Bandagisten
93	Orthopädieschuhmacher
94	Zahntechniker

101	Glasveredler
102	Feinoptiker
103	Glasapparatebauer
103a	Thermometermacher
104	Glas- und Porzellanmaler
105	Edelsteinschleifer
105a	Edelsteingraveure
106	Fotografen
107	Buchbinder
108	Buchdrucker, Schriftsetzer, Drucker
109	Steindrucker
110	Siebdrucker
111	Flexografen
112	Chemigrafen
113	Stereotypeure
114	Galvanoplastiker
115	Keramiker
116	Orgel- und Harmoniumbauer
117	Klavier- und Cembalobauer
118	Handzuginstrumentenmacher
119	Geigenbauer
119a	Bogenmacher
120	Metallblasinstrumenten- und Schlagzeugmacher
121	Holzblasinstrumentenmacher
122	Zupfinstrumentenmacher
123	Vergolder
124	Schilder- und Lichtreklamehersteller
125	Vulkaniseure und Reifenmechaniker

Anhang 3: Anlage B zur Handwerksordnung von 1991

Anlage B

zu dem Gesetz zur Ordnung des Handwerks
(Handwerksordnung)

Verzeichnis der Gewerbe, die handwerksähnlich betrieben werden können
(§18 Abs. 2)

I Gruppe der Bau- und Ausbaugewerbe

1 Gerüstbauer (Aufstellen und Vermieten von Holz-, Stahl- und Leichtmetallgerüsten)
2 Bautentrocknungsgewerbe
3 Bodenleger (Verlegen von Linoleum-, Kunststoff- und Gummiböden)
4 Asphaltierer (ohne Straßenbau)
5 Fuger (im Hochbau)
6 Holz- und Bautenschutzgewerbe (Mauerschutz und Holzimprägnierung in Gebäuden)
7 Rammgewerbe (Einrammen von Pfählen im Wasserbau)

II Gruppe der Metallgewerbe

8 Herstellung von Drahtgestellen für Dekorationszwecke in Sonderanfertigung
9 Metallschleifer und Metallpolierer
10 Metallsägen-Schärfer
11 Tankschutzbetriebe (Korrosionsschutz von Öltanks für Feuerungsanlagen ohne chemische Verfahren)

III Gruppe der Holzgewerbe

12 Holzschuhmacher
13 Holzblockmacher

14 Daubenhauer
15 Holz-Leitermacher (Sonderanfertigung)
16 Muldenhauer
17 Holzreifenmacher
18 Holzschindelmacher

IV Gruppe der Bekleidungs-, Textil- und Ledergewerbe

19 Bügelanstalten für Herrenoberbekleidung
20 Dekorationsnäher (ohne Schaufensterdekoration)
21 Fleckteppichhersteller
22 Klöppler
23 Theaterkostümnäher
24 Plisseebrenner
25 Posamentierer
26 Stoffmaler
27 Handapparate-Stricker
28 Textil-Handdrucker
29 Kunststopfer
30 Flickschneider

V Gruppe der Nahrungsmittelgewerbe

31 Innerei-Fleischer (Kuttler)
32 Speiseeishersteller (mit Vertrieb von Speiseeis mit üblichem Zubehör)

VI Gruppe der Gewerbe für Gesundheits- und Körperpflege sowie der chemischen und Reinigungsgewerbe

33 Apparateure, Dekateure
34 Schnellreiniger
35 Teppichreiniger
36 Getränkeleitungsreiniger
37 Schönheitspfleger

VII Gruppe der sonstigen Gewerbe

38 Bestattungsgewerbe
39 Lampenschirmhersteller
   (Sonderanfertigung)
40 Klavierstimmer

Erweiterung der Anlage B vom 20. Dezember 1993

Betonbohrer- und -schneider
Theater- und Ausstattungsmaler
Fahrzeugverwerter
Rohr- und Kanalreiniger
Kabelverleger im Hochbau (ohne Anschlußarbeiten)
Einbau von genormten Baufertigteilen (z.B. Fenster Fenster, Türen, Zargen, Regale)
Fleischzerleger, Ausbeiner
Maskenbildner
Theaterplastiker
Requisiteure

Anhang 4: Anlage zur Verordnung über verwandte Handwerke

Anlage zu § 1 der Verordnung über verwandte Handwerke vom 18. Dezember 1968

Verzeichnis der verwandten Handwerke

Spalte I	Spalte II
1. Bäcker	Konditoren
3. Beton- und Stahlbetonbauer	Maurer
4. Böttcher	Weinküfer
5. Bootsbauer	Schiffbauer
6. Damenschneider	Herrenschneider
7. Dreher	Maschinenbaumechaniker
7a. Drechsler (Elfenbeinschnitzer)	Holzspielzeugmacher
8. Feinmechaniker	Maschinenbaumechaniker; Werkzeugmacher
9. Feintäschner	Sattler
10. Galvanoplastiker	Stereotypeure
11. Glaser	Glasveredler
12. Glasveredler	Glaser
13. Graveure	Werkzeugmacher
14. Gürtler und Metalldrücker	Metallbauer; Silberschmiede
15. Herrenschneider	Damenschneider
16. Holzbildhauer	Steinmetzen und Steinbildhauer; Holzspielzeugmacher
16a. Holzspielzeugmacher	Drechsler (Elfenbeinschnitzer); Holzbildhauer
17. Karosserie- und Fahrzeugbauer	Wagner
18. Klempner	Kupferschmiede
19. Konditoren	Bäcker
20. Kupferschmiede	Klempner
21. Landmaschinenmechaniker	Metallbauer
22. Maschinenbaumechaniker	Dreher; Feinmechaniker; Zweiradmechaniker; Metallbauer; Werkzeugmacher
23. Maurer	Beton- und Stahlbetonbauer
24. Zweiradmechaniker	Maschinenbaumechaniker; Werkzeugmacher
26. Sattler	Feintäschner
27. Schiffbauer	Bootsbauer
28. Metallbauer	Gürtler und Metalldrücker; Maschinenbaumechaniker; Werkzeugmacher; Landmaschinenmechaniker

30. Silberschmiede	Gürtler und Metalldrücker
31. Steinmetzen und Steinbildhauer	Holzbildhauer
32. Stereotypeure	Galvanoplastiker
32a. Tischler	Holzspielzeugmacher
33. Wagner	Karosserie- und Fahrzeugbauer
34. Weinküfer	Böttcher
35. Werkzeugmacher	Graveure; Maschinenbaumechaniker; Feinmechaniker; Zweiradmechaniker; Metallbauer

Anhang 5: Aufzählung einiger Gefahrenhandwerke

Beispielhafte Aufzählung nach Siegert, A., Musielak, H.-J. (1984):

Maurer;
Beton- und Stahlbetonbauer;
Feuerungs- und Schornsteinbauer;
Backofenbauer;
Zimmerer;
Dachdecker;
Brunnenbauer;
Elektromechaniker;
Elektromaschinenbauer;
Bootsbauer;
Schiffsbauer;
Orthopädieschuhmacher;
Schornsteinfeger;
Kraftfahrzeugmechaniker;
Kraftfahrzeugelektriker;
Gas- und Wasserinstallateure;
Büchsenmacher;
Zentralheizungs- und Lüftungsbauer;
Elektroinstallateur;
Augenoptiker;
Hörgeräteakustiker;
Bandagisten;
Orthopädiemechaniker.

Anhang 6: Ordnung der Handwerkszweige nach Verwendungsrichtung

I	**Konsumgüterhandwerk**
18	Metallbauer
19	Chirurgiemechaniker
18	Metallbauer
19	Chirurgiemechaniker
24	Zweiradmechaniker
39	Radio- und Fernsehtechniker
40	Uhrmacher
49	Goldschmiede
50	Silberschmiede
59	Drechsler (Elfenbeinschnitzer)
59a	Holzspielzeugmacher
60	Schirmmacher
61	Holzbildhauer
63	Bürsten- und Pinselmacher
64	Korbmacher
65	Herrenschneider
66	Damenschneider
67	Wäscheschneider
68	Sticker
69	Stricker
70	Modisten
71	Weber
73	Segelmacher
74	Kürschner
75	Hut- und Mützenmacher
76	Handschuhmacher
77	Schuhmacher
80	Sattler
81	Feintäschner
82	Raumausstatter
83	Bäcker
84	Konditoren
85	Fleischer
86	Müller
87	Brauer und Mälzer
88	Weinküfer
89	Augenoptiker
90	Hörgeräteakustiker
91	Orthopädiemechaniker und Bandagisten
93	Orthopädieschuhmacher
94	Zahntechniker
95	Friseure
96	Textilreiniger

97	Wachszieher
104	Glas- und Porzellanmaler
105	Edelsteinschleifer
105a	Edelsteingraveure
106	Fotografen
107	Buchbinder
115	Keramiker
116	Orgel- und Harmoniumbauer
117	Klavier- und Cembalobauer
118	Handzuginstrumentenmacher
119	Geigenbauer
119a	Bogenmacher
120	Metallblasinstrumenten- und Schlagzeugmacher
121	Holzblasinstrumentenmacher
122	Zupfinstrumentenmacher
123	Vergolder
125	Vulkaniseure und Reifenmechaniker
II	**Produktionsgüterhandwerk und Dienstleistungen für die gewerbliche Wirtschaft**
10	Betonstein- und Terrazzohersteller
13	Steinmetzen und Steinbildhauer
18	Metallbauer
20	Karrosserie- und Fahrzeugbauer
21	Maschinenbaumechaniker
22	Werkzeugmacher
23	Dreher
24a	Kälteanlagenbauer
25	Büroinformationselektroniker
28	Landmaschinenmechaniker
29	Feinmechaniker
30	Büchsenmacher
34	Kupferschmiede
36	Elektromechaniker
37	Fernmeldeanlagenelektroniker
38	Elektromaschinenbauer
41	Graveure
42	Ziseleure
43	Galvaniseure und Metallschleifer
44	Gürtler und Metalldrücker
45	Zinngießer
46	Metallformer und Metallgießer

47	Glockengießer	100	Glaser
48	Schneidwerkzeugmechaniker	101	Glasveredler
51	Gold-, Silber,- und Aluminium-schläger		
55	Bootsbauer		
56	Schiffbauer		
57	Modellbauer		
62	Böttcher		
72	Seiler		
73	Segelmacher		
79	Gerber		
99	Gebäudereiniger		
102	Feinoptiker		
103	Glasapparatebauer		
103a	Thermometermacher		
108	Buchdrucker, Schriftsetzer, Drucker		
110	Siebdrucker		
111	Flexografen		
112	Chemigrafen		
113	Stereotypeure		
114	Galvanoplastiker		
124	Schilder- und Lichtreklamehersteller		

III   Bau- und Ausbauhandwerk

1	Maurer
2	Beton- und Stahlbetonbauer
3	Feuerungs- und Schornsteinbauer
4	Backofenbauer
5	Zimmerer
6	Dachdecker
7	Straßenbauer
8	Wärme-, Kälte- und Schallschutz-isolierer
9	Fliesen-, Platten- und Mosaikleger
11	Estrichleger
12	Brunnenbauer
14	Stukkateure
15	Maler und Lackierer
16	Kachelofen- und Luftheizungsbauer
17	Schornsteinfeger
31	Klempner
32	Gas- und Wasserinstallateure
33	Zentralheizungs- und Lüftungsbauer
34	Kupferschmiede
35	Elekroinstallateure
52	Tischler
53	Parkettleger
54	Rolladen- und Jalousiebauer

348

Anhang 7: EG-Richtlinien für den Bereich des Handwerks

Vom Rat der Europäischen Gemeinschaft wurden für den Bereich des Handwerks folgende Richtlinien erlassen:

- Richtlinie vom 7.7.1964 über die Einzelheiten der Übergangsmaßnahmen auf dem Gebiet der selbständigen Tätigkeiten der be- und verarbeitenden Gewerbe der CITI-Hauptgruppen 23 bis 40 (Industrie und Handwerk) - 64/427/EWG- (ABl. der EG-Nr. 117 v. 23.7.1964, S. 1863).

- Richtlinie vom 7.7.1964 über die Verwirklichung der Niederlassungsfreiheit und des freien Dienstleistungsverkehrs für selbständige Tätigkeiten der be- und verarbeitenden Gewerbe der CITI-Hauptgruppen 23 bis 40 (Industrie und Handwerk) - 64/429/EWG- (ABl. der EG-Nr. 117 v. 23.7.1964, S. 1880).

- Richtlinie vom 15.10.1968 über die Verwirklichung der Niederlassungsfreiheit und des freien Dienstleistungsverkehrs für selbständige Tätigkeiten der Nahrungs und Genußmittelgewerbe und der Getränkeherstellung (CITI-Hauptgruppen 20 und 21) - 68/365/EWG- (ABl. der EG-Nr. L260 v. 22.10.1968, S. 9).

- Richtlinie vom 15.10.1968 über die Einzelheiten der Übergangsmaßnahmen auf dem Gebiet der selbständigen Tätigkeiten der Nahrungs und Genußmittelgewerbe und der Getränkeherstellung (CITI-Hauptgruppen 20 und 21) - 68/366/EWG- (ABl. der EG-Nr. L260 v. 22.10.1968, S. 12).

- Richtlinie vom 4.3.1969 zur Änderung der Richtlinie des Rates vom 7.7.1964 über die Einzelheiten der Übergangsmaßnahmen auf dem Gebiet der selbständigen Tätigkeiten der be- und verarbeitenden Gewerbe der CITI-Hauptgruppen 23 bis 40 (Industrie und Handwerk) - 69/77/EWG - (ABl. der EG-Nr. L59 vom 10.3.1969, S. 8).

- Richtlinie vom 16.6.1975 über Maßnahmen zur Erleichterung der technischen Ausübung der Niederlassungsfreiheit und des freien Dienstleistungsverkehrs für einige Tätigkeiten (aus ISIC-Hauptgruppe 01 bis 85), insbesondere Übergangsmaßnahmen für diese Tätigkeiten -75/368/EWG - (ABl. der EG-Nr. L167 v. 30.6.1975, S. 22).

- Richtlinie vom 19.7.1982 über Maßnahmen zur Erleichterung der tatsächlichen Ausübung des Niederlassungsrechts und des Rechts auf freien Dienstleistungsverkehr der Friseure - 82/489/EWG - (ABl. der EG-Nr. L218 v. 27.7.1982, S. 24).

Quelle: Vgl. die Aufstellung bei Klinge, G. (1992), S. 6 f.

Anhang 8: Durchschnittliche Betriebsgrößen des Handwerks

Handwerkszweig	Beschäftigte je Betrieb im Durchschnitt 1992
Bäcker	11,7
Konditoren	10,5
Fleischer	8,8
Schneider	2,9
Schuhmacher	2,1
Tischler	5,7
Raumausstatter	3,2
Textilreiniger	14
Kraftfahrzeugmechaniker	7,9
Radio- und Fernsehtechniker	3,9
Fotografen	3,3
Gold- und Silberschmiede	3,2
Friseure	3,7
Augenoptiker	3,9
Zahntechniker	10,7
Maurer und Straßenbauer	18,1
Zimmerer	6,8
Dachdecker	10
Sanitär- und Heizungstechniker	7,3
Elektro	6,4
Maler und Lackierer	5,7
Glaser	6,6
Metallbauer	7,4
Landmaschinenmechaniker	4,5
Maschinenbauer, Werkzeugmacher	13,2
Gebäudereiniger	157,5
Buchdrucker, Schriftsetzer	9,0

Quelle: Rheinisch- Westfälisches Institut für Wirtschaftsforschung (Hrsg.), (1993), S. 114 ff.

Anhang 9: Beispiele handwerksrechtlicher Abgrenzungen

Aufgeführt sind Beispiele handwerksrechtlicher Abgrenzungsstreitigkeiten, die Liste erhebt keinen Anspruch auf Vollständigkeit.

1. Fliesen-, Platten- und Mosaikleger-Handwerk zum Maler- und Lackierer-Handwerk
   Streitpunkt: Verlegung von keramischen Fliesen und Platten im Dünnbettverfahren.

2. Stukkateur-Handwerk; Wärme-, Kälte- und Schallschutzisolierer-Handwerk zum Maler- und Lackierer-Handwerk
   Streitpunkt: Ausführung von Wärmedämmarbeiten an Außenwandflächen.

3. Beton- und Stahlbetonbauer-Handwerk; Maurer-Handwerk; Straßenbauer-Handwerk; Betonstein- und Terrazzohersteller-Handwerk; Estrichleger-Handwerk zum Maler- und Lackierer-Handwerk
   Streitpunkt: Ausführung von Betonsanierungsarbeiten.

4. Maurer-Handwerk; Zimmerer-Handwerk; Stukkateur-Handwerk; Wärme-, Kälte- und Schallschutzisolierer-Handwerk zum Maler- und Lackierer-Handwerk
   Streitpunkt: Ausführung von Akustik- und Trockenbauarbeiten.

5. Zimmerer-Handwerk zum Dachdecker-Handwerk
   Streitpunkt: Ausführung von Dacheindeckungen und Fassadenbekleidungen.

6. Betonstein- und Terrazzohersteller-Handwerk zum Steinmetz-, Stein- und Holzbildhauer-Handwerk
   Streitpunkt: Ausführung von Natursteinarbeiten.

7. Fliesen-, Platten- und Mosaikleger-Handwerk zum Steinmetz-, Stein- und Holzbildhauer-Handwerk
   Streitpunkt: Verlegung und Verarbeitung von Platten aus Natursteinen und Naturwerksteinen.

8. Maurer-Handwerk zum Stukkateur-Handwerk
   Streitpunkt: Ausführung von Putzarbeiten.

9. Maurer-Handwerk zum Estrichleger-Handwerk
   Streitpunkt: Herstellung von Estrichen.

10. Maurer-Handwerk; Feuerungs- und Schornsteinbauer-Handwerk zum Kachelofen- und Luftheizungsbauer-Handwerk
    Streitpunkt: Kaminbau für offenes Feuer.

11. Wärme-, Kälte- und Schallschutzisolierer-Handwerk zum Zentralheizungs- und Lüftungsbauer-Handwerk; Gas- und Wasserinstallateure-Handwerk
    Streitpunkt: Ausführung von Wärmedämmungen an betriebstechnischen Anlagen.

12. Estrichleger-Handwerk; Fliesen-, Platten- und Mosaikleger-Handwerk zum Zentralheizungs- und Lüftungsbauer-Handwerk
    Streitpunkt: Herstellung von Dämmungen an beheizten Fußbodenkonstruktionen.

13. Straßenbauer-Handwerk zum Garten- und Landschaftsbaugewerbe
Streitpunkt: Herstellung von Wege- und Platzarbeiten innerhalb von Freianlagen un
führung von Sport- und Spielplatzbauarbeiten.

Quelle: Zentralverband des Deutschen Baugewerbes (1985), S. 5 f.

14. Tischler-Handwerk zum Kälteanlagenbau-Handwerk
Streitpunkt: Herstellung und Vertrieb von Hotel- und Gaststätteneinrichtungen, Laden-
und Innenausbau.

Quelle: o. V. (1992b), S. 188.

Weitere Abgrenzungsstreitigkeiten bestanden oder bestehen noch in folgenden Bereichen:

15. Maurer mit Kfz-Mechaniker und Kfz-Elektriker

16. Zimmerer mit Tischler

17. Stukkateure mit Dachdecker

18. Stukkateure mit Modellbauer

19. Maler und Lackierer mit Kfz-Mechaniker

20. Maler und Lackierer mit Glaser

21. Schornsteinfeger mit Sanitär-, Heizungs- und Klima-Handwerk

22. Kachelofen- und Luftheizungsbauer mit Elektrohandwerk

23. Kachelofen- und Luftheizungsbauer mit Zentralheizungs- und Lüftungsbauer

24. Elektrohandwerk mit Sanitär-, Heizungs- und Klima-Handwerk

25. Elektrohandwerk mit Zentralheizungs- und Lüftungsbauer

26. Elektrohandwerk mit Kälteanlagenbauer

27. Schlosser mit Glaser

28. Kälteanlagenbauer mit Sanitär-, Heizungs- und Klima-Handwerk

29. Dachdecker mit Sanitär-, Heizungs- und Klima-Handwerk

30. Elektrohandwerk mit Schilder- und Lichtreklamehersteller

31. Kfz-Elektriker mit Elektrohandwerk

32. Kfz-Mechaniker mit Zweiradmechaniker

33. Karosseriebauer mit Maler und Lackierer

34. Kfz-Mechaniker mit Sanitär-, Heizungs- und Klima-Handwerk

35. Uhrmacher mit Gold- und Silberschmiede-Handwerk

36. Tischler mit Glaser

37. Tischler mit Rolladen- und Jalousiebauer

38. Parkettleger mit Maler und Lackierer

39. Raumausstatter mit Parkettleger

40. Schumacher mit Orthopädieschuhmacher

41. Fachärzte für Orthopädie mit Orthopädiemechanikern und Orthopädieschuhmachern

42. Gebäudereiniger mit Steinmetzen und Steinbildhauer

43. Bodenleger mit Raumausstattern u. a.

Quelle: Zentralverband des Deutschen Handwerks (1988), Unveröffentlichtes Manuskript zu Abgrenzungsvereinbarungen.

Aus unserem Programm

Rolf Hüpen
Arbeitszeit, Betriebszeit und Beschäftigung
Produktionstheoretische Grundlagen und Beschäftigungseffekte kollektiver Arbeitszeitverkürzung
1994. XVI, 211 Seiten, Broschur DM 89,-/ ÖS 694,-/ SFr 89,-
GABLER EDITION WISSENSCHAFT
ISBN 3-8244-6059-9
Dieses Buch liefert die mikroökonomische Fundierung des gesamtwirtschaftlichen Zusammenhangs zwischen persönlicher Arbeitszeit, Betriebszeit und Zahl der Beschäftigten bei starren und flexiblen Formen der Arbeitszeitorganisation.

Wieland Jäger / Wolfgang Beywl (Hrsg.)
Wirtschaftskulturen und Genossenschaften im Vereinten Europa
1994. VI, 207 Seiten, Broschur DM 89,-/ ÖS 694,-/ SFr 89,-
GABLER EDITION WISSENSCHAFT
ISBN 3-8244-6053-X
Unterschiedliche Wirtschaftskulturen werden die Europäische Union wesentlich prägen. Das Buch stellt die Frage nach der Rolle, die (Produktiv-) Genossenschaften im Prozeß der wirtschaftskulturellen Identitätsbildung der Europäischen Union übernehmen können.

Thomas Krickhahn
Die Verbände des wirtschaftlichen Mittelstands in Deutschland
1995. XVIII, 351 Seiten, 15 Abb., 46 Tab.,
Broschur DM 118,-/ ÖS 921,-/ SFr 118,-
ISBN 3-8244-0245-9
Es werden zentrale theoretische Ansätze in der Verbändeforschung vorgestellt, die betreffenden Verbände werden identifiziert und einer vielfältigen theoretisch fundierten empirischen Analyse unterworfen.

Erich Oltmanns
Forschungsinvestitionen
FuE-Aufwendungen im gesamtwirtschaftlichen Rechnungswesen
1995. XXV, 232 Seiten, Broschur DM 98,-/ ÖS 765.-/ SFr 98,-
GABLER EDITION WISSENSCHAFT
ISBN 3-8244-6168-4
FuE-Aufwendungen von Unternehmen können als Investitionsgüter in das gesamtwirtschaftliche Rechnungswesen aufgenommen werden. FuE-Investitionsgüter werden als produziertes Wissen aufgefaßt, das der Produktion von Gütern und Dienstleistungen dienen soll.

DeutscherUniversitätsVerlag

GABLER·VIEWEG·WESTDEUTSCHER VERLAG

Rainer Ritzerfeld
Die strukturelle Neuorientierung des Heinsberger Raumes
Handlungsrahmen unter Berücksichtigung regionaltypischer Merkmale
1995. XVII, 376 Seiten, 15 Abb., 28 Tab.,
Broschur DM 118,-/ ÖS 921,-/ SFr 118,-
ISBN 3-8244-0244-0
Dieses Buch entwickelt für den Heinsberger Raum ein Konzept zur strukturellen Neuorientierung, das traditionellen und vorhandenen Strukturmerkmalen ebenso wie gewachsenen interregionalen Verflechtungen maßgebliche Bedeutung beimißt.

Frank Simon
Unternehmerischer Erfolg und gesellschaftliche Verantwortung
1994. XXIII, 384 Seiten, Broschur DM 118,-/ ÖS 921,-/ SFr 118,-
GABLER EDITION WISSENSCHAFT
ISBN 3-8244-6062-9
Basierend auf vertragstheoretischen Überlegungen entwickelt das Buch einen Erklärungsansatz, mit dem die Wirkungen gesellschaftlich verantwortlichen Handelns differenziert erfaßt werden können.

Markus Stahl
Buyouts zur Privatisierung in den Transformationsländern Mittel- und Osteuropas
Eine Analyse im Lichte der Neuen Institutionenökonomik
1995. XIV, 283 Seiten, Broschur DM 98,-/ ÖS 765,-/SFr 98,-
GABLER EDITION WISSENSCHAFT
ISBN 3-8244-6201-X
Markus Stahl analysiert Buyout-Transaktionen hinsichtlich ihrer Eignung, den schleppenden Privatisierungsprozeß in Gang zu bringen, die Unternehmenskontrolle zu verbessern und den Wettbewerb zu beleben.

Die Bücher erhalten Sie in Ihrer Buchhandlung!
Unser Verlagsverzeichnis können Sie anfordern bei:

Deutscher Universitäts-Verlag
Postfach 30 09 44
51338 Leverkusen